원형과 변용

한국 경제개발계획의 기원

원형과 변용

한국 경제개발계획의 기원

박태균

서울대학교출판문화원

Archetype and Metamorphosis:
The Origins of Korea's Economic Development Plans

Tae-Gyun Park

Seoul National University Press

서문_

처음 이 작업을 시작할 때 초점을 맞추고자 했던 것은 한국의 경제개발이 아니었다. 박사논문을 준비하면서 한미관계에 관심을 갖고 있던 터에 1950년대 후반에서 1960년대 초의 다양한 정치적 변화와 미국의 역할에 초점을 맞추는 것이 어떻겠느냐는 당시 국사학과 대학원 정창현 선배현재 『민족 21』 편집국장 의 제안에 대해서 고민하면서 4 · 19 혁명에서 5 · 16 쿠데타로 이어지는 시기의 한국정치에 초점을 맞추어 분석하려고 했었다.

그러나 자료를 보면 볼수록 당시의 초점은 정치적인 것이 아니라 경제적인 부분에 있다는 사실을 깨닫게 되었다. 이승만 정부 시기 한미 간의 갈등은 대부분 환율 문제를 둘러싸고 진행되었으며, 민주당과 군사정부 초기 역시 경제정책을 둘러싼 갈등이 가장 중요한 고리라는 점을 찾게 된 것이다. 물론 이러한 방향전환에 결정적인 역할을 했던 것은 이종원 교수릿교대 의 책1995, 『東アジア冷戦と韓米日關係』, 東京大學出版會 이었다.

이종원 교수의 책 속에서 특히 주목한 것은 로스토우의 근대화론이었다. 로스토우는 '도약이론' 으로 한국에 알려져 있는 경제학자였지만, 이종원 교수의 글 속에서의 로스토우는 대외정책을 결정하는 관료였고, 그의 이론은 미국의 대외정책을 바꾸어 놓는 역할을 했던 것이다. 이후 로스토우의 책을 중심으로 해서 그의 이론에 대해 접근한 것이 「1950년대 말 미국의 대한경제정책 변화와 로스토우의 근대화론」1997, 『한국사론』 이었다. 본고에서 언급한 바와 같이 이 글을 쓴 이후 미국의 대외정책 문서를 보면서 일부 견해를 수정하였지만, 로스토우의 글은 하나의 충격으로 다가왔다.

이후 1997년 가을부터 약 1년 반 동안 하버드의 옌칭 연구소에 방문 연구원으로 지냈던 기간은 이 글이 나올 수 있었던 결정적인 계기가 되었다. 첫째로 '관점'의 변화와 함께 '생각'에 주목하게 된 것이다. 처음 한미관계에 관심을 가졌을 때 필자는 한국현대사에서 미국의 '절대적'인 역할에 주목했다. 미국은 한국의 깊숙한 곳에 있었으며, 정치·경제뿐만 아니라 사회 전반에 개입했다. 로스토우의 이론과 미국의 정책에 주목한 것 역시 미국의 시나리오대로 한국 사회가 굴러갔다는 것을 증명하기 위한 것이었다.

그러나 정일준 선배현 아주대 교수와의 만남은 필자의 '관점'을 또 다른 곳으로 몰아갔다. 옌칭 연구소에 필자보다 먼저 와 있었던 정일준 선배는 미국의 영향력이 절대적이지 않다는 점을 강조했고, 필자는 그 주장에 반박하면서 많은 논쟁이 이루어졌다. 하버드 스퀘어에 있었던 오봉빵에서 한 번 논쟁이 붙으면 시간 가는 줄 모르고 논쟁을 계속했다. 이 때부터 필자가 정일준 선배를 만나는 날은 필자의 가족들이 저녁식사는 당연히 밖에서 하겠거니 하고 생각하기 시작했다.

그런데 흥미롭게도 논쟁의 과정에서 두 사람의 생각이 바뀐 것이다. 정일준 선배의 경우 생각이 바뀌었다기보다는 원래 푸코에 관심을 갖고 있었기 때문에 한국 내의 권력뿐만 아니라 외부의 권력에 대해서도 관심을 가지면서 미국의 영향력을 강조한 것이겠지만, 필자의 경우에는 토론 과정에서 미국의 절대적 힘만을 강조해서는 한국사회를 제대로 바라볼 수 없다는 점을 깨닫게 된 것이었다.

이렇게 생각이 바뀌는 과정에서 또 하나의 중요한 역할을 했던 것은 에컬트 C.J. Eckert 교수와의 만남이었다. 물론 그의 책1991, *Offspring of Empire: The Kochang Kims and the Colonial Origins of Korean Capitalism 1876-1945*, Seattle: University of Washington Press 을 통해서 이미 내용은 알고 있었지만, 한국사의 과거로부터의 흐름을 읽지 않고서는 1950년대와 1960년대 대변환의 과정을 이해할 수 없다는 점을 깨닫게 된 것이다. 물론 에컬트 교수처럼 식민지 유산colonial legacy 을 강조하는 것에 대해서는 다른 견해를 갖고 있지만, 그가 쓴 *Korea, Old and New: A History*1991, Cambridge: Harvard University Press 의 현대사 부분에 나오는 것처럼 한국사회의 다양한 역사적 경험을 살펴보는 것이 중요하다는 점을 인식하게 된 것이다. 본고에서 강조한 것처럼 '생각'의 변화는 예상했던 것보다 큰 힘을 발휘하였고, 필자는 논문의 방향을 바꾸게 되었다.

두 번째 충격은 '자료' 로부터 왔다. 석사논문을 쓸 때부터 다른 사람이 발굴한 자료들이 영인된 것을 통해서 공부해 왔던 필자에게 메릴랜드에 있는 미 국립문서보관소, 보스턴에 있는 케네디 기념 도서관, 그리고 오스틴에 있는 존슨 기념 도서관에 가서 자료를 직접 찾을 수 있게 되었던 것은 엄청난 충격이었다. 당시만 하더라도 한국의 현대사 연구자들 중에 직접 미국에 가서 자료를 찾는 경우는 많지 않았다. 현지에서 자료를 발굴하고 계셨던 방선주 선생을 제외하고는 필자의 선배로는 정용욱 선배서울대 교수, 김점숙 선배국사편찬위원회 등이 선구적인 경우였다. 미국에서 자료를 보기 위해 전세값을 뺀다는 말이 떠돌 정도였다.

특히 미국의 저개발국정책 전반에 관심을 갖고 있었던 필자로서는 한국에 대한 정책뿐만 아니라 전반적인 대외정책을 다룬 문서들이 너무나 소중했다. 둘째가 막 태어난 직후였기 때문에 메릴랜드의 한 유학생 집에서 가족들이 틀어 박혀 있을 때 필자는 한 달 동안 국립문서보관소에 출퇴근을 했고, 냉방병에 걸려 고생하기도 했다. 한 달이라는 기간이 많은 자료를 충분히 보기에 결코 충분한 시간은 아니었지만, 당시로서는 매우 소중한 시간이었다.

또한 메릴랜드와 오스틴에 가 있으면서 이 책에 나오는 사람들을 만날 수 있었다는 점 역시 매우 소중한 기회였다. 존슨 기념 도서관의 자료실 바로 위 층에는 로스토우W. W. Rostow의 연구실이 있었다. 로스토우 박사와는 세 번을 만나서 인터뷰를 했다. 한국에서 왔다는 말에 매우 기뻐하셨고, 인터뷰에 기꺼이 응해 주셨지만, 베트남 전쟁과 관련된 질문에 대해서는 함구하셨다. 지금 대학원생들과 베트남 전쟁 관련 프로젝트를 하면서 다시 한 번 인터뷰를 하고 싶지만, 지금은 고인이 되셨다. 자기 연구에 나오는 주인공을 직접 만날 수 있다는 기쁨은 현대사 연구자가 아니면 느낄 수 없는 환희였다. 조선초기 연구자가 정도전을 직접 만날 수 있다면 그 이상 기쁜 일이 어디 있겠는가? 어쩌면 이것이 현대사 연구의 강점이면서도 약점일 수 있을 것 같다. 직접 만날 수 있지만, 모두 다 이야기해 주지도 않고, 때로는 자신이 했던 일을 부인하기도 하기 때문에 인터뷰한다는 것이 결코 쉬운 일이 아니었다. 그 외에 워싱턴에서 1960년대 국가안보회의의 구성원이었던 존슨A. E. Johnson을 만날 수 있었다. 능숙하지 못했던 영어로 인터뷰를 하느라 로스토우 교수와 존슨 씨가 모두 고생했을 것 같다.

1999년 2월 국내에 돌아와 본격적으로 박사논문을 쓰면서 이 글의 윤곽이 드러나기 시작했다. 특히 집중해서 작업을 했던 부분은 이 글의 2장을 구성하고 있는 한국의 지식인, 관료들의 경제개발에 대한 '생각' 이었다. 이들이 어떻게 생각하고 있었고, 이들이 어떻게 경제개발을 하려고 했었는가를 분석해야만 경제개발계획의 실체를 밝힐 수 있을 것으로 판단했다. 분석 과정에서 키미야 다다시 교수木宮正史, 도쿄대의 박사논문1991, 「한국의 내포적 공업화전략의 좌절 – 5 · 16군사정부의 국가자율화의 구조적 한계」, 고려대학교에 많은 영향을 받았지만, 군사정부의 몇몇 사람들의 정책만으로 경제개발계획의 성격을 밝히기는 어려웠다고 판단했다.

이 과정에서 한영우 선생님의 영향은 절대적이었다. 한영우 선생님은 한국 역사 내에 흐르는 힘을 강조하셨고, 특히 지식인들이 갖고 있는 생각을 분석해야 한다는 점을 지적하셨다. 또한 1950년대 대학시절을 보내셨던 선생님의 경험 역시 필자의 논문에 살아있는 자료가 되었다. 박종홍 교수와 박희범 교수의 강의실에 넘쳐났던 학생들에 대한 선생님의 기억을 통해 한국 지식인들의 경제개발론에 대해 분석하면서 각 대학교의 대학신문을 함께 자료로 이용해야 할 필요성을 느끼게 되었다.

2000년 2월에 제출한 박사논문은 이 글의 '원형' 이 된다. 박사논문을 제출할 때 시간이 부족했었다. 돌아가신 아버지께서 학생들의 시험지 채점을 도와주시면서 채찍질을 하셨고, 결국 부족한 논문을 제출할 수 있었다. 아버지께서는 박사논문이 통과되었다는 말은 들으셨지만, 인쇄된 논문은 보지 못하시고 돌아가셨다.

이후 박사논문에 대한 수정작업이 시작되었다. 이 글 중 2장과 5장은 애초의 박사논문과 거의 내용이 같고, 3장과 4장의 일부는 새로 들어갔다. 박사논문을 제출하고 나서 2장과 5장의 일부분을 수정해서 『사회와 역사』에 실었고, 성공회대학교 사회발전연구소의 프로젝트에 참여하여 2장의 일부분을 『한국 자본주의 발전모델의 역사와 위기』2003, 함께읽는책에 실었다. 3장의 뒷부분을 보완해서 2005년 『미국사연구』에 게재하기도 했다. 이 과정에서 적지 않은 부분을 수정하거나 보충할 수 있었다. 특히 성공회대학교의 프로젝트에 함께 하면서 류철규, 조석곤 선생님, 경제개발론 관련 책을 소개해 주신 김대환 선생님 등 경제학을 전공하시는 선생님들을 만날 수 있었던 것은 매우 큰 도움이 되었다. 필자의 경제학 수준이 일천함에도 불구하고, 경제학사에 대해서 관심을 갖고 이끌어 주셨기에 많은 부분에서 도움을 받을 수 있었다.

또한 이기준 선생님의 경제학사 관련 글들을 보면서, 『죽은 경제학자의 살아있는 아이디어』토드 부크홀츠 저, 이승환 역, 1994, 김영사를 읽으면서, 그리고 결정적으로 "아이디어는 생각했던 것보다 더 큰 힘을 갖고 있다"는 케인즈의 말을 생각하면서 이 글을 책으로 출간하기로 했다. 그리고 소모적으로 진행되고 있는 소위 '식민지 근대화론'과 관련된 논쟁의 수준을 조금이나마 높이고 싶었다.

최근 출간된 졸고들처럼 본고도 가능하면 쉽게 서술하려고 노력했건만, 너무나 많은 미주들이 마음에 걸린다. 앞으로의 한국현대사 연구 발전에 하나의 밑거름이 되었으면 한다.

2007년 6월 23일 연구실에서

차례_

표 / 그림 차례

들어가며

1. 식민지 시기 근대화를 둘러싼 논쟁

최근 사회적으로 반향을 불러일으키고 있는 한국현대사와 관련된 논의 중 가장 많은 주목을 받고 있는 것이 소위 '식민지 근대화론'이다. 일본 제국주의의 식민지 정책이 전근대적인 조선을 근대화시키는 데 결정적인 역할을 했다는 것이다. 이 주장은 단지 '주장'에만 그치는 것이 아니라 여러 가지 측면에서 실증을 통해서 뒷받침되고 있다. 한편에서는 일제강점기의 경제 관련 지표들이 주요한 자료가 되고 있으며, 다른 한편에서는 해방 이후까지 계속된 사회 각 방면에 대한 식민지 정책의 영향이 그 근거로 제시되고 있다.

경제성장률을 중심으로 한 경제 관련 지표들은 연구자에 따라서 정도의 차이는 있지만, 일제강점기를 통해서 식민지 조선이 지속적으로 성장을 거듭해 왔음을 보여주고 있다.[1] 19세기까지 자본주의의 세례를 받지 못했던 조선사회에 일본의 자본이 들어오면서 사회 각 부분에서 자본주의화가 진행된 것이다. 일본 큐슈의 나고야죠名護屋城에는 식민지 조선을 선전하는 사진엽서들을 보관하고 있는데, 사진엽서에 나타난 일제강점기 게이죠京城의 모습은 19세기에 비교하여 근대화가 진행된 모습을 여실히 보여주고 있다. 『조선에서 온 사진엽서』권혁희, 민음사, 2005 에 실려 있는 '시정엽서'나 '시가 있는 경성시가지 전경' 역시 게이죠京城의 변화된 모습을 보여준다.

뿐만 아니라 일제강점기를 통해 사회 각 분야에서 근대적인 규율과 기제들이 도입되었다. 교육과 법률은 물론 방송과 대중문화, 소비문화에 이르기까지 이전에 경험할 수 없었던 근대 자본주의적 물결이 밀려들어왔던 것이다. 『서울에서 딴스 홀을 허하라』김진송, 현실문화연구, 1999, 『모던 뽀이, 경성을 거닐다』신명직, 현실문화연구, 2003, 그리고 『연애의 시대』권보드래, 현실문화연구, 2003, 『매혹의 질주: 근대의 횡단』박천홍, 산처럼, 2003 등은 일제강점기에 형성된 자본주의적 문화의 '향연'을 잘 보여주고 있다. 이러한 사회 각 분야에서 자본주의적 물결이 도입되는 과정에 대한 분석은 경제적 성장과정에만 초점을 맞춘 '식민지 근대화'를 넘어서 눈에 보이지 않는 부분을 포함한 '식민지적 유산colonial legacy'의 개념으로 확대되고 있다.

한국의 역사학자, 사회학자들은 대부분 '식민지 근대화론'에 대해 비판적인 시각을 견지하고 있다. 일제강점기를 통해 한국에 자본주의적 질서가 들어온 것은 부인할 수 없는 사실이지만, 자본주의적 질서의 도입이 곧 '정상적' 차원의 근대화를 의미하는 것은 아니라는 것이 비판적 시각의 핵심적인 주장이다. 즉, 조선 스스로가 근대화를 이룩할 수 있었음에도 불구하고, 일본에 의해서 강제적으로 왜곡되고 비정상적인 길을 걸을 수밖에 없었다는 것이다. 이러한 비판은 일제강점기의 자본주의화를 부정하지는 않지만, 자본주의적 발전이 곧 정상적인 근대화를 의미하지 않는다는 사실에 초점을 맞추고 있다.

식민지 근대화론에 대한 또 다른 비판으로 『개발없는 개발』허수열, 은행나무, 2005이 주목된다. 일제강점기를 통한 성장은 결코 긍정적인 것이 아니었으며, 그 실상은 '종속과 차별의 강요'였다고 주장하는 것이다. 경제지표상으로는 『한국 경제 성장사』와 동일한 결과가 나오지만, '민족별로 극단적으로 불평등한 생산수단의 소유관계와 그에 따른 분배의 불평등, 이에서 발생한 차별'은 '개발'이나 '성장'이라는 용어만으로 일제강점기를 규정할 수 없는 당시 사회의

'본질' 을 보여준다는 것이다.

식민지 근대화론을 둘러싼 이러한 논쟁은 '식민지 근대성' 이라고 하는 새로운 개념을 만들어 내기도 했다. 『한국의 식민지 근대성』마이클 로빈슨, 신기욱 편, 도면회 번역, 삼인, 2006 은 일제강점기에 형성된 세 가지 대표적인 담론, 즉 민족주의와 식민지성, 그리고 근대성이 어떻게 유기적으로 연결되는가를 분석하면서, 일제강점기의 '근대' 라는 것이 서구 자본주의 국가와는 다른 성격의 '식민지 근대성' 의 성격을 갖는 것이라고 주장했다. 일면 '식민지 근대성' 의 개념은 식민지 근대화론의 연장선상에 있는 것처럼 보이면서도 식민지를 경험한 국가들에서 일반화할 수 있는 서구와는 다른 형태의 '근대성' 을 규정하려고 했다.

이상과 같이 일제강점기에 이루어진 근대화 현상을 둘러싸고 뜨거운 논쟁이 진행되고 있다. 그런데 문제는 이러한 논쟁이 생산적으로 진행되지 못하고 평행선을 달리고 있다. 여기에는 두 가지 서로 다른 담론이 작용하고 있다. 하나는 서구적 보편성을 한국 역사에 도입하려고 하는 신자유주의적 경향이고, 다른 하나는 한국 역사의 특수성을 강조하는 경향이다.[2] 사회적으로는 후자가 보편적인 공감대를 형성하고 있으며, 이는 2005년 봄에 있었던 소위 '한승조 교수 파문' 을 통해 잘 드러났다.[3] 전자의 입장 역시 치밀한 통계자료를 이용하여 점차 학문적 영향력을 확대하고 있다. 그러나 양자 모두 '근대' 라는 어젠다에 근거하여 논의를 진행하고 있다는 공통점도 갖고 있다.

2. 무엇이 문제인가?

닫혀 있었던 경제구조가 외부로부터 자본 및 기술의 유입에 의해서 충격을 받았을 때 나타나는 경제성장의 과정은 고금동서의 공통된 현상이라고 할 수 있다. 석기 문화가 존재하는 지역에 청동기나 철기 문화가 준 충격과 그로 인한 생산력의 발전과정이 이를 잘 보여주며, 몽골이나 일본의 침략을 받는 과정에서 새로운 경제적 변화를 이끌어 냈던 고려와 조선의 역사 역시 예외가 아니었다. 닫힌 경제였던 중국과 인도가 '친디아Chindia'라는 새로운 단어를 만들어 내면서 고속 성장을 계속하고 있는 현재의 상황 역시 외부와의 소통이 가져다 준 충격이 주요한 요인이 되고 있다.

1948년 이후 대한민국의 역사도 이와 동일한 길을 걸었다. 1960년대 이후 고도성장의 길을 걸어 온 대한민국의 경제성장의 역사는 미국과 일본 등 선진국으로부터의 자본 및 기술의 도입을 제외하고는 설명할 길이 없다. 물론 시기에 따라서 다른 성격의 정책들이 명멸해 갔지만, 국내 자원 및 내자가 부족하고 무역의존도가 높은 한국 경제에서 외부로부터의 충격은 경제성장을 위해 필수적인 요건이 될 수밖에 없었다. 이렇게 본다면 일제강점기를 통해 조선사회가 일본이라는 외부의 충격을 받았다는 사실은 경제성장에 중요한 요소가 되었음에 분명하다.

그러나 의문은 여기에서부터 시작된다. 수많은 국가들이 선진국으로부터 자본과 기술을 도입했음에도 불구하고 왜 한국을 비롯한 몇몇 나라들만이 '성공'이라는 신화를 갖게 되었는가? 1950 · 60년대 한국만큼 많은 원조를 받았던 필리핀이나 베트남은 왜 성공하지 못했는가? 이러한 현실은 단순히 외부로부터의 충격만 가지고 설명할 수 없는 '알파α'가 존재하고 있음을 말해주는 것은 아닐까?

문제의 발단은 또 다른 곳에서 다시 한 번 시작된다. 일제강점기를 통해 한국뿐만 아니라 아시아의 많은 국가들이 근대화, 산업화의 길을 걸었다. 그런데 문제는 일제강점기의 근대화 과정을 강조하는 많은 학자들이 일제강점기의 성장을 1960년대 이후 한국의 고도성장의 '기원'으로 설정하고 있다는 점이다. 그것도 여러 가지 요인들 중 하나가 아니라 가장 결정적인 요소로 규정하고 있다.[4]

여기에는 우연이라고 하기에는 너무나 필연적인 상황이 도사리고 있다. 하필 일본의 식민지였던 조선과 타이완만이 다른 식민지 지역보다 잘 사는 것일까? 그렇다면 일본 제국주의의 정책이 다른 제국주의의 정책보다 뛰어나다는 것을 증명하는 것은 아닐까?[5] 비약적 성장을 거듭하던 식민지 조선이 해방 직후, 그리고 한국전쟁 시기를 거치면서 세계에서 가장 가난한 농업국으로 되돌아갔던 사실로서 이 주장을 비판할 수도 있지만, 대한민국을 이끌었던 사람들이 일제강점기에 교육받았던 사람들이라는 부인할 수 없는 역사적 사실이 존재하고 있지 않은가?

그러나 여기에서 또 다른 '베타β'가 존재한다. 성공 신화는 아직 마침표를 찍은 것도 아니요, 영국의 식민지였던 싱가포르와 홍콩 역시 또 다른 성공 신화를 갖고 있다. 같은 일본의 식민지였으면서도 한국과 타이완의 식민지 경험은 같지 않았고,[6] 또한 서로 다른 성격의 경제성장의 길을 걸어왔다.[7] 총독부의 정책이 '개발국가'의 원형을 이루었다고 주장하지만, 한국이나 타이완에 비해 상대적으로 오랜 민주주의적 전통을 갖고 있는 인도나 브라질이 지금 무서운 속도로 성공 신화를 만들어 내는 과정을 밟고 있다. 중국의 성장 역시 결코 식민지적 유산만으로 설명할 수 없다. 수많은 저개발국가[8]들이 식민지 유산과는 다른 경로를 통해 21세기라는 무대 위를 달려가고 있다. 반면에 북한과 중국의 동북지역의 현실은 식민지적 유산으로 설명할 수 없는 '베타'의 존재를 보여주고 있다.

아울러 현대 사회의 복잡한 동선은 '기원'을 찾는 것이 결코 단순한 하나의 경로에 의해서만 이루어질 수 없음을 보여주고 있다. 하나의 사건이 이루어지기 위해서는 다양한 요소들이 결합되어야 한다. 다양한 요소들 가운데 상대적으로 좀더 중요하거나 결정적인 요소가 있을 수 있지만, 단지 하나의 요소만으로 사건을 구성하는 것은 불가능하다. 다양한 요소들은 결정적인 요소들을 중심으로 하여 서로 화학적 반응을 일으키면서 역사적 사건을 구성하고 있는 것이다.

현재의 한국사회를 설명함에 있어서도 마찬가지일 것이다. 중국에 비하여 유교적 전통이 강하게 남아 있다고 해서 유교만으로 한국사회를 설명할 수 없듯이 한국의 경제성장을 역사상에서 나타났던 하나의 배경만을 절대적으로 강조하여 그 기원을 설명하는 것은 결코 적절한 역사관이라고 할 수 없다.

본고의 기본적인 목적은 외부의 충격으로만 설명할 수 없는 '알파'와 함께 식민지적 유산만으로 설명할 수 없는 '베타'를 찾는 것을 주요한 목표로 하고 있다. 혹자는 이 알파와 베타를 '개발국가Developmental State' 또는 '개발독재'에서 찾고자 한다. 즉, 박정희와 그를 둘러싸고 있었던 '현자'들의 정책 – 수출주도형 경제성장 – 에서, 그리고 그들이 만들어 냈던 사상 초유의 통제체제에서 찾고자 한다.

그러나 이것은 열린 경제가 한국의 경제성장을 이루어 냈다는 또 다른 주장과 서로 충돌하고 있다.[9] 1979년까지 해외직접투자FDI가 거의 없었으며, 1970년대 후반에 가서야 수입자유화가 부분적으로 이루어졌던 사실들을 고려한다면, 개발국가와 신고전주의적 설명은 서로 부딪히고 있다. 뿐만 아니라 수출주도형 산업화가 경제성장을 위한 적절한 경로였다는 설명[10] 역시 한국과 타이완 이외의 국가들이 수출 증산을 위한 정책을 전개했음에도 불구하고 성공하지 못했던 원인을 속 시원하게 밝혀주지 못하고 있다.

여기에 더하여 최근에는 박정희 정부의 초기 정책이 수출주도형 산업화의 성격만을 가진 것으로 평가할 수 없다는 연구성과도 나오고 있다. 1967년 이전에 나온 경제개발계획은 실질적으로 수출주도형 산업화 정책으로 볼 수 없으며, 경제정책의 시행착오적 진화과정에 의해서 형성된 것으로 보아야 한다는 것이다. 또한 초기의 공업화가 수입대체와 수출주도형의 복선적 발전전략이었다는 점 역시 지적되고 있다.[11]

3. 어디에서 시작할 것인가?: 사람의 생각, 사회적 공감대

이상과 같이 한국 경제성장의 기원을 찾기 위한 노력은 '외부로부터의 충격' 이라는 대 전제 위에서 '알파'와 '베타'의 요인을 모두 몇몇 개인, 또는 정책의 문제로 집중하고 있다. 즉, 현명한 지도자, 정치인, 그리고 관료들과 훌륭한 정책이 존재하면 경제성장을 이룩할 수 있다는 결론에 도달하게 되는 것이다.

그러나 문제는 그렇게 간단하지 않다. 한국의 경제성장에 관심을 갖고 배우고자 하는 저개발국가나 발전도상국의 전문가들에게 '현인賢人'과 '선정善政'만 있으면 모든 것이 해결된다고 설명할 것인가? 아니면 당신네 국가들에는 현명한 지도자들이 없었기 때문에 경제성장을 하지 못했다고 그들 국가의 역사를 모욕할 것인가?

종종 외국에서 온 전문가들이 '박정희'라는 지도자에 대해 관심을 표명하는 경우가 적지 않다. 따라서 박정희 시기의 경제정책에 대해서 설명할 수밖에 없는데, 이 경우에도 과연 그들에게 무엇을 배워가라고 해야 하는가에 대해 망설이지 않을 수 없다. 또 다른 박정희를 복제해 내면 된다고 하면 간단하겠지만, 문제는 그렇게 단순하지 않다. 그네들의 나라에서 한국의 박정희식 방식이 성공을 보장할 수는 없기 때문이다.

그것은 한국과는 다른 상황과 조건에 처해 있는 다른 국가들의 상황에 기인하는 것이다. 뿐만 아니라 한국의 경제성장이 한창 진행되었던 1960년대와 1970년대의 상황과 그네들이 서 있는 현재의 상황 사이에는 너무나도 큰 차이가 있다. WTO와 FTA 문제로 씨름하고 있는 국가들에게 GATT 시대의 경험을 전수해 줄 수는 없지 않은가? 케네디와 존슨 행정부 시기의 대외정책과 부시 행정부의 대외정책 사이에는 엄청난 간극이 존재하고 있다.

본고가 주목하고자 하는 것은 경제성장을 가능하게 했던 조건이다. 그리고 그 조건을 통해서 경제성장의 기원을 찾고자 하는 것이다. 과연 어떠한 조건들이 소위 '현인'과 '선정'이 나올 수 있는 기반을 만들었는가? 이것이 본고의 가장 근본적인 질문이 되는 것이다. 기존의 연구들이 이 문제에 대해서 천착하지 않은 것은 아니되, 주로 '현인'과 '선정'에 초점이 맞추어졌다. 어떠한 사회적 조건이 마련되어 있을 때, '현인'과 '선정'이 나올 수 있는가? 또는 어떠한 조건 위에서 과거의 유산이 생산적으로 작용할 수 있을까? 그리고 외적 충격이 경제성장의 방향으로 진행되기 위해서는 어떠한 사회적 조건이 갖추어져야 하는 것일까?

이러한 조건들을 해명하기 위하여 일제강점기의 산업화에 대한 연구가 이루어졌고, 해방 이후 농지개혁에 대한 천착이 이루어졌으며,[12] 1950년대의 경제정책을 규명하려고 하였다.[13] 그러나 이러한 연구들은 모두 구조적인 문제에만 초점을 맞춘 것으로, 왜 그러한 정책이 나왔는가, 또는 나올 수밖에 없었는가를 해명하지 못하고 있다. 예컨대 수출주도형 산업화 전략이 한국 경제개발계획의 특징이라면, 왜 다른 나라에서 하지 않았던 이런 계획이 나올 수밖에 없었는가를 밝혀야만 하는 것이다. 식민지의 경험이 중요한 요인이 되었다고 주장하려 한다면, 왜 해방 이후 1960년대 초까지 수출주도형 경제개발론이 전혀 제기되지 않았는가에 대해서도 밝혀야 한다.

이 지점에서 본고가 주목하고자 한 것은 넓게는 사회적 담론이요, 좁게는 지식인들의 생각이다. 사회적으로 형성되어 있었던 공감대를 넘어서는 정책을 입안하는 것은 결코 쉬운 일이 아니다. 아무리 선각자라고 할지라도 사회적인 공감대 없이 새로운 생각이나 정책을 사회적으로 강요하는 것은 불가능하다. 2004년을 뜨겁게 달구었던 국가보안법 개폐 논쟁은 아무리 정당한 정책이라고 하더라도 그것을 실행하기 위한 사회적 공감대가 형성되어 있지 않은 조건 위에서는 실시하기 어렵다는 사실을 잘 보여준다. 때때로 선각자에 의해 사회적 공감대가 형성되어 있지 않은 상황에서 선구적인 정책이 제안될 때도 있다. 그러나 정도전이나 조광조의 몰락에서 나타나듯이 공감대를 형성하지 못할 때 그 개혁은 저항에 부딪히게 된다.

자본주의 사회에서 경제개발계획을 실행하는 데 있어서 사회적 공감대는 더더욱 중요한 조건이 된다. 왜냐하면 자본주의의 가장 핵심적인 기재인 사적 소유권과 개인의 행복추구권을 '국가'의 이름 아래 제한해야 하기 때문이다. 자본주의 체제하에서의 경제개발계획이 사회주의적 계획경제와는 다른 성격의 것이라 할지라도 국가적 차원에서의 계획을 위하여 국가의 구성원과 국가의 자원을 강제적으로 동원하는 과정이 수반될 수밖에 없다. 왜냐하면 경제개발계획을 추진하는 국가들은 대부분 식민지에서 갓 벗어난 저개발국가들이며, 이들 국가들은 일반적으로 자원과 자본의 부족에 시달리기 때문이다.

아담 스미스A. Smith의 '보이지 않는 손'에 맞서 '보이는 손'의 필요성을 강조했던 케인즈J. M. Keynes는 그의 저서에서 다음과 같이 말했다.

> 기득권의 힘은 생각의 점차적인 파급과 비교하여 지나치게 과장되어 있다. …… 경제학자들과 정치철학자들의 사상들은 그것들이 옳을 때나 잘못되었을 때나 모두 일반적으로 이해되는 것보다 더 강한 힘을 가지고 있다. 진실로 세계는 다른 무엇에 의하여 지배되고 있다.[14]

케인즈의 이 명언은 그가 경제학자이기 때문에 더 빛을 발한다. 경제학자가 수식이나 경제논리보다 인간의 생각이 갖는 힘에 대해서 주목했다는 것은 이 명언을 더더욱 빛나게 한다. 마침 그의 이론은 자본주의 체제하에서 경제에 대해 '계획'하는 것을 가능하게 이론을 뒷받침하였다. 케인즈의 시대가 이미 60여 년이 지났건만, 그리고 신자유주의가 케인즈를 고전으로 만들었건만, 아직도 그의 영향력은 결코 작지 않다.

바로 이러한 점 때문에 1950년대 이후 경제개발계획을 효율적으로 실행할 수 있는 방안을 제시하고자 한 책들에는 다음과 같은 구절이 등장하고 있다.

> 정부개발계획은 동 계획에 대한 국민의 마음으로부터의 이해와 동 계획의 수행을 위하여 제의된 조치에 대한 국민의 지지 없이는 성공할 수 없는 것이다.[15]

> 아마 정치적 성숙을 위한 가장 결정적인 요소는 새로운 국가들의 국민들이 작은 공동체 안에서 국가의 차원이든 개인의 차원이든 간에 그들 스스로의 노력에 의해 그들의 문제를 해결할 수 있다는 자신감을 발전시키는 것이다. …… 또한 자신감은 다른 나라들과의 만족스러운 대외관계를 발전시키는 데 있어서 주요한 전제조건이 된다. 새로 건국한 나라들은 자신들과는 다른 나라들의 목표와 가치관이 자신들의 국가적 통합과 안보를 위협한다는 두려움을 갖고 있다. 그들이 한번 스스로 설 수 있다는 것을 느낄 수 있을 때 그들은 대외정책에 있어서 현실적이 될 것이며, 덜 불안해 할 것이다.[16]

즉, 급속한 산업화를 위해서 '계획이 필요하다'는 생각과 함께 '계획이 성공할 수 있다는 자신감'이 동시에 갖추어져야 한다는 점이다. 이러한 사회적 공감대가 형성되지 않고서는 결코 경제개발계획의 실행은 불가능할 것이라는 지적이다. 정부가 아무리 좋은 계획을 내놓더라도 그것이 성공할 것이라는 자신감이 결여될 때 그 정책은 결코 성공할 수 없다. 1970년대 이후 한국의 부동산 정책은 기본적인 공감대의 결여 속에서 악순환을 계속해 왔다.

이렇게 한국의 경제개발계획과 관련하여 사회적 공감대와 생각에 주목한 연구가 전혀 없었던 것은 아니다. 키미야 다다시木宮正史와 새터와이트D.H. Satterwhite의 연구는 경제개발계획을 입안했던 사람들이 어떠한 생각과 경험 속에서 계획을 입안하였는가에 주목하고자 했다.[17] 1945년 이전의 식민지 조선뿐만 아니라 홋카이도, 만주 등에서의 개발 경험에 대해 주목한 점과 함께 경제개발계획에 대한 생각의 차이로 인해 미국과 군사정부 사이에서 나타났던 갈등에 대해 주목한 것은 본고의 연구에 하나의 출발점으로 작용했다.

그럼에도 불구하고, 이 연구들에는 미국과 군사정부 사이의 생각의 차이가 왜 나타날 수밖에 없었는가, 그리고 이전의 경험이 구체적으로 어떠한 기재를 통해 재현되는가에 대한 실증적인 뒷받침이 결여되어 있다. 오히려 이러한 한계를 넘어서 본고의 문제의식에 중요한 영향을 준 것은 차머스 존슨C. A. Johnson의 연구였다. 과거의 경험이 이후의 역사를 통해서 어떻게 재현되는가를 추적한 존슨의 연구는 특정한 성격의 정책이 입안될 수 있었던 역사적 배경을 추적하였다.[18] 만주국의 고위관리였던 기시 노부스케岸信介 – 일본의 아베安倍晋三 총리의 외할아버지 – 가 전후 일본에서 다시 총리에 오르면서 전전의 생각이 다시 부활되는 과정을 그린 장면은 현대 일본을 이해하기 위한 가장 중요한 고리를 만들어 주는 것이었다.

4. 또 다른 문제의식

이 책을 쓰는 시점에서 가진 또 다른 문제의식은 시대의 변화에도 불구하고, 한국인들이 갖고 있는 집착, 또는 '강박관념' 이다. 이 문제의식은 1997년을 전후한 금융위기에서 잘 드러났다. 1997년의 금융위기 당시 한국 정부는 IMF에 백기를 들고 투항했고, IMF는 한국 정부에 다양한 '권고' 를 했다. 말이 '권고' 지 사실은 반드시 해야 한다는 '압력' 이었다.

실상 IMF가 한국 정부에게 모종의 압력을 가했던 것은 어제 오늘의 일이 아니었다. 이미 1969년과 1980년 두 번의 경제위기를 맞았을 때 IMF는 한국 경제를 조사하고 보고서를 내면서 한국 정부에 대해 강력한 압력을 행사한 적이 있었다. 1969년은 1960년대 초에 시작된 성장 드라이브가 한창 진행되면서 '수출입국' 이라는 신화가 회자되기 시작한 때였지만, 다른 한편으로는 지나친 외자 이용과 은행 대출, 그리고 부족한 자기자본으로 인해 부실기업이 양산되었던 시기였다. 1980년은 중화학공업에 대한 과잉, 중복투자, 두 차례에 걸친

오일쇼크 이후 나타났던 이중가격제의 후유증, 그리고 시장 개방 확대의 후유증이 나타나고 있었던 시기였다.[19]

1997년을 전후한 시기에 있었던 IMF의 강력한 권고의 핵심은 이전의 두 차례 권고와 마찬가지로 정부의 시장에 대한 개입을 축소하라는 것이었다. 정부의 지나친 개입이 시장 질서를 왜곡하고 규제를 불러오며, 이것이 기업활동을 위축시키면서 불황의 원인이 된다는 것이었다. 실상 IMF 권고의 이면에는 한국 정부가 1970년대 후반 이후 조금씩 시장을 개방해 왔지만, 1997년까지도 정부의 개입 속에서 완전한 개방이 이루어지지 않았다는 사실이 중요하게 작용했던 것으로 보인다. 즉, 외국의 기업들이 한국에서 자유롭게 이윤활동을 하기에는 한국의 경제환경이 그다지 호의적이지 못했다는 것이다. 이미 1980년대 미국과 일본 사이의 경제분쟁을 경험했던 IMF로서는 한국과의 제2의 경제분쟁을 미리 예방하려고 했던 것일까?

이 문제는 한국 정부가 1960년대 이래로 국내 금융시장의 장악을 통해 시장에 개입하고 있었기 때문에 공정한 경쟁이 이루어지기 힘든 상황이 조성되고 있었다는 사실과 함께 그로 인해 한국에 대한 외국의 직접투자가 이루어지기 힘들었다는 사실과도 관련된다. 한국 경제의 성공 신화를 열린 시장에서 찾고자 하는 연구자들이 적지 않지만, 실상 경제개발의 시대에 이루어진 한국에 대한 해외직접투자가 거의 없었다는 사실은 그다지 널리 알려져 있지 않다. 결국 1997년의 금융위기 직후 한국 정부는 시장을 전면 개방하였고, 직접투자 및 증권시장에 대한 외국 자본의 급속한 유입이 이루어졌다. 외국의 자본이 한국의 은행과 기업을 직접 인수하였고, 인수한 은행과 기업을 다시 파는 과정에서 천문학적인 수익을 남기는 사례가 사회적으로 문제가 되기 시작한 것은 금융위기에 나타난 새로운 현상이다.

그런데 본고에서의 문제의식은 IMF가 누구의 이익을 대변하고 있는가를 분석하고자 하는 것이 아니다. 한국사회의 공감대가 IMF의 권고와 다른 방향으로 진행되었다는 사실이다. 즉, 금융위기를 불러온 이유 중 하나가 IMF의 주장과 같이 정부의 지나친 개입이었다는 사실에 대부분의 한국인들이 공감했음에도 불구하고, 금융위기를 벗어나기 위한 방안으로 한국인들이 원하고 있었던 것은 정부의 강력한 개입이었다. 물론 여기에는 '현명한 지도자와 정책이 있을 경우' 라는 전제가 깔려 있다.

결국 이러한 한국사회의 공감대는 시장에 대한 정밀한 조사와 관계없이 정부가 주도하는 빅딜big-deal 을 성사시켰고, 일부 재벌의 파산으로 이어졌다. 금융위기 이후 진행된 빅딜의 결과와 그 영향에 대해서는 언젠가는 다시 치밀하게 조사 · 연구가 이루어져야겠지만, 당시에 이루어진 한국 정부의 깊숙한 개입에 대해 반대하는 사람은 없었다. 작은 정부를 권고한 IMF에 대비되는 더 큰 정부를 원했던 한국인들의 공감대를 어떻게 설명할 것인가?

여기에 더하여 금융위기 직후에 이루어진 한국인들의 '금 모으기' 운동 역시 또 하나의 주목할 만한 사건이었다. 최근 아시아 국가의 일부 언론에서 당시의 금 모으기 운동에 대해 다른 아시아 국가들이 배워야 할 사례로 지적하였지만,[20] 금융위기 직후 세계 언론은 한국사회의 후진성을 비웃는 듯한 기사를 싣기도 했다. 국가를 위기에서 건지기 위해 동원되는 국민의 모습은 전체주의 국가나 '후진국' 에서 볼 수 있는 현상이라는 식의 견해도 있었다.

그러나 그에 대한 평가를 넘어서서 다른 나라에서는 볼 수 없는 왜 이러한 현상이 나타났는가가 이 글의 문제의식이다. 물론 이 문제는 지금 한국사회에서 나타나고 있는 두 가지 다른 현상과 깊이 관련된 문제이기도 하다. 하나는 박정희 신드롬이고 다른 하나는 한국의 농업 문제이다. 박정희식 경제개발이 결코 세계화 시대에 정답이 될 수 없음에도 불구하고, 박정희 시대에 대한 향수가 사회적 현상이 되고 있다. 그리고 1960년대 이후 지속되어 온 한국의 경제정책이 농업을 포기하는 정책으로 진행되고 있음에도 불구하고, '농업' 을 버려서는 안 된다는 또 다른 강박관념이 지배하고 있는 사회적 현상이 계속되고 있다. 이러한 한국사회의 공감대는 어디에서 형성된 것이며, 왜 지금까지도 한국사회의 중요한 공론이 되고 있는 것일까?

5. 분석의 대상과 자료

한국의 경제개발계획의 기원을 분석하기 위하여 본고에서는 '생각'과 '공감대'에 초점을 맞추어 1950년대와 1960년대를 조명하고자 한다. 이를 위하여 다음과 같은 부분들을 주요한 분석 대상으로 할 것이다.

첫째로 경제개발계획에 참여했던 지식인들의 생각과 경험에 초점을 맞출 것이다. 여기에서 지식인의 범주에는 경제학자, 관료, 정치인, 언론인 등 경제정책에 영향을 미친 다양한 사람들이 포함된다. 이들의 교육배경에서부터 1950년대의 새로운 경험들, 그리고 이들이 썼던 글에 대한 분석을 통해 이들이 어떠한 생각을 갖고 있었으며, 이를 통해 어떠한 사회적 여론이 형성되었는가를 분석할 것이다.

아울러 이들이 특정한 성격의 생각을 가질 수밖에 없었던 사회적 배경 역시 중요한 분석 대상이 될 것이다. 한 개인의 생각은 개인의 성장 배경에 따라 좌우되는 것이지만, 성장 배경은 한 시대의 성격에 규정된다. 성리학적 사회에서 근대 자본주의적 생각을 가진 개인이 나타나는 것이 어려운 것처럼, 1950년대의 한국사회에서 세계화 시대의 생각을 찾는 것은 결코 쉬운 일이 아니다. 따라서 1950년대 한국사회의 상황은 이들의 생각을 분석하는 데 있어서 기본적인 배경이 된다.

둘째로 미국의 대한정책에 대해서 분석할 것이다. 미국의 경제원조는 한국의 경제성장을 설명하는 데 있어서 필수적인 요인 중의 하나라는 점은 이미 1960년대 홍성유의 분석에서부터 밝혀진 주지의 사실이다. 그러나 본고에서 주목하고자 한 것은 '경제원조'라는 기제 자체를 분석하는 것이 아니라 미국의 원조 속에 녹아 있는 '생각'이다. 도대체 무엇을 목적으로 해서 경제원조를 주었으며, 그러한 성격의 경제원조가 한국의 경제개발계획에 어떠한 영향을 미쳤는가를 분석하는 것이다. 즉, 경제원조의 성격에 주목하는 것이다.

만약 시기별로 나타나는 경제원조의 차이를 분석하지 못할 경우 1960년대 이후 한국의 경제성장을 설명할 수 없다. 1950년대 한국은 단일국가로는 세계에서 가장 큰 규모의 경제원조를 받고 있었다. 그러나 막상 1950년대 원조의 결과는 참담한 것이었다. 오히려 경제원조의 규모가 줄어들었던 1960년대에 가서 한국은 성공 드라마를 만들기 시작했다. 과연 그 원인은 어디에 있었는가? 1950년대에는 현인이 없었기 때문인가? 1960년대 이후 경제개발계획을 입안, 실시한 사람들은 1950년대 중반 이후 활약했던 경제관료들이었다. 이 문제를 분석하기 위해서는 1950년대와 1960년대 미국의 대외정책을 입안했던 사람들의 생각을 분석하는 것이 필요하다.

마지막으로 이승만 정부, 장면 정부, 그리고 군사정부가 입안한 경제개발계획의 특징에 대해 분석하겠다. 기존의 연구 중에서 경제개발계획의 내용을 분석한 연구가 없지 않지만,[21] 왜 특정한 성격의 계획이 나올 수밖에 없었는가에 접근하지는 못했다. 위의 두 가지 분석 대상은 1950년내부터 1960년대 초까지 입안되었던 한국 경제개발계획의 특징을 분석하는 데 중요한 단초를 마련할 것이다. 즉, 한국과 미국의 관료들이 어떠한 생각을 갖고 있었는가는 특정한 성격의 계획이 나올 수밖에 없는 상황을 만들었기 때문이다.

본고는 1956년부터 1964년까지를 분석대상 시기로 설정하였다. 1955년 부흥부復興部가 설치되었고 1956년부터 경제개발계획이 본격적으로 입안되었다. 1955년까지는 경제문제와 관련된 논의가 대체로 한국전쟁으로 인한 구호와 복구문제에 초점이 맞추어져 있었지만, 1956년 이후에는 경제개발계획의 입안을 통한 성장의 문제로 관심의 방향이 바뀐다. 또한 1956년은 민주당 후보의 부통령 당선과 진보당의 약진을 통해 정치 · 사회적으로 분수령이 되었다.

1964년으로 연구의 범위를 한정한 것은 경제개발계획이 입안되어 본격적으로 실시되는 시점이었기 때문이다. 1962년 군사정부는 제1차 경제개발 5개년 계획을 입안하였지만, 인플레이션 문제, 미국의 압력, 경제정책의 실패 등으로 인해서 이 계획은 본격적으로 실시되지 못하였다. 따라서 1962년 말부터 경제개발계획을 수정하는 작업이 시작되어 1964년 초 '보완계획'이 발표되었고, 이후 경제개발계획이 실시되었다. '보완계획'은 처음으로 한국과 미국 사이에 합의된 계획안이었으며, 사문화되지 않고 정책으로서 실행된 첫번째 경제개발계획이었다.

본고에서 1차적으로 사용한 자료는 1950년대와 1960년대의 신문과 잡지이다. 정부의 시책을 파악하기 위해서 『주보週報』와 『산업경제신문』, 『서울경제신문』을 이용하였고, 전체적인 사회상황을 파악하기 위하여 『한국일보』, 『경향신문』을 주로 이용하였다.[22] 『사상계思想界』와 『새벽』, 『산업월보』, 『재정』, 『부흥월보』 등에 실린 글들은 지식인과 관료들의 경제개발론을 파악하기 위해 이용되었다. 4 · 19 혁명 이후에 발행된 『민족일보』와 『영남일보』는 당시 혁신세력들의 경제사상을 파악할 수 있는 귀중한 자료이다. 주요 월간지와 『경우經友』에 실린 증언자료는 본격적인 자료로 이용하기는 힘들지만, 자료의 검증을 통해 주체들의 생각과 역할, 그리고 당시의 개별사건들을 파악하는 데 이용하였다. 1950년대와 1960년대 경제개발계획의 입안과정에 직접 참여했던 차균희 전 농림부장관과 성창환 교수, 그리고 최호진 교수, 변형윤 교수는 직접 인터뷰하였다.

본고의 대상이 되는 주체들의 경력과, 그들이 교육기간을 통해 얻은 지식과 사상을 파악하기 위하여 이용된 자료는 일제강점기 대학교, 고등상업학교 등의 "일람一覽"과 "교사校史" 등이다. 그러나 이 시기의 교육 내용을 파악하기 어렵기 때문에 일람에 나타나는 과목과 회고록에 나타나는 식민지 교육에 대한 설명을 이용할 수밖에 없었다.

본고에서 이용한 국내 자료 중 외교안보연구원, 재정경제부, 국가기록원에서 발굴한 자료들은 본 연구에 많은 도움을 주었다. 외교안보연구원과 국가기록원의 경우 정치적으로 핵심적인 자료들은 공개하지 않고 있지만, 대외정책, 경제정책과 관련된 많은 자료들이 공개되어 있다. 본고에서는 그 가운데 국가기록원에 있는 국가재건최고회의의 『5개년계획 관계철』을 주로 이용하였다. 『5개년계획 관계철』은 5 · 16 쿠데타 직후부터 1962년 초반까지 경제계획안의 입안과정을 자세히 파악할 수 있는 문서들을 포함하고 있다.

1958년부터 1960년 4월까지 국무회의에서 논의된 내용을 담고 있는 『국무회의』는 1950년대 고위 지도층의 생각을 파악할 수 있는 중요한 자료다. 신두영申斗泳 당시 국무원 사무국장이 필사한 『국무회의』는 국내 문제를 광범위하게 다루고 있는데, 환율과 물가를 비롯한 경제문제와 한미관계의 현안 등에 대한 논의가 포함되어 있다. 그리고 『국회속기록』은 주로 민주당 정부 시기의 경제문제를 파악하는 데 이용되었다.

한편 미국 국립문서보관소National Archives and Records Administration; NARA에 소장된 자료를 가장 많이 이용했다. 주한 미국대사관이 한국의 내정을 본국에 보고한 795문서 시리즈가 1960년대 후반까지 공개되어 있으며, 한국의 경제와 관련된 895문서 시리즈 역시 1960년대 초반까지 공개되어 있다. 이 자료들은 미국대사관과 국무부 사이의 전문을 모은 것인데, 조선시대의 실록에 버금갈 정도로 한국의 정치, 경제 상황에 대한 자세한 내용을 방대한 분량에 담고 있다.

1950년대 후반 1960년대 초반 미국의 대외정책 변화와 대한정책 변화를 살펴보는 데에는 문서군Record Group 59에 있는 국무부 관련문서들, 그중에서도 정책기획실의 문서들 중에 중요한 문서들이 많이 있었다. 1950년대까지의 중요 정책문서들이 국가안보회의National Security Council에서 NSC 문서군RG 273의 형식으로 제출되었던 반면 1960년대의 중요 정책문서는 '지침서Guideline Paper', 또는 '정책문서Policy Paper'의 형식을 띠었는데, 이 문서들이 주로 정책기획실Policy Planning Staff

문서군 안에 있다. 미국무부 차관보였던 가드너R. N. Gardner의 문서군 내에는 1961년에 나온 대한정책과 관련된 가장 중요한 문서인 '(대통령 직속) 한국 관련 긴급임무팀Presidential Task Force on Korea. 이하 'Korea Task Force'로 약칭'이 대한정책 문서를 만드는 과정의 논의 내용을 담고 있는 문서들이 포함되어 있다.

1950년대와 1960년대 미국의 대외정책과 관련해서는 주로 아이젠하워 대통령도서관D. D. Eisenhower Memorial Library, 케네디 대통령도서관J. F. Kennedy Memorial Library, 존슨 대통령도서관L. B. Johnson Memorial Library에 소장되어 있는 문서들을 주로 이용하였다. 이 중에서도 국가안보파일 안에 있는 국가파일Country File은 대부분 한국 내부의 상황에 대한 대사관의 보고문서이며, 주제분류Subjects File의 박정희 방문 문서군Park's Visit 역시 당시 상황에 대한 많은 정보를 제공한다. 1960년대 초반 미국이 한국에 개입했던 사례는 존슨 대통령도서관의 '역사문서History File'를 참고하였다. '역사문서'는 1960년대 후반 민주당 정권의 업적을 부서별로 정리한 문서로 국무부Department of State와 국제개발처United States Agency for International Development의 대한정책을 포함한 후진국 정책을 잘 정리해 놓고 있다.

본고는 1950년대와 1960년대 미국의 후진국 정책 결정과정에 깊숙이 개입했던 인물들을 직접 인터뷰한 자료들을 이용하였다. 1960년대 대외정책의 핵심적인 역할을 했던 로스토우W. W. Rostow 교수[23]와 갈브레이스J. K. Galbraith 교수,[24] 스칼라피노R. A. Scalapino 교수,[25] '한국 관련 긴급임무팀'의 일원이었던 존슨R. H. Johnson[26]과 직접 인터뷰를 하였고,[27] 생존하지 않은 관료들은 대통령 도서관의 증언자료Oral History를 이용하였다.[28] 아울러 로스토우와 갈브레이스 교수의 저작들은 미국의 대외정책의 특징을 분석하기 위한 기본 자료로 이용하였다. 하버드 대학 도서관 중 라먼트 도서관Lament Library의 의회문서와 옌칭 도서관Harvard-Yenching Library의 일본과 만주 관련 자료들 역시 본고의 작성에 많은 도움이 되었다.

본고에서 많이 이용한 또 다른 자료는 『미국의 대외관계』*Foreign Relations of the United States*. 이하 '*FRUS*'로 약칭다. 1940년대를 연구하는 학자들이 많이 이용한 *FRUS*는 미국의 대외관계자료를 미국 정부가 공식적으로 정리한 책이다. 따라서 이 책은 미국의 대외정책과 대한정책을 분석하는 데 기본적인 지침서가 된다.[29] 1950년대 말에는 수한 미대사관의 정치참사관이었고, 1960년대 초에는 Presidential Task Force on Korea에 참여하였던 맥도날드D.S. Macdonald의 책 역시 자료로 이용하였다. 그는 1950년대와 1960년대 초반 한국의 경제관료들의 역할과 활동을 자신의 경험에 근거하여 분석하였다.[30]

미주

1 『한국 경제 성장사』(안병직 편, 서울대학교출판부, 2001)는 일제강점기 한국 경제의 양적 성장을 잘 보여주고 있다. 주로 낙성대 연구실에 참여하는 국내 경제사학자들이 참여했다. 이외에 안병직, 1993, 「서문」, 『경제사학』 제17호; 1995, 「한국에 있어서의 경제발전과 근대사연구」, 제38회 전국역사학대회 발표문; 이대근, 1997, 「동아시아 경제발전의 역사적 조건」, 『경제사학』 제23호 참조.

2 한국이 이웃 국가이면서 전통시대를 통해 한국보다 지적으로 뒤떨어진 국가로 평가되고 있었던 일본에 의해 식민지를 겪었다는 사실은 다른 국가와는 다른 특별한 경험이라고 할 수 있다. 식민지 시대에 근대화와 산업화의 과정이 이루어졌다는 평가가 보편화되어 있는 인도와 타이완의 경우 서구의 국가에 의해 식민지가 되었거나 식민지가 되기 이전에 독립된 정부가 존재하지 않았던 경우였지만, 조선의 경우는 인도나 타이완과는 다른 역사적 경험을 갖고 있었다. 진보와 보수를 막론하고 일본에 관한 문제에 있어서 동일한 목소리를 낼 수 있는 한국사회의 현상은 이러한 역사적 특수성에 기인하는 것이다.

3 졸고, 2005, 「한국 보수이데올로기의 특징과 딜레마: 한승조 파문의 역사적 의의」, 『황해문화』 참조.

4 Kohli Atul, "Where Do High Growth Political Economies Come From? The Japanese Lineage of Korea's "developmental State"," *World Development*, Vol. 9, No. 22, 1994.

5 한국과 타이완의 성공적 결과에 대해 전 세계적으로 주목하게 된 데에는 이데올로기적인 목적이 전혀 없었다고 할 수는 없다. 세계은행을 비롯한 자유세계의 경제권력 기관들은 1990년을 전후하여 공산주의 권력의 종착점에서 체제전환을 시도하고 있는 구 공산권 국가들에게 공산주의 또는 사회주의적 길과 대비되는 자본주의적 발전방향의 우월성에 대한 모델을 예시할 필요가 있었던 것이다. World Bank, *The East Asian Miracle: Economic Growth and Public Policy* (Oxford: Oxford University Press, 1993).

6 Wade Robert, "Conclusion," *Governing the Market* (New Jersey: Princeton University Press, 1990); "State Intervention in 'Outward-Looking' Development: Neoclassical Theory and Taiwanese Practice," *Developmental States in East Asia* (New York: St. Martin's Press, Inc., 1988).

7 호리 가즈오 편, 박섭 · 장지용 역, 2007, 『일본자본주의와 한국 · 대만』, 전통과현대.

8 식민지를 경험한 이후 1945년을 전후하여 해방된 국가들을 지칭하는 용어는 '저개발국(低開發國, underdeveloped country)', '제3세계(the Third World)', '개발도상국(developing country)' 등이 있다. '제3세계' 라는 용어는 이데올로기적으로 동서진영에 속하지 않은 국가를 지칭하는 의미가 포함된 개념이기 때문에 본고의 분석대상인 한국과 타이완을 포괄하는 용어로 사용할 수 없다. '개발도상국' 은 경제개발계획이 본격적으로 시작된 1960년대 이후에 사용된 용어이기 때문에 본고에서는 '저개발국' 을 사용하였다. 일반적으로 '후진국' 이라는 개념도 많이 사용하고 있지만, '선진국' 에 대칭되는 주관적 평가가 개입된 용어이기 때문에 본고에서는 가능한 한 사용하지 않았다.

9 P.W. Kuznets, *Economic Growth and Structure in the Republic of Korea* (New Haven: Yale University Press, 1977); Balassa Bella, *Policy Reform in Developing Countries* (New York: Pergamon, 1977); Kruger Anne, *The Development Role of the Foreign Sector and Aid* (Cambridge: Harvard University Press, 1979); 김대환, 1996, 「해방이후 한국의 공업화와 민주화」, 『공업화의 제유형 II』, 경문사.

10 Jung-en, Woo, *Race to the Swift: State and Finance in Korean Industrialization* (New York: Columbia University Press, 1991); Haggard Stephan 저, 박건영 · 강문구 · 양길현 옮김, 1994, 『주변부로부터의 오솔길: 신흥공업국의 정치경제학』, 문학과지성사(*Pathways from the Periphery* (Ithaca: Cornell University Press, 1990); 李鍾元, 1995, 『東アジア冷戰と韓米日關係』, 東京大學出版會; 김창남, 1997, 「동아시아 제국의 경제개발 전략과 경제발전유형」, 『경제사학』 제23호.

11 이병천, 1999, 「박정희 정권과 발전국가 모형의 형성」, 『경제발전 연구』 제5권 제2호; 장하원, 1999, 「1960년대 한국의 개발전략과 산업정책의 형성」, 『1960년대 한국의 공업화와 경제구조』, 백산서당; 강광하, 2000, 『경제개발 5개년 계획: 목표 및 집행의 평가』, 서울대학교출판부.

12 김성호 외, 1989, 『농지개혁사연구』, 한국농촌경제연구원.

13 김대환, 1976, 「1950년대 한국의 공업화에 관한 연구」, 서울대학교 석사논문; 박찬일, 1981, 「미국의 경제원조의 성격과 그 경제적 귀결」, 『한국경제의 전개과정』, 돌베개; 정윤형, 「경제성장과 독점자본」, 『한국경제의 전개과정』; 전철환, 1981, 「수출, 외자주도개발의 발전론적 평가」, 『한국경제의 전개과정』; 鈴木義嗣, 1985, 「1950년대 한국경제의 성장과 공업화」, 『한국경제의 구조』, 학민사; 김양화, 1990, 「1950년대 제조업대자본의 자본축적에 관한 연구」, 서울대 박사논문; 박순원, 1993, 「해방후 삼척시멘트공장의 재건과정: 1945-1960」, 『경제사학』 제17호.

14 John Maynard Keynes, *The General Theory of Employment, Interest, and Money* (New

York: Harcourt Brace Jovanovich, 1964; originally 1936), p. 383 (Peter R. Evans, Dietrich Rueschemeyer, and Theda Skocpol, eds., *Bringing the State Back In* (Cambridge: Cambridge University Press, 1985), p. 115에서 재인용).

15 한국은행 조사부, 『경제개발계획작성에 관한 제문제와 제기술』, 1956(UN, Economic Development and Planning in Asia and the Far East (*Economic Bulletin for Asia and Far East,* Vol. 1, IV, No. 3, November 1955)의 제2부, "Programs and Techniques of Economic Development Planning and Programming with Special Reference to ECAFE Countries"을 번역한 책), p. 51.

16 Walt W. Rostow and Max F. Milikan, *A Proposal; Key to on Effective Foreign Policy* (New York: Harper & Brothers, 1957), pp. 31-32.

17 木宮正史, 1991, 「한국의 내포적 공업화전략의 좌절」, 고려대 정외과 박사논문; David H. Satterwhite, "The Politics of Economic Development; Coup, State, and the ROK First Five-Year Economic Development Plan (1962-1966)," Ph.D dissertation, University of Washington, 1994.

18 Chalmers Johnson, *MITI and the Japanese Miracle* (Stanford: Stanford University Press, 1982) (김태홍 역, 『통산성과 일본의 기적』, 우아당).

19 박태균, 2004, 「1970, 80년대 경제정책 주체의 변화와 새로운 경제담론」, 유철규 외, 『박정희 모델과 신자유주의 사이에서』, 함께읽는책 참조.

20 「"새마을운동 배워라" 중국농민 운명좌우」, 『문화일보』, 2006년 6월 19일자.

21 강광하, 앞의 책.

22 『경향신문』은 가톨릭계와 장면(張勉) 중심의 민주당 신파(新派)의 입장을 대변하면서 1950년대에는 정부 시책에 가장 비판적이었고, 4 · 19 혁명 이후에는 정부 시책을 대변하였기 때문에 본고에서 가장 중요하게 이용되었다. 『한국일보』는 한국은행 출신인 장기영이 사주였기 때문에 경제관련 기사가 다른 신문에 비해 충실하게 다루어졌다.

23 1998년 11월 17일, 텍사스 오스틴 로스토우(Rostow) 교수 개인 연구실에서.

24 1998년 5월 14일, 케임브리지에 있는 갈브레이스(Galbraith) 교수 자택에서.

25 1999년 10월 13일, 워커힐 호텔에서.

26 1998년 6월 17일, Washington, D.C.에 있는 그의 사무실에서.

27 로스토우 교수는 2003년 사망했지만, 필자가 인터뷰를 할 당시까지는 건강을 유지하고 있었다. 갈브레이스 교수, 스칼라피노 교수 역시 인터뷰할 당시 건강을 유지하고 있었으며, 존슨은 자신의 개인 사무실을 갖추고 있었다. 갈브레이스 교수는 한국과 관련된 사항에 대해서는 거의 기억하지 못하였으나 케네디 정권의 후진국 정책에 대해서는 기억하고 있

었으며, 존슨은 자신이 작성한 '한국 관련 긴급임무팀' 의 중요 문건(1961년 작성)을 통해 당시의 기억을 되살렸다.

28 무쵸(J. J. Muccio) 주한 미국대사, 브리그스(E.O. Briggs) 주한 미국대사, 덜레스(J.F. Dulles) 등은 트루만 대통령 도서관, 아이젠하워 도서관 등에 있는 증언자료를 이용하였다. 각 대통령 도서관에는 중요 관료들의 증언 자료가 채록되어 있다. 그러나 증언자가 생존해 있는 상태에서 공개를 원하지 않는 경우에는 증언 자료를 이용할 수 없다. 힐스만(R. Hilsman), 코머(R. Komer) 등 케네디 행정부의 대한정책 결정에 중요한 역할을 했던 인물들의 증언 자료는 소장되어 있지만, 당사자들의 허가를 받지 못해 이용할 수 없었다.

29 *FRUS*는 편집자의 의도에 따라 자료들이 취사선택되었다. 따라서 취사선택된 자료 중에는 중요한 내용의 문서가 빠져 있는 경우들을 종종 발견할 수 있다. 반면에 편집자가 각주로 달아놓은 내용에는 빠져 있는 문서들 중 중요한 문서들을 설명해 주고 있고, 경우에 따라서는 인터뷰의 내용까지 담고 있다. 예컨대 팔리(H.D. Farley) 보고서와 관련된 내용에서는 팔리와의 인터뷰를 각주에서 다루고 있다.

30 Donald Stone Macdonald, *U.S.-Korean Relations from Liberation to Self-Reliance: The Twenty Year Record* (San Francisco: Westview Press, 1992).

제1장

서로 다른 길, 그러나 공통된 목표

1. 사회적 담론이 된 경제개발계획
2. 서로 다른 길
3. 공통의 목표

사회적 담론이 된 경제개발계획 _ 1

근대 사회에서 경제성장을 위한 방안으로 다양한 주장이 제기되었다. 자본주의 자체의 보이지 않는 손에 의해서 경제성장이 이루어질 수 있다는 주장, 보이는 손의 개입을 통해 수요를 창출해야 한다는 주장, 자본주의적 시장질서의 무계획성을 비판하면서 국가에 의한 총체적 계획에 의한 경제운용이 필요하다는 사회주의적 주장, 자본주의적 시장질서의 효용성을 부정하는 것은 아니지만 경제개발계획을 통해 국가의 적극적 동원이 필요하다는 주장, 중앙은행에 의해서 통화량의 조절을 통한 최소한의 개입만이 이루어져야 한다는 주장 등 다양한 주장이 제기되었다.

이 많은 경로 중에서 왜 한국은 '경제개발계획' 이라는 길을 선택하게 되었을까? 새로운 국가가 건설되었고, 자본주의적 체제를 골간으로 했다면, 사회주의적 길을 제외하고도 다양한 주장 중에서 어느 하나를 선택할 수 있었다. 그럼에도 불구하고 경제개발계획의 길을 선택했다는 것은 그러한 조건을 선택할 수밖에 없었던 시대적 조건이 존재하고 있었기 때문은 아니었을까?

1) 해방과 공 개념

중요 산업 국유화, 토지분배

1950년대의 상황에서 지식인들은 어떠한 경제체제에 대한 생각을 갖고 있었을까? 1950년대는 한편으로는 한국전쟁을 통해 반공이데올로기를 국시國是로 하는 새로운 질서가 구축된 시기였지만, 전통시대로부터 50여 년밖에 지나지 않았고, 식민지의 강압정치와 그에 대항하는 독립운동이 교차되었던 일제강점기와 함께 좌우 대립에 의해 격정적 회오리가 몰아쳤던 해방정국으로부터 10년도 되지 않은 시대였다. 따라서 이 시기 지식인들의 경제체제에 대한 관념은 전통시대, 일제강점기, 그리고 해방정국의 영향이 그대로 반영될 수밖에 없었다.

이 중에서도 먼저 1950년대와 가장 가까웠던 해방정국의 정치단체와 지식인들이 갖고 있었던 경제체제에 대한 관념을 살펴보자. 일제강점기 민족해방운동의 과정에서 대부분의 정치세력들은 독립 이후 새롭게 건설해야 할 국가에서는 정부가 경제질서에 대한 개입을 통해 효율적인 경제발전을 이루어야 한다는 점을 경제목표로 제기하였다. 이는 민족주의 좌우파 세력이 참여하였던 대한민국 임시정부의 정책을 통해서 잘 나타난다. 1940년 10월 임시정부가 발표한 대한민국 임시 헌법을 보면 경제조항 내에 '국민의 기본생활을 확보할 계획경제의 수립', '대규모의 주요공업, 그리고 광산의 국영 또는 국가관리', '토지사유의 제한과 농민본위의 경작권 확립', '공장의 경영, 관리의 노동자대표 참여' 등의 조항이 있다.[1]

1941년 11월 28일에 발표된 대한민국 임시정부 건국강령 초안 역시 토지와 운수사업, 은행 · 전신 · 교통, 그리고 대규모의 농상공기업을 국유로 하고 중소기업을 사영으로 할 것을 규정하였다.[2] 1940년대의 임시정부에 좌 · 우파 민족주의 세력들이 함께 참여하고 있었다는 점[3]과 함께 해방을 전후한 시기 임시정부가 가지는 상징적 의미를 고려할 때 임시정부의 경제정책은 일개 정파의 경제정책 이상의 중요한 의미를 가지는 것이었다.

식민지에서 해방되자 정치적인 해방뿐만 아니라 경제적인 성장을 통해 자립적인 발전의 길을 걸어야 한다는 열망이 나타났다. 해방 직후 다양한 이념적 스펙트럼을 가지는 정치세력들이 분립되어 있었지만, 이들의 경제정책은 일제강점기의 논의에서 크게 벗어나지 않았다. 중도우파, 중도좌파 정치세력들뿐만 아니라 미군정의 여당으로 가장 보수적이었던 한국민주당 이하 '한민당'으로 약칭까지도 사회주의적 계획경제를 경제정책으로 채택하였다.[4] 정치세력에 따라 표현의 차이는 있었지만, '계획경제', '중요산업의 국유화', '봉건적 토지소유의 개혁', '분배의 합리화' 등은 당시 정치세력의 경제정책에 공통적으로 나타나는 내용이었다.[5] '중도파'의 대표적인 정치인이면서 미군정하에서 남조선과도정부 수반을 지낸 안재홍安在鴻 역시 신민족주의와 신민주주의를 주장하면서 독립된 한국에서 자본주의와 사회주의가 혼합된 경제체제의 필요성을 강조하였다.[6]

1947년의 제2차 미소공동위원회를 앞두고 앞으로 수립될 임시정부의 정강에 대한 각 정당의 설문에서 한민당이 주도한 '임시정부수립 대책협의회'와 중간파가 결성한 '시국대책협의회', 그리고 좌익을 제외한 여러 정파가 소속되어 있었던 '남조선 과도입법의원' 등은 모두 국가의 경제계획과 통제정책의 필요성을 인정하였다.[7]

정부 수립 직후에 이루어진 여론조사의 결과를 보면 이러한 사회주의적인 지향이 비단 지식인들뿐만 아니라 일반 대중들 사이에서도 공감대를 얻고 있다는 사실을 알 수 있다. 1946년 미군정에 의해서 8천 명을 대상으로 실시한 여론조사를 보면 전체 응답자의 70%농민, 상인, 전문직업인 등 우익 성향 인사 60% 이상가 사회주의 체제를 지지하는 것으로 나타났다. 반면 13%우익 학생 중 45%가 자본주의를, 10%좌익 학생 중 49%가 공산주의를 지지하였다.[8]

모든 정치세력들이 중요산업의 국유화, 농지를 제외한 모든 국토의 국유화,

그리고 계획경제의 실시 등을 공통적으로 주장한 해방직후의 경향은 1948년 대한민국 정부 수립시 행정체제와 헌법에도 그대로 반영되었다. 대한민국 정부의 기구 속에는 태평양전쟁기 일본의 통제경제를 총지휘한 '기획원'과 비슷한 기능을 가지는 '기획처'가 설치되었으며,[9] 일제강점기부터 사회주의적인 경제정책을 강조하였던 이순탁李順鐸이 기획처장에 임명되었다.

농지개혁을 담당하고 있던 농림부에도 진보적인 인사들이 상당수 임명되었다. 제3전선운동을 이끌고 있었던 조봉암曺奉岩과 공산주의 운동에서 전향한 임원근林元根, 남조선과도입법의원에서 적산문제와 토지문제의 국가주도의 해결방식을 주장했던 강정택姜鋌澤, 강진국姜辰國 등이 농림부를 장악하였다.[10] 비록 이들이 1년도 되지 않아 해임되었지만, 강력한 반공주의자였던 이승만李承晚이 이들을 등용했던 것은 해방정국의 분위기를 무시할 수 없었기 때문이었던 것으로 추측된다.

대한민국 초대 헌법의 경제조항도 중요한 의미를 가진다. 초안에 대한 1차 수정에서는 "사회정의 실현과 균형있는 국민경제의 발전"을 위하여 "각인各人의 경제상 자유는 이 한계 내에서 보장"하고86조, "광물 및 기타 중요한 지하자원 수력 및 경제상 이용할 수 있는 자연력自然力은 국유"로 하며87조, "농지는 농민에게 분배함을 원칙"으로 한다88조는 조항이 삽입되었다. 또한 "중요한 운수·통신·금융·보험·전기·수도·가스 및 공공성을 갖인 기업은 국영 또는 공영"으로 함을 89조에서 규정하였다.[11] 제정된 헌법에서는 제84조에서 89조에 이르기까지 수정안을 대체로 그대로 수용하고 있으며, 여기에 대외무역의 국가통제가 추가되었다.

이러한 헌법의 경제조항에 대하여 당시 조선은행은 다음과 같이 평가하였다.

> 자유주의를 극복하고 자본주의를 수정하여 국민경제의 안정과 발전에 지향케 한 것은 적의適宜한 조치였다고 할 수 있을 것이다. 나아가서 자원 내지 자연력의 국유

원칙, 농지개혁의 단행, 중요기업의 국영 내지 공영의 선언 및 경제 긴급조치의 모유謀猷, 근로자勤勞者의 이익 균점권 등은 민생경제 내지 균등 경제건설에 지향하는 국민의 열망을 집중적으로 표현한 것이라고 하겠다.[12]

이러한 헌법의 경제조항은 국가가 주도하는 경제질서와 경제계획을 통한 효율적이고 빠른 경제성장의 필요성에 대한 해방직후의 분위기를 그대로 반영하는 것이었다. 1954년의 사사오입四捨五入개헌 시 경제조항이 개정되어 자유경제를 주로 하는 내용으로 바뀌었지만,[13] 정부는 경제질서에 대한 강력한 통제를 지속하였다.

정부수립 직후의 경제정책은 헌법과 행정체제의 내용을 반영하여 입안되었다. 이승만 정부는 강력한 반공 자유민주주의 체제를 천명하였지만, 정부수립 초기 물자의 정부통제를 통해 경제질서에 정부가 개입하면서 부흥을 위한 계획을 실시하고자 하였다. 계획이 구체화된 것은 '물동物動5개년계획'[14]으로 1949년 4월 17일 국무회의에서 통과되었다. 이 계획은 경제를 활성화하기 위하여 정부가 주도하여 자원과 재원을 동원하기 위한 계획으로서 우선 1차년 계획만 세워졌고, 1차년도 계획이 완결되는 시점에서 그 실적에 비추어 2차년도 계획을 세우는 방식으로 연차적으로 작성될 예정이었다. 그러나 1950년 5월까지 계속된 심각한 인플레이션과 한국전쟁으로 인해 실시될 수 없었다.

그렇게 살아왔으니까

이와 같이 거의 모든 정치세력이 일제강점기부터 해방 이후 정부수립에 이르기까지 사회주의적 성격의 경제정책을 받아들였던 것은 한국의 전통적 '공公' 개념에 대한 사회적 공감대가 형성되어 있었기 때문이었다. 즉, 3·1 운동 이후 민족주의자들 사이에서 광범위하게 확산되었던 인민주권주의에 기반한 공화주의 사상이 확산되어 있었다.[15] 1920년대 중반 이후 사회주의 이론이 광범위하게 수용될 수 있었던 것도 공 개념과 공화주의 사상이 사회적 공론으로 자리잡고 있었던 상황과 무관하지 않았다.

그러나 한국사회에서 공 개념의 의미를 규명하기 위해서는 전통으로부터의 영향을 분석하는 작업이 필요하다. 일례로 앞서 인용한 대한민국 임시정부 건국강령 초안을 보면 전체 강령의 전제로서 한국 전통사상의 흐름을 강조하였다.

> 二. 우리나라의 건국정신은 균등제도에 역사적 근거를 두었으니 선민先民의 명명命名한바 "수미평균위首尾均平位: 위아래가 모두 균등하고 공평하도록하야 흥방보태평興邦保泰平: 나라가 흥하고 천하가 태평하라" 하얏다. ……
>
> 三. 우리나라의 토지제도는 국유에 유범遺範을 두었다. 선현의 통론痛論한바 "준성조지공분수지법遵聖祖之公分授之法: 성조의 공평하게 분배하는 법에 준수하야 혁후인사유겸병지폐革後人私有兼併之弊: 후인이 사유와 집적의 폐해를 고치"라 하니 이는 문란한 사유를 국유로 환원하라는 토지혁명의 일종 선언이라. 우리 민족은 고규古規와 신법新法을 참호參互하야 토지제도를 국유로 확정할 것임. ……[16]

한국의 전통적인 사상에 근거한 경제정책의 입안은 대한민국 임시정부의 공론가이자 위의 초안을 입안한 조소앙趙素昻의 글을 통해 잘 나타난다. 조소앙은 한학자의 집안에서 태어나 성균관에 입학하였고, 1913년 상해에 망명하여 한국의 전통사상에 밝은 개명 유교지식인이었던 박은식朴殷植,[17] 신채호申采浩[18]와 함께 박달학원博達學院을 설립하였다.[19] 이들 '개명 유교지식인'들은 민족주의 사상과 유교적인 대동주의大同主義를 공유하고 있었다. 조소앙은 자신의 경제사상이 고래의 전통적인 경제사상과 맥이 닿아 있음을 직접 밝히고 있다.

즉, 생산의 국가 사회적 지도와 계획, 조정 및 분배의 합리성을 추구하면서 "토지국유는 신라－고려－조선으로 이어지는 우리의 고제古制에서 연유"하였음을 밝히면서, "토지국유는 한국인의 심리적, 관습적인 문제"이기 때문에 당연한 경제정책이라고 주장하였다. 아울러 그는 토지국유의 고전적 논거로서 정도전鄭道傳과 조준趙浚의 상소를 들었고, 토지가 국유화되었을 때는 인민의 생활이 풍족해지고 정치가 잘 행해졌으나, 사유화되었을 때는 인민은 수탈의 대상이 되고, 국가는 멸망하게 되었다고 주장하였다.[20]

조소앙의 주장, 특히 '심리적, 관습적'인 특징으로 '공 개념'을 파악한 것은 한국의 전통사상이 한국인들의 가치관 속에 계승되면서 사회적 공감대로 형성되어 있음을 지적한 것이었다. 결국 만약 누군가 조소앙에게 왜 새로운 경제정책이 국가에 의한 국유와 토지 분배를 주요한 틀로 해야 하는가를 묻는다면, 그는 '우리는 그렇게 살아왔기 때문에 앞으로도 그렇게 살아야 한다'라고 대답했을 것이다.

조소앙은 쑨원주의孫文主義의 영향도 많이 받았는데, 쑨원주의가 중국의 전통적 유교사상의 영향을 받았기 때문에 가능했던 것으로 보인다. 쑨원주의를 체계화한 타이지타오戴季陶는 "중국 고유의 인애仁愛사상이 요순堯舜에서 시작하여 공맹孔孟에 이르러 끊겼으나 자신에게서 다시 발양되었다"고 주장하면서 중국의 전통유학이 바탕이 됨을 주장하였다.[21] 조소앙은 일본 유학시절 타이지타오와 가까운 관계를 유지하며 활동하였다.[22]

조소앙이 인용한 정도전의 상소는 『주례周禮』에 기초한 '공' 개념을 잘 보여주는 것으로,[23] 한국 역사상 왕조교체기나 위기의 시기에 발현되었던 다양한 전통 사상 중 하나이다. 조선 후기 중요한 전환기였던 영·정조 대에는 국가의 경연經筵에서 종종 『주례周禮』가 사용되었으며, 이 시기의 실학 중 중농주의重農主義적 입장을 견지한 학자들은 토지제도 개혁론에 공 개념을 도입하고자 하였다.

구한말의 위기상황에서도 갑신정변의 '혁신정강革新政綱' 내에 정부의 경제질서에 대한 감시와 개입 강화제12조가 포함되었으며, 갑오농민군의 '폐정개혁안弊政改革案'에도 '균전론均田論'이 경제정책의 골자였다. 심지어 자본주의적 제도를 도입하고자 했던 독립협회 역시 공업과 목축에 대한 국가의 계획적 지도 등 공 개념에 입각한 경제정책을 제시하였다.[24]

1905년부터 1910년 사이의 자강운동에서도 『황성신문』을 중심으로 하는 세력들은 '동서고금의 창작절충創作折衷' 이라는 이념에 입각하여 정부가 주도가 되어 상업을 장려하는 중상주의重商主義적 입장을 강조하였다.[25] 광무개혁光武改革 시기 황실에서 주도하였던 '구본신참舊本新參: 옛 것을 근본으로 하여 새 것을 참작한다' 과 구한말 자강운동에서 주장한 '참작절충론參酌折衷論: 옛 것과 새 것을 모두 고려하여 절충한다' 사이에는 구제도와 신제도의 이용 문제에서 일정한 차이가 있었지만,[26] 정부가 경제질서에 개입해야 한다는 점을 공통적으로 주장하였다.

일제강점기를 거쳐 해방 이후까지 계속된 '공' 개념은 1950년대까지 다양한 정치세력들의 경제정책에 영향을 주었으며, 사회적 공감대로 자리잡고 있었던 것으로 보인다. 현존하는 자료가 없기 때문에 여론조사를 통해 이것을 밝히기 어렵지만, 1950년대 말까지 민주당의 신파新派를 제외한 모든 정치세력들은 정부의 경제통제, 중요 기업의 국유 또는 국영을 주장하였으며, 이는 당시의 사회적 공감대를 반영한 것이었다. 식민지로 전락, 해방과 새로운 국가건설, 한국전쟁으로 인한 피폐와 재건 등 민족적 위기와 전환기에 처한 한국사회에는 다양한 전통적 사상 가운데 '공' 개념의 전통이 강하게 나타났던 것이다.

물론 '공 개념' 이 한국사회의 중요한 가치관으로 계속되었지만, 시대에 따라서 내용에 차이가 있었다. 조선시대의 '공' 개념은 『주례』에 기초하여 발현되었고, 구한말의 '공 개념' 은 강유위姜有爲의 대동사상에 영향을 받았다.[27] 조소앙, 박은식, 신채호의 대동주의는 19세기 자유방임적 자본주의 이론의 기초였던 사회진화론을 극복하기 위한 것으로,[28] '공' 개념을 중요한 내용으로 담고 있었다.

1920년대 이후 제국주의에 반대하기 위한 수단으로 도입된 공화주의와 사회주의, 그리고 1930년대 이후의 사회민주주의 이론 및 일본과 독일의 국가사회주의 이론이 한국사회에 쉽게 수용되었던 것은 전통적 '공' 개념과 대동주의의 사상적 기반이 존재하고 있었기 때문이었다. 1930년대부터 해방 직후까지 우익진영과 좌익진영의 경제정책은 토지의 국유화, 대규모 생산기관의 국영, 경제적 활동에 대한 경제적 통제라는 공통적 내용을 담았다.[29]

물론 1950년대의 '공' 개념은 이전 시기와 그 강조점에서 또 다른 차이가 있었다. 조선시대와 일제강점기의 '공' 개념이 제국주의로부터의 해방과 평등한 분배의 문제를 강조하였던 반면, 1950년대의 '공' 개념은 효율적인 경제성장을 위한 수단이기도 했다. 후술하겠지만, 이것은 1950년대 서구의 후진국 경제개발론에 영향을 받은 것이었다.

국가가 경제질서에 개입함으로써 효율적인 경제발전을 이룩해야 한다는 1950년대의 사회적 공감대는 경제개발계획이 입안·실행될 수 있는 중요한 사회적 요인이었다. 1950년대 경제개발론이 다양한 논의를 전개하면서도 공통적인 내용을 담게 되는 중요한 배경이 되었다.

2) 1950년대 미국 원조의 이중적 효과

경제의 피폐와 원조 경제

한국전쟁은 산업기반이나 생활기반 모두에 심각한 영향을 끼쳤다. 한국은행에 의하면 전쟁으로 인한 피해액은 23억 달러로 추산되었으며,[30] 돈으로 계산할 수 없는 심리적인 피해까지 고려한다면 그 액수는 엄청난 것이었다. 이 시기의 경제성장은 더 나은 경제적인 조건을 희구한다기보다는 생존권의 차원에서 제기되었다.

설상가상으로 〈표 1-1〉에서 잘 나타나는 바와 같이 한국전쟁시 유엔군 대여금貸與金 문제로 인해 악화된 인플레이션의 문제는 생존권을 더욱 위협하였다. 한국 정부는 유엔군의 전비를 위하여 한국의 화폐를 제공하였지만, 안정적 재정이 확보되어 있지 않았기 때문에 유엔군에게 가는 전비의 대부분은 통화 증가를 통해 이루어졌다. 마이어 협정을 통해서 유엔군 대여금의 일부를 달러로 돌려받았지만, 이를 통해 통화량이 줄어들지는 않았다.[31]

오히려 〈표 1-1〉에서 볼 수 있듯이 전후에도 통화량 증가에 의해 살인적인 인플레이션이 계속되었다. 전쟁은 끝났지만, 복구와 부흥을 위한 정부의 지출은 계속되었고, 사회 혼란으로 인해 세입이 늘어나지 않는 상황에서 정부는 돈을 계속 찍어낼 수밖에 없었던 것이다.

게다가 1950년대를 통한 북한의 성공적인 복구과정 또한 한국 정부와 지식인에게 충격을 주었다. 북한은 1954년부터 시작된 '경제부흥 3개년계획', 1957년부터 시작된 '1차 5개년계획' 등으로 중공업 부문에서 급속한 성장을 이루었으며, 1954년에서 1960년의 기간 중 공업 부문에서 연평균 20% 내외의

표 1-1. 1950년대 통화량증가율과 물가상승률 (단위 : %)

연도 \ 구분	통화량증가율	서울 소비자물가상승률	전국 도매물가상승률
1954	93.3	37.3	28.1
1955	62.1	68.0	81.9
1956	28.7	24.9	31.4
1957	19.8	23.2	16.3
1958	33.1	-3.8	-6.5
1959	20.7	3.5	2.6
1960	5.2	7.9	10.7
1961	40.43	8.0	13.2
1954-57 평균	51.0	38.4	39.4
1958-61 평균	24.85	3.9	5.0

출처 : 경제기획원, 『개발연대의 경제정책 : 경제기획원 20년사』, p. 853; 김대환, 1981, 「1950년대 한국경제의 연구」, 『1950년대의 인식』, 한길사, p. 201의 〈표 43〉.

성장을 이루었다. 북한 자체의 발표에 의하면 3개년계획이 끝난 1956년의 자본재 생산은 1953년에 비하여 4배, 소비재 생산은 2.1배로 성장하였다. 1957년에 시작된 5개년계획 기간 중 1957년에서 1960년 사이 공업총생산액은 3.5배로 늘어났으며, 이 기간 공업생산은 연평균 36.6% 성장했고, 국민소득은 2.1배 증가했다고 한다.[32] 북한의 경제계획과 성장률은 5·16 쿠데타 직후에 발표된 경제개발계획에 직접적인 영향을 주었다. 미국의 반대에도 불구하고 군사정부가 1963년까지 고수한 성장률 목표 7.1%는 북한의 높은 경제성장률을 의식한 결과였다.[33]

이러한 상황에서 1950년대 미국의 원조는 한국경제의 생존에 절대적인 역할을 했다. 〈표 1-2〉에서와 같이 1950년대를 통해 국민총생산에서 원조가 약 10-23%의 비중을 차지하였고, 정부의 세입구성에서의 비중은 35-50%나 되었다. 정부의 세출 중 가장 큰 비중을 차지하였던 국방비의 경우 〈표 1-3〉과 같이 원조가 차지하는 비중이 평균 40%에 달하였다.

1950년대 한국경제는 '원조경제'라고 불릴 정도로 미국의 대한원조에 의존했다. 농지개혁의 실패로 인한 국내 자본 축적의 실패와 함께 불안정한 사회조건과 실업자의 만연, 그리고 부정부패로 인한 정부 세입의 감소는 미국의 원조를 한국 정부 생존의 필수불가결한 존재로 만들었다.

또한 한국전쟁으로 인해 한국군의 규모가 전쟁 이전에 비하여 7배 가까이 증가하였지만, 한국 정부의 자체 재원으로는 증가된 한국군을 유지할 수 없었다. 1954년 한국 정부와 미국 정부 사이에서 '합의의사록'에 조인하면서 한국군의 작전지휘권을 유엔군에 넘겨주는 대신 한국군 유지비에 대한 미국의 지원을 약속받은 것은 이러한 당시의 상황을 보여주는 것이었다.[34]

표 1-2. 한국경제에서 외국원조의 비중

구분 / 연도	GNP 구성 (백만 달러)			일반세입구성 (억 원)		
	GNP(A)	수원액(B)	B/A(%)	총세입(C)	원조자금(D)	D/C(%)
1953	1,361	194	14.3	46.6	7.9	17.1
1954	1,467	154	10.5	125.9	44.7	35.5
1955	1,414	237	16.8	323.7	150.5	46.5
1957	1,672	383	22.9	415.1	224.5	54.1
1958	1,897	321	16.9	454.8	245.8	54.0
1959	1,980	222	11.2	448.8	189	42.1
1960	1,996	245	12.3	476.6	167.6	35.2
1961	2,104	199	9.5	607.5	240.5	39.6

출처 : 한국은행, 1973, 『한국의 국민소득』; 『조사월보』, 1964년 12월호; 경제기획원, 『한국경제통계연감』 1963년판; 홍성유, 1965, 『한국경제의 자본축적과정』, 아세아문제연구소, p. 42; 한국재정40년사편찬위원회 편, 1991, 『한국재정40년사』, 한국개발연구원, p. 157.

표 1-3. 국방비 중 원조구성비와 원조 중 국방비 지원 구성비(1953-1963) (단위 : %)

연도\구분	국방비 중 원조구성비	원조 중 국방비 지원구성비
1953	5	19
1954	29	44
1955	43	37
1956	48	34
1957	43	22
1958	38	20
1959	38	28
1960	36	32
1961	92	66
1962	72	52
1963	70	57

출처 : 한국개발연구원, 1991, 『한국재정 40년사』 제7권, p. 119.

미국의 원조 감축의 이중적 의미: 계획을 통해 위기를 극복하자

한국전쟁과 북한의 성공적인 복구과정은 남한에서 경제개발계획의 필요성이 사회적 공감대로 형성되는 중요한 요인이 되었지만, 1950년대의 보다 큰 충격은 미국의 대한원조 감소였다. 1950년대 미국은 '뉴룩정책New Look'을 채택하면서 후진국에 대한 군사 · 경제 무상無償 원조를 삭감하였고, 1957년을 기점으로 하여 개발차관기금Development Loan Fund; DLF을 설치하면서 유상차관有償借款으로 전환하기 시작하였다.[35]

한국군과 주한미군의 감축을 위한 논의[36]와 미국의 공적公的 자본을 대신한 개인기업의 사적私的 자본 투자를 강조한 것[37]은 미국의 대한원조를 감축하기 위한 움직임이었다.

〈표 1-4〉에서 나타난 바와 같이 1957년 3억 8,290만 달러였던 미국의 대한원조는 1958년 3억 2,120만 달러, 1959년 2억 2,220만 달러, 1960년에 2억 4,510만 달러, 1961년 1억 9,920만 달러로 감소하였다.[38] 〈표 1-2〉에서 나타나는 바와 같이 1959년부터 미국의 원조가 차지하는 비중이 국민총생산의 10% 내외, 정부 총 세입의 40% 내외로 떨어지는 것은 원조의 절대량이 줄어들었기 때문이었다.

이와 같은 원조의 감소는 한국사회에 심각한 위기의식을 불러왔다. 원조물품을 통해 근근이 생활을 이어가고 있었던 국민들뿐만 아니라 원조 경제에 의지하여 삼백三白: 밀가루, 설탕, 면산업을 중심으로 기업을 유지하고 있었던 기업[39]에게도 원조의 감소는 심각한 위기가 될 수밖에 없었다. 1957년부터 미국의 원조 감축과 관련된 기사들이 신문에 보도되었으며,[40] 1958년 이후 고승제高承濟와 최호진崔虎鎭 등 당대 유명한 경제학자들은 원조가 감축되는 시기를 하나의 전환기로 설정하고 새로운 경제정책의 필요성을 주장하기 시작했다.[41] 한국에 주재하고 있는 미국의 관리들 역시 원조의 감축이 한국사회 내에서 불안정한

표 1-4. 1954-1970년 무상원조 도입 총액 (단위 : 백만 달러)

연도\구분	합계	미국		국제연합	
		AID	PL480	CRIK	UNKRA
1954	153.9	82.4		50.2	21.3
1955	236.7	205.8		8.7	22.2
1956	326.4	271.0	33.0		22.4
1957	382.9	323.3	45.5		14.1
1958	321.2	265.6	47.9		7.7
1959	222.2	208.3	11.4		2.5
1960	245.1	225.2	19.9		
1961	199.2	154.3	44.9		
1962	232.3	165.0	67.3		
1963	216.5	299.7	96.8		
1964	149.3	88.3	61.0		
합계		3,018.7	761.9	457	121.8

출처 : 전국경제인연합회 편, 1976, 『한국경제정책 30년사』, 사회사상사, p. 546; 『한국연감-1964년판』, p. 579.

그림 1-1. 미국의 대한원조 추이(1954-1964년)

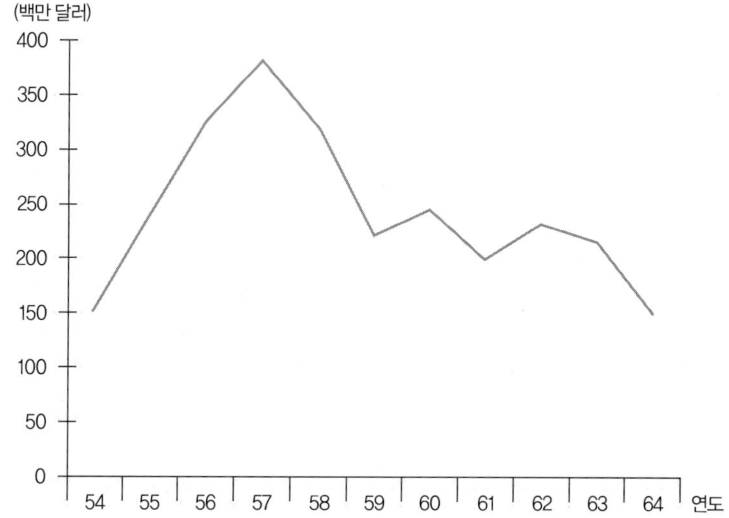

상황을 조성하고 있다고 국무부에 보고했다.[42]

원조의 감축과 함께 또 하나 주목된 것은 무상원조에서 유상차관으로의 전환이었다. 개발차관기금은 무상원조와는 달리 이자와 원금을 갚아야 하며, 차관 계약시 채권자측에서 제시하는 조건에 맞는 계획을 제출하고 이 계획이 승인되어야만 차관을 받을 수 있었다.[43]

이제 정부의 관료와 정치인들은 차관을 승인받기 위하여 계획이 필요하다고 인식하기 시작하였다. 산업개발위원회이하 '산개위'로 약칭의 설치를 주도한 송인상宋仁相 부흥부장관은 설치 목적으로 "1958년도의 미국의 대외원조정책의 변경에 의해 그전의 공여供與식 원조援助가 차관 원조로 전환됨에 따라 피원조국의 경제자립을 위한 시책으로 후진적인 경제요소를 제거하는 것이 긴요"하다는 점을 가장 먼저 내세웠다.[44]

미국의 대한원조 감소와 함께 당시 한국에 근무하였던 미국인 관리들 역시 한국 정부가 주도하는 일정한 계획의 필요성을 공개적으로 천명하였다. 1956년 7월 주한 미국대사와 미국측 경제조정관經濟調整官, Economic Coordinator이 모두 바뀌었는데, 다울링Walter C. Dowling 대사와 원William Warne 조정관은 부임 직후부터 한국에서 경제개발계획 실시가 필요하다고 주장하였다.[45]

특히 경제조정관의 주장은 한국 정부에 많은 영향을 미쳤다. 1952년 5월 24일에 조인된 한미경제조정협정에 의해 설치된 경제조정관실Office of Economic Coordinator; OEC은 한국 정부의 재무장관과 유엔군 사령관의 경제고문을 경제조정관으로 구성되었다. 이 중에서 미국측 경제조정관이 원조물자를 판매한 대금, 즉 대충자금代充資金을 예치한 특별계정을 운영할 권한을 갖고 있었다.[46] 따라서 원조에 의존하고 있던 한국 정부의 재정 상태를 고려할 때 미국측 경제조정관의 한 마디는 경제정책 전체를 좌우할 수 있는 힘을 갖고 있었다.

그런데 주목해야 할 점은 미국의 원조 감축과 무상원조에서 유상차관으로의 전환을 통해 한국 정부는 일정한 계획이 필요하다는 점을 인식할 수 있도록 하였지만, 1950년대의 사회 · 정치적 상황은 이와는 반대로 진행되었다는 사실이다. 즉, 1950년대는 한국전쟁 이후 반공이데올로기가 강화되었던 시기였고, 계획경제를 주장했던 진보당이 불법화되는 상황이었다.[47] 경제정책 결정을 포함한 모든 권력을 장악하고 있었던 이승만은 경제계획에 대해 거부감을 가지고 있었다. 이승만은 1952년부터 1954년 사이에 만들어진 네이산Nathan 계획을 루즈벨트Franklin D. Roosvelt 대통령을 지지하는 공산주의적 성향의 인물이 만들었다는 이유로 검토 자체를 거부하였다.[48] 한 관료의 회고에 의하면 1950년대 후반에는 부흥부에서 만들어진 계획이 보고되었을 때 "5개년계획이라는 것이 스탈린식 사고방식"이라고 하면서 계획서를 보지 않았으며, 이후 대통령에게 경제개발계획에 대해 건의할 엄두도 내지 못했다고 한다.[49]

그러나 역설적이게도 '경제계획' 이 용공容共으로 몰릴 수 있었던 상황 속에서도 경제개발계획이 필요하다는 사회적 공감대가 형성되었다는 사실은 경제개발계획의 입안과 실행이 당시의 절실한 사회적 요구였음을 보여주는 것이었다. 1956년 대통령 선거 직후 주한 미국대사는 진보당의 인기가 조봉암의 개인적 인기라기보다는 자본주의와 자유주의에 대한 대중적 환멸과 '국가계획체제' 로의 지향을 의미한다고 분석하기도 했다.[50] 또한 1959년 오레곤 자문그룹Oregon Advisory Group 은 "국민들에 의해 국가발전을 위한 체계적 계획의 필요성에 대한 인식의 증가"를 한국에서 개발계획 실행이 가능한 첫 번째 요인으로 평가하였다.[51]

이러한 상황에서 이승만 정부는 1960년의 제4대 정부통령 선거를 앞두고 산개위에 경제개발계획의 성안을 독촉하였다. 후술하겠지만, 1958년부터 산개위에서 시작된 장기 경제개발계획안을 위한 논의는 효율적으로 진행되지 못했음에도 불구하고 정부통령 선거를 석달 앞둔 1959년 12월 말 급조되어 선거 직전 공포되었다. 국민들과 사회적 공감대가 어디에 있었는가를 보여주는 또 하나의 예였다고 할 수 있다.

3) 1950년대 저개발국 경제개발론 도입

다른 저개발국의 경험과 이론을 배우자

경제개발계획의 필요성이 사회적 공감대로 형성되면서 많은 경제전문가들이 계획의 입안과 실행 방법에 관심을 갖기 시작하였다. 서구에서 1940년대부터 시작된 저개발국 경제개발론은 1950년대와 1960년대를 통해 발전, 확산되었는데, 이러한 경제개발론들은 자유방임적 자본주의의 기초에 충실한 이론에서부터 사회주의적인 경향의 이론, 남미의 구조주의적인 경향 등 다양한 내용으로 표출되었다. 경제개발론은 제2차 세계대전으로 인해 폐허가 된 유럽의 부흥을 위한 이론으로 시작되었지만, 이후 아시아와 남미의 저개발국들 사이에서 각광을 받았다.

1955년 이후 이러한 저개발국 경제개발론들이 국내에 소개된다. 국내에서 활동하였던 경제학자들은 일본의 번역서를 통해 서구의 경제이론을 접하였다.[52] 사회적 문제를 포함하여 경제개발계획을 입안하기 위한 방법을 서술한 루이스W.A. Lewis 나 틴버겐J. Tinbergen 의 책이 번역되었고,[53] 균형성장론을 주장한 넉시R. Nurkse, 경제적 민족주의를 주장한 미르달G. Myrdal, 자본주의 경제세제하에서 정부의 개입 이론을 주장한 케인즈J.M. Keynes, 경제발전 5단계설을 주장한 로스토우, 저개발국의 사회개혁의 중요성을 강조한 국제연합의 책이 번역 · 발간되었다.[54] 넉시의 글을 비판한 허쉬만A.O. Hirschman 의 불균형성장론도 1965년에 가서야 번역되었지만, 민주당의 경제고문으로 내한하였던 울프Charles Wolf, Jr. 박사와 일본에서 번역된 책을 통해 이미 1960년에 국내에 알려지기 시작했다.[55]

서구의 경제발전론뿐만 아니라 아시아의 다른 국가들의 경제개발계획 경험 역시 국내에 소개되었다. 전쟁의 피해로부터 부흥을 이룩한 예로 일본과 독일이 자주 인용되었으며, 제3세계의 경제건설의 예로서 인도와 이집트의 사례가 소개되었다.[56] 인도의 경제개발계획 입안과정에 바란Paul Baran과 같은 사회주의적 경제개발론자들뿐만 아니라 갈브레이스, 로스토우와 같은 미국의 경제학자이자 대외원조 전문가들이 관여하였다는 점을 고려할 때 인도에 대한 관심은 구미에서 발전된 저개발국 경제개발론 수용에 큰 역할을 하였다.[57]

경제계획기구에 대해서도 국제연합에서 나온 경제개발계획과 관련된 책들을 통해 국내에 소개되었다.[58] 미얀마의 '국가계획성'이나 대만의 '경제위원회', 인도네시아의 '계획국', 필리핀의 '국가경제위원회', 인도의 '국가개발회의'와 '계획위원회', 인도네시아의 '계획위원회', 아프가니스탄의 '최고회의' 등이 소개되었으며,[59] 이승만 정부의 '건설부와 경제심의위원회가칭' 설치안,[60] 민주당 정부의 '경제기획처'와 '중앙종합경제계획기구' 설치안[61] 등은 모두 다른 아시아 국가들의 계획기구를 참고하여 이루어진 것이었다. 군사정부의 경우 통계기구의 개편을 도모하는 과정에서 브라질, 프랑스, 일본, 미국, 콜롬비아, 인도, 캐나다, 이집트, 호주, 영국의 경우가 모두 참고자료로 이용되었다.[62]

1950년대 후반 대학에서도 경제개발론과 관련된 논의가 활발하게 이루어졌다. 당시 대학에서 발행된 신문에는 경제개발론을 소개하는 글이 많이 실렸으며,[63] 경제개발론을 직접 강의하는 강좌들이 개설되기 시작했다. '후진국 경제개발 이론과 정책', '현대경제학-케인즈 경제학', '국민소득론', '미국경제론' 등의 강의가 개설되었으며,[64] 서울대학교 문리대에서는 후진국의 민족주의를 소개하는 박종홍朴鍾鴻 교수의 강의와 후진국의 경제개발과 관련된 박희범朴喜範 교수의 강의가 학생들의 주목을 끌었다.[65] 1960년에는 임종철林鍾哲 교수에 의해 처음으로 '경제계획론' 강의가 이루어졌다.[66]

새로운 경험: 유학, 연수, 출장

1950년대 경제개발론이 수입되었던 또 다른 경로는 학자, 관료들의 외국 연수와 유학이었다. 우선 1950년대에 동남아시아와 남아시아의 국가들, 특히 그 중에서도 영연방 국가들이 주축이 되었던 '콜롬보 플랜Colombo Plan'과 유엔이 주도한 '아시아극동경제위원회United Nations Economic Commission for Asia and the Far East; ECAFE'[67]에 참여한 관료와 경제전문가들은 아시아 후진국의 경제개발계획의 경험을 직접 접할 수 있었다. 인태식印泰植, 김유택金裕澤, 이기홍李起鴻, 송인상, 송정범宋廷範, 황병준黃炳俊, 최규하崔圭夏, 천병규千丙圭, 이한빈李漢彬 등이 이 회의에 참여한 경험을 가지고 있다.[68]

이들은 참석에만 의의를 두었던 것이 아니라, 한국의 경제 상황과 경제정책에 대한 발표의 기회를 가졌고 남아시아의 경험에 대한 발표에 토론자로 참여하기도 했다.[69] 콜롬보 플랜과 아시아극동경제위원회에 관해서는 국내 신문과 잡지, 일간지에 소개되었다.[70] 이러한 회의를 통해 경제관료와 경제전문가들은 〈표 1-5〉와 같이 아시아의 각국에서 시행되고 있었던 경제개발계획의 현황과 내용을 접할 수 있었다.

〈표 1-5〉를 보면 중동지역을 제외한 아시아의 내부분 국가에서 1950년대 초부터 경제개발계획을 입안, 실시하였다는 점을 알 수 있다. 특히 영국의 식민지에서 독립한 영연방 국가들은 다른 아시아 국가들에 비해 상대적으로 빨리 경제개발계획을 입안, 실시하였다. 한국의 경제학자, 관료들은 이러한 아시아의 상황에 많은 영향을 받았다.

식민지에서 독립한 국가들은 대부분 정치적 독립과 함께 자립적인 경제구조를 만드는 것을 시급한 과제로 내세우고 있었다. 제국주의 국가의 영향력으로부터 실질적인 독립을 이룩하기 위해 경제적 자립이 가장 중요한 과제임을, 18세기 이후 아시아 국가들이 식민지화되는 과정에서 절실하게 느끼고 있었다. 식민지 인도의 국산품 구매운동이 인도뿐만 아니라 다른 식민지로부터 적극적인 호응을 받을 수 있었던 것은 경제적 자립에 대한 국민적 공감대를 보여주는 것이었다. 해방된 식민지의 많은 지역에서 사회주의에 대한 공감대가 형성되어 있었던 것 역시 자립적 경제구조에 대한 희구와 무관하지 않았다. 제국주의 국가들이 발전된 자본주의 국가였고, 식민지 민족해방운동에 대해 미국을 포함한 서구 열강들보다 소련이 더 적극적으로 지원했다는 역사적 경험이 식민지에서 해방된 지역이 정치적으로 사회주의를 지향할 수 있도록 하였지만, 이와 함께 러시아 혁명 이후 20여 년의 기간 동안 세계 제2의 강대국으로 부상한 소련의 경험은 저개발국들에게 매우 매력적인 것이었다.

표 1-5. 1950년 아시아 제국의 경제발전계획 실행 상황

	47	48	49	50	51	52	53	54	55	56	57	58	59	60	61	62
버마	예비2년					8년		3년	4년					4년		
실론				C-6									10년			
중국							5년					5년				
인도	예비		예비	C-6	5년					5년					5년	
인도네시아															계획	
일본	예비복구(5년)								5년		신 장기계획					
북한	1년	1년	2년	한국전쟁		3년(복구)			5년						7년	
남한			5년	한국전쟁		Tasca Nathan				5년			3년	5년	5년	
말레이시아				C-6						5년					5년	
몽골		5년						5년					3년			5년
네팔										5년					5년	
파키스탄				C-6						5년				5년		
필리핀													3년			
싱가포르				C-6										5년		
대만							4년					4년			4년/10년	
베트남				1st	인도지나 전쟁					복구(3년)		3년			5년	

주 : C-6 : 1950년의 콜롬보 계획, 예비 : 예비회의 및 논의, 복구 : 전쟁 직후의 복구계획.

출처 : Satterwhite, "The Politics of Economic Development ; Coup, State, and the Republic of Koreas First Five-Year Economic Development Plan(1962-1966)," p. 125의 표를 재구성.

당시 이러한 저개발국의 상황은 소련 식의 계획경제는 아니지만, 경제개발계획을 구상하게 되는 주요한 배경이 되었다.

식민지에서 해방된 지 얼마 되지 않았던 한국 역시 빠른 경제성장을 희구하였다. 그러나 사회주의적 경향의 인물들이 한국전쟁 전후 월북하였고, 그나마 남한에 남아 있었던 사람들도 국가보안법의 틀 안에서 사회주의적 방식을 주장할 수는 없었다. 아울러 〈표 1-5〉에 제시된 아시아 여러 국가들의 계획이 1960년대 이후 대부분 실패로 끝났지만, 계획이 처음으로 시작된 1950년대의 상황에서 다른 아시아 국가의 경제개발계획 입안 및 실행 경험은 한국의 관료 및 지식인들에게는 주목의 대상이 될 수밖에 없었다.

경제학자와 경제관료 중 유학이나 연수를 통해 경제개발론을 접한 인사들도 있었다. 1950년대 후반 경제개발계획의 작성을 위해 임용된 관료들은 거의 대부분 미국에 유학하거나 연수한 경험을 가지고 있었다. 차균희車均禧, Wisconsin University, 이재설李載卨, Missouri State University, 김동수金東洙, Michigan State University, 이기홍Columbia University, 이한빈Harvard Business School 등이 관료 생활 도중 미국에 유학한 이후 국내에 돌아와 경제개발계획의 입안에 참여한 관료들이다.

후에 부흥부와 재무부, 그리고 경제기획원에서 활약했던 김정렴the Federal Reserve Bank of New York, 송정범the Chase Manhattan Bank, 송인상 · 천병규 · 김태동金泰東 · 정재석丁哉錫 · 이희일李熺逸 · 장덕진張德鎭 · 김종대金鍾大 · 송정범이상 World Bank 산하 Economic Development Institute 등은 1950년대를 통해 미국에서 금융 · 재정 및 경제개발론과 관련된 연수를 받은 관료들이었다.

경제학자들 중에서도 탁희준卓熙俊, 1958년 Oxford University, 고승제1961년 Columbia University, 홍성유1955년 Minnesota University, 1956년 Yale University 등이 서구의 대학에서 연수한 경험을 가지고 있었다. 군인들 역시 1961년까지 약 6천 명의 고급장교들이 미국에서 교육을 받았다.[71] 뒤에서 다시 자세히 언급하겠지만, 관료나 경제학자들의 대부분이 식민지 시기 고등교육을 받은 경험을 갖고 있었지만, 저개발국 경제개발론과 관련해서는 1950년대의 유학, 연수 등이 중요한 수입 통로가 되었던 것이다.

몇몇 관료들은 일본의 경제부흥을 직접 접하기도 하였다. 일제강점기 일본이나 한국에서 일본어로 교육을 받은 경제전문가들이 많았기 때문에 영어보다는 일본어에 대한 부담감이 적었으므로 일본의 경험에 가까이 다가갈 수 있었다.[72] 경제개발과 관련된 대부분의 서구 이론서들은 일본어로 번역된 책을 재번역한 것이었다. 그러나 1950년대에는 한국과 일본의 외교관계가 정상화되기 이전이었기 때문에 일본으로 건너가기가 쉽지 않았다. 이필석李珌奭, 한일은행의 경우에는 일본으로 출장을 가서 일본의 부흥상을 직접 경험하고 연수를 할 기회를 가졌다.[73] 조선은행의 일부 직원들 – 천병규, 송정범, 김정렴, 홍용희洪龍熹 등 – 은 동경에 설치된 지점에서 일하면서 일본의 경험을 익힐 수 있었다.[74]

1950년대 이상과 같은 과정을 통해 다양한 저개발국 경제개발론들이 도입되었다. 경제개발계획 실행을 위한 사회적 공감대가 형성되어 있는 상황에서 경제개발론자들은 서구의 이론과 한국적 현실을 결합하면서 다양한 성격의 경제개발의 필요성을 주장하였고, 경제개발계획의 내용에 이러한 논의들이 반영되었다.

서로 다른 길 _ 2

1950년대 한국사회에서 경제성장을 위해서 경제개발계획이 필요하다는 공감대가 형성되었고, 저개발국가를 위한 경제개발론이 한국에 수입되기 시작했다. 경제개발론은 다양했지만, 1950년대의 시대적 상황에서 경제개발론은 자본주의 경제체제의 기본적인 골간을 유지하는 위에서 추진되어야 했다.

그러나 해방 정국의 다양한 정치세력들이 제기했던 정치노선과 초대 헌법의 경제관련 조항에서 나타나는 것과 같이 자본주의적 질서는 다양한 방식으로 수정되고 있었기 때문에 자본주의적 질서 위에서 진행되는 경제개발계획도 서로 다른 성격을 가질 수밖에 없었다. 즉, 국가의 시장에 대한 개입 정도에 따라, 투자의 중심을 중공업과 경공업 중 어디에 맞추느냐에 따라, 내수와 수출 중 어디에 생산량 산정을 맞추느냐에 따라, 대기업과 중소기업 중 어떤 단위를 중심으로 개발을 진행하느냐에 따라 다양한 경제개발의 방식이 제기되었다. 한국의 경제개발계획 역시 이러한 다양한 형태 중 하나를 선택해야 했다. 그렇다면 한국의 계획 입안에 직·간접적인 영향을 주었던 1950년대 한국의 지식인들은 어떠한 유형의 경제개발계획이 한국의 현실에 가장 적절하다고 주장했을까?

1) 민간기업이 주도해야 한다

『사상계』

1950년대를 통해 가장 두드러지게 나타나는 경제개발론은 '민간주도형' 경제개발론이었다. 민간주도형 경제개발론은 경제개발계획의 필요성을 인정하지만, 정부가 자유시장체제를 보조하는 역할만 하고 민간기업이 계획을 주도해야 한다는 내용을 골간으로 하였다. 1950년대 이승만 정부는 경제질서에 적극적인 통제를 가하였고, 이를 통해 정경유착을 통한 부패가 만성화되었다. 이러한 이승만 정부의 정책 때문에 한편으로는 공산주의 이데올로기에 대항하는 사상적 축으로, 다른 한편으로는 이승만 정부의 강력한 경제통제에 저항하는 수단으로서 자유주의 경제이론이 활성화되었다. 이들은 경제후진 현상이 정부의 강력한 간섭 때문이라고 생각하였다.

『사상계』와 민주당 신파는 민간주도형 경제개발론을 주장한 대표적인 그룹이었다. 『사상계』는 1950년대와 1960년대 지식인들 사이에서 선풍적인 인기를 끌었던 잡지로 당시 지식계의 다양한 필진과 내용으로 여론선도자opinion leader의 역할을 했다.[75] 1950년대를 통해 구미의 자유주의 사상에 대한 글을 많이 실었던[76] 『사상계』의 편집위원에는 반공주의적이면서도 철저한 자유주의적 입장에서 독재에 반대하는 인사들이 많았다.[77]

경제정책 및 경제개발론과 관련해서는 성창환成昌煥 고려대 교수, 김영철金榮澈 홍익대 강사, 이정환李廷煥 『사상계』 편집위원, 연세대 교수, 이동욱李東旭 『사상계』 편집위원, 동국대 교수, 고승제서울대 교수, 황병준黃炳晙 『서울신문』 논설위원 등이 주요한 논자로 『사상계』에 참여하였다.[78] 이들은 일본이나 서독, 인도의 경제부흥과정에서 나타난 것처럼 정부의 경제질서 개입의 필요성을 인정하면서도 민간기업이 주도하는 경제개발이 필요하다고 주장하였다.

『사상계』 그룹의 핵심적인 주장은 경제 민주화와 외자外資의 적극적 이용이었다. 전자의 관점에서 가장 문제가 된 부분은 정부 통제의 완화와 자유경쟁적인 기업풍토의 조성이었다. 1954년 사회주의적 내용을 담고 있었던 초대 헌법 경제관련 조항을 개인소유와 민간기업의 역할을 강화하고 귀속재산의 불하를 강조하는 내용으로 개정하였음에도 불구하고[79] 1950년대에는 대다수 국영기업들이 부실하게 운영되고 있었다.[80] 또한 정부의 금융 통제에 의한 특혜대출은 산업부흥과는 다른 방향으로 이루어졌고,[81] 적산기업의 민간에 대한 불하는 지지부진한 상태였다. 따라서 민간주도형 경제개발론자들은 적산기업의 민간 불하,[82] 국영기업의 민영화,[83] 그리고 은행의 자유화를 주장하였다.[84]

외자의 적극적 이용은 자본축적의 방안으로 제시되었다. 1957년 이후 경제 전문가들 사이에서 미국의 대외원조가 감소하면서 외국의 원조에 의존한 한국 경제구조의 문제에 대한 비판이 제기되었지만, 『사상계』 그룹은 원조의 효율적 이용을 통한 자본축적을 강조하였다. 일부 논자들은 국민저축운동, 조세의 강화를 통한 강제저축, 은행의 민영화를 통한 민간자본의 육성 등을 주장했지만,[85] 국내경제가 취약하므로 무리한 내자의 동원이 국민적 희생을 동반하게 된다는 점과 외자의 도입을 통한 자본축적이 인플레이션을 일으킬 가능성이 없다는 판단을 외자도입의 근거로 제시하였다.[86] 일부 논자는 외자를 이용하여 중소기업을 육성하고, 이를 통한 수출증대가 필요하다는 점을 주장하기도 하였으며,[87] 농산물의 가격안정을 위해 잉여농산물의 도입에 찬성한 경우도 있었다.[88]

『사상계』 그룹의 주장 중 또 하나 주목되는 것은 환율의 현실화 주장이다. 이승만 정부는 환화圜貨의 평가절상을 통해 더 많은 원조를 얻고, 환율에 대한 통제를 매개로 대기업과의 유착을 강화하였다.[89] 대기업들은 공식 환율과 실질 환율 사이의 차액을 통해 이익을 챙기고, 이익 중 일부를 뇌물로 상납하는 악순환이 계속되었다.

대체로 민간주도형 경제개발론자들은 미국의 입장과 동일하게 시장경제의 논리에 환율을 맡겨 환화의 평가절상을 막고 환율을 현실화해야 한다고 주장하였다. 환율을 현실화하면 원조물자를 구매하는 기업인들로부터 더 많은 돈을 받을 수 있기 때문에 원조에서 파생하는 대충자금을 통한 세입을 증대시킬 수 있으며,[90] 민간기업에 대한 특혜가 줄어들면 기업 스스로가 경쟁력을 높여 자율적으로 발전할 수 있는 길을 마련할 수 있다는 것이 이들의 주장이었다.[91] 급속한 환율의 현실화가 인플레이션을 초래하고 경제적 불안을 야기할 수 있다는 문제점도 지적되었지만,[92] 경제정상화를 위한 환율제도의 개혁은 『사상계』 그룹의 공통적인 주장이었다.

『사상계』 그룹이 민간주도형 경제개발을 주장한 것은 이 그룹에 속하는 경제학자들이 일제강점기, 해방 직후를 통해 사회주의운동에 가담하지 않았다는 것과 함께 반공적이고 자유주의적 사상이 강했던 『사상계』 자체의 분위기에 기인한 것이었다. 편집위원의 대다수가 38선 이북 출신[93]으로 반공사상이 투철했던 『사상계』에 민간주도형 경제개발론에 근거한 글을 실었던 인사들 중 월남한 고승제함남와 이동욱황해을 제외하고는 38선 이남의 다양한 지역 출신이었다. 이들은 게이죠제국대학 법문학부부완혁 夫琓爀, 도쿄상과대학이정환, 쿄토제국대학 경제학부성창환, 릿교立教 대학 경제학부고승제, 주오中央 대학홍성하 洪性夏, 와세다早稻田 대학 정치경제학부이동욱 등 다양한 대학 출신들이었다. 대체로 이들은 미군정하에서 사회주의적인 경향의 교수들이 대학에서 쫓겨나거나 월북한 이후 경제학계의 주류로 등장한 경제학자들이었다.[94]

민주당 신파와 이광수

『사상계』 그룹과 함께 민간주도형 경제개발의 필요성을 주장했던 그룹은 민주당 신파의 김영선金永善과 주요한朱耀翰이었다. 김영선은 1955년 민주당 창당시 신파로 합류하였고, 가톨릭 계열의 야당지였던 『경향신문』의 논설위원으로 활동하였다. 주요한은 1950년대 『사상계』와 함께 지식인 사이에서 영향력이 컸던 『새벽』을 발행하였고, 『경향신문』 논설위원으로 활동하면서 1957년 민주당에 입당, 1958년 제4대 국회의원에 당선되었다. 두 사람은 모두 민주당의 경제정책을 대변하는 인물로 민주당 정부가 들어선 이후 경제부처 장관재무부, 부흥부, 상공부을 역임하였다.

김영선과 주요한은 민간기업이 주도하는 경제개발계획이 실시되어야 함을 강조하였고, 국가자본주의 내지 사회주의적인 발전방식은 '비능률적이고 부패를 조장' 할 것이라고 주장하였다.[95] 이들은 1954년 사회주의적 내용을 포함하고 있었던 제헌헌법의 경제조항 개헌에 적극 찬성하였다.[96] 이들이 논설위원으로 활동했던 『경향신문』은 외원의 효율적 사용, 관영기업의 부실운영에 대한 비판, 중소기업 중심의 자유시장경제, 환율의 현실화 등을 주장하였다.[97]

민주당 신파의 경제개발론이 가장 잘 반영된 것은 민주당의 경제정책이었다.[98] 민주당의 전신으로 구파가 참여하였던 한민당과 그 후신인 민주국민당은 '중요산업의 국영 또는 통제관리' 를 경제정책으로 천명하였고,[99] 구파의 대표적 인물이었던 조병옥趙炳玉은 자유방임을 배격하면서 국가의 간섭을 용인하는 소위 '신민주주의' 를 주장하였다.[100] 그러나 1955년 뒤늦게 민주당에 합류한 신파는 민주당의 경제정책을 주도하면서 자유경제체제를 강조하였다. 민주당의 3대 당면정책에는 "자유경제체제의 확립에 입각한 경제적 부흥," 정강에는 "자유경제원칙하에 생산을 증강," 1958년의 제4대 총선 선거공약에는 "정부기업체의 민영화" 등이 경제정책으로 제시되었다.[101]

김영선과 주요한은 모두 민주당 신파 소속이며, 『경향신문』에서 활동하였고, 민주당 정부의 경제부처 장관을 역임했다는 공통점이 있었지만, 주요한은 김영선보다 자유주의적 경제체제에 상대적으로 더 적극적인 입장이었다. 주요한은 모든 경제부문에 있어서 정부의 개입에 부정적인 입장이었으며, 특히

1940년대와 1950년대의 제정당 사회단체들이 주장하고 있었던 분배정의의 실현, 즉 '수탈없는 경제체제'에 대해 반대하였다.[102] 그는 생산량이 절대적으로 부족한 상태에서 분배보다는 생산에 집중해야 하며, "지금 고루 나누면 전부 바가지 차고 나가는 것"이라고 주장하였다.[103] 주요한은 또한 『사상계』 그룹과 마찬가지로 외국의 원조를 이용한 자본축적의 필요성을 강조하였으며, 미국의 원조를 적극적으로 수용해야 한다는 입장이었다.[104]

주요한은 또한 중소기업보다는 대기업 중심의 경제개발의 필요성을 제기했다. 1954년 이승만 정부가 기간산업을 대기업을 제외하고 몇 개 중소기업의 합작을 통해 불하하려고 했을 때, 주요한은 "일개 기업체를 다수기업가의 합작하에 둔다는 것은 이상적으로는 가능하나 현실적으로는 그 발전을 저해"한다는 입장을 밝히면서, 중소기업에 대한 지원은 "자유경쟁에 의한 적자생존을 원칙으로 하는 자유경제체제와 배치되는 정책"이라고 비판하였다.[105] 주요한의 대기업에 대한 옹호는 자유주의 경제이론에 충실한 것이었지만, 중소기업 중심의 산업화 방안을 내용으로 하는 『사상계』 그룹의 주장이나 민주당의 공식적인 정책과는 배치되는 것이었다.

주요한이 김영선에 비해 자유주의적 경제사상을 더 강조한 것은 그의 활동 경력에서 비롯된 것으로 보인다. 그는 1920년대 초 '민족개조론民族改造論'을 주장한 이광수李光洙와 친밀한 관계를 유지하였으며, 『동아일보』, 『조선일보』에서 기자로 활동하다가 1935년 이후 박흥식朴興植의 화신연쇄점에 재직하였다. 그리고 수양동우회修養同友會 사건 이후 일본 제국주의의 전쟁정책에 협력한 경력을 가지고 있다. 해방 직후에는 대한상공회의소大韓商工會議所의 설립에 관여하는 등 개인사업에 종사하다가 1950년대 중반 이후 흥사단興士團과 새문안교회를 기반으로 민주당에서 활동하였다.

일제강점기 고등문관시험에 합격하고 전라남도 진도군수를 지낸 김영선과 비교할 때, 이광수와 안창호의 실력 양성, 프로테스탄티즘에 영향을 받은 주요한이 자유주의적 경제사상을 보다 강하게 주장할 수 있었다. 서구적 의미의 근대화와 서양적 사고방식에 근거한 '정신개조'가 경제발전을 위한 필수적인 요소임을 강조하였다는 점 역시 주요한의 사상에서 나타난 특징이었다.[106] 주요한에게 한국역사상 근대산업화의 시작은 서구 정신을 적극적으로 수용하고자 한 18세기 말의 북학파와 19세기 말의 갑신정변이었다.[107]

2) 국가가 적극적으로 주도해야 한다

우리의 길은 서구의 길과 다르다

1950년대에 나타난 경제개발론의 또 다른 유형은 '국가주도형' 경제개발론이었다. 국가주도형 경제개발론을 주장한 대표적인 경제학자는 5·16 쿠데타 이후 군사정부에 경제고문으로 참여하였던 박희범朴喜範과 최문환崔文煥, 박동앙朴東昻 등이었다.[108] 이창렬李昌烈과 주석균朱碩均은 1950년대 후반 이후 관권의 개입에 반대하는 자유경제체제의 중요성을 강조하였지만, 1950년대 중반까지는 국가주도형 경제개발론을 주장하였다.[109] 국가주도형 경제개발론자들은 경제개발 과정에 국가가 강력하게 개입해야 하며 이것이 효율적인 경제성장을 가능하게 할 것이라고 강조하였다.

국가주도형 경제개발론자들은 양적인 성장보다는 산업구조의 문제에 초점을 맞추었다. 최문환과 이창렬은 초기에 넉시의 '균형성장론均衡成長論'에 주목하여 수입대체輸入代替 산업화와 농업발전을 통한 국내시장 성장의 필요성을 강조하였다.[110] 이들은 또한 미르달과 프레비쉬R. Prebisch의 학설도 적극적으로 수용하였다. 독립적인 국가경제의 발전을 강조하면서 '경제적 민족주의'와 '내포적 공업화Intensive Industrialization'를 강조하였다.[111] 프레비쉬는 남미南美의 수입대체 산업화 전략을 이론적으로 뒷받침하였으며, 구미 열강으로부터의 종속된 경제적인 구조를 개혁하는 방안을 제시하였다.[112] 구조주의 역시 경제적 민족주의의 내용을 담고 있었다.[113]

수입대체 산업화 전략과 내포적 공업화는 서로 다른 개념이면서도 공통점을 갖고 있었다. 양자는 모두 산업화 전략을 대외무역보다는 내부적 경제구조의 균형적 발전에 두고 있으며, 이를 통해서 외부의 자본에 종속적이지 않은 경제구조를 만들어 내는 것을 목표로 하고 있었다. 즉, 외부 경제와 단절된 경제구조를 지향하는 것은 아니지만, 내적으로 중공업과 경공업, 그리고 농업을 균형되게 발전시켜 외부로부터의 수입을 대체할 수 있도록 하겠다는 것이다. 경제적 민족주의라는 용어는 이러한 배경 속에서 나온 것이었다.

'국가주도형' 경제발전론을 주장하는 논자들의 글 속에는 경제적 민족주의를 강조하는 내용이 자주 등장하였다. 박희범은 "'아랍에 낫세르주의'가 있다면 '한국에는 한국주의가 있다'"고 강조하였으며,[114] 최문환은 "그들구미: 필자주의 과제가 곧 우리의 과제가 아니다"라고 표현하였다.[115] 이들은 구미 열강으로부터의 경제적 자립을 위하여 수입대체 산업화의 과정을 통한 균형된 공업화=경제적 민족주의=내향적 공업화Inward-looking Industrialization를 '한국주의韓國主義'의 경제발전 전략으로 강조하였다.[116] 이 경향의 경제학자들에게 있어서 소위 '근대화'는 구미식 사회로 나아감이 아니라 고유의 민족문화와 구미 합리주의의 적절한 결합을 의미하는 것이었다.[117]

박희범은 후진국은 선진국형 발전모델에 대비되는 독특한 발전모델이 필요하다고 보았다. 즉, '중상주의 ⇒ 산업자본주의 ⇒ 독점자본주의 ⇒ 수정자본주의'로의 발전경로를 걸어왔던 선진국형 모델에 비하여 후진국들은 '중농주의 ⇒ 보호주의 ⇒ 삼민주의三民主義, 하나의 이념형 ⇒ 후진국형 혼합경제체제'로의 발전모델이 이상적이라고 제시하였다.

'국가주도형' 경제개발론자들은 민간주도형 경제개발론자들과는 달리 외국의 원조를 통한 자본축적에 부정적인 입장을 가지고 있었다.[118] 이들은 내자의 동원을 통한 민족자본의 형성이 경제발전을 위한 가장 중요한 방안이라고 주장하였다. 이들이 주장한 내포적 산업화의 핵심은 내자의 동원이었다. 산업구조의 개편을 통한 균형적 산업발전은 민족자본 형성의 기초가 되는 것이며, 특히 농업과 관련된 공업의 보호육성을 통한 민족자본의 육성을 중요한 과제로 설정하였다.[119]

외자에 대한 반감과 함께 국가주도형 경제개발론자들의 주장에서 나타나는 공통된 특징은 거대기업의 국유 또는 국영을 강조하였다는 점이다. 이들은 무상원조와 정부불政府弗, 그리고 귀속재산의 불하를 통해 성장한 재벌기업을 한국경제의 가장 큰 문제라고 지적하면서, 국가자본을 통한 국유, 국영기업과 중소기업의 진흥이 경제개발 과정의 소유방식이 되어야 한다고 전망하였다.[120] 이것은 국가주도형 경제개발론자들이 산업구조의 개편뿐만 아니라 소유관계를 포함한 산업체제 전체의 개편을 경제개발계획의 목적으로 삼고 있었다는 점을 의미한다.

박희범은 국가주도형 경제개발의 필요성에서 한 걸음 더 나아가 정부의 개입과 경제개발의 효율성이라는 측면에서 독일식의 파시즘이 한국경제에 유효한 방법이 될 수 있다고 주장했다.

> 파시즘의 경제체제는 그 능률에 있어서 확실히 수정자본주의의 그것보다 우수하였다. …… 독재자에 의해 영도되지 않는 한 (파시즘은: 필자주) 수정자본주의처럼 평화적으로 경제문제를 해결할 수 있는 메커니즘을 가지고 있었다.[121]

박희범은 파시즘을 "내포적 성장형으로 전환하지 않을 수 없었던 과정에서 발생한 선진국의 경제체제"로 "수정자본주의와 파시즘은 쌍생아"라고 규정하였다. 그는 파시즘 경제구조가 소유와 경영을 민간에게 맡기는 대신 자원의 분배에 대해서는 국가가 강력하게 통제를 가하며, 유통기구를 국가의 통제구조 하에 두어 전반적인 경제구조의 혁명이 아닌 개혁을 추진한 것으로 이해하였다. 아울러 '산업공사産業公社' 나 '산업공단産業公團' 을 행정적으로 통솔하는 부서에 부副 수상의 자격을 부여함으로써 국가 경제의 일원적 통제에 의한 효율성이 강조된다는 점에 주목하였다. 이러한 주장은 5·16 쿠데타 이후 설립된 경제기획원의 원장이 부총리 급으로 격상된 사실과 관련된다.

국가사회주의에 대한 긍정적인 입장은 '한국주의' 로 대표되는 민족주의에 대한 강조, 재벌에 대한 부정적인 인식과도 연결된다. 한국주의는 서구의 국가사회주의에서 일반적으로 강조하는 '조국Fatherland' 의 개념과 유사하며 국수주의적인 입장을 강하게 내포하는 것이었다.[122] 재벌에 대한 부정적 인식 역시 독일과 일본의 국가사회주의자들이 초기에 취했던 재벌에 대한 부정적 인식과 유사하다.[123]

사회주의의 영향, 그리고 군사정부의 고문으로

'국가주도형' 경제개발론을 주장한 경제학자들의 경력을 보면 공통의 교육적 배경을 가지고 있었다는 사실이 주목된다. 이 계열의 경제학자들은 1945년 이후에 대학에서 교육을 받은 경험을 가지고 있다. 1940년 와세다대학을 졸업한 최문환과 1943년 선천군수를 지낸 주석균을 제외하고, 박희범1947년 서울대 상대 전문부 졸업, 이창렬1946년 경성대 법문학부 졸업, 박동앙1950년 서울대 상대 졸업은 해방 이후 대학을 졸업했다.

공통적인 교육적 경험을 설명하기 위해서는 1945년 해방 직후의 대학 상황에 주목해야 한다. 해방 직후 각 대학의 경제학과는 사회주의 계열의 경제학자들에 의해서 주도되었다. 최호진, 홍우洪又, 고승제, 김두희金斗熙, 성창환 등[124] 넓은 의미에서 자유주의 경제학에 관심을 가지고 있었던 경제학자를 제외하고 해방 직후 경제학과에는 일제강점기부터 사회주의 경제학에 관심을 가진 교수들이 거의 등용되었다.[125] 1946년 이후 연세대 경제학과는 당시 유명한 사회주의 경세학자였던 백남운白南雲과 이순탁이 교수로 있었다. 경성대학 경제학과에서 자유주의 경제학에 관심을 가지고 있었던 유일한 경제학 교수였던 최호진 역시 해방 직후에는 백남운과 함께 활동하였다.[126] 당시의 혼란한 상황에서 학과수업이 충실히 이루어지기 어려웠지만, 사회주의적 경향의 교수들이 학생들에게 미친 영향은 적지 않은 것이었다.[127]

국가주도형 경제개발론은 후술할 사회민주주의형 경제개발론과 내용적으로 유사한 측면이 많다.[128] 재벌에 대한 반감, 정부의 경제질서에 대한 강력한 개입, 중요산업의 국유화와 농업구조 개편에 대한 강조 등은 국가주도형 경제개발론과 사회민주주의형 경제개발론의 공통점이었다. 양자는 모두 수정된 자본주의 체제를 지향했다. 그러나 사회민주주의형 경제개발론자들은 국가주도형 경제개발론자들에 비해 상대적으로 분배정의의 실현, 곧 '수탈없는 경제체제'를 주요한 목표로 강조하였다. 또한 국가주도형 경제개발론이 경제적 민족주의를 강조한 반면 사회민주주의형 경제개발론자들은 민족통일을 경제개발을 위한 중요한 변수로 설정했다. 아울러 국가주도형 경제개발론자들은 1960년대 이후 경제정책 입안과정에 적극 참여하였다는 특징을 가지고 있다.

경제학자들 외에 국가주도형 경제개발론과 관련하여 주목되는 인물은 5·16 쿠데타 주체세력 중 박정희朴正熙와 유원식柳原植이다. 5·16 쿠데타 직후 발표한 글을 통해 박정희는 경제적 민족주의와 함께[129] 국가사회주의와 유사한 민족 구성원 내부에서의 평등권과 국가적 평등권을 강조하였다.[130] 국가사회주의적인 성격을 띠는 쑨원孫文의 이념·메이지유신明治維新·나세르의 이집트 혁명에 대한 강조 역시 그의 책에서 나타나는 중요한 특징의 하나라고 할 수 있다.[131] 미 대사관의 참사관이었던 헨더슨Gregory Henderson은 박정희의 지도력에 대한 이해가 히틀러Adolf Hitler나 도죠 히데끼東條英機의 사상과 비슷하며, 이것은 경상북도 영남

남인嶺南南人의 학풍으로부터 영향을 받았기 때문이라고 분석하였다.[132]

박정희와 함께 군사정부의 주체 중 주목되는 인물은 국가재건최고회의 상공분과 위원장으로 1962년 6월까지 경제정책을 책임지고 있었던 유원식이다. 유원식의 아버지는 무정부주의자로 유명한 유림柳林이다.[133] 유림은 유원식이 "왜적倭敵의 녹祿을 먹었다고 28년 동안 상면相面을 거절"했다고 하지만,[134] 유원식의 회고담에 근거할 때 아버지가 그에게 준 영향은 적지 않았던 것 같다.[135]

무정부주의적인 경향은 1920년대 이후 나타나는데, 전술한 '개명開明 유교지식인' 박은식, 신채호 역시 무정부주의적 경향을 수용하였다. 유림이 해방 직후 조직한 독립노농당의 '당략'과 '당책'의 경제부분은 전술한 해방 전후 정치세력들의 경제정책과 거의 유사한 내용을 가지고 있었다. 즉, 계획경제체제, 금융업의 국영, 사유재산의 제한 등을 경제정책에 포함하고 있었다.[136] 유원식은 정부가 주도하면서 외자에 의존하지 않는 경제개발을 추진해야 한다는 생각을 가지고 있었는데, 여기에는 부친의 사상적 영향이 적지 않았던 것으로 보인다.[137]

박정희와 유원식의 공통적 배경은 일본의 군인으로 활동했으며 일본의 패전 직후 일본군을 탈출하여 광복군에 잠시 참여했었다는 점이다.[138] 유원식의 일제강점기 교육경력 및 활동경력은 베일에 싸여 있지만, 박정희의 교육경력은 국가사회주의적 경제사상을 가질 수 있는 배경이 되었다. 박정희는 일본식 국가주의 사상을 철저하게 가르쳤던 대구사범학교와 만주국의 나가노長春 군관학교를 졸업했다.[139] 박정희의 일제강점기 교육배경은 그가 일본의 국가사회주의적 경향에 많은 영향을 받았다는 사실을 보여주는 반면, 그가 해방 이후 남조선노동당의 군내 프락치로 활동하였다는 사실 또한 주목해야 할 부분이다. 박정희가 국가사회주의적 교육을 받았으면서도 공산주의 활동을 할 수 있었던 것은 조선공산당에서 활동했던 친형 박상희朴相熙의 영향이 컸을 가능성도 있으며, 국가사회주의적 이념과 사회주의 이념의 유사성이 그 원인일 가능성도 있다.

국가사회주의적 경향은 일부 국가주도형 경제개발론자들이나 일제강점기 군국주의 교육을 받았던 몇몇 군인들뿐만 아니라 1930년대 이후 민족운동에서도 다양한 형태로 나타났다. 기독교 계열의 대표적인 인사였던 신흥우申興雨는 1932년 이후 독일식 국가사회주의를 기독교운동에 접목시키려 하였다.[140] 식민지 시대 말기 일부 노동자들과 학생들은 히틀러의 『나의 투쟁』을 독립운동을 위한 지침서로 참고하기도 하였다.[141] 1930년대 이후 독일과 이탈리아의 국가사회주의는 지식인들 사이에 하나의 진보적인 조류로 유행했던 것이다. 대한민국 정부 수립에 참여하는 이범석李範奭과 안호상安浩相 역시 국가사회주의적 경향의 인사들이었다. 이범석은 해방 직후 민족청년단을 조직하고 "민족지상民族至上, 국가지상國家至上"의 슬로건을 내걸었다.[142] 안호상은 히틀러와 나치즘이 유행하기 시작할 무렵인 1920년대에 독일에 유학하였는데, 1949년 국가사회주의적인 내용을 담고 있는 '일민주의一民主義'를 기초하였다.[143]

국가주도형 경제개발론을 주장하면서 국가사회주의적 사상을 가지고 있었던 박정희는 군사정부의 경제고문으로 박희범, 박동앙, 이창렬, 주석균 등을 등용하였다. 유원식도 박희범의 의견을 대부분 수용하였다고 한다.[144] 박정희와 유원식, 그리고 박희범이 모두 경상북도 출신이었고,[145] 경제사상의 유사성은 이들이 함께 경제정책을 입안할 수 있는 기본적 이유가 되었던 것으로 보인다.

3) 자본주의의 수정이 필요하다

다수를 위한 계획적 민주주의

1950년대 혁신운동을 주도했던 세력들은 서구의 사회민주주의적 방식을 경제개발의 이상적인 모델로 상정하였다. 이들의 경제사상을 잘 보여주는 것은 진보당進步黨의 경제정책이다. 진보당의 사회민주주의적인 지향은 1950년대의 세계정세에 대한 인식에서 출발하였다. 즉, "자본주의의 자기수정적 경향," 그리고 후진국의 "민족적 자주독립"과 "국내 건설 촉진"을 위한 노력을 1950년대의 주요한 세계정세로 인식하였다. 이것은 곧 "사회적 민주주의 노선"을 의미하는 것이며, 진보당의 간사장이었던 윤길중尹吉重에 의하면 '한국의 양심적 진보주의' 였다.[146] 진보당은 '사회민주주의'를 당의 강령으로 채택하였고, 자유경제체제를 전면적으로 부인하지는 않으면서 국가가 주도하는 '계획된 경제체제의 필요성'을 강조하였다. 진보당 경제정책의 핵심은 민족경제를 건설하고 부패한 경제구조를 개편한다는 것이었다. 즉, "급속한 템포로 대대적인 경제건설을 촉진하여 사회적 생산력을 크게 제고하는 한편 사회적 생산물의 공정한 분배에 의하여 사회적 정의를 옳게 실천"한다는 기본원칙에서 출발하였다.

> 우리는 낡은 자유민주주의 또는 개인적 민주주의를 폐기, 지양하고 분연 과감히 새로운 민주주의, 즉 사회적 민주주의에로 옮아서지 않으면 아니된다. 사회적 민주주의는 평등적 민주주의이며 동시에 계획적 민주주의이다. 자유민주주의는 소수인의 자유를 의미할 뿐이었지만 20세기의 사회적 민주주의는 모든 사람 즉 다수인의 자유를 의미하며, 따라서 그것은 모든 사람의 자유와 평등의 실천적 구현을 위한 평등적 민주주의이다. 그리고 사회적 민주주의는 동시에 계획과 통제의 제 원칙에 입각하는 계획적 민주주의이다. 계획과 통제는 자본주의 경제에 있어서의 모순과 무정부성을 극복, 지양하기 위해서 …… 불가결한 것이다.[147]

진보당에서 주장하는 소위 '사회적 민주주의'의 핵심은 자본주의 경제질서의 모순과 무정부성을 지양하기 위하여 경제에 대한 계획과 통제 정책을 적절하게 배합한다는 것이다. 그리고 이를 위한 구체적인 방법으로 교통, 체신, 운수, 은행 등 중요 산업부문과 거대한 기업체를 국유화하며, 국가자본과 외국 원조에 의해 필요한 산업부문을 신설하고 이를 국유화 또는 국영화할 것을 주장하였다. 그러나 모든 산업부문을 국유화하자는 것은 아니었고 중소산업에 대해서는 적절한 국가적 지도와 원조를 통한 보호, 육성을 주장하였다.

진보당 창당시에 내놓은 '정책'에 제시된 내용에 비하여 자유시장 경제체제를 강조하고 있는 '계획성 있는 경제체제' 역시 진보당의 경제정책을 담고 있는 중요한 글이다.[148] 이 글에서도 국가의 역할을 강조하면서 국가를 "자유와 계획을 현명하게 결합하는 자유제 계획경제"의 핵으로 설정하였다. 아울러 기업의 소유형태에서 교통, 체신, 운수, 은행 등 중요 산업부문과 거대한 기업체의 국유화, 국가자본과 외국원조에 의해 필요한 산업부문을 신설하고 국유, 또는 국영화, 중소산업에 대한 국가적 지도와 원조를 통한 사적 소유의 보호 등을 제시하였다. 이승만 정부의 귀속재산 불하방침에 대해서 "견결히" 반대했으며, 금융을 국가관리하에 둘 것을 주장하였다.[149]

진보당의 경제정책에서 눈에 띄는 또 하나의 특징은 농업부문을 강조하였다는 점이다. 이는 진보당의 당수였던 조봉암이 농림부장관을 역임했던 경력[150]과 관련되는 것이었으며, 다른 한편으로는 기층대중의 생존권에 대한 문제제기이기도 했다. 진보당의 정책을 보면 '농업의 문제', '협동조합 소직화의 문제', '농업정책' 등 세 부분에 걸쳐 농업에 관한 문제를 제시하고 있다. 토지의 개인소유를 인정한다는 점과 함께 협동조합의 중요성을 강조한 것은 진보당 정책의 사회민주주의적 성격을 잘 보여주는 것이다.

4·19 혁명 이후에는 적극적으로 사회민주주의형 경제개발론이 표출되었다.[151] 핵심적인 내용은 자주적인 경제성장을 이룩해야 한다는 것과 중요산업의 국유화였다. 이러한 내용을 잘 보여주는 글은 당시 사회대중당의 선전위원장이었던 유병묵劉秉默의 산업국유화 정책이다.[152] "보수와 혁신을 구분하는 준척準尺은 사회주의 정책의 채택 여부에 달려 있다"로 시작되는 이 글에서 유병

묵은 마르크스주의나 공산주의 이념과는 다른 '한국적 사회주의' 노선을 표방하였다. 유병묵은 산업국유화는 혁신세력뿐만 아니라 보수세력도 주장하였지만, 산업국유화가 '자주성 있는 경제구조'와 '민주사회주의'의 위에서 이룩될 때만이 진정한 의미를 지닐 수 있다고 주장하였다. 그는 부정축재 재산의 몰수 후 국유 또는 국영을 실시하고, 기타의 기업은 "민족적 양심을 지니는 양심적 자본가에 정당한 가격에 의하여 불하할 것"을 개혁의 방향으로 제시하였다. 공업화의 방식에서는 경공업보다는 중공업 중심의 경제개발방식을 선호하였다.[153]

혁신운동을 통한 공론화

4·19 혁명 이후 사회민주주의적 경제개발론에서 특히 주목되는 점은 경제개발의 과정에서 통일을 염두에 두고 있었다는 점과 일본과의 관계정상화에 따라 일본 경제에 예속될 가능성을 경계하고 있었다는 사실이다. 민주당 정부에 이르러 대부분의 경제학자나 관료들이 일본과의 관계정상화가 급속한 경제성장을 위하여 필요한 것임을 인정한 반면, 혁신세력의 경제전문가들은 통일문제에 초점을 맞추었다. 경공업이 중심인 남한과 자원이 풍부하고 중공업이 발전한 북한의 통일은 외국의 경제침투를 막고 자립적 경제건설의 주요한 기초를 제공할 수 있다는 것이 이들의 주장이었다.[154]

혁신세력의 경제개발론은 경제정책으로 실현되지 못했지만, 사회적으로 많은 영향을 미쳤다. 대한민국 정부수립 직후 중도적 노선을 표방하였던 조봉암, 강진국, 강정탁이 농림부를 장악하면서 사회민주주의적 성향을 정책으로 실현할 수 있는 기회도 있었지만,[155] 1년도 되지 않아 해임되었다. 그러나 이들과 함께 일했던 사람들은 한국전쟁 이후까지 남한에서 활동을 계속하였다. 특히 조봉암의 1949년부터 1951년 농촌조직 활동, 1952년과 1956년 대통령선거 출마, 1956년 말 진보당 조직 등을 통해 사회주의적 경향의 인물들이 계속 활동할 수 있는 공간이 확보되었다. 진보당 외에도 1950년대에는 민주혁신당이 혁신계 인사들의 활동공간이 되었다.[156]

1950년대에는 또한 대학 내에서 합법, 비합법적인 서클이나 학회가 나타났다. 대체로 이 조직들은 사회민주주의에 관심을 갖고 있었는데, 서울대학 정치학과의 '신진회', 법학과의 '신조회', 사회학과의 '후진사회연구회', 경제학과의 '경우회'와 '사경회' 등과 고려대학의 '협진회' 등이 대표적인 조직이었다.[157] 이들은 사회민주주의나 수정자본주의와 관련된 세미나와 발표회, 강연회 등을 개최하였으며,[158] 특히 노동 문제에 관심을 가졌다. 이러한 분위기 속에서 1957년 세칭 '유근일柳根一 필화筆禍 사건'이 발생하기도 하였다.[159]

대학 내의 사회민주주의적 경향은 4·19 혁명 이후 폭발적으로 나타났다. 1960년 9월 이후 서울대, 성균관대, 경희대, 경북대, 부산대, 고려대, 외국어대, 건국대, 청주대, 대구대, 전남대, 조선대, 제주대 등에서 민족통일연맹 혹은 민족통일연구회 등이 조직되었고, 1961년의 '반反외세·반反봉건·반反매판자본'을 모토로 하는 4·19 제2선언문에 이어 '민족통일전국학생연맹'이 결성되었다. 4·19 직후 학생들의 경제적 지향은 '신생활 계몽운동'을 통한 경제적 자립의 강조로 나타났다. 1960년 9월 29일 고려대, 연세대 등 서울의 12개 대학 경제학과 학생 1천여 명이 참가한 가운데 조직된 '전국자립경제추진위원회'가 대표적인 예라고 할 수 있다.[160] 4·19 시기의 학생운동은 1960년대 이후의 학생운동으로 계승되었고, 사회주의와 북한의 체제를 선호하였던 1960년대 이후의 비합법운동은 혁신운동을 직접 계승한 것은 아니었지만, 4·19 혁명 이후 활성화되었던 혁신계 청년조직의 구성원들이 주도한 것이었다.

3_공통의 목표

경제성장을 위하여 일정한 조치가 취해져야 한다는 주장은 같았지만, 어떠한 조치가 가장 적절한가에 대해서는 다양한 방법이 제기되었다. 경제성장을 위한 논의에는 경제학자에서부터 정치인, 언론인, 관료 등 다양한 사람들이 참여했다. 이들은 1950년대 한국 경제의 문제점을 진단하면서, 한국 경제가 개선되면서 성장하기 좋은 체질을 가질 수 있는 방안을 제시하였고, 대체로 크게 세 개의 그룹으로 분류될 수 있었다. 그리고 이들 세 그룹은 1950년대 후반부터 1960년대 초반 정부가 세 번 바뀌는 격동기에 서로 다른 정부하에서 주도적인 역할을 했다.

이 과정에서 1950년대 후반부터 경제개발계획이 입안되기 시작하였지만, 서로 다른 정부하에서, 서로 다른 주장을 했던 사람들이 주도했던 경제개발계획 사이에는 공통된 특징이 있었다. 서로 다른 주장을 했던 사람들이 만든 경제개발계획 사이에서 왜 동일한 성격의 특징이 나타났던 것일까? 이들이 말로만 서로 다른 주장을 하고 있었던 것일까? 아니면 자신들의 특징을 드러내기에는 이들의 수준이 너무 낮았던 것일까?

1) 전통과 식민지의 유산

정부가 주도하는 계획이 필요하다

〈표 1-6〉에서와 같이 1950년대와 1960년대의 경제개발론은 크게 '민간주도형' 경제개발론, '국가주도형' 경제개발론, '사회민주주의형' 경제개발론으로 구분할 수 있다. 이들 경제개발론은 각기 독특한 역사적 배경을 가지며 내용상으로도 차이를 보인다. 이러한 차이는 경제개발계획의 구체적인 내용과 관련된 것이기도 하며, 궁극적으로 계획 이후에 건설될 경제체제와 관련된 것이었다.

그런데 주목되는 점은 서로 다른 경제개발론들 사이에서 공통된 내용들을 찾을 수 있다는 사실이었다. 우선 1950년대와 1960년대의 경제개발론은 모두 정부가 경제질서에 개입하는 '경제개발계획'의 필요성에 대해 공감하고 있었다. '민간주도형' 경제개발론자들도 정부가 개입하는 경제개발계획의 필요성에 공감하고 있었으며, 정부의 '보이는 손'의 역할을 어떻게 하면 최소화할 것인가가 가장 중요한 고민이었다. 이들이 국가와 관료의 경제질서 개입에 강력하게 반대했던 것은 이승만 정부를 통해 나타났던 비정상적인 형태 때문이었지, 정부 개입의 불가피성에 반대한 것은 아니었다.[161] 정부 개입의 필요성을 강조하는 분위기는 1960년대 후반까지 계속되었다. 이에 대해 한 경제학자는 1960년대 후반까지 "한국의 경제발전을 위해서는 국민경제의 중요한 중추기관을 민간기업인들의 손에 넘겨주어서는 안 된다고 확신"하고 있었으며, "자본주의 경제의 좌경화－정부의 지도성 경제－에 대한 일종의 매혹"에 사로잡혀 있었다고 회고하였다.[162]

1970년대 이후 정부의 경제질서에 대한 개입을 최소화해야 한다는 신고전주의적 입론들이 경제학자 및 관료들 사이에서 확산되었고, 1970년대 후반부터 경제안정화 정책의 일환으로 정부의 역할 축소를 위한 논의가 제기되었지

표 1-6. 1950년대 한국 경제전문가들의 경제개발론의 특징

특징\개발론 유형	민간주도형	국가주도형	사회민주주의형
정부의 역할	개인기업이 주도, 정부는 보조적 역할	정부가 주도	정부가 경제질서를 강력하게 통제
투자의 주체	민간 또는 민간기업	산업공단 (박희범)	중요산업과 기간산업은 국가, 중소기업은 민간
중요산업과 대기업	민간에 불하	국유 또는 국영	국유 또는 공유
계획기구	새로운 계획기구	산업개발공사	관민합동의 경제계획 위원회 (진보당), 경제기획 위원회 (사회대중당)
대기업 또는 재벌	자유경제의 원칙하에서 경쟁적 참여 (주요한)	재벌의 해체와 국유화	재벌의 해체
적산기업	민간에 불하	국가 관리	민간 불하에 반대
자본축적	외자	농업을 통한 민족자본의 축적	중소기업과 국가자본의 강조
투자의 우선순위	노동집약적 경공업(부완혁)	중공업과 기간산업	중공업과 기간산업
환율	현실적 환율로의 개혁		
분배	선 생산증대 후 분배 (주요한)	국가의 유통과정 통제 (박희범)	수탈 없는 경제체제 (경제개발과정에서 가장 중요한 문제)
산업개발전략	산업화 = 서구화	수입대체산업화 전략 농업과 중공업 중심	민족자주경제 건설 기간산업 중심
통일문제			경제개발 과정의 수단이자 목표 (사회대중당)
계획 이후 건설될 체제	영미식 자본주의	후발 자본주의	사회민주주의
수용한 서구이론	자유방임주의, 케인즈 이론	균형성장론, 경제적 민족주의, 구조주의	사회민주주의
공통적 특징	정부의 개입을 인정, 실업과 자본축적을 경제개발계획 입안에서 가장 우선적으로 고려, 균형성장과 농업발전을 강조		
주도 인물	『사상계』 그룹 (성창환, 이동욱, 이정환, 고승제) 민주당 신파(김영선, 주요한)	일부 군사정부 경제고문 (박희범, 최문환, 이창렬, 주석균, 박동앙), 군사정부 의 주체 (박정희, 유원식)	진보당 (조봉암, 윤길중), 사회대중당 (유병묵)

만, 한국사회에서 정부가 일정한 역할을 해 주어야 한다는 신화는 국민들 사이에서 공감대를 형성하고 있다. 어쩌면 그러한 신화가 현재 한국사회에서 나타나고 있는 박정희 신드롬의 배경이 되는 것일 수 있으며, 금융위기의 극복과정에서 나타난 빅딜의 가장 큰 후원자일 수도 있을 것이다.

경제개발론자들은 정부의 개입 방안으로서 새로운 '중앙 경제기획 기구' 를 만들어야 한다고 주장했다. 민간주도형 경제개발론을 주장했던 이정환은 내무부의 예산국과 부흥부의 계획국을 포함하여 정치적으로 중립을 지키면서 각 부처의 상위에 위치한 계획기관의 필요성을 제기하였고,[163] 최호진은 일본을 예로 들며 통계기구의 정비를 통해 계획기구를 강화할 것을 주장하였다.[164] 진보당은 1956년 제3대 정부통령 선거 당시 공약을 통해 "관민합동의 경제계획위원회"의 설치를 주장하였고,[165] 사회대중당은 '경제기획위원회의 설치' 를 주장하였다. 국가주도형 경제개발론을 주장했던 박희범은 경제계획의 문제뿐만 아니라 중요산업의 투자문제를 주도하는 부총리급의 '산업공단' 의 설치를 주장하였다.

1950년대 경제개발론자들이 정부의 개입에 대해 선호한 것은 기본적으로 일제강점기 이래 지속되었던 사회적 공감대, 즉 전통적 '공개념' 과 3 · 1 운동 이후 민족주의적 지식인 사이에서 공통적으로 나타난 인민 주권주의에 기반한 '공화주의', 일제강점기 좌파 지식인들의 '계획경제론' 에 영향을 받은 것이었다. 즉, 정부의 개입을 통해 균형적인 분배구조와 효율적인 경제성장을 달성해야 하겠다는 문제의식의 발로였다.

일제강점기 총독부, 미군정, 그리고 이승만 정부의 중앙집권적 통치방식은 지식인들과 대중들에게 정부가 통제하는 사회질서에 대한 반감을 불러일으켰음에도 불구하고,[166] 정부 개입의 필요성이 사회 구성원들의 공감을 얻었다는 것은 전통적 '공개념' 과 '계획경제론' 이 공감대로서 남아 있었음을 의미하는 것이었다. 경제개발론자들의 논의 역시 이러한 사회적 공감대 안에서 진행되었다. 전통적인 사고와 교육방식이 남아 있었던 일제강점기에 태어나 생활하였기 때문에 1950년대 활동했던 경제전문가들의 사상 속에는 전통적인 가치관이 녹아 있었을 가능성이 크다.[167]

식민지 교육의 유산

경제개발론자들이 정부의 개입을 공통적으로 주장하였던 또 다른 배경은 이들이 일제강점기에 교육을 받았다는 점이다. 이들은 일제강점기를 통하여 마르크스 이론에서부터 케인즈 이론에 이르기까지 다양한 경제이론을 습득하였다. 또한 이들은 대학을 졸업한 이후 국내의 다양한 대학에서 교편을 잡기도 하였으며, 총독부나 만주국의 관료, 은행직원 등으로 활동하였다.[168]

메이지유신 시기 이후로 많은 일본의 경제학자들은 경제생활에서 국가의 역할에 대한 규명에 실패한 자유방임주의를 비판하는, 리스트Friedrich List로 대표되는 '보호주의'나 '강단講壇사회주의자'들의 영향을 받았다.[169] 일본의 도쿄東京대학, 쿄토京都대학, 게이오慶應대학, 도쿄고등상업학교, 와세다대학 등 다양한 대학에서 교편을 잡고 있었던 경제학 교수들 중 대다수는 자유방임주의에 비판하는 입장에 서 있었다.[170] 이들은 1930년대 이후 일본에서 파시즘이 유행할 때 경제정책의 입안에 참여하였다.[171] 1950년대의 많은 경제학자, 관료들이 쿄토대학성창환, 도쿄고등상업학교이정환, 도쿄고등농업학교최주철, 차균희, 와세다대학이동욱, 최문환 출신이었으며, 다른 일부는 도쿄고등상업학교와 도쿄대학 출신의 일본인들이 교편을 잡고 있었던 게이죠京城대학신현확 申鉉碻, 김영선, 부완혁, 게이죠고등상업학교송인상 출신이었다. 이 당시 도쿄고등상업학교와 게이죠고등상업학교, 그리고 게이죠대학의 교과목에는 '경제정책', '농업정책', '대륙경제정책', '식민론' 등 일본제국주의의 경제정책과 관련된 교과목이 일부 포함되어 있었다.[172]

독일의 영향을 받은 강단 사회주의자들이 국가의 경제질서에의 개입을 강조하는 경향을 가지고 있었고, 메이지유신 이래 일본의 경제정책이 국가와 경제관료의 강력한 개입을 통해 이루어졌던 사실을 감안한다면 일제강점기의 경제학 또는 경제정책 관련 교육 경험이 어떠한 영향을 미쳤는가는 쉽게 추측할 수 있다. 일본에서도 일제강점기 만주에서 '경제계획'을 입안·실시했던 인물들이 전후 통상성通商省에서 경제정책을 입안하였다. "전후의 경제 '기적'을 이룩한 사람들이 바로 1920년대 후반에 산업정책을 구상하여 1930년대와 1940년대에 그것을 집행했던 사람들"이었다는 평가에서 잘 나타나듯이 일본 역시 일제강점기의 경험이 전후까지 이어졌다.[173]

일제강점기에 전문교육을 받은 경제전문가들은 졸업한 이후 일본 및 국내의 은행에서 활동하였고, 일부 경제관료 및 경제학자들은 만주국의 관리양성 학교인 대동학원大同學院을 졸업하였다.[174] 5·16쿠데타 이후 한국정치의 주역이었던 군인들 중 일부 역시 일제강점기 일본 육군사관학교와 만주국의 나가노 군관학교를 졸업하였다. 일본은 1930년대부터 식민지 조선과 만주국에서 '조선북부공업지대건설계획朝鮮北部工業地帶建設計劃'과 '만주산업개발滿洲産業開發 5개년계획'을 입안, 실시하였으며,[175] 특히 만주의 경우 국가사회주의적인 성향이 강한 일본 군인들에 의해 장악되어 있었다. 만주의 산업개발 5개년계획은 일본 육군성과 만주의 관동군 사령부에 의해 입안되고 실시되었다.[176] "반反자본주의와 국가사회주의 사상으로 물든 일본 군대의 '젊은 장교들'은 관동군에 큰 영향을 미쳤으며, 만주를 이러한 사상을 적용할 수 있는 실험공장으로 이용"하고자 하였다.[177] 박정희는 메이지유신을 "우리의 혁명의 방향을 결정하는 것을 도와준 거울"이라고 하였고, 1936년 국가사회주의를 신봉하는 가난한 농촌 출신의 젊은 군인들이 일으킨 2·26 쿠데타에 관심을 가지고 있었다.[178] 만주에서의 경제개발계획의 경험이 직접적으로 인용된 글은 거의 없지만,[179] 일부 관료들에 대한 인터뷰를 통해 발표된 연구성과에서는 일제강점기 교육 경험이나

관료, 기업가로서 만주에서 활동했던 경험이 해방 이후의 과정에 투영되었음을 밝히고 있다.[180]

일제강점기의 경험이 정부의 개입을 강조한다는 정책의 내용에만 영향을 미쳤던 것이 아니라, 정책 결정의 과정에도 영향을 주었다. 해방 이후의 경험이기는 하지만, 김정렴의 회고록에 의하면 그는 조선은행의 동경지점에서의 활동 기간 동안 일본의 부흥과정을 체득할 수 있었는데, 그중 하나는 "소수학자와 관청 이코노미스트에 의한 강력하고 획기적인 기획입안, 비등하는 여론과 비난에도 정책을 과감히 추진하여 소기의 성공을 거두는 행정력"이었다.[181] 정부수립 이후 엘리트주의에 입각한 경제정책 결정과정은 일제강점기 경험이 가져다준 산물이었으며, 비민주적이고 독선적인 정책결정과정이 자리잡게 되는 배경이 되었다.

일제강점기의 교육배경, 활동 경험과 관련하여 한국의 관료들이 계획기구의 명칭에 '계획計劃' 이라는 용어보다 '기획企劃' 이라는 용어를 선호했다는 점 역시 주목된다. '기획' 이라는 용어가 '계획' 보다는 더 넓은 의미를 가지고 있기는 하지만, 의미상에서 큰 차이는 없다. 영어로는 'planning' 의 동일어로 사용된다.[182] 1948년 정부 수립시 있었던 경제계획을 총괄하는 기구의 이름은 '기획처' 였고, 1961년 군사정부에 의해 만들어진 기구의 이름은 '경제기획원' 이었다. 이것은 일본의 행정체제가 한국관료들에 미친 영향의 하나라고 할 수 있다. 일본은 1937년 '키카쿠인きかくいん, 企劃院' 을 만들었고, 1955년에는 '게이자이키카쿠쵸げいざいきかくちょう, 經濟企劃廳' 을 신설했다.[183] 양국에서 창설된 '기획' 이라는 용어가 들어가는 기구는 모두 경제계획 및 물자동원과 관련된 부분을 총괄하는 비슷한 기능을 하는 기구들이었다.[184]

일제강점기의 교육과 행정 경험으로부터 영향을 받았지만, 고려해야 할 또 다른 점은 해방 이후에 활동했던 경제전문가들이 일부를 제외하고는 제한된 형태의 교육 경험만을 갖고 있었다는 사실이다. 도쿄고등상업학교를 비롯한 몇 개 높은 수준의 경제전문대학을 제외하고 대부분의 고등상업학교는 교육목적이 일반대학의 경제학과와는 달리 전문적인 관리기술, 또는 직업교육에 두어졌다. 경성고상의 경우 식민지 조선의 우수한 학생들만이 입학할 수 있었지만, 실제로 이곳에서 가르치는 과목 중 대다수는 '상업통론', '보험총론 급及 해상보험론', '화폐 급 외환위체론', '부기', '원가계산', '회계학', '상업수학', '상품학', '상업지리', '상업실천', '상업사', '주산' 등 은행이나 회사에서 필요한 실용적인 기술과 관련된 과목들이었다.[185] 일반 경제학이나 경제정책과 관련된 과목은 교양 수준의 몇 과목에 불과하였다.[186]

대부분의 경제관료들이 졸업한 고등상업학교의 교과목 편성은 일제강점기의 교육 경험이 해방 이후 전문적이고 근대적인 경제관료를 양성하는 데 큰 경험이 되었다고 하는 기존 '식민지근대화론'적 연구에서 간과하고 있는 부분이다.[187] 백남운이나 신태환같이 학계에서 경제학자로 활동한 예도 있지만, 토쿄고등상업학교을 비롯하여 일본의 오이타大分 고등상업학교, 고베神户 고등상업학교, 식민지 조선의 게이죠고등상업학교, 젠린善隣 고등상업학교 등 고등상업학교 출신의 경제관료들이 대부분 졸업 이후에 은행에서 활동했던 것도 그들의 교육 내용과 관련되어 있는 것으로 보인다.[188] 해방 이후 이들 경제관료들의 부일협력 문제에 대해 비판이 제기되었던 것도 이들의 교육배경과 직장 경험에서 비롯된 것이었다.[189]

2) 서구의 이론을 선택적으로 배우자

안정보다는 성장, 그리고 농업문제

경제개발론자들은 2절에서 전술한 바와 같이 서구의 저개발국 경제개발론을 통해 자신들의 논리를 합리화하였다. 그러나 서구의 이론을 있는 그대로 받아들였던 것은 아니다. 한국의 실정에 맞게 변형하여 수용하거나 필요한 부분만 받아들였다. 즉, 서구의 이론을 한국화韓國化하여 받아들인 것이며, 다음과 같은 세 가지 점에서 잘 나타난다.

첫째로 경제개발론자들은 모두 안정보다 성장을 강조했다. 이는 1950년대를 통한 미국의 대한정책, 즉 반反인플레이션 안정화를 기반으로 성장을 추진한다는 정책[190]에 정면으로 배치되는 것이었다. 미국은 환율의 현실화를 통해 증가될 대충자금으로 군사유지비 문제를 해결하고, 한국 정부의 신규투자를 억제함으로써 통화팽창을 막는 것을 인플레이션의 핵심적인 해결책으로 보았다. 그리고 일부 경제전문가들과 경제관료들은 미국의 입장에 동조하였다.[191] 실제 인플레이션이 심해질 경우 경제질서가 총체적으로 붕괴할 위험도 있었다.

그러나 당시 대부분의 경제전문가들은 통화가치를 이용한 인플레이션의 안정은 단기적 해결책에 지나지 않고, 장기적으로 투자의 증가를 통한 생산공급의 확대로 인플레이션 문제가 해결될 것이라고 전망하였다.[192] 국민소득 대비 통화량의 비율에 대한 분석을 통해 1950년대 한국의 통화량이 결코 많은 양이 아니며, 통화량의 하락은 유효수요를 하락시켜 경기침체를 야기할 것이라는 견해도 있었다.[193] 로스토우를 비롯한 대부분의 경제개발론자들은 인플레이션 억제가 성장을 위한 대전제임을 강조하였음에도 불구하고,[194] 한국의 경제개발론자들은 어느 정도의 통화팽창과 인플레이션을 감수하더라도 산업생산의 확대를 통한 인플레이션 억제 방안을 지지하였던 것이다. 어느 정도의 인플레이

표 1-7. 1950년대 한국의 제 1, 2, 3차 산업별 구성비 추이(생산액 기준) (단위 : %)

산업 \ 연도	1952	1953	1954	1955	1956
제 1차 산업	36.6	47.1	48.0	46.7	43.8
제2차 산업	9.6	7.2	7.6	8.7	10.1
제3차 산업	50.0	45.7	44.4	44.6	46.1
합 계	100.0	100.0	100.0	100.0	100.0

출처 : 한국은행, 1973, 『한국의 국민소득』, p. 120 ; 김대환, 1981, 「1950년대 한국경제의 연구」, 『1950년대의 인식』, 한길사, pp. 170, 173.

션은 산업 활성화에 도움이 될 수 있다는 케인즈의 이론 역시 영향을 미쳤던 것으로 보인다.

둘째로 중점적으로 투자할 산업부문에서 농업을 강조하였다는 점이다. 물론 경제개발론자들은 개발론의 유형에 관계없이 2차 산업의 발전을 가장 시급한 과제로 설정하였다. 이것은 〈표 1-7〉에서 잘 나타나는 바와 같이 비정상적인 한국의 산업구조를 재편하기 위한 것이었으며, 농촌의 '잠재실업'의 흡수를 위해서도 2차 산업의 발전은 중요한 문제였다. 특히 한국의 경우 한국전쟁을 통해 발생한 많은 피난민들이 도시에서 상업에 종사하게 됨으로써 2차 산업의 성장 이전에 도시화와 3차 산업의 비정상적 비대화 현상이 발생했다.

그러나 이것은 2차 산업의 발전이 미미했던 모든 저개발국가들이 공통적으로 안고 있었던 문제였기 때문에 전 세계의 모든 경제개발론자들이 2차 산업의 발전을 '근대화'를 위한 기본 전략으로 강조하였다. 산업 종류를 불문하고 2차 산업의 발전은 근대화를 상징하는 조건이었다.[195]

〈표 1-8〉과 같이 1950년대 서구에서 도입된 서구에서 나온 저개발국 경제개발론은 다양했지만, 산업투자의 순위와 관련해서 2차 산업과 사회간접자본에 대한 집중적인 투자를 일차적으로 중시했다. 농업부문은 2차 산업 발전을 위한 기반이나 전제조건으로서만 강조되었다.[196] 1950년대 한국의 경제개발론자들과 같이 농업발전을 2차 산업 발전의 기반을 마련하기 위한 수단뿐만 아니

표 1-8. 1950년대 한국에 도입된 저개발국 경제개발론의 현황

논자	개발론	특징	저개발국의 경제발전 방안	공통점
Nurkse	균형성장론	빈곤의 악순환 균형성장 역내 무역	– 소비억제 조치에 의한 저축 – 과소인구국: 농업생산력 증대, 과잉인구국: 위장실업을 농촌에서 빼서 현물자본으로 활용	– 저개발국 경제의 특징으로 식민지 경험, 자본부족, 과잉인구, 산업구조의 불균형 등을 강조
UN		사회개혁 외자이용	– 기초설비는 정부의 투자로 – 토지개혁을 비롯한 사회변혁 필요 – 외화획득 산업의 장려(인구과소국은 농업, 인구 과잉국은 제조업)	
Singer	불균형성장론	노동집약적 공업화 불균등교역 비판	– 국가는 발전의 기초를 정비 – 잠재실업 인구의 흡수를 통한 생산성 확대와 공업화를 통한 산업구조 고도화	– 산업투자에서 2차 산업의 중요성을 강조, 농업부문은 2차 산업 발전을 위한 기반으로 설정
Rosenstein–rodan	Big Push론	정부의 투자	정부의 주도적인 투자로 민간기업이 투자할 수 없는 부분에서 정부 역할을 강화. 이를 통해 균형적 산업구조를 형성	– 국가의 개입에 의한 경제성장의 필요성 제기
Prebisch	구조주의	수입대체 산업화 전략	– 경제구조의 개선 – 국내 자원의 최대한 동원 – 외자의 최소한 이용	
Myrdal	경제민족주의	내포적 공업화	– 자주적 국가발전 계획의 필요 – 선진국이 아닌 역내 무역이 필요	
Hirschman	불균형성장론	전후방 연관 효과에 따른 불균형성장론	– 투자의 보완성 효과 – 경제의 선도부문에 중점 투자 (전략적 투자를 강조)	

출처 : Nurkse, UN, Singer, Hirschman은 이순형, 1968, 『경제계획의 이론–한국경제를 중심으로』, 법문사), p. 57에 있는 표를 재구성.
Rosenstein–rodan, Myrdal, Prebisch는 P. Charles "Oman and Ganeshan Wignaraja", *The Postwar Evolution of Development Thinking* (MacMillan Academic and Professional LTD. ; the OECD Development Centre, 1991)을 근거로 재구성.

라 산업발전의 기본적인 내용으로서 강조한 경우는 서구의 저개발국 경제개발론에서도 거의 찾을 수 없다.[197]

그러나 1950년대 한국의 경제개발론자들은 농업분야의 발전을 상당히 강조하였다. 물론 농업의 발전방향 설정에서는 서로 다른 견해가 나타났다. 일부 논자는 농업인구가 전 인구에서 차지하는 비중을 고려할 때 농가소득의 증대가 소비의 증대에 따른 협소한 시장의 확대에 기여할 것이라고 주장한[198] 반면 일부 학자들은 무역수지 균형을 위하여 쌀 수출의 중요성을 강조하기도 했다.[199] 국가주도형 경제개발론자들은 민족자본의 축적이 농업의 발전을 통해 이루어져야 한다는 원론적인 주장을 전개하였다.[200]

농업에 대한 강조는 기본적으로 1950년대의 한국 상황 때문이었다. 즉, 〈표 1-7〉과 같이 2차 산업이 상대적으로 빈약한 것 역시 중요한 문제였지만, 현실적으로 농업이 차지하는 비중이 컸기 때문이다. 당시 농업이 전체 산업에 차지하는 비중은 30% 이상이었고, 전체 인구 중 농업인구가 차지하는 비중은 70%였다.[201] 아울러 전통적으로 농업을 가장 중요한 산업으로 여기고 있었던 한국적 정서 역시 중요하게 작용하였던 것으로 보인다.

전통시대 이래로 일제강점기를 거치면서 농업은 한국사회의 가장 중요한 산업이었다. 1950년대 이후 현재에 이르기까지, 그리고 수사적인 표현을 포함하여 농업의 중요성을 강조하지 않았던 지식인은 없었다. 인도의 경제개발계획의 예는 농업을 강조하기 위한 근거로 사용되기도 하였다.[202] 1960년대 이후 실행된 한국의 경제개발계획이 농촌의 몰락을 가져왔지만, 모든 정권은 농업정책을 항상 최우선 순위에 올려놓았다.

한국에서의 농업 문제에 대한 강조는 비단 1950년대만의 특징이 아니다. 2차 산업을 중심으로 한 경제성장의 드라이브가 한창 진행 중이었던 시기뿐만 아니라 1980년대 이후에도 농업 문제는 항상 사회 · 경제 문제의 중심에 놓여 있었다. 이러한 농업에 대한 강조는 전통적으로 한국사회에 존재해 왔던 농본주의農本主義적 전통에 근거한 것이기도 했지만, 1930년대 이후 일본을 중심으로 한 국가사회주의 또는 초국가주의[203]의 영향과 연결해서 한국과 중국을 포함한 동아시아적 특징의 일부로 설명할 수도 있을 것이다.

균형성장이 필요하다

셋째로 균형성장론을 적극적으로 수용했다는 점이다. 〈표 1-8〉에서 볼 수 있듯이 균형성장과 불균형성장의 문제는 대외교역, 외자의 도입과도 밀접하게 관련된 문제로, 1950년대 말 서구의 후진국 개발론 중 가장 많은 논쟁이 제기되었던 경제개발전략이었다. 한국의 경제개발론자들은 1950년대 초반에 먼저 제기되었던 균형성장론을 적극 수용하였다. 1950년대 이후 경제개발론과 관련된 모든 글에서 '균형적', 또는 '자립적'이라는 표현을 찾는 것은 어렵지 않다. 수사적인 표현에 그치는 경우도 있었지만, "현재의 단계에서 균형적 발전이 필요하고, 자립을 위한 기초공사가 필요하다"는 것은 모든 유형의 경제개발론에서 공통적으로 나타나는 인식이었다.[204]

불균형성장론은 균형성장론에 비해 상대적으로 현실적인 이론이었다. 저개발국가에 자본이 부족하다는 점을 고려할 때 모든 산업분야가 골고루 발전한다는 것은 엄청난 양의 자본을 필요로 하는 것이었다. 저개발국가 내부에 자본축적이 이루어지지 않았다는 사실을 고려할 때 수입대체가 이루어지기 전까지는 엄청난 액수의 외자가 필요했다. 그럼에도 불구하고 한국의 경제개발론자들은 균형성장론을 적극적으로 받아들였다. 이것은 제국주의에 종속된 식민지 경제체제를 경험하였던, 그리고 일제강점기를 거치면서 불균형적이고 왜곡된 산업구조를 가지고 있었던 한국의 사회적 요구였다. 1960년대 초반까지도 균형성장론은 지식인 사이에서 담론으로 공유되고 있었다. 모든 경제개발계획에 균형성장론적인 내용이 포함되었으며, 5·16 쿠데타 이후 경제전문가들 사이에서 군사정부의 경제개발계획이 불균형적인 발전론의 내용을 담고 있다는 비판이 제기되기도 했다.[205]

이러한 상황에서 넉시의 균형성장론은 당시 한국사회에서 가장 많이 인용된 이론이었다. 넉시는 후진국 내에서 국제무역에 대한 요구가 높지 않다는 점과 무역을 통해 기술수준이 떨어지는 후진국들이 올릴 수 있는 부가가치가 선진국에 비해 상대적으로 낮을 수밖에 없다는 점을 지적하면서 국내 시장규모의 확대를 통한 종체적 수요를 확대시켜야 한다고 주장하였다. 균형성장론에 의하면 수출보다는 수입대체를 위한 산업화가 중요한 경제개발의 전략이 되는 것이며, 초기에는 수입대체산업화를 위한 자본재 수입 때문에 많은 적자가 발생되지만, 수입대체가 이루어지면서 무역수지의 균형을 맞추어 나갈 수 있다는 것이었다.[206]

넉시의 균형성장론은 식민지와 한국전쟁을 거치면서 불균형적인 산업구조를 가지고 있었던 한국에 매력적인 이론이었다. 인구의 대다수를 차지하는 1차 산업 종사자들의 소득확대를 통한 국내 수요의 증가와 2차 산업의 발전을 통한 산업구조의 균형적 발전이라는 주장은 실현가능성의 여부를 떠나서 저개발국 정부가 국민의 지지를 받으면서 실시할 수 있었던 경제전략으로서의 가능성을 가지고 있었다. 식민지를 거치면서 제국주의 본국의 이해관계에 따라 편중뒤 산업구조를 가진 저개발국가들은 경제성장을 단순한 양적 성장만으로 상정하지 않았다. 1950년대 초반에 시작된 인도의 계획이나 한국의 1952년 네이산 계획, 1960년 경제개발 3개년계획, 1961년과 1962년의 경제개발 5개년계획 등이 모두 균형성장론을 수용한 계획들이었다. 균형성상론은 국가의 역할을 강조하는 빅 푸시Big Push 이론에 의해 뒷받침되었다.[207]

균형성장론이 적극 수용된 반면 넉시의 이론을 비판한 불균형성장론은 1960년대 초반까지 한국 내에서 크게 주목받지 못했다. 저개발국이 공통적으로 안고 있었던 국내시장이 협소하다는 점과 많은 산업분야를 동시적으로 발전시키기 위한 자본이 부족하다는 점을 고려하면서 1950년대 후반 허쉬만은 불균형성장론을 제기하였다.[208] 불균형성장론은 투자의 보완성 효과Complementary Effect of Investment를 중시하는 투자이론에 근거하여, 투자효과가 가장 큰 부문에 중점적으로 투자를 해야 한다는 것이었다.

불균형성장론은 저개발국가들이 부족한 자본으로 인하여 어려움을 겪고 있었기 때문에 균형성장론보다 현실성 있는 이론으로 받아들여졌다.[209] 불균형성장론은 넉시에 의해 재비판되기도 하였지만, 1960년대 이후에는 일반적으로 저개발국 경제개발론의 현실적인 산업부문 투자이론으로 수용되었다. 저개발국가를 자본주의 세계체제 내에 깊숙이 편입시키고자 하였던 미국의 저개발국 정책과도 적극 결합하였다. 불균형성장론은 민주당 정권의 경제고문으로 한 달 동안 내한하였던 울프 박사에 의해 경제정책으로 수용되었지만,[210] 한국사회의 전반적인 분위기는 불균형성장론을 반기는 분위기가 아니었다.[211]

넉시의 이론이 보편화되면서 그의 '빈곤의 악순환론Vicious Circle of Poverty'이 인구에 회자되었다.[212] 빈곤의 악순환론은 후술할 농촌의 '위장 실업' 문제로 인해 농촌의 소득이 낮으면, 소비가 진작될 수 없으며, 낮은 소비는 생산의 저하로 이어져서 실업자를 흡수할 수 없게 되고, 이것이 다시 실업과 낮은 소비 수준으로 이어진다는 것이었다. 따라서 '빈곤의 악순환론'에 따르면 농촌의 소득 증가가 빈곤에서 벗어나기 위한 전제가 되며, 이는 곧 전술한 농촌에 대한 투자 강조로 연결되었다.

인플레이션 억제보다는 성장우선, 농업부문의 발전에 대한 강조, 그리고 균형성장론의 적극적인 도입 등은 한국의 경제개발론이 가지는 특성이었다. 경제개발론자들은 서구의 이론을 적극적으로 수용하였지만, 서구 이론을 내용 그대로 받아들이지 않았다. 한국의 실정에 맞게 한국화하여 받아들였던 것이다. 물론 농업의 강조와 균형성장, 자립적 성장이라는 문구가 사회적 공감대 때문에 수사적 표현으로서 불가피하게 나타나는 경우도 적지 않았다. 서구 이론의 한국화는 한국의 전통시대에 들어온 불교, 유교 등이 한국적인 사상체계를 가지고 전개된 사실과 함께,[213] 세계적으로 1930년대 이후 케인즈의 경제학이 동시대 미국, 영국, 스웨덴에서 서로 다른 형태의 정책으로 적용되었던 사실[214]과 같은 '지역화Localization'의 맥락에서 이해할 수 있다.

3) 구조적 문제를 해결하자

위장된 실업

1950년대 경제개발론의 또 다른 특징은 실업문제와 민족자본의 부족을 공통적으로 강조하고 있다는 점이다. 대부분의 경제개발론자들은 실업문제의 해결을 한국 경제의 가장 중요한 과제로 설정하고 있었으며, 후술하겠지만 1950년대와 1960년대 초반의 경제개발계획은 모두 실업문제의 해결을 중요한 내용으로 다루었다. 실업문제 중에서도 공통적인 관심을 보인 것은 루이스와 넉시에 의해 제기되었던 위장실업또는 잠재실업의 문제였다. 경제개발론자들이 대규모 공공사업의 필요성을 강조했던 것도 위장실업 문제를 해결하기 위한 것이었다.

위장실업은 실질적인 실업자는 아니지만, 토지의 규모 및 농업생산성의 한계로 인해 생산성의 정점 이상으로 투입된 노동인력을 의미한다. 생산성의 정점이 지나면 노동력을 더 투입한다고 하더라도 생산량은 더 이상 늘지 않기 때문이다. 실제 조사에서는 실업자로 잡히지는 않지만, 생산성을 고려할 때는 실업자나 다름없는 역할을 한다는 의미에서 '위장실업'이라고 규정했다. 한국의 경우 농촌에 과잉인구가 존재하고 있었기 때문에 위장실업이 빈번하게 발생하고 있었다.

민족자본이 부족하다는 문제 역시 경제개발론자들이 공통적으로 주장한 문제였다. 부족한 민간자본을 보충하는 방법에 대해서는 경제개발론의 유형에 따라 큰 차이가 있었다. 민간주도형 경제개발론자들은 적산 불하와 외자를 이용한 자본축적의 중요성을, 국가주도형 경제개발론자들은 내자 동원의 중요성을, 사회민주주의형 경제개발론자들은 중소기업을 중심으로 한 민족자본 축적의 중요성을 강조하였다. 그러나 넓은 의미에서 한국사회에는 산업화에 필요한 민족자본이 부족하며, 이것을 해결하지 않고서는 경제개발계획이 이루어질 수 없다는 점이 경제개발론자들의 공통적인 지적이었다.

실업문제와 자본축적의 문제는 1차 산업의 편중으로 인한 산업구조의 불균형, 사회간접자본의 불비, 천연자원의 부족, 협소한 시장 등과 함께 1950년대 서구의 경제개발론자들이 저개발국가에서 경제개발이 어려운 이유로 지적했던 문제였다. 한국 역시 실업과 자본축적은 1950년대의 경제구조가 안고 있었던 가장 중요한 문제였다. 실업문제는 월남민과 농업생산성의 정체로 인하여 심각하게 제기되었다. 한국전쟁 시기 월남한 인구는 약 65만 명에 달하였다.[215] 월남민의 수는 전체 인명 손실의 2/3밖에 되지 않는 것이었지만, 산업시설이 파괴된 상황에서 인구의 증가는 노동력이 생산과정에 흡수될 수 없음을 의미하는 것이었다. 월남민들 중 약 60%는 북한과 가까운 지역에 정착했지만, 나머지는 경제적 기회를 찾아 도시지역으로 몰려들었다. 또한 많은 수는 아니었지만, 남한에 거주하던 농촌주민들의 일부도 피난시 거주하였던, 또는 안전한 거주지역을 찾아 도시로 이주하였다. 교육열로 인한 도시이주 역시 나타났다. 그 결과 한국사회의 도시화율은 1949년 17.3%였던 것이 1950년에는 18.4%, 1955년에 24.5%, 1960년에 28.0%로 계속 증가했다.[216]

한국전쟁으로 인한 피해 때문에 당시 도시에는 상업을 비롯한 3차 산업 외에는 뚜렷한 생산기반을 가지고 있지 못했다. 따라서 도시인구의 증가는 심각한 실업문제를 야기하였다. 도시에서는 생산시설이나 3차 산업에 고용되지 못한 인구가 일용직 노동자를 비롯한 반半 실업이나 실업의 상태로 남을 수밖에 없었다. 1955년을 100.0으로 설정하였을 때 1955년부터 1960년까지 6년 동안 국민총생산의 증가는 125.5였던 반면 고용증가는 118.2에 머물렀다.[217] 광범위한 반半 실업자와 실업자들은 도시의 빈민촌을 형성하였고 실업문제가 심각한 사회문제로 제기되기 시작하였다. 도시화의 진행은 또한 1, 2차 산업에 비하여 상대적으로 3차 산업의 비중이 비정상적으로 확대되는 현상을 가져왔다. 〈표

1-7〉에서 잘 나타나는 바와 같이 1950년대 중반기 3차 산업의 비중은 계속 증가했고, 1955년에는 전체 산업별 구성에서 50%를 넘어섰다. 3차 산업의 확장은 소비를 확대시켰지만, 생산과 실업자 흡수에는 기여하지 못했다.

도시의 실업문제보다 더 심각한 문제는 농촌의 위장실업 문제였다. 농지개혁이 한국전쟁으로 인하여 비정상적으로 실행된 상태에서 1950년 9월에 실시된 임시토지수득세臨時土地收得稅는 대다수의 농민들을 영세농으로 만들었다. 지가의 상환을 위한 30%의 지가상환곡地價償還穀을 합하면 10-20석의 수확량을 갖는 분배농가의 경우, 연간 토지생산물의 45%를 현물로 정부에 납부해야만 했다.[218] 절량絕糧농가가 나타나기 시작하였고, 고리채의 증가로 입도선매立稻先賣가 횡행하기 시작하였다.[219] 농촌뿐만 아니라 도시 역시 2차 산업의 미발달로 인하여 일자리를 구하기 어려웠고, 이농현상이 나타나고 있었지만, 도시의 산업화 수준은 잠재실업을 흡수할 정도는 아니었다.[220]

1950년대 농촌경제의 피폐화는 생산성의 저하로 이어졌고, 결국 위장실업 문제를 심화시켰다. 한국전쟁의 피해를 고려한다고 하더라도 1950년대의 농업생산력은 정체되었다. 1949년 반당畔當 수획고收穫高가 1,400홉이었던 것이 1953년 1,311홉, 1955년 1,413홉, 1956년 1,156홉, 1957년 1,413홉, 1958년 1,485홉, 1959년 1,476홉, 1960년 1,411홉 등 정체된 현상을 보였다.[221] 한해旱害가 극심했던 1956년을 제외한다고 하더라도, 1950년대 농업생산성은 전혀 증가되지 않았다. 2-3%에 이르는 당시의 인구증가율을 고려할 때[222] 단위당 투여되는 노동인구는 증가했을 가능성이 크고 이것은 곧 위장실업 현상이 농촌에서 심화될 수밖에 없는 구조적인 조건이 되는 것이었다.

따라서 1950년대를 통해 많은 경제전문가들은 다양한 형태의 경제개발론을 주장하면서도 실업문제의 해결을 공통적으로 강조하였다. 실업문제를 해결하지 않고서는 경제개발의 문제는 해결될 수 없으며, 경제개발의 문제는 곧 실업문제의 해결을 의미하는 것이었다. 구미의 경제개발론 중 잠재실업을 주장한

넉시와 루이스의 이론이 가장 각광을 받았던 것은 이러한 한국의 사회구조적 현실을 반영한 것이었다.[223]

실업문제를 해결하기 위한 경제개발론의 수용은 케인스의 이론을 이용하는 부분에서도 잘 나타난다. 케인스의 이론은 당시 경제개발론의 바탕이 되는 기본적인 경제이론으로 1930년대 중반 이후 전세계적으로 가장 중요한 경제이론으로 주목받고 있었다. 케인스의 이론은 식민지 시기의 경제학 교육을 통해 한국의 경제전문가들에게 널리 수용되어 있었다.[224] 한국의 경제전문가들은 케인스의 전반적인 경제사상에 대해서 소개하기보다는 주로 그의 실업문제와 관련된 이론에 초점을 맞추었다.[225] 케인스의 이론이 자본축적의 문제보다는 유효수요의 보강을 강조했다는 점 때문에 비판되기도 하였는데,[226] 이것은 1950년대 한국에서 나타난 또다른 지역화 현상의 하나였다.

민족자본을 축적하자

사회적으로 실업문제가 부각되었다면 경제적으로는 산업구조의 불균형과 국내 자본의 부족이 중요한 문제로 제기되었다. 농업의 피폐와 비정상적인 3차 산업의 비대화 문제뿐만 아니라 2차 산업 내에서도 산업구조의 불균형 또한 1950년대의 중요한 경제문제였다. 2차 산업이 전체 산업에서 차지하는 비중은 1953년의 7.2%에서 1957년 10.3%, 1961년 11.9%로 점차 증가하는 추세를 보였으며,[227] 1953년부터 1961년 사이 경공업과 중화학공업의 불균형성이 조금씩 개선되었다.[228] 그러나 2차 산업의 발전 현황은 비정상적인 형태로 이루어졌다. 중화학공업의 성장은 미국의 원조에 따른 부분적인 성장이었고, 그나마 비효율적으로 운영되었다.[229] 소비재 공업의 발전현황을 보면, 원료의 수입이나 원조에 의존하는 산업이 제조업에서 차지하는 비중이 컸다. 1950년대를 통해 식료품공업, 제지공업, 방직공업 등 원료의 해외의존도가 50% 가까이 되는 산업이 발전되었다.[230] 기업의 자본구성 역시 1960년 현재 자기자본 비율이 29.5%밖에 되지 않았으며, 타인자본이 70.5%를 차지하고 있었다.[231]

소비재 산업의 문제를 전적으로 잘 보여주는 것은 삼백산업이었다. 1950년대의 재벌들은 미국의 원조에 원료를 전적으로 의존하는 면당, 제분, 제당, 모방 등의 산업에 치중하였다. 1950년대 15대 재벌 중 삼백산업에 손대지 않고 있었던 재벌은 한국유리, 극동, 현대, 태창 등 4개 재벌에 불과했다.[232] 삼백산업은 1950년대를 통해 재벌들의 핵심적인 사업이었을 뿐만 아니라 전체 2차 산업에서 차지하는 비중이 45%에 육박하였다.[233] 삼백산업의 발전은 의복과 식량문제 해결에 도움이 되었지만, 다른 한편으로는 원조로 들어오는 원료가 풍부하게 조성되어 있었다는 점이 삼백산업 발전의 중요한 요인이었다. 공식환율과 실제환율의 차이를 이용하여 대기업들은 원조와 수입에 의존하는 산업부문에 중점적으로 투자했던 것이다. 재벌기업들은 정부와의 유착을 통해 싼 값에 원조물자를 불하받을 수 있었던 것이다. 결국 1950년대 후반 소비규모를 넘어선 과잉투자현상이 삼백산업 부문에 나타났고, 결국 1960년대 초반에는 공장가동률이 50%에도 미치지 못하는 현상이 나타나기 시작하였다.[234]

1950년대의 많은 경제개발론자들은 부족한 국내자본을 해결하기 위하여 여러 가지 방안을 주장하였다. 많은 경제개발론자들이 국내저축의 향상을 통한 민족자본의 형성과 자립적 경제건설을 주장하였고, 외자에 부정적이었던 진보당을 포함한 혁신세력까지도 자본축적 과정에서 외자 이용이 불가피함을 역설하였다. 1950년대 후반부터 5 · 16쿠데타 이전까지 일부 경제개발론자들이 한일경제협력의 필요성을 제기했던 것도 당시 한국경제의 구조적인 문제 때문이었다.

1950년대의 실업과 민족자본의 부족이라는 한국사회의 조건은 경제개발론자들이 두 가지 문제의 해결을 가장 중요한 과제로 제시할 수밖에 없는 상황을 야기했다. 따라서 1950년대 말과 1960년대 초반에 입안된 경제개발계획은 두 가지 문제를 가장 중요하게 고려하고 있었다. 후술하겠지만, 1950년대의 상황은 군사정부가 내자의 동원을 중심으로 한 경제개발계획을, 미국이 부족한 국내자본과 풍부한 실업인력을 고려한 노동집약적 경공업 중심의 경제개발계획을 주장하는 배경이 되었다. 당시의 사회구조적 상황은 경제개발론뿐만 아니라 미국의 대한정책에도 많은 영향을 주었다. 미국은 한국의 사회 상황에 근거하여 대한정책을 입안하였으며, 1950년대 말에는 한국 상황이 변화하고 있다는 인식하에 대한정책을 수정하였다.

미주

1 「대한민국 임시헌법」, 한국정신문화연구원 편, 1995, 『한국독립운동사 자료집 – 조소앙 편(三)』, p. 264.

2 「대한민국 임시정부 건국강령 초안」, 위의 책, pp. 296-297, 309.

3 「대한민국 임시헌법」과 「대한민국 임시정부 건국강령 초안」이 나온 1940년과 1941년은 중국 관내(關內)지역에서 민족주의 좌파 세력을 대표하고 있었던 민족혁명당 계열이 아직 임시정부에 참여하지 않은 상태였다. 민족혁명당 계열이 임시의정원 회의에 참여한 1942년 10월 이후 건국강령에 대한 개정 논의가 있었지만, 결국 개정되지 않았고 민족주의 우파와 좌파가 참여한 임시정부의 건국강령으로 계승되었다(양영석, 1989, 「1940년대 조선민족혁명당의 활동」, 『한국독립운동사연구』 3, pp. 580-582).

4 『동아일보』 1946년 2월 8일자.

5 이기하, 1961, 『한국정당발달사』, 의회정치사, pp. 61, 155; 중앙선거관리위원회, 1968, 『대한민국정당사(증보판)』, pp. 127, 199; 「재중경 한국독립당 제5차 대표자대회선언」, 1945년 8월 28일자, 송남헌 편, 1985, 『해방3년사』, 까치, pp. 186-190; 안재홍, 1945, 『신민족주의와 신민주주의』, 민음사; 서중석, 1989, 「일제시기 미군정기의 좌우대립과 토지문제」, 『한국사연구』 67.

6 안재홍, 1945, 『신민족주의와 신민주주의』, 민음사.

7 새한민보사, 1947, 「臨協의 답신안」, 『임시정부 樹立大綱』, pp. 26-27, 60, 63, 87, 90. 각론에서는 차이가 있는데, 자세한 내용은 성신아, 1998, 「제1공화국 초기(1948-1950)의 경제정책 연구」, 연세대학교 사학과 석사논문, p. 58의 〈부록 1〉 참조.

8 Department of Public Information, "Type and Structure of a Future Korean Government," October 10, 1948, United States Armed Forces in Korea, "G-2 Weekly Summary," RG 319, NARA(『주한미군주례정보요약』, 한림대학교 영인, 1989).

9 조석준, 「기획」, 『한국행정의 역사적 분석 1948-1967』, pp. 408-409. 기획처가 기획원과 동일한 성격의 기관은 아니었다. 기획원은 전시통제경제를 총괄하는 총리 직속 기관이었지만, 기획처는 여타 부처보다 하위에 위치하였다(조선은행 조사부, 『경제연감 1949』, pp. I-13). 조직의 구조도 차이는 있었지만, 물가를 통제하고 물자를 동원하는 임무를 맡고 있었다는 점에서 상당히 유사한 기능을 하고 있었다(有澤廣巳 監修, 『昭和經濟史』, 日本經濟新聞社, 1976, pp. 146-148).

10 박태균, 1995, 『조봉암 연구』, 창작과비평사, pp. 146-177; 방기중, 1993, 「해방정국기 중간파 노선의 경제사상」, 『최호진박사 강단 50주년 기념논문집』, 박영사, pp. 927-930; 홍성찬, 1997, 「한국 근현대 이순탁의 정치경제사상 연구」, 『역사문제연구』 창간호, 역사비평사, pp. 68-70.

11 『동아일보』 1948년 6월 16–22일자.

12 조선은행 조사부, 『경제연감 1949』, pp. Ⅰ-14. 당시 신문에 근거하면 헌법기초위원(서상일, 유진오, 李靑天, 趙憲泳, 金俊淵, 尹錫龜, 許政) 중 자유경제를 강력하게 주장한 사람은 김준연이었으며, 통제경제를 주장한 사람은 이청천으로 되어 있다. 『서울신문』 1948년 6월 18일자.

13 「헌법개정의 제의」, 『주보』 90호, 1954년 1월 27일자; 박태균, 1995, 「1954년 제3대 총선과 정치지형의 변화」, 『역사와 현실』 17호, p. 196 주 31 참조.

14 이대근, 1987, 『한국전쟁과 1950년대의 자본축적』, 까치, p. 55; Embtel 644, "Transmittal of a Translation of 'Five Year Economic Recovery Program," October 17, 1949, 895.50-FIVE YEAR PLAN/10-1749, RG 59, Decimal File, 1945-1949, NARA. 물동5개년계획은 기간산업의 건설계획을 골간으로 하여 제철, 조선, 시멘트, 판유리, 전력, 지하자원 개발을 핵심사업으로 설정하였다.

15 강만길, 1982, 「독립운동 과정의 민족국가 건설론」, 송건호 · 강만길 편, 『한국 민족주의론 I』, 창작과비평사, pp. 102-106.

16 「대한민국 임시정부 건국강령 초안」, pp. 296-297, 309.

17 박은식의 아버지 박용호(朴用浩)는 서당의 훈장이었다. 그는 부친의 서당에서 주자학을 공부한 경험을 가지고 있었다. 또한 그는 이항로(李恒老)의 문인이었던 박문일(朴文一)에게 유학을 사사하였다. 1900년대에는 『황성신문』의 주필로 활약하였고 1909년에 발표한 '유교구신론(儒教求新論)'은 공자의 대동주의와 맹자의 민위중설(民爲重說)을 발전시킨 것이었으며, 양명학(陽明學)과도 접합을 시도하여 『왕양명실기(王陽明實記)』를 저술하였다(한영우, 1994, 『한국민족주의역사학』, 일조각, pp. 123-126).

18 구한말 성균관에서 수학하였던 신채호는 1920년대에 들어와 크로포트킨의 무정부주의에 빠져들었다. 신채호는 역사서술에서도 경제적으로 사회주의를 수용하고 있었던 량지에차오(梁啓超)의 영향을 받았다(한영우, 1994, 『한국민족주의역사학』, 일조각, pp. 21-22).

19 한시준, 1995, 「해제」, 『한국독립운동사자료집–조소앙 편(一)』, 한국정신문화연구원.

20 조소앙, 1941, 「한국독립당 당강 천석」, 『한국독립운동사자료집–조소앙 편(一)』, pp. 886-888. 新羅至高麗隆時, 土地○爲國有, 採分田制綠的制度. 景宗以來, 有功蔭田柴科, 隨官給田且給樵柴地也, …… 毅明以來, 權姦杌柄, 其制漸廢, 高麗末, 李成桂趙浚等複田柴之制,

趙浚鄭道傳等, 計上土地改革○, 陳述當時土地制度的弊端, 請求改革, 朝廷內此定給田○, 時爲一三九一年, …… 及李成桂開國後, 守次制度, 然而漸至○弛, 至於季世, 兼併, 强奪, 複稅, 私有之風始盛. 由以上觀之, 土地國有蓋爲韓國歷史上的傳統政策, 至李氏朝鮮後, 始遂漸弛其制, 土地私有制的確立, 是古近代事, 尙無根深○古的基礎. …… 在韓國歷史上國有土地是正常的現象, 土地私有只是近代韓國國政衰弊後的現象, 由於前段的敍述, 可以充分了解, 所以我們可以說土地國有在韓國人的心理上或習慣上是沒有問題的.

21 王育民 · 呂希晨 공저, 이승민 역, 1989, 『중국현대철학사 I』, 청년사, pp. 135, 142.

22 조소앙은 1910년대 중국으로 망명한 이후 중국국민당의 주요 인사였던 천잉스(陳英士), 천쿠오푸(陳果夫), 황지에(黃覺), 타이지타오 등과 함께 '신아동제사(新亞東濟社)', '아시아민족 반일대동당'을 조직하였다(삼균학회 편, 1990, 『삼균주의선론』, 삼성출판사). 타이지타오는 1925년 『三民主義的哲學基礎』, 『國民革命與中國國民黨』 등의 책을 쓰면서 장제스(張介石)의 이념을 뒷받침하였다.

23 한영우, 1997, 『정도전 사상의 연구』, 한국문화연구소, pp. 205-211. 『주례』의 정신은 토지의 국유를 원칙으로 하였다는 점과 민중을 정치의 근본으로 하면서도 중앙집권적인 정치체제를 강조했다는 점에서 국가 사회주의 또는 국가 자본주의적 성격과 유사하다. 한영우, 『다시 찾는 우리역사』, 경세원, p. 212.

24 박찬승, 1985, 「동학농민전쟁의 사회 · 경제적 지향」, 『한국민족주의론 III』, 창작과비평사, pp. 64-69; 주진오, 1985, 「독립협회의 경제체제 개혁 구상과 그 성격」, 『한국민족주의론 III』, pp. 89-107.

25 『황성신문』을 이끌었던 장지연(張志淵), 박은식, 유근(柳瑾) 등은 전통적 유교 지식에 밝은 '개명(開明)' 유교 지식인들이었다. 『황성신문』의 1910년 4월 16일자 논설에서는 캉요우웨이의 대동사상을 받아들일 것을 주장하였는데, 이 논설에서 "공자왈(孔子曰) 대도지행야(大道之行也)에 천하위공(天下爲公)하야 ……"라고 하여 유교의 큰 도(道)로서 '공(公)' 개념의 중요성을 제일 먼저 강조하였다. 『황성신문』 융희 3년 4월 16일자 논설 대동학설(大同學說)의 문답(박찬승, 1992, 『한국근대정치사상사 연구』, 역사비평사, p. 82에서 재인용).

26 박찬승, 위의 책, pp. 40-42.

27 한영우, 1994, 「1910년대 박은식의 민족주의 사학」, 『한국민족주의 역사학』, 일조각, pp. 124-126.

28 이호룡, 2001, 『한국의 아나키즘』, 지식산업사, 2장 1절 참조.

29 강만길, 앞의 글, pp. 126-136.

30 이대근, 1987, 『한국전쟁과 1950년대의 자본축적』, 까치, pp. 110-111.

31 이현진, 2005, 「제1공화국기 미국의 대한경제원조정책 연구」, 이화여자대학교 박사논문,

pp. 82-93; 박태균, 2005, 『한국전쟁: 끝나지 않은 전쟁, 끝나야 할 전쟁』, 책과함께, pp. 301-304.

32 「조선로동당 4차대회 보고 및 1960년계획 실행 총화에 대한 조선중앙통계국의 보도」, 고승효 저, 이태섭 역, 1993, 『현대북한경제 입문』, 대동, p. 120; 김한길, 1983, 『현대조선역사』, 사회과학원 역사연구소(일송정 펴냄), pp. 347, 373-374. 북한이 발표한 높은 성장률의 객관성에 대해 의문이 있지만, 1950년대 빠른 속도로 복구를 실행하였다는 점은 인정되고 있다.

33 김진현 · 지동욱, 「한국장기개발계획의 내막」, 『신동아』 1966년 9월호; 키미야 타다시의 柳原植 인터뷰(木宮正史, 1991, 「한국의 내포적 공업화전략의 좌절」, 고려대학교 정외과 박사논문, p. 49에서 재인용).

34 박태균, 『한국전쟁: 끝나지 않은 전쟁, 끝나야 할 전쟁』, pp. 355-357.

35 John Lewis Gaddis, 1982, *Strategies of Containment* (Oxford: Oxford University Press), pp. 171-197.

36 李鍾元, 1995, 『東アジア冷戰と韓米日關係』, 東京大學出版會, pp. 223-244; Tae-Gyun Park, 1999, "Change in U.S. Policy Toward South Korea in the Early 1960s," *Korean Studies,* Vol. 23, pp. 98-99.

37 본고 3장 참조.

38 『한국연감』, 1964년판, p. 579.

39 공제욱, 1993, 『1950년대 한국의 자본가 연구』, 백산서당 참조.

40 「經援 삭감에 대비하여」, 『경향신문』 1957년 10월 29일자; 「미국 外援額의 삭감과 有償원조 형식의 채택」, 『한국일보』 1959년 11월 5일자; 「ICA 원조의 대폭삭감과 시련기에 돌입하는 한국경제」, 『한국일보』 1959년 11월 11일자; 「원조의 삭감과 우리의 각오」, 『한국일보』 1959년 11월 12일자.

41 고승제, 「전환기에 선 한국경제의 전망과 과제」, 『사상계』 1960년 2월호; 최호진, 「미원조의 삭감과 경제자립」, 『사상계』 1958년 6월호; 「美對韓經援 감축과 금후의 과제」, 『조선일보』 1959년 11월 25일자.

42 "Quarterly Economic Summary-January-March 1959, ROK," 895.00b/6-159, Decimal File; "Weekly Economic Review No. 30," 895b.00/7-1359, Decimal File 1955-1959, NARA; "Economic Assessment-Korea, January-June 1959," 895b.00/9-2459, Decimal File, NARA.

43 동양시멘트 건설, 충주수력발전소 건설 등의 사업은 모두 원조의 삭감과 개발차관의 도입에 따른 계획의 추진에서 비롯된 것이었다. DLF와의 차관협정은 「韓美 DLF 間의 借款協

定」, 741.24 조624차, J-0002, 2095-2320; 「大韓民國 韓國電力과 DLF」, 741.24 조624차, J-0003, 0006-0255(이상 외교안보연구원 마이크로 필름) 참조.

44 송인상, 1996, 『성장과 부흥』, 21세기북스, pp. 195-196.

45 「원 경제조정관 강조: 장기부흥계획」, 1956년 11월 7일자; 「원 조정관 언명-건전한 부흥체계 지향」, 1958년 2월 6일자; 「원 조정관-경제자립책에 언급」, 1958년 4월 26일자; 「원 조정관-장기경제개발계획을 찬성」, 1958년 7월 4일자(이상 『경향신문』).

46 박태균, 『한국전쟁』, pp. 313-316.

47 진보당 사건의 2심 재판부는 '수탈없는 경제체제'를 주장한 정강정책이 사회주의적 내용이 들어 있다는 이유 때문에 유죄로 처리하였다. 대법원은 진보당의 정강정책에 대해서 무죄로 판결하였다(박태균, 『조봉암 연구』, pp. 346-351).

48 '네이산 일기'(David Hunter Satterwhite, "The Politics of Economic Development; Coup, State, and the Republic of Koreas First Five-Year Economic Development Plan(1962-1966)," p. 228에서 재인용).

49 「경우방담 II: 기획원 30년의 영광의 발자취- YB와 OB 그 험난했던 뒤안길을 산책하다」, 『경우』 1992년 6월호, p. 82.

50 Seoul to DOS, Embtel 205, "Inaugural Convention of the Progressive Party," December 11, 1956, 795b.00/12-1156, RG59, State of Department, Decimal File, Internal Affairs of Korea 1955-1959, NARA(이하 'Decimal File 1955-1959'로 약칭); Dowling to DOS, Embtel 338, "Situation and Short-Term Prospect of the ROK," November 21, 1957, 795b.00/11-2157, Decimal File 1955-1959, NARA.

51 The Oregon Advisory Group in Korea, *A Report on the University of Oregon Advisory Mission to the Korean Economic Development Council* (Eugene, Oregon: School of Business Administration, University of Oregon, 1961), Chap. III(이하 '*Oregon Report*'로 약칭).

52 변형윤(전 서울대 경제학과 교수) 인터뷰, 1999년 11월 5일, 양재동 서울경제연구소 사무실에서.

53 Arthur W. Lewis 저, 박희범 역, 1958, 『경제계획의 윤리』, 환조사; Tinbergen 저, 박희범 · 송정범 공역, 1958, 『경제개발의 설계론』, 동아출판사.

54 Nurkse 저, 박동섭 역, 1957, 『후진국의 자본형성론』, 대한재무협회출판부; Klein 저, 박희범 역, 1956, 『케인즈 革命』, 민중서관; Keyens 저, 김윤환 역, 1959, 『자유방임의 종언』, 위성문고; Myrdal 저, 탁희준 역, 1960, 『저개발국의 경제이론』, 한국번역도서주식회사; Rostow 저, 이상구 · 강명규 공역, 1961, 『경제성장의 제단계』, 법문사; 한국은행 조사

부, 1956, 『경제개발계획 작성에 관한 제문제와 제기술』. 미르달의 책은 일본에서 같은 시기 발간된 책을 번역한 것으로 추측된다. 小原敬士 역, 1959, 『經濟理論と低開發地域』, 東洋經濟新報社.

55 Charles Wolf, Jr., Economic Department, The RAND Corporation, p-2288, 24 April 1961, "On Aspects of Korea's Five-Year Development Plan, Prepared for Ministry of Reconstruction, Republic of Korea," Produced by The RAND Corporation, Santa Monica, California(이하 "On Aspects"로 약칭); Hirschman 저, 麻田四郎 역, 1961, 『經濟發展の戰略』, 巖松堂出版株式會社.

56 「서독경제와 정부의 역할」, 1956년 2월호; 「서독은 이렇게 부흥하였다」, 1955년 11월호; 「네루는 성공하였는가?」, 1957년 2월호; 「가말 압둘 낫세르, 에집트 혁명론」, 1956년 1월호 (이상 『사상계』). 1961년 『경제조사월보』 3월호는 장기경제개발계획에 대한 특집호로 인도와 파키스탄, 그리고 일본의 경제개발계획의 내용에 대해 상세하게 싣고 있다.

57 John Kenneth Galbraith, *A Life in our times - memoirs* (Boston: Houghton Mufflin Company, 1981), pp. 328-329.

58 UN, Economic Development and Planning in Asia and the Far East (Economic Bulletin for Asia and Far East Vol. 1, IV, No. 3, November, 1955)의 제2부(Programs and Techniques of Economic Development Planning and Programming with Special Reference to ECAFE Countries) (1956년 8월 한국은행 조사부에서 『경제개발계획 작성에 관한 제문제와 제기술』이라는 제하로 번역 출판).

59 송정범에 의하면 1961년 경제기획원이 조직될 당시 다른 나라의 예가 이용되었으며, 세계은행에서 비교 연구된 개발기구에 대한 자료와 1957년에 발간된 미르달 교수의 *Economic Theory and Underdeveloped Regions* (New York: Harper and Row, 1957)이란 책을 주로 이용했다고 한다(송정범, 「경제기획원 탄생 전후」, 『경우』 1987년 4월호, p. 29).

60 「기구 축소안과 경제계획 수립」, 『경향신문』 1956년 7월 24일자.

61 「경제개발처 신설 등－정부의 기구개편실시의 전망」, 『경향신문』 1961년 5월 7일자; 건설부, 『제1차 5개년 경제개발계획』 1961년 5월, p. 73.

62 내무부 통계국, 「통계기구 개편을 위한 시안」, 단기 4294년 6월, 기획국, 『5개년계획 관계철』.

63 신태환, 「자유냐 통제냐?」, 1954년 3월 8일자; 홍성유, 「후진국 경제개발이론에 관한 최근 논자의 소개」, 1955년 11월 7일자; 정인홍, 「중동 민족주의의 전망」, 1959년 5월 11일자 (이상 『대학신문』); 이성호, 「경제발전과 성장이론」, 『부산대학교 학보』 1957년 11월 17일자; 김명안, 「케인즈 경제리론의 력사적 배경과 한계」, 『전남대학보』 1957년 5월 16일자; 성창환, 「후진국경제와 빈곤의 악순환」, 『고대신문』 1954년 10월 8일자.

64 최호진, 1959, 「한국경제학계의 今昔」, 『산업경제』 1월호(최호진, 1962, 『한국경제의 제문제』, 삼중당, pp. 16, 18, 21).

65 김정렴, 1995, 『한국경제정책 50년사』, 중앙일보사, p. 94.

66 고승제, 1979, 『경제학자의 회고』, 경연사, p. 147.

67 Lalita Prasad Singh, *The Politics of Economic Cooperation in Asia: A Study of Asian International Organizations* (Missouri: University of Missouri Press, 1966), pp. 36-41; 박태균, 2004, 「1950년대 미국의 아시아 정책과 ECAFE」, 『국제지역연구』 참조.

68 「에카페 대표단, 22일 하오 항공편으로 출발」, 『産業經濟新聞』 1956년 1월 22일자; 「에카페 회의참석 차 예산국장 등 방콕 행」, 『경향신문』 1956년 9월 16일자; 천병규, 『천마초원에 놀다』, p. 140; 이한빈, 1969, 『국가발전의 이론과 전략』, 박영사, pp. 224-225.

69 1954년의 제4차 ECAFE 회의 한국 대표단의 파견 목적은 '장기개발계획수립에 도움이 되도록 하는 것' 이었으며, 송정범은 이 회의에서 한국 개발계획의 경험에 대해 발표하였다. 「ECAFE 총회 제8-10차」, 732.121, I-0001, 0005-0145; 「ECAFE 총회」, 732.121, I-0001, 0146-0317; 「ECAFE 전문위원회」, 732.124, I-0001, 0318-1508, 이상 외교안보연구원 소장 마이크로 필름 자료.

70 이창렬, 「콜롬보계획과 후진국경제」, 『사상계』 1956년 3월호.

71 Cole and Lyman, *Korean Development* (Cambridge: Harvard University Press, 1971), pp. 34-36.

72 일본의 예를 인용하고 있는 글은 김상겸, 「한국경제의 자본적 요청」, 『사상계』 1954년 3월호; 고승제, 앞의 책, pp. 180-181.

73 이필석은 귀국한 이후 『전후 일본경제 부흥상』(1954, 금룡도서)을 저술하였다.

74 천병규, 앞의 책, p. 110; 서필순, 1972, 『한국금융백년사』, 창조사, p. 296.

75 서중석, 1997, 「분단체제 타파에 몸던진 장준하」, 『역사비평』 가을호; 유경환, 1995, 「"사상계" 15년 소사」, 장준하추모문집간행위원회 편, 『민족혼 · 민주혼 · 자유혼-장준하의 생애와 사상』, p. 275.

76 『사상계』에서 1950년대에 출판한 단행본 중에 『공산주의의 이론과 실제』, 『미국과 세계』, 『미국사』 등이 있었다(장준하, 「브니엘」(『민족주의자의 길』 수록), pp. 280-281). 또한 『사상』과 『사상계』는 미국 공보원이 용지를 싼값으로 제공하였다(장준하, 앞의 글, pp. 245-247).

77 1950년대 중반 이후 엄요섭(嚴堯燮), 전택부(全澤鳧), 안병욱(安秉煜), 신상초(申相楚), 강봉식(姜鳳植), 송이섭(洪以燮), 김준엽(金俊燁) 등이 편집위원으로 활동하였으며, 자유주의적 지식인을 대표하는 인물의 한 사람인 함석헌(咸錫憲)이 『사상계』의 주요 필진으로 활약하였다(장준하, 앞의 글, pp. 289-290, 304-319).

78 성창환(전 고려대 경제학과 교수)과의 인터뷰, 1998년 8월 18일, 서울 공항터미널 커피숍에서.

79 「헌법개정의 제의」, 『주보』 90호, 1954년 1월 27일자; 박태균, 1995, 「1954년 제3대 총선과 정치지형의 변화」, 『역사와 현실』 17호, p. 196 주 31 참조.

80 「위기에 봉착한 기간산업」, 1956년 7월 26일자; 「합경(합동경제위원회) 기획분위서 관영사업에 83억 방출 결정」, 1956년 9월 16일자(이상 『경향신문』).

81 「누가 금융의 부패를 조장할가」, 『경향신문』 1956년 8월 11일자.

82 이동욱, 「소위 경제안정책의 疑點」, 『산업경제』 1957년 5월호; 김영선, 「현 재무당국의 모순은 크다」, 『사상계』 1957년 7월호.

83 이동욱, 「자유경제체제의 확립」, 『사상계』 1961년 3월호.

84 성창환, 「한국금융의 특성과 그 문제점」, 『사상계』 1955년 3월호; 「금융기구의 근본적 개혁을-자유경제체제의 확립을 위하여」, 『사상계』 1960년 8월호.

85 성창환, 「한국금융의 특성과 그 문제점」; 김영철, 「경제부흥과 인프레이숀(下)」, 『산업경제』 1957년 3월호; 「외자도입 문제」, 『사상계』 1958년 4월호.

86 성창환, 「저개발지역의 자본형성과 외국원조」, 『사상계』 1960년 11월호; 박병일, 「경제자립과 외자도입의 필요성」, 『사상계』 1961년 7월호.

87 「3파전 이후는 중소기업자금」, 『경향신문』 1956년 9월 5일자; 임정택, 「무역과 국제수지」, 1958년 9월호; 고승제, 「전환기에 선 한국경제의 전망과 과제」, 1960년 2월호; 이동욱, 「韓日악수의 필요성」, 1960년 11월호; 황병준, 「한국중소기업의 고민」, 1961년 6월호(이상 『사상계』).

88 이동욱, 「소위 경제안정책의 의점」.

89 1952년의 중석불(重石弗) 사건, 1955년의 국방부 원면(原綿) 사건 등은 실제 환율과 공식 환율 사이의 차익을 통해 대기업과 이승만 정권의 유착을 보여준 대표적인 사건이었다. 해방20년사 편찬위원회 편, 1965, 『해방20년사』, 희망출판사, pp. 613-617, 746-748.

90 이동욱, 「외환율과 물가」, 『사상계』 1955년 3월호; 「소위 경제안정책의 의점」.

91 성창환, 「물가, 환율, 금리(상)(중)(하)」, 『사상계』 1955년 10월, 11월, 12월.

92 이상구, 「환율개정 문제」, 『사상계』 1957년 7월호.

93 『사상계』 편집위원의 출신지는 다음과 같다. 장준하: 평남, 엄요섭: 함남, 전택부: 함남, 안병욱: 평남, 신상초: 평북, 강봉식: 평남.

94 고승제, 앞의 책, pp. 44-45. 케인즈 경제학이 국내에 처음으로 소개된 것은 1938년이었다. 『동아일보』 1938년 8월 3일부터 8월 7일자.

95 주요한, 「정치 · 경제재건의 기본문제 1954년」(1956, 『자유의 구름다리』, 문선사 수록); 김

영선, 「계획경제와 독재」, 『사상계』 1958년 1월호; 경제개발 3개년계획안 분석.

96 김영선, 「경제부흥의 이론서설」, 『사상계』 1953년 12월; 주요한, 「경제개헌안 1954년」, 『동아일보』(요한기념사업회 편, 1982, 『주요한 문집 - 새벽 I』, 상미문화사, pp. 338-342 수록).

97 「경제사태를 직시하자」, 1956년 11월 5일자; 「자금난으로 마비상태에 陷入」, 1957년 3월 8일자; 「적정환율 책정과 세제개혁 긴요」, 1957년 3월 9일자; 「경제위기 문제로 논전」, 1957년 3월 11일자; 「경제 실태를 착각하지 말라」, 1957년 4월 1일자 사설; 경제발전의 전환, 1957년 10월 21일자(이상 『경향신문』).

98 주요한은 『사상계』 그룹의 일원이었던 이동욱과 함께 1957년 민주당의 경제정책을 입안하였다(요한기념사업회 편, 1982, 『주요한 문집 - 새벽 I』, 상미문화사, p. 85).

99 이기하, 1961, 『한국정당발달사』, 의회정치사, pp. 61, 251.

100 조병옥, 1959, 『민주주의와 나』, 영신문화사, pp. 83-111(서중석, 1994, 「민주당 · 민주당 정부의 정치이념」, 『한국정치의 지배이데올로기와 대항이데올로기』, 역사비평사, p. 131에서 재인용).

101 이기하, 앞의 책, p. 251; 이기택, 1987, 『한국야당사』, 백산서당, pp. 50, 73.

102 서중석, 앞의 글, pp. 131-132.

103 「아이디어가 자본이다」, 『새벽』 1957년(『주요한 문집 - 새벽 I』, p. 131 수록).

104 「껍질을 깨뜨리는 순간」, 『새벽』 1954년(『주요한 문집 - 새벽 I』, pp. 199-200 수록). 주요한은 한국과 미국의 백 · 우드 협정을 '민간자유기업'의 원칙에서 적극 환영하였다. 「경제재건과 증권시장」, 『새벽』 1954년(『새벽 I』, pp. 336-338).

105 주요한, 「자유경제와 관리경제」, 『새벽』 1954년(『주요한 문집 - 새벽 I』, pp. 333-335 수록). 김영선 역시 국가의 개입을 반대하는 입장에서 재벌을 옹호하는 논지를 펼쳤다. 신도성, 「여당이냐 야당이냐(2)」, 『한국일보』 1956년 1월 25일자(서중석, 앞의 글, p. 129에서 재인용).

106 주요한, 「껍질을 깨뜨리는 순간」, p. 204; 「근대인 성격과 그 고민」, 『대한일보』 1966년, pp. 255-256(이상 『새벽 I』 수록).

107 주요한, 「한국의 근대화 과정」, 『대한일보』 1967년(『새벽 I』, pp. 223-235 수록).

108 이들은 신태환, 안림, 성창환 등과 함께 박정희의 경제정책에 관한 '외청(外廳) 자문기관'이라고 할 수 있었던 국민경제연구회(國民經濟硏究會)에 참여하였다. 김정렴, 1995, 『한국경제정책 30년사-김정렴회고록』, p. 106.

109 주석균과 이창렬은 1956년 주석균의 주도하에 설립된 '한국농업문제연구회'를 통해 가까운 관계를 유지하였고, 변형윤을 비롯한 경제학계의 진보적 인사들과 가까운 친분관계를 유지하면서 군사정부 초기 이후 정부의 경제정책에 적극적으로 가담하지 않았다. 주석균

의 「산업경제정책의 올바른 자세」(『비지네스』 1964년 5월호)는 외국의 원조를 자본축적의 원천으로 삼고자 하는 자유방임형 경제개발론자들을 비판한 대표적인 글이다.

110 이창렬, 「인도 5개년경제계획」, 『사상계』 1955년 12월호; 최문환, 「물가안정과 실업대책」; 1958, 「후진국경제의 정체성과 개발의 문제」, 『문리대학보』 제6권 제1호(『최문환 전집』, 서울대학교출판부, 1977 수록). 국가주도형 경제개발론의 대표적인 논자의 하나인 박희범은 사회구조적 변화에 균형성장론이 적합하지 않다는 비판을 제기하였다(박희범, 「후진국에 있어서의 경제계획」, 『사상계』 1961년 3월호).

111 G. Myrdal, *Development and Underdevelopment: A Note on the Mechanism of National and International Economic Inequality* (이순형, 1968, 『경제계획의 이론–한국경제를 중심으로』, 법문사, pp. 53-57에서 재인용); Diana Hunt, *Economic Theories of Development: An Analysis of Competing Paradigms* (London: Harvester Wheatsheaf, 1989), pp. 44-45. '내포적 공업화'는 내자(內資)를 동원하여 외부에 종속되지 않으면서 균형적 산업구조 형성을 위한 공업화를 실행한다는 것을 의미한다. 중공업을 위주로 한 수입대체산업화 전략은 대표적인 내포적 공업화 전략이다.

112 Raul Prebisch의 이론은 1950년대의 마르크스적인 경제개발론을 주창하였던 Paul Baran의 영향을 받았다(김대환, 1991, 『경제발전론』, 한국방송통신대학, pp. 13-14).

113 Charles P. Oman and Ganeshan Wignaraja, *The Postwar Evolution of Development Thinking* (MacMillan Academic and Professional LTD; OECD Development Centre; 1991), pp. 137-139.

114 박희범, 1968, 『한국경제성장론』, 고려대학교출판부, pp. 64-65.

115 최문환, 「신고전학파의 생성 전개」, 『상대평론』 제9호 1955년 7월(『崔文煥 전집』 수록).

116 이창렬, 「실업문제」, 『사상계』 1958년 9월호; 박희범, 앞의 책, pp. 72-93; 최문환, 「도전과 응전의 논리」, 『정경연구』 1966년 5월호(『최문환 전집』 수록).

117 박희범, 앞의 책, p. 286.

118 박희범, 「인도의 경제계획」, 『사상계』 1961년 6월호.

119 박동앙, 「한국경제와 米作農」, 『사상계』 1955년 3월호; 이창렬, 「인도 5개년경제계획」; 박희범, 「후진국에 있어서의 경제계획」, 『사상계』 1961년 3월호; 최문환, 「경제독점화의 론리와 윤리」, 『정경연구』 1966년 11월호(『최문환 전집』 수록).

120 최문환, 「민족주의의 제문제」, 『대학신문』 1958년 11월 3일자(『최문환 전집』 수록); 박희범, 앞의 책, pp. 45-47, 104-105, 109.

121 박희범, 위의 책, p. 263.

122 이탈리아의 무솔리니(Mussolini)가 "우리의 믿음은 민족이다. 우리의 믿음은 민족의 위대

함이다!"라고 했던 것과 같이 국가사회주의에서 민족은 중요한 이데올로기로서 작용하였다(Daniel Guerin, *Fascism and Big Business* (NY: Pathfinder, 1994, Sixth printing), pp. 63-68).

123 F.C. Jones, *Manchuria Since 1931* (London: RIIA, Oxford University Press, 1949), pp. 16, 36, 45; Charmers Johnson, *MITI and the Japanese Miracle; The Growth of Industrial Policy 1925-1975* (Stanford: Stanford University Press, 1982), p. 151; Daniel Guerin, *ibid.*, pp. 77-95.

124 1945년 이후 최호진은 일반경제이론과 경제사 관련 책을 저술하였으며, 홍우는 1948년 『상업정책』과 『경제정책』, 고승제는 『경제학입문』을 저술하였다. 김두희는 케인즈의 책을 번역(『경제학의 범위와 방법(*Scope and Method of Political Economy*)』)하였고 한춘섭은 『사회주의 · 공산주의 · 무정부주의』라는 책을 번역하였다(이기준, 1983, 『교육—한국경제학발달사』, 일조각, pp. 202-203).

125 이기준, 위의 책, pp. 201-204.

126 최호진은 민간주도형과 국가주도형을 절충하는 입장이었던 것으로 판단된다. 그는 경제계획과 민족주의적인 입장을 강하게 고수하였다는 점에서 후자에 가까웠지만, 강력한 국가의 개입 속에서도 민간주도의 경제체제를 강조하였다는 점에서 전자의 입장과 유사한 견해를 가지고 있었다. 전자와 관련해서는 「전환기에 처한 한국경제」, 『한국일보』 1959년 1월 1-2일자; 「민간기업 육성에 대한 제언」, 『증권월보』 1959년 4월호; 「한국의 농업과 공업과의 균형 문제」, 『국회보』 1960년 5월호 참조. 후자와 관련해서는 「경제체제」, 『사상계』 1958년 9월호; 「긴급한 외환문제 해결」, 『주간춘추』 1960년 제5호; 「내가 바라는 5개년계획」, 『새사회』 1961년 2월호; 「한미경협 조인과 한국경제」, 『서울신문』 1961년 2월 19일자(이상 『한국경제의 제문제』 수록) 참조.

127 변형윤 인터뷰, 1999년 11월 5일, 서울경제연구소 사무실에서.

128 구미의 국가사회주의자들은 자신들만이 진정한 사회주의자라고 주장한다(Daniel Guerin, *op. cit.*, p. 95).

129 朴正熙, 1963, 『국가와 혁명과 나』, 상문사, pp. 36-38, 45.

130 朴正熙, 1962, 『우리 민족의 나아갈 길』, p. 49. 당시 미국대사관의 정치참사관이었던 하이브(Philip C. Habib)는 이 책이 박정희와 다른 네 사람에 의해 쓰여진 것이라고 했다("PAK Chong-hui's "Our Nation's Path," April 16, 1962, NND 948833 Box 34, Korea, 1962, RG 84, NARA).

131 박정희, 『국가와 혁명과 나』, pp. 163-201. 5 · 16 쿠데타 직후부터 주한 미국대사였던 버거(Samuel D. Berger)에 의하면 박정희와 군사정부의 주체들은 겉으로 표현하지는 않았

지만, 칸(Ayub Khan), 히틀러, 나세르(Nasser), 수카르노(Sukarno) 등 국가사회주의적 지도자들에 대해 존경하는 입장을 가지고 있었다(Samuel D. Berger, "The Transformation of Korea-1961-1965," January 7, 1966, NND 979519 RG 59, Box 305, NARA).

132 Gregory Henderson (Cultural Affairs Officer) to the Ambassador, "Impressions of Pak Chong-hi's Thesis on Leadership," NND 931501, Box 9, Korea, 1961, RG 84. 박정희는 초기 그의 저술을 통해 유교적 전통을 발전의 장애물로 비판했지만, 1970년대 초 이후 유교를 포함한 한국의 전통에 대한 자부심을 강조하기 시작했다(박태균, 2006, 「박정희의 동아시아인식과 아시아 · 태평양 공동사회 구상」, 『역사비평』 가을호 참조).

133 박태원, 1947, 『약산과 의열단』, 백양당, pp. 205-206(염인호, 1992, 『김원봉 연구』, 창작과비평사, p. 76에서 재인용). 유림은 3 · 1운동 직후 만주로 망명한 뒤 신채호와 함께 신한청년당에 참여하였고, 1927년 창립된 '조선 공산무정부주의자 연맹'에서 활동하다가 체포되어 옥고를 치렀다. 출소 후 1942년부터 임시정부에서 활동하였다(旦州柳林先生紀念事業會 편, 1991, 『旦州 柳林 자료집』, pp. 29-31, 36, 59).

134 「고독한 애국: 고(故)유림 선생이 걸어온 길」, 『조선일보』 1960년 4월 5일자(『단주 유림선생 자료집』).

135 「박정희 장군과 유원식」, 『정경문화』 1983년 9월호.

136 『단주 유림선생 자료집』, pp. 91-93.

137 유원식, 1987, 『혁명은 어디로 갔나』, 인물연구소, p. 270.

138 유원식, 위의 책, p. 104. 중국에서 귀국한 이후 박정희와 유원식은 쿠데타 이전까지 서로의 견해를 교환할 기회를 자주 가졌으며, 유원식 회고록에 의하면 박정희는 유원식의 경제사상에 대해 적극적으로 동의하였다고 한다(같은 책, p. 255).

139 박정희가 만주군관학교에서 수학할 당시 일본의 2 · 26 쿠데타에 연루되었던 간노 히로시(菅野弘)라는 일본인 교관이 있었으며, 이후 박정희는 2 · 26 쿠데타에 많은 관심을 가졌다고 한다(조갑제, 1995, 『박정희 ①; 불만과 불운의 세월 1917-1960』, 까치, pp. 63-65, 92-95).

140 김상태, 1996, 「일제하 신흥우의 '사회복음주의'와 민족운동론」, 『역사문제연구』 창간호.

141 홍석률, 1991, 「1940-45년 학생운동의 성격변화」, 『한국사론』 24, pp. 320-322.

142 『조선일보』 1946년 10월 19일자; 이경남, 「족청계의 영광과 몰락」, 『신동아』 1982년 8월호. 백두진(白斗鎭)과 『사상계』의 사장이었던 장준하, 유창순(劉彰順), 송정범 등이 민족청년단에 관계를 맺고 있었다. 유창순은 민족청년단의 알선으로 미국 Hasting College에 유학하였다(천병규, 앞의 책, p. 83).

143 서중석, 1996, 『한국현대민족운동연구 2』, 역사비평사, p. 261.

144 천병규, 앞의 책, pp. 198-199.

145 박희범과 최문환은 모두 경상북도 출신으로 박정희와 동향이었다. 박희범은 5 · 16 쿠데타 직후 교원노조사건으로 구속되었다가 신태환(申泰煥) 경제기획원 원장의 도움으로 풀려나면서 박정희, 유원식과 가까워졌으며, 최문환은 가까운 친척 중 한 사람인 청구대학 이사장이었던 최모씨(최해청(崔海淸) 씨로 추측됨)가 유원식의 아버지와 함께 무정부주의자로 활동한 경력이 있었기 때문에 군사정부와 가까운 관계를 맺게 되었다(변형윤 인터뷰, 1999년 11월 5일, 서울경제연구소 사무실에서).

146 율곡문화사 편집부, 1985, 『1955년의 정가: 대권을 노리는 정객들』, 율곡문화사, p. 25.

147 「정책」, 권대복 편, 1985, 『진보당』, 지양사, pp. 37-54에서 재인용.

148 윤길중, 「계획성 있는 경제체제」, 『중앙정치』 1957년 12월호(권대복 편, 위의 책, pp. 118-132).

149 「강령 전문」, 권대복 편, 위의 책, pp. 16-36; 김안국, 「수탈없고 계획적인 번영책」(권대복 편, 같은 책, p. 135); 서중석, 1999, 「조봉암의 사회민주주의와 제3의 길」, 『역사비평』 여름호, p. 125.

150 박태균, 『조봉암 연구』, pp. 146-178. 조봉암은 농림부장관에서 물러난 이후 국회에서 농업정책에 비중을 두어 활동하였고, 1949년부터 1951년까지 농민조직으로 '한국농민회의' 설립운동을 전개하였다.

151 『사상계』 1961년 3월호에서 「자유경제냐? 계획경제냐?」를 특집으로 실었던 것은 4·19 이후 계획경제에 대한 광범위한 논의가 표출된 상황에서 자유방임주의적 경제질서에 동의하는 사람들의 위기감을 반영한 것이었다. 여기에 글을 실은 사람 중 이창렬과 박희범을 제외하고 성창환, 김두희, 이동욱, 고승제 등은 모두 '민간주도형' 경제개발론자들이었다.

152 유병묵, 「사회대중당의 산업국유화 정책」, 『사상계』, 1960년 10월호. 유병묵은 7 · 29 총선 이후 최근우(崔根愚), 최백근(崔百根) 등과 함께 사회당에 참여하였다. 사회당은 당시 혁신정당 중 가장 좌파적인 정당으로 평가되었다. 유한종 인터뷰(전 사회대중당 조직부장), 1994년 10월 16일, YMCA 커피숍에서; 민주화운동기념사업회 '4 · 19 전후 혁신운동의 흐름' 워크샵, 전창일 증언, 2006년 11월 29일, 민주화운동기념사업회 대회의실.

153 미 국무부의 관리들은 해방 직후 근로인민당에서 활동했던 최근우와 유병묵은 '농업 인민공사(agricultural communes)'를, 사회혁신당의 고정훈(高貞勳)은 '지도받는 민주주의(guided democracy)'를 주장하였으며 이것은 경제분야에서 강력한 전제주의적 정부를 의미하는 것으로 파악하였다(NA Leonard L. Bacon to FE Mr. Parsons, March 2, 1961, NND 959269, Box 5, RG 59, NARA).

154 도예종, 「경제적으로 본 통일의 필연성」, 1961년 1월 22-24일자; 「토론: 일본경제시찰단 입국 시비」, 1961년 1월 23-25일자; 「통일경제 없이 경제자립 없다」, 1961년 1월 11일자; 「남

북의 경제교류만이 곤경의 타개책이다」, 1961년 3월 26일자(이상 『영남일보』).

155 박태균, 『조봉암 연구』, p. 166; 차균희(전 농림부장관) 인터뷰, 1998년 8월 19일, 서울 논현동의 사무실에서. 강진국은 일제강점기 이래로 농업협동조합운동을 강조하는 입장이었으며, 중요산업의 국유화를 비롯한 국가계획경제론자로 활동하였다. 방기중, 1993, 「해방정국기 중간파 노선의 경제사상」, 『최호진박사 강단 50주년 기념논문집』, 박영사 참조.

156 민주혁신당은 초기에 진보당 운동에 참여했다가 조봉암의 대통령 후보 선출에 불만을 품고 탈퇴한 사람들이 중심이 되어 조직하였다. 한민당 출신인 서상일(徐相日)이 주도하였다(박태균, 『조봉암 연구』, p. 264).

157 박태순 · 김동춘, 1991, 『1960년대의 사회운동』, 까치, pp. 158-172.

158 『동아일보』 1957년 12월 5일자; 『대학신문』 1958년 4월 21일, 28일자; 『대학신문』 1958년 4월 21일, 28일자; 『대학신문』 1958년 9월 15일, 11월 17일자.

159 1957년 12월 9일자 우리의 구상이라는 문리대 신문연구회에서 낸 논문집에 정치학과 학생 유근일의 「摸索」이라는 글이 실렸는데, 무산대중의 체제로의 지향이라는 부제하에 "무산대중은 단결하자", "새로운 형태의 조국을 갈구한다" 등의 문구가 문제가 되어 유근일이 구속되었다.

160 김창운, 1992, 『민족자주화운동의 발자취』 1, 대동, pp. 170-172.

161 김영선, 「경제부흥의 이론서설」. 김영선은 이 글에서 자유방임경제의 중요성과 함께 '국가계획의 필요성' 을 동시에 주장하였다.

162 이기준, 1990, 『一學一生』, 일조각, pp. 60-61.

163 이정환, 「신경제정책에 기대한다」, 『사상계』 1960년 10월호.

164 최호진, 1961, 「우리나라 통계기구의 정비강화와 경제개발계획」, 『통계정보』 3-1.

165 서중석, 1999, 「조봉암의 사회민주주의와 제3의 길」, 『역사비평』 여름호 주 149에 있음, pp. 95-104.

166 배성룡(裵成龍)은 미군정의 중앙집권적 통치가 일제통치의 연장임을 비판하면서 조선사람들이 직접 나서는 통치의 필요성을 제기하였다(배성룡, 「일제정치의 연장」, 『민주조선』 1945년 11월호). 1950년대 지식인들은 이승만 정부의 통제경제 실시가 경제정체의 원인이라고 생각하고 있었다.

167 일제강점기 서울을 제외한 지역의 교육제도를 고려했을 때 많은 지식인들이 서당교육을 경험했을 것이라는 점을 회고록을 통해서 추측할 수 있다. 그러나 1950년대와 1960년대에는 서구의 근대적 사상이 들어오면서 전통적 사상에 대한 폄하가 유행했기 때문에 경제개발론자들의 글이나 회고록 속에서 전통적 사상의 맥을 찾기가 쉽지 않다. 특히 경제학자들은 회고록에서 일제강점시 중등학교 이후의 경험에 대해 집중적으로 기술하고 있다.

168 경제전문가들이 케인즈 이론을 처음으로 접한 것은 일제강점기였지만, 해방 직후의 경제학자들은 케인즈 이론의 중요성을 일찍 절감하고 이를 연구하기 시작하였다(이기준, 『일학일생』, p. 3).

169 Tessa Morris-Suzuki, *A History of Japanese Economic Thought* (New York: Routledge, 1989).

170 Morris-Suzuki, *op. cit.*, chap. 2, 3; 박우희, 1984, 『한국의 경제사상 · 이론 · 현실』, 유풍출판사, pp. 169-175.

171 신태환, 「미국경제학자의 일본경제학계 비판」, 『사상계』 1956년 3월호.

172 『朝鮮總督府 京城高等商業學校』 昭和十七年(1942년) 三月; 이기준, 『교육－한국 경제학발달사』, pp. 168-175.

173 Charmers Johnson, *MITI and the Japanese Miracle: The Growth of Industrial Policy, 1925-1975* (Stanford: Stanford University Press, 1982) (김태홍 역, 『통산성과 일본의 기적』, 우아당, 1983), pp. 150, 174-196, 397.

174 경제전문가로 황종률(黃鐘律, 동국대 교수, 재무부장관), 김준환(金晙煥, 관재청 처분국장), 조기준(趙璣濬, 고려대 교수), 권혁소(權赫紹, 대구대, 경희대 교수), 김준태(金濬泰, 부흥부 정무차관), 이윤모(李允模, 상공부 광무국) 등이 있다.

175 김태홍 역, 앞의 책, p. 151; Carter J. Eckert, *Offspring of Empire: The Kochang Kims and the Colonial Origins of Korean Capitalism, 1876-1945* (Seattle: University of Washington Press, 1991), pp. 70-71, 82, 107; 有澤廣已 監修, 1976, 『昭和經濟史』, 日本經濟新聞社, pp. 134-135; 小林英夫, 1975, 『大東亞共榮圈の形成と崩壞』, 禦茶の水書房, pp. 66-75.

176 小林英夫, 위의 책, pp. 66-83. 관동군의 뒤에는 이데올로기적으로 일본의 대표적인 국가사회주의자였던 기타 이끼(北一輝)와 기시 노부스케(岸信介)가 영향을 미치고 있었다. Richard Storry, *The Double Patriots: A Study of Japanese Nationalism* (Westport: Greenwood Press, 1957, 1973), pp. 37-46; Charmers Jones, *ibid.*, p. 51.

177 F.C. Jones, *Manchuria Since 1931* (London: Royal Institute of International Affairs, 1949) p. 16; Carter J. Eckert, *ibid.*, pp. 70-71.

178 박정희, 『국가와 혁명과 나』, p. 128; 조갑제, 앞의 책, pp. 86-104.

179 박희범의 「61년도 예산안과 경제성장」(『사상계』 1961년 1월호)은 만주의 경제개발계획과 관련된 경험을 언급한 유일한 글이다.

180 조석준, 1969, 「기획」, 『한국행정의 역사적 분석』; Tony Mitchell, "Control of the Economy During the Korean War: The 1952 Co-ordination Agreement and its

Consequence," James Cotton and Ian Neary, ed., *The Korean War in History* (Manchester: Manchester Inov. Press, 1989).

181 김정렴, 앞의 책, p. 49.

182 동남아시아에서 경제계획을 실행한 국가들은 대부분 계획기구의 명칭에 'planning' 을 사용하였고, 국내에 번역될 때에도 대부분 '계획' 으로 번역되었다. '계획위원회', '국가계획성' 등이 그 예이다.

183 日本近現代史辭典編輯委員會, 1978, 『日本近現代史辭典』, 東洋經濟新聞社 참조.

184 통계기구를 경제기획원 내로 위치지운 것도 일본의 경험에 의한 것이었다(「경우방담 4: 물가 이렇게 오를리 없다!」, 『경우』 1988년 10월호). 또한 이기준 교수는 1971년 한국개발연구원의 설치는 일본의 경제기획청 산하 경제연구소를 모방한 것이라고 분석했다(이기준, 『일학일생』, p. 116).

185 『朝鮮總督府 京城高等商業學校』 昭和十七年(1942年) 三月.

186 게이죠고등상업학교의 경우 1943년 이후 상업 과목보다 경제학 과목이 더 늘어났다. 이기준, 『일학일생』, p. 146. 그러나 해방 이후 경제관료들의 경우 대체로 1940년 이전에 경성고상을 졸업하였다.

187 Carter J. Eckert, "Total War, Industrialization, and Social Change in Late Colonial Korea," Peter Duus, ed., *The Japanese Wartime Empire 1931-1945* (New Jersey: Princeton University Press, 1996); Atul Kohli, "Where Do High Growth Political Economies Come From? The Japanese Lineage of Korea's "developmental State,"; Jung-en Woo, *op. cit.*, pp. 21-30.

188 윤고병(尹皐炳, 조선은행), 백두진(식산은행), 송인상, 구용서(이상 조선은행), 윤인상(尹仁上, 식산은행) 등이 도쿄고등상업학교, 전택부(금융조합), 이상구(식산은행) 등이 고베고등상업학교, 송인상(식산은행), 김영원(金英源, 경성방적), 이필석(李珌奭, 조선신탁주식회사) 등이 게이죠고등상업학교, 장기영(張基榮, 식산은행)이 선린고등상업학교, 송정범(한국은행), 김정렴(한국은행)이 오이타고등상업학교를 졸업했다.

189 박희범, 『한국경제성장론』, p. 71.

190 Tae-Gyun Park, *op. cit.*, pp. 95-97.

191 김영철, 「경제부흥과 인프레이숀(하)」, 『산업경제』 1957년 3월호; 이면사, 「자유경제냐 계획경제냐」, 『사상계』 1960년 9월호.

192 원용석, 「재정과 통화」, 1954년 8월호; 김용갑(金容甲) 외, 「환율현실화와 내일의 한국경제」, 1960년 11월호(이상 『사상계』); 조동필, 「신외환정책의 전망과 유지책」, 『재정』 1955년 10월호; 윤인상, 「신년도 금융사정은 완화될 것인가」, 1958년 1월호; 「통화만 억제하면

되는가」, 1958년 1월호; 「대한상공회의소 건의문, 초긴축 재정금융정책 완화를 촉구함」, 1958년 4월호(이상 『산업경제』).

193 박순, 「물가안정과 통화량」, 『재정』 1956년 11월호.

194 Rostow and Milikan, *A Proposal: Key to on Effective Foreign Policy* (New York: Harper & Brothers, 1957), pp. 89-90; Oman and Wignaraja, *The Postwar Evolution of Development Thinking* (MacMillan Academic and Professional LTD; OECD Development Centre, 1991), pp. 10-13.

195 1차 산업의 발전을 저개발국 개발전략의 핵심으로 해야 한다는 경제개발론도 있었다. 이 주장은 1차 산업이 큰 비중을 차지하는 후진국에서는 1차 산품의 수출을 통해 저개발을 극복해야 한다는 것이었는데, 서구 국가와의 불균등 교환 문제와 저개발국 자체의 과잉인구, 부족한 자원 때문에 적극적인 호응을 얻지 못했다(Charles P. Oman and Ganeshan Wignaraja, *op. cit.*, pp. 9-10, 67-68).

196 United Nations, "Department of Economic Affairs, Measures for the Economic Development of Underdeveloped Countries," Report by a Group of Experts appointed by the Secretary of the United Nations (New York: 1951); Singer, "The Mechanics of Economic Development," *Indian Economic Review*, August, 1952(이상 이순형, 1968, 『경제계획의 이론: 한국 경제를 중심으로』, 법문사, pp. 53-57에서 재인용).

197 1952년 바이너(Viner)는 후진국이 1차 산업 중심의 산업구조를 갖고 있기 때문에 1차 산업을 발전시켜 수출산품화해야 한다고 주장하였다. 그러나 이 주장은 1차 산품의 부가가치가 낮기 때문에 선진국과 불균등교환이 이루어질 수밖에 없다는 주장 때문에 많은 비판을 받았고, 1950년대 중반 이후에는 더 이상 제기되지 않았다(이순형, 위의 책, pp. 53-57).

198 이창렬, 「인도 5개년경제계획」; 차균희, 「농산물 가격문제」, 『사상계』 1958년 11월호.

199 주석균, 「외곡도입에 항의한다」; 주요한, 「부흥과 자원」 1953년 사설(『새벽 II, pp. 331-333』).

200 유일하게 농업중심의 경제개발에 공개적으로 반대한 것은 이정환이었다(이정환, 「天下之大本의 경제학 – 한국농업의 경제적 위치」, 『사상계』 1960년 1월호).

201 한국은행, 1973, 『한국의 국민소득』, p. 120.

202 이창렬, 「인도 5개년경제계획」; 박희범, 「후진국에 있어서의 경제계획」, 『사상계』 1961년 3월호.

203 마루야마 마사오(丸山眞男) 저, 김석근 옮김, 1997, 『현대정치의 사상과 행동』, 한길사, pp. 80-95.

204 최호진, 「내가 바라는 5개년계획」(『한국경제의 제문제』 수록).

205 오원철, 1995, 『한국형 경제건설』 제1권, 기아경제연구소, p. 13.

206 넉시 저, 박동섭 역, 1957, 『후진국의 자본형성론』, 대한재무협회 출판부.

207 이순형, 앞의 책, pp. 126-127.

208 A.O. Hirschman, *The Stategy of Economic Development* (New Heaven: Yale University Press, 1958) (이현재 역, 1965, 『경제발전의 전략』, 문운당).

209 로스토우의 '제단계설'에서 나타나는 서구산업화 과정에서의 면방직산업, 철도산업 등 선도산업의 중요성에 대한 강조는 모두 불균형성장론에 영향을 받은 것이었다(Charles P. Oman and Ganeshan Wignaraja, *op. cit.*, pp. 12-13).

210 Charles Wolf, Jr., Economic Department, The RAND Corporation, p-2288, 24 April 1961, "On Aspects of Korea's Five-Year Development Plan," Prepared for Ministry of Reconstruction, Republic of Korea, Produced by The RAND Corporation, Santa Monica, California. 부흥부에서 1961년 3월 28일 '한국경제개발 5개년 계획에 관한 관견' 이란 제하로 출판되었다.

211 1950년대와 1960년 초반 한국에서 불균형성장론이 소개되었지만, 불균형성장론에 반대하는 입장이 강하였다(최호진, 「내가 바라는 5개년계획」, 『새사회』 1961년 2월호(『한국경제의 제문제』 수록)).

212 이창렬, 「인도 5개년경제계획」; 「콜롬보계획과 후진국경제」; 「한국실업의 특수원인」; 임정택, 「무역과 국제수지」, 『사상계』 1958년 9월호; 최문환, 「후진국경제의 정체성과 개발의 문제」; 박병일, 「경제자립과 외자도입의 필요성」, 『사상계』 1961년 7월호; 성창환, 「한국의 고용문제와 그 대책; 후진국경제개발의 제문제」, 『부흥월보』 5권 11호, 1960년 11, 12월호 합본.

213 한영우, 1991, 『우리역사와의 대화』, 을유문화사, pp. 37, 44-45, 53-63.

214 Margaret Weir and Theda Skocpol, "State Structures and the Possibilities for "Keynesian" Responses to the Great Depression in Sweden, Britain, and the United States," Peter R. Evans, Dietrich Rueschemeyer, and Theda Skocpol, eds., *Bringing the State Back In* (Cambridge: Cambridge University Press, 1985).

215 한국은행, 『한국경제연감』 1955년도 판.

216 정성호, 1998, 「한국전쟁과 인구사회학적 변화」, 정문연 제4회 국내학술대회 발표논문, p. 9.

217 홍성유, 1962, 『한국경제와 미국원조』, 박영사, p. 142.

218 이대근, 1987, 『한국전쟁과 1950년대의 자본축적』, 까치, p. 172. 임시토지수득세는 1961년 민주당 정권하에서 금납제로 전환되었다.

219 1959년 현재 전체 농가호수 중 빚 보유 농가비율은 91.1%였으며, 부채 중 고리사채의 비율이 70%를 상회하였다(한국기독교 사회문제연구원, 1984, 『농촌현실과 농민운동』, p.

129). 이러한 상황 때문에 5·16 쿠데타 직후 군사정부는 농촌 고리채의 정리사업을 제1의 과제로 채택하였다.

220 1953년 전체 농가호수가 224만 9천 가구, 농가인구가 1,315만 명이었는데, 1958년 전체 농가호수는 221만 8천 가구로 약 3만 가구 정도 감소하였고, 농가인구는 1,375만 명으로 약 60만 명 정도 증가하였다(농림부, 『농업통계연보』 1959년 판, pp. 2-3). 당시의 인구통계가 정확하지 않기 때문에 어느 정도의 이농현상이 나타났는가를 파악하기 쉽지 않지만, 도시화율의 증가추세를 볼 때 1950년대에 이농현상이 본격적으로 나타났다고 볼 수는 없을 것 같다. 한국전쟁 기간 중이었던 1950년부터 1955년 사이의 도시화율이 6.1% 증가한 데 반해 1955년부터 1960년 사이의 도시화율은 3.5% 증가하는 데 그쳤다.

221 김병태, 1981, 「농지개혁의 평가와 반성」, 『한국경제의 전개과정』, 돌베개, pp. 63-64.

222 동아일보사, 1980, 『동아연감 별책』, p. 145 표 2 참조.

223 3장에서 살펴볼 미국의 한국군 감축 논의과정에서도 한국군의 감축을 반대한 미국인 관료들은 실업문제가 심화될 가능성을 반대 이유로 제시하였다.

224 최호진, 「나의 학창시절」, 『재정』 1957년 7월.

225 박희범은 케인즈의 저서를 번역하였지만(『케인즈 혁명』, 『맑스와 케인즈』), 후진국 현실에는 맞지 않는 이론이라고 비판하였다(박희범, 「후진국에 있어서의 경제계획」, 『사상계』 1961년 3월호).

226 이창렬, 「한국실업의 특수원인」, 『사상계』 1961년 2월호.

227 한국은행, 1973, 『한국의 국민소득』.

228 임종철, 「해방후 한국공업의 발전」(김대환, 1981, 「1950년대 한국경제의 연구」, 『1950년대의 인식』, 한길사, pp. 208-209에서 재인용).

229 원조로 만들어진 공장이 건설과정이나 건설된 이후에 부실하게 운영되었던 대표적인 예는 충주 비료공장이었다. 공사기간이 2년이나 지연되었을 뿐만 아니라 완공된 이후에도 운영상에 많은 문제를 드러냈다(「원조 정신을 좀먹고 있는 충주 비료공장」, 1959년 9월 8일자; 「시운전이 중단된 미국원조를 상징하는 대표적 케이스, 충비공장」, 1959년 9월 29일자. 이상 『한국일보』). 철강산업의 경우에도 1950년대 내내 원조자금으로 정상화를 시도하였지만, 제대로 이루어지지 않았다.

230 경제기획원, 『경제백서』 1963년 판(김대환, 앞의 글, p. 216 표에서 재인용).

231 한국은행, 1962, 『우리나라 기업경영분석』(김대환, 앞의 글, p. 229 표에서 재인용).

232 김성두, 1965, 『재벌과 빈곤 - 한국자본주의의 메카니즘과 그 전개』, 백경문화사, p. 38.

233 김대환, 앞의 글, p. 211 표 참조.

234 「침체상태에 있는 제분업계」, 『서울경제신문』 1961년 11월 27일자.

제2장

현상유지정책에서 근대화론으로: 미국 대외정책의 전환

1. 현상 유지 : 1950년대 미국의 대아시아 정책
2. 저개발국 근대화를 통한 봉쇄정책
3. 1960년대 초 미국의 저개발국 정책 변화

현상 유지: 1950년대 미국의 대아시아 정책 _ 1

식민지에서 해방된 국가들은 정치적 독립과 함께 경제적인 자립을 얻고자 했다. 자립적인 경제구조를 확립하지 못한다면, 제국주의 국가로부터의 진정한 자유를 얻기 힘들다고 판단했던 것이다. 수많은 아시아 국가들이 경제개발계획을 입안하고 추진했던 것도 경제적인 자립을 목적으로 한 것이었다. 이 계획들은 대부분 1950년대에 시작되었으며, 국가적 사업으로 추진되었다.

이와 함께 아시아의 국가들은 경제개발계획이 과정에서 상호 간의 협력체제를 구축하고자 국제적인 기구들을 만들었다. 아시아극동경제위원회Economic Commission for Asia and the Far East; ECAFE와 영연방 국가들이 주축이 된 콜롬보 플랜Colombo Plan은 아시아 국가의 경제개발계획을 상호 지원하기 위한 기구였다. 그러나 이러한 노력은 결코 성공적이지 못했다. 아시아 국가들의 경제성장을 위한 의지가 적극적이었음에도 불구하고, 이들 기구들이 성공하지 못한 이유는 무엇이었을까?

1) 경제협조처의 대한원조

가장 효율적인 봉쇄는 자본주의에 대한 자신감

루즈벨트 대통령의 사망과 제2차 세계대전의 종전과 더불어 자본주의권과 사회주의권 사이의 냉전이 심화되면서 소련과 동구권을 포함시킨 부흥계획은 폐기되고 서유럽의 부흥을 목표로 한 '봉쇄정책'이 실시되었다. 케난G.F. Kennan의 '봉쇄정책Containment'은 자본주의권과 사회주의권 사이의 냉전을 군사적 수단보다는 심리적 · 경제적 수단에서 풀어보려고 하는 것이었다. 즉, 서구유럽과 아시아에서 일본의 부흥은 사회주의권에 대한 상대적인 경제적 우위를 가져올 수 있도록 할 것이며, 이는 자본주의권하에 사는 사람들에게 심리적인 승리감을 가져다 줄 수 있다는 것이었다.[1]

케난은, 위협의 실체가 심리적인 부분에 있다면 해결책 역시 심리적인 측면으로 접근해야 하며, 소련의 위협을 받는 나라들의 자신감 회복이 가장 중요하다고 지적하면서 이를 위한 가장 효과적인 수단은 경제적인 부흥이라고 규정하였다. 이러한 관점에서 나온 것이 서구유럽에 대한 '마샬플랜Marshall Plan'이었다. 서구유럽의 성공적인 부흥을 통해서 소련을 중심으로 한 사회주의권을 봉쇄하겠다는 것이었다. 마샬플랜은 경제협조처Economic Cooperation Administration; ECA라는 새로운 원조기관에 의해서 주도되었는데, 경제협조처의 관료들은 케인즈적인 방식으로 대공황을 극복한 '뉴딜New Deal' 정책을 이끈 사람들이었다.[2]

그러나 케난의 사고는 유럽 중심주의적이었고, 5개의 군사산업화 지역military industrialization: 미국, 영국, 소련, 독일을 포함한 중부 유럽, 그리고 일본을 중심으로 한 정책이었다. 이것은 미국의 한정된 자원을 효과적으로 쓰기 위한 것이었다. 따라서 케난식의 사고 속에서 아시아 지역을 비롯한 후진국에 대한 경제원조가 고려될 수 없었다. 이것이 제2차 세계대전 직후 후진국에 대한 경제원조가 제대로 이루어지지 않았던 주요한 원인이 되었다. 한국에 설치된 미군정 역시 본국의 재정적 지원을 제대로 받지 못했고, 결국 통화 남발에 의해서 인플레이션을 유발하는 결과를 가져왔다. 이 시기의 인플레이션은 대한민국 정부가 수립된 이후까지 계속되었고 정상적인 경제정책을 실행하는 데 막대한 지장을 초래했다.[3]

1947년 초 미국의 합동참모본부Joint Chiefs of Staff; JCS는 원조의 시급성과 국가안보를 기준으로 하여 원조의 순위를 조정하였다. 미 합동참모본부의 전반적인 원조에 대한 평가를 보면 미국이 원조를 주는 전체 16개국의 중요도 순위 중 앞의 8개국은 유럽지역이 차지했다.[4] 국무부의 정책기획실 역시 후진국에 대한 지원에 소극적이었고, 특히 한국에 대한 경제원조에 대해서 매우 부정적인 입장이었다.[5] 이러한 상황에서 대아시아 경제원조에 대한 구체적이거나 적극적인 구상이 나올 수는 없었다.

이러한 대외정책은 1948년을 기점으로 해서 조금씩 변화하기 시작하였다. 무엇보다도 중국 공산당의 승리가 확실시되어 가면서 미국은 아시아를 중심으로 한 후진지역에 대한 원조의 필요성을 느끼기 시작하였다. 따라서 미국은 유럽에서 실시하였던 마샬플랜을 아시아로 확대하는 방안을 구체화하였다.[6] 단순한 소비재 원조가 아닌 산업부흥을 위한 자본재 원조와 기술원조를 내용으로 하는 경제협조처 원조는 1948년 '경제협조법 4장Title IV of the Economic Cooperation Act'의 통과로 아시아 지역으로 확대되었다. 중국에서 태국 · 인도네시아 · 미얀마 · 필리핀으로 대상국가가 확대되었고, 중국 공산화 이후에는 한국을 주요 대상으로 하였다.[7]

아시아에 대한 경제협조처 원조는 트루만H.S. Truman 대통령이 1949년의 연두교서를 통해 발표한 '포인트 포Point IV' 계획으로 더욱 구체화되는데, 저개발지역의 경제부흥을 실현할 수 있도록 기술원조를 지원하는 것을 목적으로 하고 있다.[8] 1949년에 나온 미국의 대아시아 정책의 결정판이라고 할 수 있는 국가안보회의 문서 48NSC 48 시리즈에서도 포인트 포 계획을 중요한 원조의 수단으

로 규정하고 있다.[9]

이 시점에서 아시아극동경제위원회가 창설되었다. 1947년 6월 상하이에서 처음으로 문을 연 아시아극동경제위원회는 전후 아시아의 경제복구를 위한 유엔의 조직이었다. 아시아극동경제위원회가 유엔의 산하기구인 만큼 의사결정과 활동에 있어서 유엔의 제약을 받을 수밖에 없었지만, 실제로는 상당한 정도의 자율적인 활동을 전개하였다.[10] 아시아극동경제위원회는 다음과 같은 세 가지 사항을 목적으로 하여 조직되었다.

1. 전후 황폐화된 아시아 지역 국가들에 대한 경제적 지원
2. 아시아와 극동지역 국가들에 대한 경제재건을 위한 가용한 활동과 참여
3. 역내 국가들의 경제, 기술, 통계자료 등에 대한 수집 평가를 지원하며 경제 및 기술적 문제와 그 발전에 대한 연구와 조사 지원[11]

아시아극동경제위원회는 식민지에서 해방된 지역의 정부들로부터 절대적인 지지를 얻었다. 특히 독립을 획득한 이후 경제재건뿐만 아니라 경제개발을 통해서 제국주의 모국으로부터 확실한 독립을 얻고자 하는 희망을 갖고 있었던 아시아 국가들에게 아시아극동경제위원회의 존재는 고무적인 것이었다. 아시아극동경제위원회 외에 1951년에 결성된 "콜롬보 플랜" 역시 경제개발을 위한 기구로서의 역할을 하였지만, 서아시아의 영연방 국가들을 중심으로 이루어진 비공식기구였기 때문에 아시아극동경제위원회와는 그 위상에서 큰 차이가 있었다.[12] 아시아극동경제위원회는 회원국의 대표로 구성된 최고위원회commission를 중심으로 활동이 이루어졌으며, 매년 3월경 2주간에 걸쳐 회의가 개최되었다. 회의는 아시아 지역의 회원국에서 차례로 개최되었다.[13]

전쟁으로 중단된 부흥계획

그러나 아시아극동경제위원회는 당시 유엔의 산하기구로서 회원국을 결정하는 문제에 보다 많은 관심이 집중되어 있었기 때문에 미국의 후진국 원조 정책의 변화 과정에 그다지 큰 영향을 받지 못했다. 오히려 아시아에서 경제협조처 원조와 포인트 포 계획의 가장 주요한 대상이 되었던 것은 한국이었다.[14]

한국에 대한 경제협조처 원조를 의회에 제안할 때 트루만 대통령의 메시지는 이 원조가 가지는 이데올로기적 냉전의 성격을 명확히 하였다.

(1) 한반도는 남한의 민주주의 이상 · 원칙과 북한 공산주의가 대결하는 실험장이라는 사실
(2) 한국의 생존과 자립적이고 안정된 경제를 향한 진보가 아시아 민중에게 영향을 미침
(3) 공산주의의 선전에 시달리고 있는 남아시아 · 동남아시아와 태평양제도의 민중들을 고무
(4) 공산주의에 대한 저항에서 민주주의의 성공과 완강함을 보여줌으로써 한국이 북아시아의 민중에게 '등불'이 되는 점[15]

물론 한국에 대한 경제협조처 원조 계획에는 미국의 경제적 이해관계 역시 중요하게 작용하였다. 만약 미국이 "여러 가지 기술을 저개발국가에 제공하고 서구 선진국을 제외한: 필자주 나머지 국가들의 생활 수준을 2% 정도 높인다면, 우리의 공장과 사업은 수요를 따라잡지 못할 것이다. 단지 그것을 생각하라! 그것이 우리가 할 필요가 있는 모든 것이다. 그것은 가능성의 한계를 넘어서는 것이 아니다"고 말한 트루만의 연설은 함축적인 의미를 가진다.[16] 1950년대 말 미국의 후진국 정책을 비판하고 경제개발계획의 필요성을 역설하였던 로스토우가 후

진국에 대한 경제개발원조의 기본목적에 대해 논의하면서 미국과 서구유럽의 선진경제의 지속적인 번영에 대한 기여를 중요한 목적으로 설정했던 것 역시 아시아에 대한 마샬플랜 및 포인트 포 계획의 이러한 논리와 일치하는 것이었다.[17]

후진국에 대한 경제개발계획이 미국과 선진유럽의 경제에 도움이 될 것이라는 논리는 한국에 대한 경제협조처 원조와 관련된 논의에서도 잘 나타난다. 국무성과 경제협조처를 중심으로 한 미국의 대한부흥정책 입안자들은 한국에 대한 '구호' 중심의 원조가 미국의 재정적 부담을 늘릴 뿐이라는 점을 지적하면서 미국의 대한 경제 '부흥' 원조가 처음에는 미국에게 재정적으로 부담이 될 수 있지만, 결국 미국의 부담을 줄이는 유일한 방법이 될 것이라고 주장하고 있다. 경제협조처의 호프만P. G. Hoffman 처장은 자기 스스로를 '행정가'가 아닌 '사업가'라고 하면서 "사업가의 관점에서 중요한 것은 어떻게 원조를 줄일 수 있는가의 문제"이며 결국 경제협조처의 부흥원조가 "1953년에 가면 필요한 외부 원조량을 3,500만 달러로 감소"시킬 것이라고 설명하였다.[18]

이상과 같은 목적에서 실시된 한국에 대한 경제협조처 원조는 야심찬 것이었다. 단순한 소비재 원조의 차원을 넘어서서 비료공장의 설립과 철도 및 전력의 충원을 비롯한 자본재 원조를 목적으로 하여 연간 1억 5천 달러 상당의 원조를 제공하고자 하였다. 대한민국 정부의 수립과 함께 나온 미국의 대한정책 문서인 국가안보회의 문서 8 시리즈에서는 경제협조처 원조와 관련된 사항을 규정하고 있다. 즉, 미국의 대한경제원조의 총액은 1억 8,500만 달러가 되어야 하며, 원조의 성격도 '구호relief'에 그치는 것이 아니라 '재건rehabilitation'이 되어야 한다는 것이다.[19]

이에 따라 먼저 국무부가 3개년 부흥원조계획을 작성하여 경제협조처에 제출하였으며, 1949년 1월 1일자로 대한경제원조의 책임이 경제협조처로 이관되자 1949년 2월부터 한국의 경제 상황에 대한 조사 및 대한원조의 작업이 구체적으로 시작되었다. 주한미군의 철수를 앞두고 1949년 3월 16일에 결정된 국가안보회의 문서 8을 수정한 문서에서는 1억 9,200만 달러로 증액되었으며, 1950회계연도의 대한 경제원조계획의 입법화 필요성이 규정되었다. 1949회계연도에 한정했던 1년 단위의 계획 역시 '3개년 경제원조계획'으로 구체화되었다.[20]

그러나 한국에 대한 ECA 원조가 의회의 승인을 얻는 데 상당한 어려움을 겪었다. 1950년 1월 19일 대한원조안이 하원에서 1표 차이로 부결되는데,[21] 그 이유는 공화당 의원들이 타이완과의 차별적인 원조에 대해 반대하였기 때문이었다.[22] 그러나 경제협조처가 요청한 1950회계년도의 1억 5천만 달러 안에 대해 미의회는 10월 6일에 H.R.5360으로 명명된 제3세출예산안을 통과시켰고, 이에 따라 3천만 달러의 대한원조가 책정되었다. 이후 경제협조처는 1949년 7월부터 1950년 2월까지 총 6천만 달러의 대한경제원조액을 지출할 계획을 세웠다.[23] ECA는 상하원에서 대한원조안對韓援助案이 부결됨에 따라 1950회계년도 전반기에 지출될 6천만 달러 외에 6천만 달러의 추가지출안을 의회에 추가 요청하였고, 이 요청안은 2월 9일 미하원에서 통과되었다. 그리고 1951회계연도의 대한경제원조계획은 1950년 6월 5일 1억 달러가 의회에서 승인되었다.[24]

어려운 과정을 거쳐 시작된 한국에 대한 경제협조처 원조는 3개년 간에 걸쳐 명확한 계획을 가지고 있는 경제개발계획이었다. 특히 식량과 의료용품 등 주요 소비재의 원조가 1951년 소멸될 것으로 상정한, 공업시설 · 부흥계획 등 자본재 원조에 중점을 두는 계획이었다. 〈표 2-1〉은 경제협조처 계획의 예산을 보여주는 것으로 그 성격을 잘 보여준다.

경제협조처의 주한 사절단장인 번스A. Bunce는 1950년 5월부터 대충자금을 18개 사업에 융자 또는 보조금으로 사용하도록 허가하였다. 여기에는 철도건설, 수리사업, 탄광개발, 수력 및 화력 발전사업, 치수, 어업용 물자구입 및 토탄생산 등이 포함되었다. 규모는 100억 원 정도이며, 이 중 35억 원이 경제협

표 2-1. 경제협조처 예산표(Overall ECA Aid Program) (단위: 달러)

	1950년도 예산액(%)	1951년도 예산액	차감액
식량	119,000(0.09)	–	△119,000
비료 및 농약	32,851,000(27.3)	42,223,000	9,372,600
석유산품	7,862,000(6.5)	4,670,000	△3,182,000
의료용품	226,000(0.18)	–	△326,000
원료 및 半제품	27,702,000(23.1)	19,292,400	△8,409,600
공업시설 및 공급품	3,973,000(0.3)	2,765,000	△1,208,000
부흥계획	33,958,000(28.2)	25,085,000	△8,873,000
조사操業계획	1,980,000(1.6)	1,625,000	△355,000
기술원조	3,512,000(2.9)	2,779,000	△633,000
해상운임	5,244,000(4.4)	60,000	△5,184,000
행정비	1,650,000	1,500,000	△150,000
예비비	923,000	–	△923,000
합계	120,000,000	100,000,000	△20,000,000

홍성유, 1965, 『한국경제의 자본축적과정』, 고려대학교 아세아문제연구소, p. 282에서 재인용.

조처의 주한 사절단장이 정하는 바에 따라 정부직할사업에 대하여 직접 보조금 형식으로 부여될 예정이었고, 나머지는 한국정부기관과 은행을 통해 회사 및 개인에게 융자 형식으로 대여될 계획이었다. 물론 인플레이션이 심각해질 때에는 즉각 중지할 것을 전제로 하고 있었다. 이러한 대충자금의 사용에는 광산, 시멘트, 비료공장건설 등 기초공사가 포함되어 있었다.[25]

이상과 같이 한국에서 실행된 경제협조처 계획은 미국에 의한 저개발국 경제개발을 위한 계획이 처음으로 구체화된 것이었다.[26] 1950년 한국전쟁의 발발로 인하여 한국은 물론이고 여타 후진국에 대한 경제협조처 계획이나 포인트 포 계획이 모두 무산되었기 때문에 한국과 다른 지역에 대한 경제원조로 이어지지 못했지만, 당시 한국에 대한 경제협조처의 계획은 1960년대 이후의 미국의 대외정책에서 나타나는 저개발국 경제개발론의 전사前史로서 중요한 의미를 가진다. 이 계획이 성공적으로 진행되었다면, 아시아의 다른 지역은 물론 아시아극동경제위원회와 같은 아시아 지역 내 경제협력체의 활동이 보다 적극적으로 이루어졌을 것이라는 점은 쉽게 추측할 수 있다.

2) 새로운 패션New Look: 그러나 새롭지 않은

미국의 세계정책을 바꾸어 놓은 한국전쟁

한국전쟁으로 군사비가 확대되면서 더 이상 포인트 포 계획을 포함한 미국의 저개발국 경제개발원조 정책이 지속될 수 없었다. 미 행정부는 1949년 10월에는 상호방위원조법Mutual Defence Assistance Act을 제정하였으며, 1950년대에 이르러 군사원조의 성격을 강하게 띤 상호안전법Mutual Security Act; MSA을 마련하여 모든 대외원조를 상호안전법 아래로 통합하였다.[27] 이것은 경제적 수단을 통한 대 사회주의권 봉쇄정책이 군사적 수단으로 전환되었음을 의미하는 것이었다.

1953년부터 집권한 아이젠하워D.D. Eisenhower 행정부는 한편으로는 한국전쟁 이후에 나타난 미국의 저개발국 원조정책의 변화, 즉 경제부흥을 위한 원조에서 군사원조로의 변화를 그대로 계승하였다. 이것은 첫째로 한국에 대한 경제원조가 한국전쟁을 막지 못했다는 인식 때문이었다. 트루만 대통령은 1949년 경제협조처 원조를 위한 자금의 승인을 의회에 요청하면서 '한반도에서 남한의 자립되고 안정된 경제가 아시아의 등불이 될 것' 이라고 강조하였지만,[28] 한국전쟁은 이러한 인식을 완전히 바꾸어 놓았던 것이다. 즉, 경제적인 안정을 통해서 봉쇄를 강화하겠다는 정책이 후퇴한 것이다. 1950년대 후반 미국의 대외원조를 재평가하기 위해 조직된 드레이퍼Draper 위원회의 일원이었던 죠단A.A. Jordan, Jr.의 경제협조처 원조에 대한 평가는 이러한 점을 잘 보여준다.[29] 이제 경제원조만으로 저개발 지역에서 이루어지는 공산주의의 확장정책을 봉쇄할 수 없다고 평가하기 시작한 것이다.

둘째로 미국의 자체 재정의 문제이다. 한국전쟁으로 인해서 늘어난 미국의 재정을 줄여야 했고, 이를 일환으로 대외원조 역시 감축되기 시작하였다. 즉, '건전한sound' 재정을 목표로 한 뉴룩정책하에서 대외원조의 양을 줄일 수밖에 없었던 것이다.[30] 따라서 아이젠하워 행정부로서는 거대한 규모의 경제원조보다는 냉전적인 갈등이 첨예한 지역을 대상으로 한 한정적인 군사원조를 선호할 수밖에 없었다. 그나마 군사원조의 대상지역 역시 재조사를 통해서 철저하게 관리하였다.

1950년대를 통해서 미 행정부는 국가안보회의National Security Council; NSC 산하에 1954년 10월 6일 부처 간 특별위원회로서 '아시아경제정책에 관한 특별위원회Ad Hoc Committee on Asian Economic Policy'와 1955년 '국제개발자문위원회International Development Advisory Board'를 설치하였다. 또한 대통령 직속의 랜달위원회Randall Committee, 1954, 의회에서 조직하였던 페어리스 위원회Fairless Committee, 1957와 드레이퍼 위원회 등이 미국의 대외원조의 액수와 효율성을 분석하기 위한 작업을 진행하였다. 당시 대외원조 공여국 중 가장 큰 비중을 차지한 것이 한국과 베트남, 대만, 필리핀 등 아시아 국가였기 때문에 대외원조에 대한 조사작업은 아시아 국가들을 대상으로 하였다.

물론 1950년대를 통해 저개발국에 대한 경제개발과 관련된 정책이 전혀 없었던 것은 아니었다. 해외운영처Foreign Operation Administration; FOA와 국제협조처International Cooperation Administration; ICA를 통하여 경제개발을 위한 기술원조가 제공되었으며, 1957년에는 개발차관기금Development Loan Fund; DLF이 설립되어 후진국의 개발계획과 관련된 사안을 무상원조grant의 형태가 아닌 차관loan의 형태로 제공하는 경제개발원조가 있었다.

정부 재정지출을 줄이기 위해 민간기업의 역할 강조

그러니 1950년대 미국의 저개발국 원조는 적극적이지 못했다. 우선 해외운영처, 국제협조처, 그리고 개발차관기금 등 저개발국 경제개발 원조와 관련있는 기관들에 대한 지원은 모두 군사적인 원조를 기본적인 성격으로 하는 상호안전법하에서 작동하였다.[31] 따라서 모든 대외원조는 기본적으로 군사적, 안보적인 목적하에서 이루어졌다. 1950년대 당시 단일국가로서는 가장 거대한 규모의 대한원조를 받고 있었던 한국의 경우에도 1959년까지 모든 대외원조가 유엔군사령부에 의해서 관장되었다. 개발차관기금은 경제개발을 위한 계획에 대한 원조를 담당하였는데, 계획 자체가 많지 않았고, 심사과정이 까다로웠기 때문에 1950년대를 통해서 승인된 개발차관의 양은 얼마 되지 않았다.

일부 연구에서는 1950년대 중반을 기점으로 하여 미국의 원조가 군사 중심 원조에서 경제, 기술 원조 중심으로 변화하였다고 보고 있지만, 아이젠하워 행정부하에서 나온 경제정책과 관련된 문서들을 자세히 살펴보면 1950년대의 전반기와 후반기 사이에 별다른 변화가 없다. 저개발국에서 경제개발이 필요하다는 내용이 1950년대 후반 일부 문서에서 나타나지만, 국가의 재정보다는 '민간자본또는 사적/개인 자본, private capital'을 이용한 원조를 강조하고 있다. 실제로 상호안전법의 제413조에서도 '자유기업 및 개인 참여의 장려' 항목을 두어 대외원조상에 사적 자본의 참여를 장려할 수 있는 국내외적인 장치를 마련해야 한다고 강조하였다.

대통령 직속의 랜달위원회는 1953년에 올린 보고서에서 아시아에 대한 원조의 축소와 함께 민간자본의 투자를 촉진한다는 내용의 권고안을 제출하였다.[32] 1954년 11월에 제출된 국가안보회의 문서 5249/3에서 역시 '민간자본 투자의 장려' 라는 항목이 신설되어, 민간자본 또는 사적자본에 의한 아시아 지역에서의 경제개발을 장려하는 정책이 권고되었다. 미국 정부에 의한 공적 원조를 축소하고 이를 통해 재정 균형을 달성하겠다는 뉴룩정책과 직접적으로 연결되는 것이었다.

이렇게 민간자본 또는 사적자본에 의한 투자가 강조되는 것은 아시아 국가와의 투자협정 또는 투자환경의 개선을 위한 우호통상조약의 체결을 강조했던 당시 미국의 아시아 정책과 밀접하게 연관되는 문제이다. 1955년에 제출된 국제통화·재정문제에 관한 국가자문회의National Advisory Council on International Monetary and Financial Affairs = NAC 문서 1868호는 미국의 민간기업이 저개발국 현지에서 최대한도로 활동할 수 있는 환경을 조성해야 한다는 점에 초점을 맞추고 있다.[33] 한국의 경우 1955년부터 한미우호통상조약과 관련된 논의가 본격화되며, 1950년대 후반 환율문제와 함께 한미 간에 가장 중요한 현안이 된다.[34]

외국의 민간자본이 투입될 수 있는 환경을 마련해야 한다는 점과 관련해서는 국가안보회의 문서 5506에서도 역시 강조되었다.[35] 이 문서에서는 경제개발의 책임은 궁극적으로 저개발국 자체에 있으며, 저개발국이 외국의 민간자본의 투자에 적합한 환경을 만들어 주기 위해 자국법을 개정하여 장벽을 철폐해야 한다고 주장하였다.

그러나 이러한 정책은 결코 현실적이지 못했다. 식민지에서 해방된 지 얼마 안 된 아시아 국가들은 서구의 자본에 대해서 의구심을 갖고 있었다. 서구 자본의 투자로 인해 또 다시 예속의 길로 들어설 가능성이 있다고 느낄 정도로 해외자본에 대해 예민한 상황이었다. 한국 정부 역시 민족자본의 육성을 위해 외자도입을 제한하자는 입장이었다. 한국에서 외국인 투자환경의 개선을 위한 논의는 1955년 2월 실무자회의에서 시작되어 19개월 간 계속되었다.[36]

이와는 반대로 개인자본의 입장에서도 저개발국이 투자하기에 안전한 곳은 아니었다. 저개발국들이 식민지에서 해방되면서 독립운동 과정에서 나타났던 사회적 불안정성은 해결되었지만, 신생 독립국가의 건설과정에서 또 다른 불안정성이 나타나고 있었기 때문이었다. 1950년대 아이젠하워 행정부가 저개발국가들에게 통상우호협정을 맺도록 압력을 가했던 것도 개인 자본들이 안심하고 투자할 수 있는 환경을 만들어 주기 위한 것이었다. 그러나 1950년대 아시아 · 아프리카에서 계속되었던 사회 · 정치적 혼란은 미국 정부의 어떠한 노력과도 관계없이 민간자본의 개입을 어렵게 했다.

일부 연구자들이 1957년을 기점으로 하여 미국의 정책이 변화하였다는 근거로 제시하고 있는 국가안보회의 문서 5707 시리즈 문서들 역시 민간자본을 중심으로 한 경제원조를 주장하고 있다.[37] 이 문서에서 유럽을 제외한 지역에서 미국의 통상병력을 삭감해야 할 필요성이 지적되었으며, 이에 대한 반대급부로서 핵무기에 대한 의존을 일층 강화하고, 저개발국의 경제발전의 중요성을 지적하였다. 그런데 주목해야 할 점은 저개발국의 경제개발과 관련해서 초점이 되고 있는 부분은 민간자본 투자의 촉진, 자유무역의 확대, 그리고 세계은행 및 미국수출입 은행의 융자 확대에 있었지, 미 행정부의 공적 원조를 경제 · 기술 분야로 확대하겠다는 내용은 전혀 없었다는 점이다.

따라서 국가안보회의 문서 5707 시리즈는 아이젠하워 행정부의 정책문서들 중에서 경제개발의 필요성에 대해서 가장 강조한 문서의 하나이지만, 그렇다고 해서 군사원조에서 경제원조로의 전환을 의미하는 것은 아니었다. 공적자본의 투여를 확대하지 않겠다는 것은 곧 미국의 재정지출의 증가를 억제하겠다고 하는 뉴룩정책의 핵심적인 내용이 계속되고 있는 것이라고 할 수 있다. 물론 1950년대 중반부터 미국의 지식인들 사이에서 나타나기 시작했던 저개발국가에 대한 경제개발원조의 필요성에 대한 주장이 미 행정부에 영향을 미치기 시작한 것은 사실이지만, 이것이 곧바로 미국의 대아시아 정책에 있어서 변화를 의미하는 것은 아니었다.

결국 1950년대의 미국의 후진국 정책은 1950년대 말까지 뉴룩정책의 기조 하에서 저개발국가에 대한 원조를 감축하면서 군사적 성격의 원조를 실행하는 것이었다. 결과적으로 경제적 수단에 의한 케난의 '봉쇄' 개념이 점차 도입되기는 하였지만, 아이젠하워 행정부의 아시아 정책은 '민간자본'이라고 하는 수단을 통해서 공적 원조의 증가를 억제하는 방식의 정책이 지속적으로 추진되었다.

3) 아시아극동경제위원회ECAFE의 활동과 미국의 소극적 정책

자중지란自中之亂

아시아극동경제위원회는 1950년대 중반 적극적으로 활동하기 시작했다. 대부분의 아시아 국가들에게 경제개발계획을 입안 · 실시하고자 했고, 이들이 아시아극동경제위원회 회의에 모여 서로의 경험과 정보를 주고받는데 적극적이었기 때문이다. 또한 동남아시아와 서남아시아의 경우 여러 국가들이 신생독립국으로 출현했지만, 서로 국경을 맞대고 있었기 때문에 서로 간의 협력을 통한 시너지 효과가 필요했고, 상호 협조가 이루어지지 않을 경우 국내외적으로 안정적인 조건을 조성할 수 없었다.

그러나 아시아극동경제위원회는 설립 초기부터 난항을 겪을 수밖에 없었다. 갈등은 우선 참여국들 사이에서 아시아극동경제위원회를 어떻게 구성해야 할 것인가를 둘러싸고 전개되었다. 설립 초기에는 유엔의 정회원국만이 가입할 수 있는 자격을 부여받았다. 따라서 중국, 인도, 필리핀, 타이 등 아시아 국가들 외에 프랑스, 네덜란드, 영국 등 과거 이 지역의 식민지 모국이었던 국가들이 정회원 자격을 인정받았고, 호주는 지역 외 국가이기 때문에 준회원의 자격으로 참여하였다. 미국과 소련은 국제적인 위치와 극동지역에서의 그들의 영향력을 인정받아 정회원 자격이 부여되었다.

그러나 이렇게 다양한 구성으로 인해 모든 결정에 있어서 정치적 이해관계에 따라 갈등을 불러일으킬 수밖에 없었다. 식민지 국가와 과거 식민지를 지배했던 국가 사이의 긴장관계뿐만 아니라 자본주의의 맹주와 공산주의의 맹주인 미국과 소련 사이의 갈등도 지속적으로 표출되었다. 전자와 관련해서는 인도네시아의 가입 문제가, 후자와 관련해서는 한국과 베트남과 같은 분단국가의 가입 문제가 갈등의 초점이 되었다.[38]

또한 정치적인 문제를 둘러싸고 아시아극동경제위원회의 회의는 정치적 선전을 위한 장이 되기도 하였다. 이 때문에 각국은 아시아극동경제위원회의 회의에 대규모 대표단을 파견하였으며, 한국전쟁 시기에는 이러한 정치적 논쟁이 극에 달하였다. 스탈린 사망 이후 후르시쵸프에 의해 소련의 아시아 국가들에 대한 경제원조, 기술원조가 증가하면서 이러한 갈등이 감소하기는 하였지만, 중요한 사안에 대한 갈등은 계속되었다.

아시아극동경제위원회의 역할에 대해서도 참가국 사이에 논란이 전개되었다. 아시아 국가들은 미국이 유럽의 마샬플랜과 유사한 정도의 경제재건계획을 아시아에도 실시해 줄 것을 희망하였지만, 미국과 영국은 아시아극동경제위원회가 아시아 지역에서 주도적 역할을 하는 것에 반대하는 입장이었고, 오히려 경제발전을 위한 자금을 마련하기 위하여 아시아 국가들이 보다 적극적으로 시장을 개방해야 한다는 입장을 가지고 있었다. 미국은 또한 경제원조 및 기술원조와 관련된 사항이 아시아극동경제위원회를 통해서 결정되는 것에 대하여 부정적인 입장을 견지하고 있었다. 미국은 유엔의 산하기관보다는 자신들의 영향력을 제고할 수 있는 유엔본부에서 중요한 결정들이 이루어져야 한다는 견해를 가지고 있었고, 아시아 국가들은 이러한 미국의 입장에 대해 불만을 가지고 있었다. 아시아 국가들의 불만은 아시아극동경제위원회 내부에서 '아시아의 길Asian Way'을 주장하는 비동맹 국가들에 의해서 강력하게 제기되었다.

그러나 아시아 국가들의 주장은 아시아극동경제위원회의 기본적인 활동 목적을 넘어서는 것이었다. 위원회는 각국에 필요한 정책을 결정하거나 필요한 자금을 마련해 주는 기관이 아니었고, 단지 경제개발을 위하여 아시아 각국에 대하여 경제적, 국가적, 지역적, 국제적 차원에서 조사, 연구를 수행하는 기관이었다. 즉, 아시아의 여러 나라가 적절한 정책을 입안, 실행할 수 있도록 도와주는 기관이었다. 따라서 선진국으로부터의 경제원조나 경제개발을 위한 일국 또는 일 지역 내에서의 중요한 정책을 아시아극동경제위원회에서 결정할 수는 없었다.

한편, 아시아극동경제위원회 내의 또 다른 갈등은 아시아의 회원국 사이에서 정치적 견해의 차이로 인해 나타났다. 그 대표적인 예가 '아시아와 극동을 위한 연례 경제조사Annual Economic Survey for Asia and the Far East'의 발행이 쉽지 않았다는 점이다. 아시아극동경제위원회의 중앙 사무국은 이 보고서에 대해 어떠한 코멘트도 달 수 없었으며, 이 자료가 정치적으로 이용될 가능성을 차단해야 했다.[39] 물론 아시아 각국이 당시 정확한 통계자료를 제공할 수 있는 효율적인 정부기관을 갖추지 못했던 상황으로 인해 이 보고서에 정확한 통계를 제공하는 것 역시 불가능한 상황이었다.

그럼에도 불구하고 아시아극동경제위원회에는 1949년 산업무역위원회가 설립된 이래로 몇 개의 하부 위원회와 각종 회의 등이 조직되어 활동하였다. 또한 하부 위원회는 상당한 정도의 자율성을 보장받았으며, 특별한 사안이 발생할 때마다 해당 국가에 직접적으로 보고, 자문하는 역할을 수행하였다. 따라서 아시아극동경제위원회 활동 중 중요한 영역은 매년 정기적으로 개최되는 최고위원회commission 보다는 하부 위원회에 의하여 결정되고 실행되었다. 하부위원회는 특정 주제에 관한 위원회committee와 조정위원회coordinating committee로 이루어져 있었다.

또한 아시아 각국에서 아시아극동경제위원회에 거는 기대가 컸던 만큼 각국 정부는 신중한 준비를 거쳐 전문가들로 구성된 대표단을 아시아극동경제위원회의 회의에 파견하였다.[40] 아시아극동경제위원회는 서로의 경험을 교환하고, 새로운 이론들을 흡수하는 중요한 장으로서 역할을 하였다. 미국 역시 아시아극동경제위원회가 아시아에서 경제협조를 위한 가장 중요한 기구라고 평가하였으며, 향후 아시아에서 어떠한 형태의 경제협력을 위한 기구가 필요하다고 하더라도 아시아극동경제위원회는 그 조직의 "우산"으로서의 역할을 지속적으로 수행할 것으로 예상하였다.[41]

한국 정부는 1950년대를 통해 경제부처 관료들로 구성된 대표단을 파견했을 뿐만 아니라 『아시아극동경제위원회-진보의 20년』*ECAFE-twenty years of progress*, 1967, 외무부을 발간하는 등 아시아극동경제위원회의 활동 및 결정사항에 주의를 기울였다. 1장에서 살펴본 바와 같이 1950년대를 통해 아시아극동경제위원회의 회의에 파견된 경제부처 관료들은 인태식, 김유택, 이기홍, 송인상, 송정범, 황병준, 최규하, 천병규, 이한빈 등으로 1950년대 중반부터 1960년대에 이르기까지 한국의 경제계획을 선두에서 이끌었던 젊은 전문관료들이었다.

ECAFE보다는 일본을 아시아의 중심으로

그러나 전체적으로 보았을 때 1950년대의 아시아극동경제위원회의 활동은 아시아 국가들의 기대에는 거의 미치지 못했다. 경제개발의 경험과 내용을 서로 교환하는 장이 되기는 하였지만, 경제개발을 위한 계획을 입안하고 실행하는 것을 실질적으로 지원할 수 있는 기관으로서의 역할을 하지 못했다. 무엇보다도 자금을 지원할 수 있는 재정관련 기관이 설립되지 못했고, 아시아 각국의 경제계획을 기술적으로 자문할 수 있는 역할도 수행할 수 없었다.

역내 국가들의 경제개발을 위한 자금 문제를 해결하기 위해서 1954년 아시아극동경제위원회 내에서 새로운 개발은행 설립을 위한 논의가 있었다. 그러나 당시의 역동적인 아시아 정세의 변화 – 한국에서 정전협정의 체결, 비동맹회의 결성을 위한 준비, 인도네시아 독립전쟁 등 – 로 인하여 회원국들 사이에서 큰 관심을 끌지 못했다. 실질적으로 자금을 동원해야 할 선진 자본주의 국가들 역시 그러한 기관의 설치에 대해서 반대하였다. 미국은 미국의 영향력에 한계를 가져올 수 있는 다자간의 방식을 적용하는 것에 대하여 부정적인 입장이었으며, 일본 정부는 미국이 주도하는 새로운 재정기관에 일본이 적극적으로 개입할 경우 국내외에서 빗발칠 비난에 대해 두려워하고 있었다.[42]

특히 전술한 바와 같이 뉴룩정책하에서 미국의 소극적 정책은 아시아극동경제위원회의 활동에 결정적인 장애가 되었다. 1956 회계연도를 기준으로 1국이 아닌 여러 국가가 함께 참여하는 지역개발계획에 대하여 미국은 1억 달러 정도밖에 사용하지 않았다. 이 액수는 미국이 한국에게 준 1956 회계연도의 원조액수 3억 2,600만 달러의 1/3에도 미치지 않는 액수였다. 게다가 할당된 원조 액수의 지출금은 제대로 사용되지 않은 상태에서 사용기한이 지나 실제로 원조가 이루어질 수 없었다.[43] 물론 이러한 문제는 당시 아시아 국가들이 스스로 효율적인 계획을 수립하지 못했기 때문에 나타나는 것이기도 했지만, 1년을 단위로 하는 미국의 소극적 정책과 원조방식 때문에 발생한 것이기도 했다.[44]

결국 아시아 지역에 대한 소극적인 정책하에서 미국은 지역협력체로서 역할을 하고 있었던 아시아극동경제위원회에 적극적인 원조나 역할을 수행할 수 없었다. 미국이 스스로 아시아극동경제위원회의 구성원이었으며, 아시아극동경제위원회가 아시아에서 유일한 경제협력을 위한 기관이라는 점을 인정하였지만, 전체적인 대외정책과 아시아 정책의 기조 위에서 정책이 실시될 수밖에 없었다.

1955년 '장래 미국의 대아시아 경제원조'라는 제하에 입안된 국가안보회의 문서 5506[45]은 아시아에서의 마샬플랜을 주장했던 해외운영처FOA의 책임자 스타센Harold Stassen의 주장에 대해서 반대하는 것으로 정책내용을 결정하였다. 그리고 미국의 재정적 기여는 '정치적 제약'을 고려하여 '현실적으로 합리적인' 규모가 되어야 하며, 아시아 지역의 경제개발을 위해 미국이 배후에서 책임을

지는 듯한 인상을 주어서는 안 된다고 결론을 내렸다.

따라서 미국은 아시아극동경제위원회에 대해서 미국이 구성원의 하나로서 참여하지만, '비공식적 자문의 역할에 국한' 한다는 조건하에서만 참여한다고 결정을 내렸다. 아울러 미국은 일국 단위가 아닌 지역 차원에서의 원조를 주장하는 특별한 계획에 대한 재정적 보증은 일체 수행하지 않는 것으로 입장을 정리하였다.[46]

이러한 결정이 이루어지는 데 또 하나 중요한 역할을 한 것은 일본의 역할에 대한 미 행정부의 고려였다. 미국이 일본의 역할을 고려한 데에는 두 가지 중요한 이유가 있었다. 하나는 미 행정부의 재정적 부담을 줄이기 위해서는 대외원조에 있어서 다른 선진국들의 공헌이 필요하며, 일본이 아시아에서 미국의 부담을 덜어줄 파트너로서 역할을 수행할 수 있으며, 또한 해야 한다고 본 것이다. 다른 하나는 일본 중심의 지역협력체를 조직함으로써 한국전쟁 이후 급성장하고 있었던 중국에 대항할 수 있는 자유 아시아의 힘을 구축할 수 있다고 판단했던 것이다.

한국전쟁 직후에 입안된 국가안보회의 문서 5429는 이러한 미국의 입장을 잘 보여준다.[47] 이후에 나타나는 소극적인 입장과는 달리 이 문서에서는 "최대한의 아시아 자유제국을 결속하여 경제기구를 조속히 창설한다"는 내용이 권고 사항의 하나로 제시되어 있다. 이 내용을 그대로 해석할 경우 아시아극동경제위원회와 같은 조직은 미국이 지원해야 할 중요한 조직의 하나이다. 그러나 문제는 미국이 염두에 두고 있었던 경제기구는 일본이 주도권을 쥐고 있는 기구를 의미하고 있는 것이며, 아시아극동경제위원회와 같이 비동맹국가들이 주도하면서 소련도 참여하고 있는 그런 기구를 의미하는 것은 아니었던 것이다.

아이젠하워 행정부가 아시아를 비롯한 후진국에 대한 기술원조를 위해 조직하였던 해외운영처의 원조도 일본을 중심적인 고려에 넣고 이루어졌다. 해외운영처는 1954년 2월 마닐라에서 열린 해외운영처 극동지역 책임자 회의에서 아시아 각국의 경제개발 관련 계획에 대해 자문할 때 "일본의 공헌과 일본과의 관계를 고려"하여 계획을 작성할 것을 지시하였다. 이 지시는 아시아 각국에 파견된 해외운영처 사절단 대표에게 내려진 것이며, 해외운영처 원조에 의해 진행될 경제개발과 관련된 계획들이 일본의 아시아에서의 역할을 염두에 두고 입안, 실시되어야 함을 강조한 것이었다.[48]

이러한 일련의 상황 속에는 1950년대 일본이 아직은 부흥에 성공하지 못했다는 인식이 깔려 있었다. 이것은 곧 아직 어느 정도의 힘을 갖추지 못하고 있는 일본이 아시아 지역의 경제협력체에 주도적인 세력으로 등장하는 것이 시기상조라는 인식이었다.[49] 1960년의 시점에 가서야 일본이 아시아 지역의 경제협력을 담당할 수 있는 어느 정도의 힘을 갖추었다고 판단하였던 것이다.[50]

이상과 같이 미국이 아시아극동경제위원회에 대하여 소극적 정책을 실시하고 있는 데 대하여 아시아에 파견되어 있었던 미국의 현지 기관들은 불만을 가지고 있었다. 실질적으로 아시아극동경제위원회에 아시아 각국 정부가 상당한 희망을 걸고 있으며, 정부 내에서 중요한 역할을 수행하는 전문관료들이나 장관급 인사들을 파견하는 데 비하여 미 행정부의 소극적인 입장은 현지기관의 입지를 어렵게 만들었던 것으로 보인다. 1960년 12월에 태국대사관에서 보낸 문건을 보면 현지 기관의 어려움을 잘 보여준다. 즉, 아시아극동경제위원회에 소련이 참여하고 있음에도 불구하고, 미국이 가장 적격이면서도 높은 지위의 대표단을 파견해야 함을 강조하였다.[51]

결국 아시아극동경제위원회의 활동은 위축될 수밖에 없었다. 현실적으로 경제개발을 위한 지원의 가장 중요한 역할을 담당해야 할 미국이 소극적인 태도로 나오는 상황에서 아시아극동경제위원회는 구체적인 계획을 입안할 수는 있었지만, 그것을 실행할 수는 없었다. 1950년대를 통해 아시아극동경제위원회가 마련한 가장 구체적인 계획 중에는 메콩강 계획과 동남아시아 고속도로 건설계획이 있었는데, 이들 계획을 위한 위원회가 구성되기는 하였지만, 미국의 미온적인 태도로 인하여 구체적인 계획을 실행하기는 어려웠다.

이러한 미국의 아시아 지역협력체에 대한 태도는 동남아시아조약기구 Southeast Asian Treaty Organization; SEATO에 대한 태도에서도 잘 나타났다. 미국은 동남아시아에서 공산주의의 침략과 내부의 공산주의자들에 의한 전복행위에 대처하기 위하여 파키스탄, 필리핀, 태국, 영국, 프랑스, 호주, 뉴질랜드가 참가한 가운데 1954년 동남아시아조약기구를 창설하였다. 그러나 미국의 동남아시아조약기구에 대한 태도는 북대서양조약기구North Atlantic Treary Organization; NATO에 대한 태도와는 사뭇 다른 것이었다. 북대서양조약기구에 대해서는 적극적인 개입정책을 구사하였던 데 반하여 동남아시아조약기구에 대해서는 적극적인 개입을 꺼렸다. 군사훈련과 군사원조를 일부 실행하였지만, 북대서양조약기구에 비하여 소극적인 태도로 임하였다.[52]

미국은 처음의 협정 내용과는 달리 동남아시아조약기구의 임무를 외부로부터의 공산주의 침략에 한정하여 재규정하기도 하였고,[53] 북대서양조약기구에서 적용하고 있는 원칙, 즉 "일 지역에 대한 공격은 전체에 대한 공격attack against one is attack against all"과는 달리 한국, 대만과의 상호방위조약에서 나타나는 것과 같이 "헌법적 절차에 의거하여 대처한다"는 규정이 강조되어야 한다고 주장하였다.[54] 또 이와는 역으로 외부의 침략이나 위기 상황시에 확실한 공약을 원한다는 요구에 대해서는 동남아시아조약기구의 규정을 들어서 거절하기도 하였다.[55]

이렇게 아이젠하워 행정부에서의 아시아극동경제위원회에 대한 태도는 소극적이었다. 이것은 당시의 아이젠하워 행정부의 대아시아 정책의 성격에서 출발하는 것이었으며, 다른 한편으로는 일본에 대한 적극적인 고려에서 나온 것이기도 하였다. 그리고 결국 1950년대 미국의 아시아 정책은 '현상유지'를 통해서 상황이 더 악화되는 것을 막기 위한 소극적인 것이었다.

2 _ 저개발국 근대화를 통한 봉쇄정책

1950년대 아이젠하워 행정부는 재정지출 축소를 지향하는 뉴룩정책을 통해서 아시아 지역의 경제성장을 위한 지원에 소극적 입장을 갖고 있었다. 이러한 소극적인 정책은 당시 소련에서 스탈린이 퇴진하고 후르시쵸프가 등장하면서 미 · 소 간의 극한적 대립이 완화되었다는 사실과 함께 한국전쟁에서의 실패가 주요하게 작용했다. 물론 뉴룩정책은 1950년대를 통해 미국사회의 안정적인 성장을 가능하도록 하는 하나의 요인이 되었다.

그러나 뉴룩정책이 '현상유지'를 가능하게 할 수는 있었지만, 공산주의의 영향력을 축소시킬 수 있는 적극적인 역할을 하지는 못했다. 북부 아프리카의 주요한 축이었던 이집트에서 일어난 나세르의 쿠데타는 미국의 전통적 동맹지역인 서유럽의 구舊 제국주의 국가에 대해 부정적인 태도를 갖고 있었고, 인도네시아의 반둥에 모인 아시아 · 아프리카의 지도자들은 미국과 소련에 반대하는 비동맹 선언을 이끌어 냈다. 소련은 경제원조를 통해 비동맹과의 관계를 점차 강화해 나갔고, 미국보다 먼저 인공위성 발사에 성공하였다. 미국의 지식인들은 뉴룩정책이 실패했다고 비판했으며, 새로운 대안을 내놓고자 했다. 이들이 제시한 새로운 정책은 무엇이었을까?

1) 로스토우의 등장

저개발국을 제대로 알기 위한 움직임: 지역학

1950년대를 통해 미국의 저개발국가에 대한 정책을 비판하는 주장은 대체로 두 가지 문제에 초점이 맞추어져 있었다. 첫번째 초점은 후진국에 대한 무상원조가 미국의 재정적자의 문제를 심화시키고 있다는 점이었다. 이 비판은 아이젠하워 행정부가 처음부터 내걸고 있었던 뉴룩정책과 맥을 같이하는 것이었다. 따라서 정부의 지출을 줄임으로써 재정적자의 문제를 해소하고자 하는 노력은 행정부와 의회에서 동시에 진행되었으며, 특히 미국의 대외원조에 대한 조사사업이 실시되었다. 이러한 작업은 우선적으로 한국을 비롯한 무상 군사원조가 집중되어 있는 지역에 대한 원조의 액수를 줄이는 방법을 검토하는 것으로 시작되었다. 행정부가 의회를 설득하기 위해서는 한국에 대한 군사원조를 줄이는 것이 최상의 방법이 될 것이라는 점이 지속적으로 지적되었다.[56]

위의 견해가 아이젠하워 행정부의 정책과 연결되어 정책에 반영되었다면, 두 번째 비판은 1960년대의 정책 변화와 관련하여 더 중요한 의미를 가진다. 즉, 미국을 비롯한 서구사회의 저개발국가에 대한 인식을 총체적으로 바꾸어야 하며, 이를 통해 미국의 저개발국가에 대한 정책의 내용과 목표가 모두 새롭게 규정되어야 한다는 것이다. 식민지에서 해방된 지역에 대한 새로운 인식은 국제학, 지역학, 정치학 등에서 먼저 나타났는데, 저개발국가의 역사, 문화, 그리고 사회구조의 다양성과 서구사회와의 차이점을 명확하게 인식해야 한다는 지적에서부터 출발하였다.

1950년대를 통해 아시아 문제와 관련하여 로스토우뿐만 아니라 라이샤워E.O. Reischauer 교수, 갈브레이스J.K. Galbraith 교수와 동북아시아 문제 전문가였던 스칼라피노R.A. Scalapino 교수 등이 모두 이러한 경향을 대표하였으며,[57] 각 대학에는 저개발지역에 대한 연구와 이를 미국의 정책에 반영하기 위한 연구소들이 설립되었다. 매사추세츠 공과대학MIT 의 국제학연구소Center for International Studies; CENIS나 하버드대학의 국제관계센터Center for International Affairs; CFIA, 프린스턴대학의 국제학연구소Center of International Studies, 펜실베이니아 대학의 대외정책연구소Foreign Policy Research Institute 에는 아시아 여러 나라의 경제개발계획 입안과 실행과정에 경제고문이나 현지조사를 벌였던 학자들이 참여하였으며, 이들에 의해 저개발국 개발론이 더욱 발전하였다.[58]

스칼라피노 교수는 1945년 이전 중국, 일본, 한국의 공산주의 운동에 대한 연구를 통해 동북아시아의 정치적 특수성을 밝히기 위한 연구성과를 냈으며,[59] 상원외교위원회의 요청으로 콘론Conlon Associates 보고서를 제출하였다. 콘론 보고서는 미국의 대외정책에 많은 영향을 주었을 뿐만 아니라 한국과 일본에서 번역되어 한국과 일본 내의 정치세력에게도 큰 영향을 주었다.[60] 라이샤워 교수는 일본의 정치사와 더불어 중국, 한국의 역사에 관심을 가지고 있었으며, 서구의 시각에 기초하여 동아시아 사회를 분석해서는 안 된다는 점을 강조하였다.[61]

이러한 경향은 저개발국가 또는 제3세계의 특수성을 인식해야 한다는 문제제기에서 출발하였다. 대체로 여기에서 강조되는 것은 식민지의 경험, 민족주의 · 중립주의 · 공산주의로의 편향성, 그리고 현대화된 조직으로서 군대의 중요성 등이다.[62] 또한 미국식 보편주의에서 벗어나 미국식 민주주의를 아시아와 아프리카에 그대로 대입시키키는 경향에 대한 비판도 제기되었다. 즉, 미국식 개인주의나 정당정치는 가족, 씨족, 종족이 전통적으로 강조되고 있는 이 지역에서 비정상적인 것으로 받아들여져 실패하고 있다는 것이다.[63]

이러한 주장은 서유럽 중심의 보편주의에 비해 진보적인 견해였지만, 다른 한편으로는 서구의 기준으로 볼 때 비민주적인 저개발국의 군부정권에 대한 지원을 가능하도록 만드는 이론적 배경을 제공하는 것이었다.[64] 제3세계의 정치체제를 서구정치에 그대로 대입하지 말고 문화적 상대주의적 입장에서 바라

보아야 한다는 1960년대의 파이Lucien Pye와 헌팅턴Samuel Huntington의 연구 역시 후진국의 특수성을 있는 그대로의 입장에서 바라보자는 경향의 연장선상에서 이해할 수 있다.[65] 이들은 저개발국의 정치 역시 미국과 서구를 모델로 하여 발전해야 한다는 기존의 근대화론을 반박하면서 경제발전과 정치발전을 과도하게 연결할 수 없으며, 오히려 경제발전이 정치적 혼란을 가져올 가능성이 크다고 분석하였다. 아울러 정치의 근대화라는 것은 비단 민주주의에만 적용되는 것이 아니라 독재체제에서도 역시 적용될 수 있는 문제라고 주장하면서 저개발국의 상대적인 특수성을 강조했다.[66]

저개발국의 특수성을 제대로 파악하지 못한 상황에서 무제한적으로 군사원조가 제공되고 있다는 비판에는 예외없이 한국에 대한 거대한 군사원조의 문제가 중요한 사례로 인용되었다.[67] 이러한 비판에서 지적되고 있는 것은 미국의 저개발국 정책결정자들이 군사원조로 모든 문제를 해결할 수 있으리라는 환상에 빠져 있으며, 이들 국가에 대한 관심이 군사적인 것에서 정치적, 경제적인 것으로 전이되어야 한다는 것이었다. 오히려 장기적인 무상원조는 경제적인 정체와 연결될 가능성이 더욱 클 수도 있다고 지적되기도 하였다.[68] 또한 세계를 사회주의와 자본주의만으로 구분할 수 없고 중립주의와 민족주의가 또 하나의 중요한 축으로 받아들여지는 상황으로 바뀌고 있는 점을 충분히 인식해야 한다는 점도 지적되었다.[69]

이러한 저개발국가와 제3세계에 대한 연구는 저개발국 경제개발론과 결합하였다. 1장의 〈표 1-8〉에서 볼 수 있는 것과 같이 1950년대에는 저개발국가의 발전을 위한 다양한 이론들이 제기되고 있었다. 1950년대 초반 UN에서 처음으로 제기한 경제계획론[70]과 경제개발론은 저개발국가의 경제구조가 서구 자본주의 국가와는 다르게 1차 산업이 중심이라는 사실에서 출발했다.[71]

경제개발론의 획기적 발전을 이끈 것은 틴버젠과 루이스와 함께 넉시였다. 그의 균형성장론은 전술한 바와 같이 1950년대를 통해 한국을 비롯한 저개발국가들에게 가장 큰 영향을 주었다.[72] 균형성장론과 동일한 맥락에서 국내의 수요를 기준으로 산업전략을 체계화하였던 구조주의적 경제개발론 역시 1950년대의 중요한 경제개발론의 하나였다. 1950년대 후반부터 남미에서 나온 구조주의는 수입대체산업화 전략에 근거하여 저개발지역 경제의 종속성을 탈피하고 내부의 균형적인 경제성장을 주요한 내용으로 하였다. 1920년대 이후의 남미의 경제적인 정체, 혹은 퇴보는 2차 세계대전 이후 이 지역의 경제적 발전을 위한 새로운 이론을 필요로 하였고, 이 과정에서 나타난 것이 수입대체화 전략을 산업화 전략으로 하는 구조주의적 경제개발론이었다.

프레비쉬R. Prebisch 와 남미경제위원회U.N. Economic Commission for Latin America; ECLA 를 중심으로 발전된 구조주의적 경제개발론은 국제무역에서 선진국과 후진국 사이의 불균등 교환이 가져오는 문제를 지적하면서, 후진국 내부의 수입대체화 공업화 전략을 축으로 하여 자주적인 경제발전의 필요성을 강조하였다.[73] 미국에 의해서 사회주의적이라는 비판을 받았음에도 불구하고,[74] 구조주의 이론은 자주적인 경제개발을 강조하는 미르달의 경제개발론과 함께 남미는 물론이고 비동맹국가들, 그리고 한국의 '지도받는 자본주의형' 경제개발론자들에게 많은 영향을 미쳤다.

그러나 후진국이 공통적으로 안고 있었던 국내시장이 협소하다는 점과 많은 산업분야를 동시적으로 발전시키기 위한 자본이 부족하다는 점이 균형성장론에 대한 비판으로 제기되었다. 인도를 제외한 대부분의 후진국에서 협소한 내부시장을 확대하는 것은 한계가 있었다. 또한 모든 부문의 균형적 성장을 위해서는 엄청난 외자의 동원이 필요하였다. 이러한 비판에 근거하여 허쉬만은 불균형성장론을 제기하였다.[75] 불균형성장론은 투자의 보완성補完性 효과를 중시하는 투자이론에 근거하여, 투자효과가 가장 큰 특정한 부문에 중점적으로 투자를 해야 한다는 것이었다. 불균형성장론은 후진국들이 부족한 자본으로 인하여 어려움을 겪고 있었기 때문에 균형성장론보다 현실성 있는 이론으로

받아들여졌다.[76]

대외안보 전문가 로스토우

이러한 저개발국가 경제개발론은 지역학의 발전과 결합하면서 새로운 대외정책의 틀을 만들어 냈으며, 그 중심에는 로스토우가 있었다. 그의 『경제발전의 제단계: 비공산주의 선언』이하 『제단계』로 약칭[77]은 경제발전의 전략뿐만 아니라 경제발전의 단계를 체계화함으로써 당시 많은 후진국들의 발전전략에 많은 영향을 미쳤다.[78] 그러나 실상 그의 생애에서 핵심적인 부분은 1960년대 미 행정부 내에서 대외정책 전문가로서의 활동과 역할이었다.

로스토우는 러시아 유태인계의 이민 가정에서 1916년 태어났다. 그의 생애에서 보여주는 최초의 아이러니는 그의 부모가 사회민주주의 계열에서 활동하고 있었고, 미르달의 젊은 조교로서 활동했다는 점이다. 로스토우는 공산주의를 일종의 '전염병'으로 생각하고 있었으며, 1950년대를 통해 이 전염병의 창궐을 어떻게 효과적으로 막을 것인가를 연구한 사람이다. 그런 그가 사회민주주의적 분위기의 가정에서 태어났고, 제3세계 민족주의와 인종문제에 대해 깊은 관심을 갖고 있었던 미르달의 조교로서 활동했다는 점은 기히 주목할 만한 일이다. 일반적으로 인물을 연구할 때 가정과 학교의 역할에 대해 강조할 때가 많다. 그러나 이 영향이 항상 상호 상승작용의 방향으로만 나아가는 것은 아니다. 종종 반대 방향으로의 영향을 볼 때도 있다. 로스토우가 바로 후자의 경우였던 것이다.

로스토우는 예일대학교에서 18살에 대학과정을 마쳤다. 이 시점에서 그는 맑시스트 또는 다른 역사에 대한 일선적인 설명이 총체적으로 부적합함을 확신하면서 "마르크스의 이론은 그 자신의 시기에도 불완전했으며 지금의 세기에는 철저하게 고루한 것이었다"라는 확신을 갖게 되었다고 스스로 회고하였다.[79]

예일을 졸업한 그는 소위 정치적, 사회적으로 장래를 약속받고 싶어하는 이들에게 지금까지도 꿈의 대상인 옥스퍼드 로드 스칼라Oxford Rhodes Scholar로서 영국에서 2년간 수학하였다. 그리고 미국 나이로 28살이던 1940년 박사학위를 받았다.

그러나 무엇보다도 그의 인생에서 중요한 역할을 했던 것은 졸업 직후 전략사무국OSS과 국무부의 유럽경제위원단the Economic Commission for Europe에서 일했던 경험이었을 것이다. 그는 이곳에서 정책입안의 즐거움을 느꼈을 것이고, 자신이 학자로서만이 아니라 국가를 움직일 수 있는 정책을 입안하는 관료로서의 역할을 체험했을 가능성이 크다. 비록 그가 1946년 이후 옥스퍼드 대학과 케임브리지 대학의 방문교수Visiting Professor로서 학계로 방향전환을 했지만, '제2차 세계대전의 폭격목표물을 선정했던' 것과 같은 경험은 그의 연구와 일생에 중요한 방향을 정해 주었을 가능성이 크다.[80] 관료사회에서 일하는 동안 그는 그의 직원들 중에서 가장 빛나는 위치에 있었고, "국무부에서 가장 효율적인 젊은 직원들 중 한 사람"으로 여겨졌다.[81]

그가 미국에서 다시 활동하기 시작한 것은 1950년부터 MIT의 국제학연구소에서 교수로서 활동을 하면서부터이다. 그런데 이 연구소에서의 활동은 미국 중앙정보부Central Intelligence Agency: 이하 'CIA'로 약칭와 연결되어 있었다. 1950년대 미국의 정책은 가능하면 제3세계에 대한 공개적인 개입을 피하고 '현상유지'를 목표로 한 것이었지만, 이것은 다른 한편으로 제3세계에서 CIA의 은밀한 활동을 더욱 강화하는 결과를 낳았다. 1950년대를 통해 이루어진 필리핀과 이란, 니카라과에서의 CIA의 활동은 그 대표적인 예였다. 그리고 CIA는 각 대학에 있는 지역 전문 연구소와의 연결을 통해 해당 지역에 대한 정보를 수집하였다. 국제학연구소 역시 이러한 전략적인 활동과 관련이 있었던 것이다. 로스토우가 1950년대에 집필한 『미국의 아시아 정책』W. W. Rostow and Richard W. Hatch, *An American Policy in Asia* (New York: MIT Press and John Wiley & Sons, Inc., 1955). 이하 『정책』으로 약칭과 『하나의 제안』

Rostow and Milikan, *A Proposal: Key to on Effective Foreign Policy* (New York: Harper & Brothers, 1957). 이하 『제안』으로 약칭

이 모두 아시아 지역을 중심으로 하여 제3세계에 대한 새로운 정보와 전략의 필요성을 제기하였던 것은 이러한 국제학연구소의 성격과 연결된다.

MIT의 국제학연구소에는 다양한 전공의 교수들이 함께 활동하였다. 당시 함께 근무하였던 경제학자 히긴스는 1950년대 로스토우와 국제학연구소의 활동에 대해 다음과 같이 회고하였다.

> "어느 정도의 차이는 있었지만 국제학연구소의 연구원들뿐만 아니라 넓은 안목을 갖고 있는 학자들이 MIT의 인류학자, 경제학자, 정치학자, 그리고 사회학자들과 함께 끊임없이 학문계열 간의 세미나와 토론그룹을 만든 덕분에 당시의 국제학연구소는 날카로우면서도 지적인 흥분의 시기를 만들어 내고 있었다. 경제학자로서는 에크하우스Richard Eckhaus, 로잔쉬타인로단Paul Rosenstein-Rodan, 히긴스Benjamin Higgins, 그리고 도마르Evsey Domar …… 정치학자로서는 포커Guy Pauker, 민츠Jean Mintz, 맥베이Hugh McVey, 파이Lucien Pye, 그리고 풀Ithiel Poole; 사회학자로서는 러너Dan Lerner; 경제적 지리학자 펠저Karl Pelzer; 인류학자 펠저Betty Pelzer와 기어츠Clifford Greetz."[82]

여기에 더하여 히긴스는 로스토우에 대하여 이들 학자들 사이에서 "빛나는 진정한 빛"이라는 평가를 덧붙였다. 이러한 평가는 로스토우가 스스로 『미국의 경제학자』*American Economist*에 게재된 "나의 인생철학My Life Philosophy"에 기술한 것처럼 그 스스로를 어떤 특별한 법칙에 근거를 두고 주장을 펼치는 경제학자라기보다는 '생물학자biologist'로 규정한 사실과도 일맥상통한다. 즉, 그는 이 세상의 경제를 살펴보기 위해서는 경제학만으로는 불충분하며 "정치적, 사회적, 문화적, 그리고 다른 비경제적 요소들"에 대한 고려가 필요하다고 생각했으며, 동태적으로 변화하는 사회적 양상을 분석하고자 했던 것이다. 가장 정력적으로 연구할 수 있었던 30대의 나이를 국제학연구소에서 당대의 유명한 사회

과학자들과 함께 했던 활동은 그의 학문적 진로를 결정하기에 충분한 것이었다.[83]

이 시점에서 로스토우는 정치에 개입하기 시작하였다. 1950년대를 통해 하버드와 MIT가 소재하고 있었던 보스턴 내 케임브리지Cambridge 시의 스타였던 그는 1950년대 중반부터 매사추세츠 주 상원의원이었던 케네디를 자문하기 시작하였고 1960년 케네디의 대통령 선거운동 캠프에서 활동하였다. 이 과정에서 그를 중심으로 하여 '케임브리지 그룹Cambridge Group' 또는 '찰스강 그룹Charles River Group'으로 명명되는 "케네디 마피아Kennedy Gang"가 탄생하였다. 여기에는 MIT와 하버드에서 활동하고 있었던 유수의 학자들이 함께 참여하였다. 특히 MIT의 국제학연구소는 랜드법인RAND Corporation, 록펠러 재단과 함께 핵심적인 역할을 하였다.[84]

로스토우의 케네디에 대한 자문 과정에서 가장 주목되는 것은 인도에 대한 원조를 결정한 케네디 쿠퍼 결정안Kennedy-Cooper Resolution을 통과시킨 것이다. 당시 미국 행정부에서는 1955년에 시작된 인도의 비동맹 중립적인 정치노선이 미국에 호의적이지 않은 것으로 판단하고, 인도에 대한 경제원조를 유보하자는 입장이 강하였다. 그러나 케네디는 로스토우의 자문을 받아 전 인도대사였던 쿠퍼와 함께 인도에 대한 전격적인 원조를 실시하자는 법안을 통과시켰다. 이것은 로스토우의 제3세계 정책 이론과 관련된 것이면서, 동시에 인도로 하여금 중국을 견제하는 역할을 하도록 하기 위한 것이었다.[85]

또한 로스토우는 케네디가 대통령에 당선된 직후에 조직된 '대외경제정책을 위한 긴급임무팀The Task Force on Foreign Economic Policy'에 참여하여 자신의 이론을 정책화하였으며, 케네디는 대통령에 당선된 이후 로스토우를 자신의 행정부 내에서 대외안보에 관한 대통령 특별 부보좌관으로 임명하였다. 번디McGeorge Bundy가 콩고 등 신생 독립국을 담당하였다면, 로스토우는 주로 동남아시아를 비롯한 아시아를 담당하였다.

그러나 이 때까지 승승장구하던 로스토우에게도 시련이 닥쳤다. 1961년 국무부의 자문위원 겸 정책기획위원회 의장으로 자리를 옮겼다. 그는 장기적인 전망에서 대외정책을 고안하였지만, 더 이상 백악관의 정책결정과정의 중심에 서지는 못하였다. 그 이유는 자세히 알려져 있지 않지만 대외정책의 조율과정에서 케네디와 갈등이 있었기 때문에 백악관으로부터 물러날 수밖에 없었던 것으로 보인다. 로스토우는 그의 구술기록Oral History에서 명확히 밝히지는 않았지만, 베트남과 라오스에 대한 정책입안과정에서 나타난 그와 군부, 그리고 케네디 사이의 이견이 이러한 자리 이동의 주요한 원인이 되었던 것으로 보인다.[86]

국무부에서 전체적인 미국의 대외정책을 조율하던 로스토우에게 또 다른 기회가 온 것은 역설적이게도 케네디의 암살이었다.[87] 존슨의 등장이 로스토우에게 중요한 기회가 되었던 것은 마치 트루만의 등장이 케난에게 기회가 되었던 것과 비슷한 상황을 조성하였다. 부통령 시절 대외정책에 문외한이었던 트루만과 존슨에게는 대외정책에 관한 전문가가 필요하였고, 이 시점에서 케난과 로스토우는 대통령의 옆에서 대외정책을 전반적으로 자문하고 조율할 수 있는 위치에 오르게 된 것이다.

베트남 전쟁 개입을 지지하였지만

1964년 2월 존슨 대통령은 로스토우를 '진보를 위한 동맹Inter-American Committee on the Alliance for Progress; 이하 'CIAP'로 약칭'의 대표로 임명되었다. 1963년에 조직된 CIAP는 라틴아메리카의 발전을 위해 조직된 기관이었으며, 당시 미국의 남미정책의 가장 핵심적인 부서였다. 또한 1966년 3월 31일 로스토우는 번디의 후임으로 국가안보담당 대통령 특별보좌관에 임명되었다. 여기에서 로스토우는 존슨 대통령과 긴밀히 접촉하면서 대외정책을 입안하였다. 외국의 지도자들을 만나기도 하였고 정보를 선택하기도 하였다. 로스토우는 '진실한' 대통령의 지지자였고 베트남 정책에 대한 비판이 대두된 이후에도 로스토우의 끊임없는 전쟁에 대한 낙관론은 대통령과의 관계를 더욱 긴밀하게 하였다. 이 때부터 대외정책과 관련하여 로스토우의 전성시대가 시작되었다.

로스토우가 단순한 경제학자가 아니라는 점은 이 시기를 전후하여 나타난 그의 게릴라 전쟁에 대한 입장에서 잘 나타난다. 로스토우가 주로 라오스와 베트남의 문제를 담당했던 것은 그가 아시아에서의 공산주의 게릴라에 대한 자신만의 견해를 갖고 있었기 때문이다. 그는 국방부의 게릴라 정책에 대해서 비판하면서, 대 게릴라전이 그의 근대화론과 함께 결합되어야 함을 주장하였다.[88] 케네디 행정부 시기에 대한 "1000일 간의 기록"을 남긴 쉴레진저A.M. Schlesinger는 그를 "대게릴라 전술의 목회자"로서 로스토우를 기억하고 있다.

이미 1961년 6월 케네디 행정부하에서 북베트남에 대한 폭격을 주장했던 로스토우는 1964년 6월의 시점에서 북베트남에 대한 군사적 압력의 증가를 주장하였으며, 같은 해 11월에는 남베트남에서 인민해방전선을 지원하고 있는 북베트남에 대한 해상봉쇄와 폭격을 주장하였다. 그는 만약 베트남이 무너진다면, 동남아시아뿐만 아니라 호주 지역까지도 위기에 빠질 것으로 보았던 것이다. 일본 방문시 천여 명의 반미 시위대와 맞서기도 했던 로스토우는 1965년 5월 이후 100여 개가 넘는 대학에서 행정부의 입장을 옹호하는 강연을 했다.

로스토우는 북베트남에 대한 제한적인 폭격보다 전면적인 폭격을 지지하였다. 이러한 그의 입장은 2차 세계대전 기간 동안 독일 폭격에 대한 그의 생각과 유사한 측면이 있었다.[89] 북베트남에 대한 전격적인 폭격이 시작된 이래로 그는 이러한 폭격을 지지하는 가장 중요한 지지자로서 역할을 수행하였다. 1967년 국방장관 맥나마라가 베트남 전쟁에 대해 회의적인 견해를 내놓았을 때에도 로스토우는 존슨 대통령과 함께 지속적인 폭격을 강조하였다. 1968년의 구정공세1월 말에서 2월 초까지 이후 존슨은 베트남 정책을 철저하게 재고하기 위하여 클리포드Clark Clifford 국방장관 밑에 새로운 그룹을 조직하였다. 로스토우는 그 그룹에 직접적으로 관여하였다. 그럼에도 불구하고 그는 명백히 북베트남에 대한 폭격의 어떠한 새로운 제한에도 계속해서 반대하였다. 3월 말 존슨은 협상을 위한 단계로서 부분적인 폭격 중지를 결정하였다.

결국 1960년대를 통해서 전성시대를 맞이했던 로스토우의 정책입안자로서의 역할은 존슨 대통령의 불출마 선언과 함께 종료되었다. 로스토우는 베트남 전쟁과 관련된 많은 비판과 비난을 받으면서 워싱턴의 중앙무대로부터 밀려나게 되었고, 더 이상 중앙무대에 등장할 수 없었다. 뿐만 아니라 베트남 전쟁 참전에 반대하는 사람들에게 로스토우는 전쟁 범죄자의 하나였다. 어떠한 유명한 대학도 행정부에서 물러난 그를 받아주지 않았기 때문에 그는 존슨 대통령의 고향인 오스틴의 텍사스주립대학에 갈 수밖에 없었다.

이상과 같이 로스토우는 학자로서의 역할 이상으로 대외정책 결정자로서 많은 역할을 했다. 그의 관료로서의 활동이 결코 성공적이지 못했다고 하더라도 그는 1960년대 대외정책의 중심에 있었다. 그가 대외정책 입안 과정에 참여할 수 있었던 것은 1950년대 아이젠하워 행정부의 뉴룩정책에 대한 비판과 새로운 대안을 제시했기 때문에 가능한 것이었다. 그는 저개발지역 지역학 분위기가 고조되고 있었던 당시의 상황에서 경제개발론을 적극 수용했고, 이를 통해 미국의 저개발국에 대한 정책을 새롭게 입안했던 것이다.

2) 로스토우의 근대화론

공산주의의 미래는 아시아에 있다

로스토우의 새로운 대외정책 논의는 아이젠하워 행정부에 대한 비판에서 출발한다. 그의 비판은 크게 3가지 측면으로 나눌 수 있다. 첫째로 미국의 후진국 원조는 1950년대를 통해 군사적인 측면만을 너무 강조했다는 것이다. "남한과 인도차이나처럼 퇴보되는 상황을 되돌리거나 추가적인 산불을 막기 위한 긴급한 노력"에 너무도 많은 힘을 기울였기 때문에 "안정적이고 효과적이며 민주적인 사회로의 진화를 지원하는 데에는 관심을 두지 않았다"는 것이다.[90] 즉, 로스토우에 의하면 미국 정부는 그동안 군사원조에만 집중했다. 즉, 군사원조의 필요성에 대해서는 인정하였지만, 경제원조와 심리적 원조가 '군사적 원조와 구분' 되어 실행될 필요가 있었다.[91]

그는 군사원조의 부정적인 예로 한국, 타이완, 인도차이나를 상정하였다. 즉, 미국으로부터 엄청난 양의 군사원조를 받고 있는 나라들은 "자신들이 내부적으로 필요한 규모 이상으로 군사력을 확대하려고" 하고 있으며, 미국은 이들의 희망을 만족시키고만 있다는 것이다. 아울러 이러한 군사적 측면에 대한 강조는 농업과 경공업 부문의 희생을 가져올 것이며, "그 나라의 수준을 넘어서는 거대한 군사적인 투자는 경제성장을 막을 것"이라고 지적하였다. 아울러 일방적인 군사원조는 "대중적인 열정이 결여된 상태에서 성장을 강제하는 전체주의를 적용한 그 지역 지도자들을 설득할 수 없는 상태"를 만들어 낸다는 것이었다.[92] 이러한 설명은 1950년대 미국의 원조와 이승만 정권의 전체주의적인 통치의 관계를 잘 보여주는 것이었다.

둘째로 미국은 그동안 아시아에 너무 무관심했다고 지적하고 있다. 1950년대의 상황에서 소련이 유럽에서 전쟁을 일으킬 가능성이 점점 희박해지고 있는 가운데 "공산주의의 확장을 위해 가장 중요한 부분은 아시아에 있다"는 것이 그의 분석이다.[93] 19세기 이래로 미국의 외교의 중심은 유럽지역에 있었으며, 유럽 우선주의적인 사고가 미국의 정치학, 외교학을 비롯한 모든 학문의 중심이 되었다. 물론 이것은 미국의 지적 전통이 유럽으로부터 미국으로 유입된 것에 일차적인 원인이 있었겠지만, 20세기 초, 중반까지 한국전쟁을 제외한 모든 중요한 사건, 전쟁들이 유럽을 무대로 하여 일어났다는 점에 기인하는 것이기도 하였다.

로스토우가 아시아에 관심을 기울여야 한다고 했던 것은 1950년대를 통한 중국 공산당의 성공적인 대륙 통치에 기인하는 것이었으며, 아울러 인도와 이집트 등 남아시아와 중동을 중심으로 한 비동맹의 움직임, 그리고 동남아시아, 특히 인도네시아와 베트남에서 민족주의 게릴라운동이 강하게 일어났던 것도 중요한 근거가 되었다. 실제로 그는 냉전이 단지 사회주의권을 대상으로 하는 반공적인 봉쇄만을 의미하는 것이 아니며, 냉전의 또 다른 축은 아시아를 중심으로 한 저개발국가가 될 것이라고 날카롭게 공언하였다.

> 이러한 나라들의 인구가 전 세계에서 차지하는 비율은 상당하다. 현재의 저개발사회가 현대화되고 힘이 강해졌을 때 그러한 현상이 나타나면 미국은 심대한 위협을 맞게 된다. 그러한 진화는 전혀 불가능한 것이 아니다. 이들 나라들의 식민주의적 전통, 피부색깔 문제에 대한 적대적 감정 등은 서구에 대해 적대적인 태도를 드러내도록 할 것이다. 미국은 이들과 밀접한 관계를 맺어 그러한 경향으로 나아가지 못하도록 해야 한다.[94]

결국 아시아의 문제는 미국의 안보에 직접적으로 관련되는 것이며, 이데올로기적 위협은 유럽에서보다 아시아에서 훨씬 더 강하게 나타나고 있다는 것이다.[95] 실제로 세계적 차원에서 냉전이 붕괴된 1990년을 전후하여 아시아, 아프리카에서 민족주의와 종교적 분파를 둘러싼 분쟁이 계속되고 있으며, 9 · 11 테러를 통해 미국에 직접적인 위협을 주었다는 사실을 감안할 때 로스토우의 지적은 매우 중요한 것이었다.

한국문제와 관련해서 로스토우는 군사적인 위협은 지난 몇 년 동안 다루어졌던 데 불과하지만, 이데올로기적인 위협을 통해 자유세계 내에서 한국을 패

배시키려는 노력은 한 세기 동안 그대로 남아 있을 것으로 전망하였다.[96] 이렇게 아시아에서 이데올로기적인 위협이 강하게 존재함에도 불구하고 대유럽 군사원조가 경제원조와 결합되어 이루어진 반면 아시아에서는 그러한 결합이 이루어지지 않았다고 비판하였다.[97]

군사원조에서 경제원조로

셋째로 미국은 저개발국가의 경제발전에 더 많이 신경을 써야 한다는 것이다. 이것은 첫 번째 비판과 직접적으로 연관되는 것으로, 기본적으로 저개발국의 경제수준에 어울리지 않는 거대한 군사적 투자가 미국과 저개발국 모두에게 경제적 이익이 되지 않는다고 보았다.[98] 아울러 경제원조에 대한 강조는 1950년대를 통한 중국과 소련의 제3세계에 대한 경제원조의 증가에 대응하는 의미를 가지는 것이며, 동시에 중국의 제3세계 전략이 한국전쟁 때에 보여주었던 직접적인 지원보다는 제3세계에 대한 사회 · 경제적 지원을 통해 내부의 전복을 추구하는 전략으로 변화하였다는 인식에 기초하였다.[99]

또한 경제적인 원조는 군사적인 원조에 비하여 저개발국에서 미국의 이미지를 개선할 수 있는 데에도 이바지 할 수 있다는 이점이 있었다. 로스토우에 의하면 군사원조를 위주로 한 미국의 저개발국 원조는 저개발국의 국민들에게 어떠한 군사적 상황이 발생하든 간에 미국이 그러한 상황에 직 · 간접적으로 개입했을 가능성이 현저히 높은 것 같은 인상을 주게 되었고 이것은 미국의 이미지를 현저하게 손상하는 것이었다.[100] 이러한 미국에 대한 인식을 바꾸지 않고서는 엄청난 비용을 사용한다고 하더라도 미국에 대한 저개발국 국민들의 부정적 인식은 상승효과를 가져오게 될 것이고, 원조가 소기의 효과를 거두기 어렵다는 것이 그의 주장이었다. 따라서 "수혜국들이 그 계획이 정치적, 군사적 목적을 가지고 있지 않다는 점을 확신하도록 하는 것"이 중요함을 강조하였다.[101]

만약 우리가 아시아인들을 껴안고 싶다면 그들이 우리의 평화적인 목적을 믿도록 해야 한다. 전쟁이 시작됐을 때 아시아인들은 그 전쟁이 미국에 의해 시작되었는가의 어부에 상당한 관심을 가질 것이다. ……

결국 우리는 새로운 아시아국가들이 직면하고 있는 거대한 내부적인 전환의 문제들에 긍정적으로 도와줄 의지가 있다는 것을 보여주어야 한다.[102]

경제원조를 강조하는 또 다른 이유는 케난의 유럽에 대한 봉쇄전략과 마찬가지로 저개발국 국민들에게 심리적인 자신감을 통해 공산주의에 대한 봉쇄를 이룩해야 한다는 것이었다. 즉, 급속한 경제성장을 원하고 있는, 식민지에서 막 독립한 후진국들이 미국의 경제원조를 통한 자본주의적 방향으로 경제성장을 이룩하면 후진국 국민들은 자본주의적 발전방향이 사회주의적 발전방향에 비하여 더 우세하다는 자신감을 가질 수 있다는 것이다.[103] 이는 곧 경제적인 발전을 통한 공산주의 봉쇄를 의미하였다.

여기에서 서로 다른 체제가 한 지역에서 공존하고 있는 분단국가의 중요성이 도출된다. 한국과 함께 타이완은 미국의 아시아정책의 '전시장show-window'으로서의 의미를 갖는 것이었다.[104]

아시아의 여러 나라들을 자유 민주사회로서 독립을 향해 꾸준히 진보할 수 있도록 함으로써 아시아에서 공산주의 승리의 이데올로기적 위협을 제거해야 한다. 공산주의 이상은 파괴될 수 없고 단지 대체될 수 있다. ……

그들인도: 필자의 공산주의에 대한 생각은 미국의 권고나 현란한 수사학으로 바뀌지 않을 것이며 그들 자신의 경험에 의해서만 바뀔 것이다.[105]

로스토우의 경제개발원조에 대한 주장이 이상과 같이 케난의 이론과 유사한 이데올로기적인 성격을 갖지만, 케난의 이론보다 적극적인 내용을 가지고 있었다. 특히 인도와 이집트 같은 '잠재적인 적대국'에 대한 태도에서 이 점이 잘 나타난다. 케난이 저개발국에 대한 경제원조에 소극적이면서 거점 중심의 전략을 강조했던 반면, 로스토우는 적극적이었을 뿐만 아니라 아시아와 아프리카에서 비동맹을 선언했던 국가에 대해서도 경제개발원조가 이루어져야 한다고 주장하였다. 이를 통해 미국에 호의적이지 않은 저개발국가들이 공산주의에 우호적인, 또는 사회주의적인 체제를 지향하는 국가들이 되지 않도록 해야 한다는 것이었다.[106]

오히려 로스토우의 이론은 거점보다는 저개발국가에까지 적극적으로 원조를 확대해야 한다고 강조한 점에서는 국가안보회의 문서 68을 입안했던 니츠Paul Nitze의 케인즈적 사고와 더 가까웠다. 니츠는 세계의 어느 한 곳에서의 후퇴도 곧 미국의 대외안보에 치명적인 손상을 입힐 것이라고 주장하면서 적극적인 확산정책을 주장했다. 니츠가 케난과는 달리 한국전쟁에 대한 적극적인 개입을 주장했던 것도 저개발국가에 대한 적극적 지원정책에 근거한 것이었다. 군사적 개입을 강조한 니츠와는 달리 로스토우는 경제적 지원의 필요성에 주목했지만, 경제개발원조를 통해 미국의 재정 지출을 확대하고 이를 통해 세계의 모든 지역에서 공산주의의 확산을 막겠다는 점에서는 니츠의 대외정책을 계승하고 있었다.[107]

결국 이러한 비판 위에서 로스토우는 미국의 대외원조정책에서 "위대한 전환Great Conversion"이 필요함을 강조하였다. "위대한 전환"은 내용적으로 저개발국의 '경제개발계획'에 대한 경제원조이지만, 근본적으로는 "경제적이라기보다는 정치적"인 목적을 가지는 것이었다.[108] 그의 경제개발원조에 대한 강조가 베트남, 인도네시아 등 불안정한 동남아시아국가에 대한 게릴라전 이론과 밀접하게 연결되는 것도 그의 주장이 가지고 있는 정치적, 이데올로기적 성격을 잘 보여주는 것이다.[109]

로스토우의 경제개발원조론은 군사원조나 소비재 원조에 비하여 상당히 많은 액수의 자금이 필요했지만, 미국이나 서구의 경제에 대한 기여가 가능하다는 점으로 원조자금의 증액을 합리화하였다. 로스토우가 강조한 경제개발원조는 아이젠하워 행정부에서 강조한 사적자본에 의한 투자를 의미하는 것이 아니라 "공적자본public capital"에 의한 "장기간long-range"의 "계획된planned" 원조를 의미하는 것이었기 때문에 미국을 비롯한 선진제국의 국가재정의 문제와 직접적으로 연결되는 것이었다.[110] 이러한 문제 때문에 로스토우의 제안에는 "무상원조grant" 대신에 저리低利이기는 하지만 "유상차관loan"의 형식으로 원조의 수단을 바꾸어야 한다는 점을 중요한 전제로 하였다. 또한 "미국뿐만 아니라 유럽이나 일본 같은 산업화된 국가들이 계속 발전할 수 있는 국제적인 경제활동의 환경을 창출하는 것"을 주요한 목적으로 내세웠다.[111]

저개발지역의 민족주의를 이용하자

로스토우가 제안한 새로운 성격의 저개발국정책의 이면에는 제3세계 및 저개발지역에 대한 새로운 이해가 바탕이 되고 있었다. 즉, 그는 저개발국 또는 제3세계의 특수성에 대해 정치 · 사회 · 역사적 배경과 현실에 대해 실증적, 경험적으로 접근했다. 그는 아시아에서의 정책이 성공하기 위해서는 그 지역의 특수성에 대한 깊은 이해가 있어야 하며, 또한 그 특수성을 이용하여 미국의 원조가 성공할 수 있도록 해야 한다고 지적했다.

그는 아시아 국가들은 선진제국과는 다른 독특한 특징을 가지며, 특히 식민지를 경험했다는 점에 먼저 주목하였다. 로스토우는 저개발국가의 식민지적 경험이 한편으로는 경제구조의 불균형성을 조성하였지만, 다른 한편으로는 저개발국이 발전할 수 있는 중요한 조건을 제공하였다고 전제하였다. 소위 '식민지 근대화론'과 유사한 내용을 가지는 이 주장은 1950년대 저개발국의 경제개발론과 관련된 경제학자들 사이에서 공통적으로 나타나는 것으로[112] 로스토우는 저개발국의 식민지 경험을 경제성장 가능성의 중요한 전제로서 상정하였다.[113] 제국주의는 식민지의 근대화를 식민정책의 공공연한 목적으로 삼았으며, 이로 인해 저개발국은 근대화의 혜택을 입었다는 것이다.[114]

> 비록 제국주의적 열강이 반드시 도약단계를 위한 선행조건의 조성을 낙관케 할 만한 정책을 추구하지는 아니하였다 하더라도 그들은 사상, 지식, 제도를 변용시키고 사회적 간접자본을 공급하지 아니할 수는 없었으며 이는 식민사회로 하여금 과도적 단계의 도정에 오르게 하였다. 뿐만 아니라 그들은 가끔 근대화를 식민정책의 공공연한 목적의 하나로 삼기도 하였다.
>
> 어떠한 경우에 있어서든 근대적 기술을 제어할 수 있는 능력에 수반되는 권력의 실체가 과시되었으며 사려깊은 현지민들은 일찍이 이에 적절한 단안을 내렸던 것이다. 그리하여 항만, 부두, 도로와 그 다음에는 철도가 건설되었고, 중앙집권적인 조세제도가 도입되었다. 일부 식민지 사람들은 식민열강이 수출할 것을 원하는 물품을 상대적으로 유리한 가격에 팔 수 있었으며, 지주들은 자신들의 생산물로 무역에 종사하게 됨으로써 최소한의 근대적 경제활동을 하게 되었다. 재화와 서비스가 보급됨에 따라 달성 가능한 소비수준에 관한 종전의 관념이 변경되었고, 또 적어도 소수의 사람들에게는 서구식교육을 받을 기회가 개방되었다. 그리고 종전의 씨족적 유대나 지역적 유대를 초월하는 민족주의사상은 불가피적으로 식민지적 지배에 대한 원한으로 결정되어 그 원한을 더욱 더 심화시켰다.
>
> 결국 이와 같은 반半근대화된 환경 속에서부터 식민세력의 철거를 강요할 수 있을 만한 정치적 및 때로는 군사적 압력을 가하는 현지민의 단합이 이루어진 것으로서 생각건대 이러한 단합은 적극적 과시와 소극적 과시와의 양자에 연유하는 것이었다.[115]

경제개발론자였던 박희범이 로스토우의 근대화론에 대하여 "제국주의론을 대변하거나 옹호한 데 지나지 않았고 따라서 후진국학도들에게 무시당하는 결과를 가져왔"다고 혹평을 하였던 원인의 하나도 로스토우 이론의 근저에 깔려 있는 식민지 근대화론적인 성격 때문이었다.[116]

저개발국가들이 발전할 수 있는 기반이 식민지적인 경험으로 형성된 사회간접자본이며, 이것이 도약take-off 할 수 있는 조건을 형성하였지만, 다른 한편으로 강력한 '민족주의'를 형성시켰다는 것 역시 로스토우가 지적하고 있는 저개발국 또는 제3세계의 가장 중요한 특징이라고 할 수 있다. 즉, 외부의 침입이 민족주의를 태동하였지만, 그것이 후진국 근대화의 힘을 추동할 수 있는 최고의 동력으로 작동할 수 있다고 파악하였다.[117] 식민지의 경험뿐만 아니라 '피부색으로 인한 열등감'으로 인한 민족주의가 만연하고 있다는 분석[118]은 저개발지역을 체험하거나 분석한 사람들에게 공통적으로 나타나는 인식이지만, 로스토우의 분석이 가지는 특징은 이러한 민족주의가 자본주의의 이윤 동기 못지않게 저개발국가에서 경제개발계획을 실행할 수 있는 동력이 된다는 점을 지적했다는 사실이다.

일반적으로 경제개발계획의 이론에서 가장 중요시하는 것의 하나가 정부의 계획에 대한 국민들의 적극적인 지지를 들고 있다. 즉, 국민적 통합성을 중시하는 것이다.[119] 로스토우는 민족주의에서 유발되어 국민적 단합에 기반을 둔 강력한 중앙집권적 국민국가nation state 의 확립이 경제개발계획의 실행에서 중요하다고 주장하였다. 이는 특히 그의 경제성장 단계론 중에서 '선행조건 충족의 단계'에서 결정적인 역할을 한다고 보았다. 민족주의는 자본주의적인 이윤동기에 못지않은 원동력을 만들어 낼 수 있으며, 국민적 통합성의 기틀을 마련할 수 있다는 것이다. 그리고 이러한 동력을 경제개발계획으로 적극적으로 전환해야 한다.[120] 이러한 민족주의의 이용은 다른 한편으로 민족주의를 이용하려고 하는 '공산주의자들의 음모'에 대한 대응이며, 민족주의가 적대화되지 않도록 근대화에 관심을 집중시키는 방안이었다.[121]

따라서 미국의 정책결정자들이 1950년대에 제3세계에 대하여 부정적-경제개발의 수행을 통한 선진국화가 불가능하다는 것과 제3세계의 민족주의가 미국에 적대적인 성향으로 발전할 것[122] – 으로 평가하고 있었다는 사실을 비판하면서, 오히려 부정적으로 평가되었던 민족주의가 제3세계를 적극적으로 세계 자본주의 체제 내로 흡수할 수 있는 동력이 될 수 있음을 강조하였다. 즉, 제3세계의 민족주의는 이들 국가들이 쉽게 공산화될 수 없도록 하는 강력한 이데올로기적 무기가 될 수도 있다는 것이었다. 실제 민족주의적 성향이 강했던 유고나 중국, 그리고 북한은 공산주의 혁명 이후 소련 중심의 세계 공산주의 체제에 반대하는 경향을 보였다.

제3세계와 저개발국에서 민족주의적인 열기가 강하게 나타나고 있었다는 점은 또 다른 측면에서 경제개발의 가능성을 보여주는 것이었다. 즉, 급속한 경제적 성장을 정치적 민주화보다 더 중요시하고 있는 경향들이 후진국 내부에서 강력하게 나타나고 있었다는 점이다. 이러한 경향은 후진국에서 어느 정도의 '정치적 독재'가 용인될 수 있는 현상을 만들어 냈으며, 서구의 잣대가 아닌 저개발지역의 특수성을 감안한 새로운 잣대로서 규정되는 특수한 '민주주의' 체제하에서 효율적인 경제개발계획의 실행이 가능할 것이라고 보았다. 여기에서 주목되는 것이 로스토우의 민주주의 개념의 상대화이다.

전통적으로 서구에서 근대화에 의한 민주주의의 개념은 서구식 민주주의, 특히 미국식 민주주의 모델만을 이상향으로 규정하였다.[123] 그러나 민주주의 개념의 상대화, 즉 "미국의 국내에 적용되는 민주적인 원칙을 대외정책에 그대로 적용해서는 안 된다"는 지적과 함께 "민주주의라는 개념은 국가의 상황에 따라서 서로 상대적"이며 "독재도 내부적으로 합리화"될 수 있다는 것이 새로운 잣대를 통해 설정된 '민주주의'에 대한 해석이었다.[124] 이러한 인식은 미국이 1960년대를 통해 독재정치로 평가받는 저개발지역의 지배 엘리트, 특히 군사정권과 돈독한 관계를 유지하는 데 중요한 기본적인 논리가 되었다. 1960년대 군사정권과 박정희 정부에 대한 지원이나 미국의 원조를 받는 국가에서 공기업을 유지할 수 있도록 허용했던 것은 대표적인 예라고 할 수 있다. 미국식 민주주의는 궁극적, 또는 결과적으로 나타나는 것이며, 발전도상의 정치체제가 반드시 미국식 민주주의일 수는 없다는 것이 로스토우의 주장이었다.[125]

저개발국의 특수성을 반영한 정치체제, 즉 독재체제에 대한 어느 정도의 용인은 곧 경제개발계획의 과정에서 국가의 역할을 강조하는 1950년대 경제개발론을 정치이론의 면에서 한층 발전시킨 것이었다. 그의 경제개발 이론에서는 정부가 조세, 재정 제도뿐만 아니라 교육, 보건에 이르기까지 경제 · 사회정책의 거의 전 부분에 개입해야 한다는 점이 강조되었다. 정부의 역할은 특히 '도약을 위한 선행조건 충족의 단계' 에서 중앙집권적 국민국가의 확립을 거쳐 '도약 단계' 에서 필수적이며, 정부는 사회간접자본의 투자와 농업생산력의 증대에 더 중요한 역할을 수행해야 한다고 주장했다.[126]

미국은 스스로 돕는 자를 돕는다

그러나 만약 로스토우가 저개발지역의 특수성만을 강조했다면, 그것은 이전에 미국이 실행했던 원조와 크게 다를 것이 없었다. 그냥 규모만 확대해서 주기만 하면 되는 것이었다. 로스토우는 바로 이 점이 당시까지 미국의 원조의 가장 큰 맹점 중 하나라고 비판하였다. 즉, 주기만 해서는 안 되며, 주는 원조를 효율적으로 이용할 수 있도록 저개발지역 자체에서의 '개혁' 이 필요하다는 점을 강조하였다.

그에 의하면 토지개혁, 세제개혁, 정부조직 개혁 등과 같은 물질적인 측면의 개혁뿐만 아니라 부패구조의 개혁과 같은 정신개혁이 강조되었다는 점에 주목할 필요가 있다. 이것은 궁극적으로 후진국의 자본 흡수능력absorptive capacity을 높임으로써 투여되는 원조의 효율성을 제고하기 위한 것이었다. 식민지 시기를 통해 일정한 정도의 근대적 제도가 도입되었지만, 당시까지의 수준으로는 선진 자본주의 국가가 주는 돈을 제대로 사용할 수 있는 제도적 체제가 확립되지 못했다는 것이다.

이러한 사회개혁에 대한 주장과 관련하여 눈에 띄는 것이 후진국 내의 지배세력을 바꾸어야 한다는 주장이다. 즉, 전근대前近代 적인 생산관계와 연결되지 않은, 그리고 해당 지역에서 가장 근대화된 기구와 관련이 있는 계급이나 계층을 새로운 사회지배 엘리트로 등장시키는 사회개혁이 경제개발원조의 가장 중요한 조건의 하나로 제시되었다. 이들 새로운 정치지도력은 '젊고, 농촌 출신'이 바람직하며,[127] 이들은 전근대적인 경제관계에서 벗어나 있는 인물들이어야 한다는 것이다. 이러한 새로운 지도력은 지식인-상인-군인의 연합이 되어야 한다고 설정하였다.[128] 그럴 때 이들이 전근대적인 생산관계에 얽매이지 않고, 사회개혁을 수행하면서 근대적 산업화에 더욱 매진할 수 있는 조건들을 만들 수 있다는 것이다.

새로운 지도력의 창출에서 군대조직, 또는 군인이 차지하는 중요성이 특히 강조되었다. 실제로 당시 군대조직은 저개발국가에서 특권적 지위에 있지 않은 가난한 농촌 출신의 능력있는 젊은이들이 지도적 지위로 가는 유일한 길이었으며, 저개발국에서 군대는 기술적이고 행정적인 부분을 연마할 수 있는 많은 기회를 제공하고 있었다.[129] 또한 로스토우는 1950년대를 통해 등장한 군부정권의 군사 엘리트들은 공산주의적인 성향에 대해 적대적인 태도를 취하고 있다는 점을 주목하였다.[130]

로스토우의 동료였으며 MIT 국제학연구소의 책임자였던 밀리칸M.F. Millikan은 한 걸음 더 나아가 군사원조의 하나의 방편으로 미국이 적극적인 역할을 해야 한다고 주장하였다. 즉, 제3세계의 장교들을 미국에서 교육시켜야 한다는 것이다. 그리고 미국에서 수학할 기회를 통해 기술, 군사적인 문제뿐만 아니라 군민관계, 해당국의 경제적 · 정치적 · 경제적 · 사회적 발전을 위한 군의 동원과 같은 광범한 문제들에 대해 고찰하고 토론, 장려할 기회가 주어져야 한다고 주장했다.[131] 밀리칸은 "군대 안에서 현대적인 태도와 현대적인 기술로서 현대적인 조직을 현대적으로 운영하는 데 자신을 가진 장교들을 배출시키는 것이 가능"하다고 주장하고 있다. 아울러 '군인이 경제학자, 전문기술자, 농경기술자, 법학자와 행정가, 의사와 보건행정가, 학장, 교수들과 결합' 해야 하며 '군사정권은 이들로부터 인정을 받아야' 한다고 언급하였다.[132]

또 다른 연구에서는 이러한 군인들에 의해서 성립된 정권에 대해서 미국은 전통적인 자유주의적, 또는 미국식 민주주의 사고방식에서 떠나 적극적으로 지원할 수 있는 자세를 갖추어야 한다고 권고하였으며,[133] 미국의 군사원조와 군사고문단에 의하여 군인들에 대한 교육이 수혜국 내에서도 이루어질 수 있도록 해야 한다는 점도 지적되었다.[134]

결국 미국 정부가 군사 엘리트들에 의해 통제되는 저개발국 정부들에 대해 계속해서 기본적인 군사, 경제적인 원조를 해야 한다는 것이 새로운 견해의 결론이었다. 군사 엘리트들은 그들 국가의 경제적 자원과 외국의 경제원조를 더 효과적으로 사용할 수 있도록 훈련되어야 한다. 사회 경제적 진보를 위한 '전동벨트transmission belt' 로서 군대는 미국의 경제, 군사적 원조 계획자들로부터 충분한 지원을 받아야만 한다는 것이었다.[135]

이상과 같은 제3세계의 특수성에 대한 이해는 게릴라 전쟁에 대한 로스토우의 이론에서 종합적으로 잘 나타난다. 로스토우는 게릴라전이 단순한 무기로만 대항하는 전쟁이 아니라 해당 지역에 있는 사람들의 마음을 바꾸기 위한 전쟁이며, 해외의 물질적인 지원만으로 해결될 수 있는 문제가 아니라고 지적하였다. 따라서 해당 지역에 거주하는 사람들 스스로가 게릴라전에 대항할 수 있는 조건을 만드는 것이 가장 중요하다고 주장하였다. 즉, 해당 지역에서 근대적인 기술을 가진 사람들에게 권력이 이동되어야 하며, 이러한 사회적 개혁을 통해 '근대화 전이과정의 질병a disease of the transition to modernization' 인 공산주의의 확산을 꾀하는 게릴라 전쟁을 막아야 한다는 것이 게릴라 전쟁에 대한 대응의 핵심적인 내용이다.[136] 베트남 전쟁에 적극적인 개입, 특히 군사적인 개입과 메콩강 계획을 포함한 경제개발원조를 동시에 하였던 것도 이러한 게릴라전과 관련된 이론을 배경으로 하는 것이었다.[137]

이상과 같은 1950년대의 미국의 대외정책에 대한 비판은 경제원조의 강조나 차관으로의 전환 등을 강조하는 대외정책의 수단 문제에만 국한된 것이 아니었다. 경제원조의 필요성을 포함하여 가장 중요한 것은 저개발국 내부의 총체적인 사회개혁이 필요하다는 점을 강조한 것이었다. 게릴라전과 관련된 내용에서 나타나는 바와 같이 이것은 한편으로는 원조 수혜국 내부의 역할을 강조하는 것이기도 하지만, 다른 한편으로는 미국의 강력한 압력과 개입이 불가피하게 나타날 수밖에 없음을 의미하는 것이기도 했다.[138]

세계 자본주의 체제의 번영을 위하여

이렇게 로스토우는 저개발지역이 식민지라는 특수한 역사적 경험을 통해서 경제성장이 가능하다고 주장하였다. 그렇다면 미국은 왜 저개발지역의 경제성장을 이끌어 내야 하는가? 전술한 바와 같이 단순한 군사원조나 소비재 원조와는 달리 경제성장을 위한 원조는 더 많은 돈이 들어가야 하는데, 이러한 거대한 규모의 원조를 실시하기 위해서는 미국의 납세자들을 설득해야 했다. 과연, 어떻게 설득할 수 있는가? 또한 저개발국의 산업화는 그만큼 자국 기업가들의 수출을 감소시키는 것이었으며, 다른 한편으로 값싼 저개발국의 상품이 자국에 들어올 경우 자국 기업에 손해를 입힐 수 있었는데, 이 문제를 어떻게 해결할 수 있는가?

로스토우는 경제개발원조의 궁극적인 목적은 선진 제국들의 지속적인 번영을 유지하는 데 있다는 점을 분명히 했다. 저개발국가에 대한 경제개발원조를 통해 미국의 납세자들과 기업가들의 손실을 보장하면서 경제적인 문제는 장기적으로, 그리고 자동적으로 해결될 수 있다는 것이다. 즉, 로스토우에 의하면 저개발국의 경제발전은 선진국의 번영을 위해 필수적인 것이었다. 한 국가의 생활수준이 올라가면 상품수요의 양과 다양한 상품이 이전보다 더욱 필요해져서, 궁극적으로 미국과 선진제국의 수출에 도움이 될 것이라는 주장이었다.[139]

미국의 잉여농산물을 중요한 원조의 수단으로 사용해야 함을 강조하는 것 역시 미국의 경제 상황에 대한 고려에서 나오는 것이었다. 미국의 농산물 가격의 조절을 위해 잉여농산물의 원조를 이용해야 한다는 것이다.[140] 그러나 다른 한편으로 로스토우는 잉여농산물 원조가 저개발국의 농업생산을 파괴할 가능성이 충분히 존재하고 있으며, 이는 곧 저개발지역 인구의 대부분을 차지하는 농민들의 소득을 낮추도록 하여 결과적으로 소비시장을 궁극적으로 축소시키는 결과를 가져올 것이라고 보았다. 따라서 섬유와 식량의 경우 국제은행 같은 국제기구를 만들어 이를 잘 통제할 수 있는 방안이 마련되어야 한다고 주장하였다.[141]

결론적으로 로스토우는 경제개발원조가 "미국사회가 번영할 수 있는 환경을 창조하는 일을 수행하기 위한 수단의 하나"라고 명백하게 밝히고 있다.[142] 그리고 이를 위해서 저개발국가들은 경제개발을 통해 외국과 단절되지 않은, '자립적' 이지 않은 경제구조를 만들어야 한다는 점을 강조하였다.[143] 이는 저개발국가의 발전을 통해 저개발국가는 나름대로 발전된 경제체제를 유지하여, 선진국의 경제와 밀접하게 연결되어야 한다는 것이다.

로스토우가 선도산업 중심의 불균형성장론을 주장한 것도 이러한 맥락과 관련되는 것이다. 균형성장은 후진국의 자주적 성장을 촉진할 것이고 이로 인해 점차 선진국 경제와 단절될 수 있는 가능성이 더 커질 수 있었다. 불균형 성장은 산업구조의 불균형을 가져오고 이는 세계무역 질서에 깊숙이 편입될 수밖에 없는 구조를 만들 수밖에 없다. 허쉬만의 불균형성장론이 궁극적으로 불균형한 산업구조를 목표로 한 것은 아니었지만, 최소한 로스토우의 이론은 후진국의 불균형한 산업구조와 세계무역구조에의 깊숙한 편입을 주요한 목표로 하였다.

그의 이론은 1950년대 경제개발론자 중 쿠즈네츠Simon Kuznets, 허쉬만 등의 불균형성장론을 적극 도입한 것이었다.[144] 그가 설정하고 있는 5단계, 즉 '전통적 사회traditional society', '도약을 위한 선행조건 충족의 단계the preconditions for take-off', '도약단계the take-off', '성숙단계에의 진입the drive to maturity', 그리고 '고도 대중소비의 시대the age of high mass-consumption' 중 도약단계에서 선도산업은 가장 중요한 조건

표 2-2. 미국과 사회주의권의 경제원조 비교표(1955.7.1-1958.2.1) (단위 : 백만 달러)

국가	ICA	다른 미국기관	미국 개인투자	미국 원조 총계	공산국 지원 총계
아프가니스탄	33	14		47	136
버마	25	18		43	42
캄보디아	94	2		96	22
실론	11			11	20
이집트	2	14		16	235
인도	126	293		419	295
인도네시아	27	97		124	109
이란	114	26		140	
이라크	7		구체적인	7	
이스라엘	51	37	통계자료가	88	
요르단	28		없음	28	
레바논	16			16	
네팔	7			7	
파키스탄	204	68		272	
필리핀	63	72		135	
시리아					194
태국	73	2		75	
터키	166	56		222	10
예멘					16
총계	1,047	699	214	1,959	1,092

출처 : W. W. Rostow, *Eisenhower, Kennedy, and Foreign Aid* (Austin: University of Texas Press, 1985), p. 18.

이 된다. 한 국가의 경제적인 상태와 구조를 고려하여 2차적인 효과가 강하게 나타나는 부분에 집중적인 투자가 이루어져야 하며 미국의 경험에 따르면 철도산업, 일본 · 러시아 · 독일의 경우에는 효과가 부차적이었음에도 불구하고 군수산업 및 군대 증강의 중요성 등이 지적되었다.[145]

로스토우가 저개발국과의 연결을 도모한 또 하나의 이유는 〈표 2-2〉와 같이 후르시쵸프가 등장한 이후 소련에 의한 제3세계 지역에 대한 경제원조가 증가했다는 점이다. 소련의 경제원조가 늘어나면, 민족주의적 성향이 강한 제3세계 국가들이 미국보다는 소련에 더 가까이 갈 수 있는 가능성이 커졌다. 게다가 소련의 원조는 대체로 제3세계 지역의 중화학공업 건설과 관련된 것이었기 때문에 만약 소련의 원조를 통한 경제성장이 성공적으로 수행될 경우 이들 국가들이 자본주의권에서 이탈할 가능성도 배제할 수 없었다.

〈표 2-2〉를 보면 소련의 원조는 이집트, 인도, 아프가니스탄, 인도네시아, 시리아 등에 집중되었으며, 이 지역은 모두 비동맹의 성향이 강한 국가들이었다. 아프가니스탄과 이집트, 그리고 시리아의 경우에는 소련의 경제원조가 미국에 비해 압도적으로 많았다. 따라서 미국 정부가 군사적 원조가 아닌 경제원조를 확대함으로써 이들 국가들이 자본주의권에서 이탈하여 친소련적인 성향으로 나아가지 않도록 막아야만 했다. 이것은 자본주의권의 번영을 위하여 매우 중요한 정책이었다.

한편, 의회의 비판을 막기 위한 또 하나의 중요한 수단은 후진국 원조에 서구유럽과 일본이 더 적극적으로 참여하도록 해야 하고 이를 위한 새로운 기구를 조직하는 것이었다. 미국과 서구유럽, 일본뿐만 아니라 원조를 받는 후진국가들이 참여하는 국제기구로서 특별 국제연합기금Special United Nations Fund for Economic Development; SUNRED과 같은 조직이 제안되었다. 이 조직은 아시아극동경제위원회와 같이 단순히 기술적인 문제만을 다루는 것이 아니라 자금의 공급까지도 담당하는 보다 확대된 역할을 수행해야 한다고 제안되었다.

그러나 문제는 일본이었다. 서구유럽의 경우 1947년의 마샬플랜을 통해 어느 정도 부흥에 성공하였지만, 일본의 경우 아직도 적극적인 지원이 필요하다고 보았다. 일본이 한국전쟁을 통해 부흥을 위한 기반을 마련한 것은 사실이지만, 1950년대까지는 아직도 부흥에 성공했다고 하기에는 불안정한 상황이었다. 특히 로스토우는 정치적으로 불안정한 상황에 많은 관심을 가지고 있었다.[146] 후술하겠지만 1950년대를 통해 미국이 일본의 대한원조보다는 한국측의 일본상품 구매를 더 강조하였던 것도 일본의 경제성장을 위한 배려에서 나온 것이었다. 로스토우는 일본의 역할을 강화하기 위해서는 일본에 대해 많은 배려가 필요하며,[147] 이를 위해서는 '바이아메리칸Buy American' 정책까지도 포기해야 한다고 권고하였다.[148]

1960년대 초 미국의 저개발국 정책 변화 _ 3

로스토우의 제안은 이전까지 실시되었던 미국의 저개발국에 대한 정책을 고려할 때 획기적인 것이었다. 그냥 주기만 하는 것은 결코 효율적이지 않고 효과적으로 주기 위한 새로운 방법을 찾아내야 하며, 또 원조의 효율을 높이기 위해 저개발지역 자체에서의 개혁이 이루어져야 한다고 보았던 것이다. 물론 이를 위하여 미국 정부는 이전보다 더 큰 규모의 원조와 저개발지역에 대한 적극적인 개입을 필요로 했나.

그러나 대외정책을 바꾸는 작업은 쉬운 일이 아니었다. 무엇보다도 정부의 지출을 늘려야 하는 것이 큰 부담이었다. 뿐만 아니라 1950년대에 정부의 관리들이 갖고 있었던 생각을 바꿔야만 했다. 그렇다면 로스토우의 이론은 과연 광범위한 공감대를 얻을 수 있었을까? 만약 공감대를 얻었다면, 미국의 대외정책에 어떠한 방식으로 반영되었을까?

1) 로스토우 이론의 확산

아이젠하워 행정부의 부분적 수용

1950년대 후반 미국 내의 후진국 정책에 대한 비판은 지식인, 학계, 정치가들, 관료들 사이에서 광범위하게 공감대를 형성하기 시작하였다. 로스토우가 그의 책에서 밝히고 있는 1954년의 프린스턴Princeton 회합과 1955년의 콴티코Quantico 모임 등은 모두 미국의 후진국 정책을 비판하기 위한 것이었고, 이 두 모임에서 나온 "새로운 미국의 대외경제정책을 위한 하나의 제안A Proposal for a New United States Foreign Economic Policy"과 "정치, 심리적 정책의 수단으로서 경제정책Economic Policy as an Instrument of Political and Psychological Policy"이라는 글은 모두 위에서 언급한 새로운 저개발국 정책과 경제개발론에 대해 역설한 것이었다.

이 회합에는 미국의 주요관리들상업부 차관, 대통령 특별보좌관, CIA 국장, 군수동원처장, 대통령행정보좌관, 해외운영처 처장과 주요 은행관리들세계은행 부총재, 체이스 내셔널 뱅크 직원, 재계인사미국연합철강 총재, 언론계 인사Time지 부사장 등이 참여하였다. 여기에 제출된 위의 문건들은 회합 이후 대통령과 국무장관을 비롯한 행정부 내의 주요 인사들에게 열람되었다.[149]

그러나 뉴룩정책하에서 '거대한 균형Great Equation'을 추구하던 아이젠하워 행정부가 더 많은 재정적 투여를 요구하는 '장기간'의 '계획적' 투자를 적극적으로 받아들이는 것은 쉽지 않았다. 아이젠하워 행정부는 대외정책에 대한 비판을 부분적으로 수용하여 경제개발원조를 주목적으로 하는 개발차관기금을 설치하였고, 남미에 대한 경제개발원조를 1950년대 말 시작하였다.[150] 특히 국가안보회의 문서 5707 시리즈는 후진국을 포함한 세계적인 변화와 이에 따른 미국의 대외정책의 변화의 필요성을 제시하고 있는 문서였다.[151] 국가안보회의 문서 5707 시리즈에서는 아시아와 아프리카의 변화에 주목하고 민족주의의 고양과 경제개발에 관한 문제를 강조하였다.

국무장관 덜레스John F. Dulles는 1957년 상원에서의 연설에서 미국의 대외정책이 바뀌어야 할 필요성을 언급하였다. 그는 장기간에 걸친 경제원조에 초점을 두어 연설하였다.[152] 또한 저개발국에서 군대조직과 우호적인 관계를 유지해야 할 필요성은 1959년의 정책문서에서 강조되기 시작하였다.[153] 그러나 계속적으로 군사적인 원조가 중심이 되어야 함은 국가안보회의 문서 5707/8에서 다시 강조되었다. 오히려 1950년대 말에 이르러서는 중국의 성공적인 경제부흥–비록 후에 과장된 것이었으며, 수천만 명의 희생자가 발생했던 것으로 밝혀졌지만–과 군사력 강화에 따라서 아시아에 대한 군사원조의 필요성이 더욱 강조되는 현상까지 나타났다.[154]

1959년의 국가안보회의 속기록과 문서들은 새로운 정책 수용과정에서 나타나는 미 행정부의 고민을 잘 보여준다. 1959년 8월에 나온 국가안보회의 문서 5906/1에서는 군사원조를 최대한으로 줄여야 할 필요성에 대해서 강조하고 있으며, 소련과의 비군사적인 경쟁 속에서 저개발국의 정치적, 경제적 진보의 필요성에 대해 주목하였다. 그러나 저개발국의 정치적, 경제적인 진보는 궁극적으로 군사적인 목적을 위한 수단으로, 경제원조는 군사원조가 줄어들 경우 상정될 수 있는 2차적인 수단으로 설정되었다.[155]

같은 해 나온 국가안보회의 문서 5913/1[156]의 실효성을 재평가한 1960년의 한 문서에서는 가장 중요한 위협으로 아시아에서 점증하는 공산주의의 힘이라고 분석하였다.[157] 이 문서에서 가장 주목되는 부분은 중국의 군사적, 경제적, 정치적인 성장에 따라서 아시아의 여러 나라에서 경제적인 발전이 필요한데, 이러한 경제적 발전은 군사적 안보에 대한 자신감이 뒷받침되지 않고서는 불가능하다고 파악한 점이다. 오히려 1959년에는 군사원조가 장기적인 관점에서 계획적으로 이루어져야 할 필요성이 제기되었으며 의회에서는 무상경제원조를 중지할 것을 요구하였다.[158] 이러한 1959년과 1960년 미 행정부의 정책문서들은 새로운 정책에 대한 수용과 기존 정책 사이의 갈등을 보여주는 것이었다. 경제원조의 필요성을 부인하지는 않았지만, 경제원조는 미국의 공적자금보다는 개인기업의 자금을 통해 충당하려고 시도하였다.

케네디 캠프에의 합류

미국의 저개발국 정책의 변화는 의회에서 먼저 나타났다. 위에서 인용한 각 대학의 대외관계 관련 연구소에서 나온 보고서들은 모두 미국의회의 요청에 의해서 나온 것이었으며, 스칼리피노 교수가 주도한 콘론 보고서 역시 아시아 상황의 특수성을 반영하기 위한 노력의 일환이었다.[159] 로스토우를 중심으로 한 MIT 국제학연구소 학자들의 견해는 1957년부터 케네디 상원의원의 의회활동을 통해 반영되기 시작하였으며, 케네디 쿠퍼 법안의 승인은 아시아에 대한 마샬플랜을 주장하는 국제학연구소의 주장이 전적으로 반영된 것이었다.[160]

앞에서 언급한 바와 같이 보스턴에 기반을 두고 있으면서 하버드 대학 출신인 케네디는 MIT의 국제학연구소뿐만 아니라 하버드 대학에서 경제개발론, 후진국 문제에 전문적인 식견을 가지고 있던 라이샤워 교수, 갈브레이스 교수와 가까운 관계를 유지하면서 1950년대의 후진국 정책에 대한 비판을 적극적으로 수용하였다.[161] 케네디는 이들 그룹을 중심으로 자신의 '싱크탱크think tank'를 만들려고 하였으며, MIT와 하버드 대학의 교수들을 중심으로 한 '케네디 마피아'를 형성시켰다.[162]

케네디는 대통령 취임 후에도 이들 하버드와 MIT 출신들을 중용하였는데, 행정부 내에서는 보스턴에 근거지를 둔 대통령이 그곳 출신의 일류 학자들을 선호한다는 비판이 제기되기도 하였다.[163] 한국문제에 깊숙이 관여한 존슨, 코머, 바넷R.W. Barnett과 경제고문이었으면서 한국의 경제개발계획 입안에 직접 관여했던 울프, 라이만P.N. Lyman 등은 모두 하버드 대학, 하버드 대학원 출신이었다.

결국 저개발국에 대한 정책의 변화를 의회에서 주장하던 케네디의 대통령 당선은 미국의 대외정책 변화를 결정적으로 이끄는 계기가 되었다. 케네디 행정부가 출범하기 직전에 조직된 '대외경제정책을 위한 긴급임무팀Task Force on Foreign Economic Policy'의 보고서는 1950년대 미국 학계의 저개발국에 대한 정책 비판이 새로운 행정부에 그대로 적용될 것임을 알리는 신호탄이었다. 대외경제정책을 위한 긴급임무팀에는 갈브레이스 교수, 고든Lincoln Gordon 교수하버드 경영대학 교수, 네이산R. Nathan, 밀리칸, 그리고 로스토우로 구성되었다. 네이산은 1952년 한국의 경제개발계획과 관련된 네이산 보고서를 작성했던 인물로 1965년에 박정희 정권의 제2차 경제개발 5개년계획에 대한 기술자문을 위해 다시 내한하였다.

> 새로운 원조계획은 각 지역의 지도자들이 민족주의적인 힘을 민주주의 국가를 수립하는 건설적인 계기로 전화시키는 작업을 위한 동기부여를 제공해야만 한다. 그것은 특히 사회를 근대화시키려는 지도자들leaders who are eager to modernize society에게 지원이 이루어져야 한다. ……
>
> 저개발국의 문제에 대응하는 현재 계획의 실패: 현재의 계획은 개발원조의 의무를 사적 투자private investment로 전가하려 하고 있다. 이러한 계획은 저개발지역에서의 민족주의의 힘과 그러한 원조가 필요한 지역에 사적인 투자를 꺼리는 부분에 대해서 제대로 인식하지 못하고 있다. …… 그러한 작용은 다양한 입법과 정책 방향에 의해서 방해받고 있다. 계획은 연간 단위annual basis로 이루어지고 있고, 이에 따라 연속성이 결여되어 있다.[164]

이 보고서는 두 가지 측면에서 새로운 계획이 제시되어야 함을 강조하였다. 첫째는 저개발지역의 민족주의를 경제발전의 동력으로 하면서, 이전의 지배계급 출신이 아닌 지도자들에 대한 적극적인 지원이 이루어져야 한다는 점을 강조함과 동시에, 둘째로 장기적이고 계획적인, 그리고 사적이 아닌 공적인 형태의 경제개발원조가 이루어져야 한다는 것이다.

케네디 행정부 출범 직후에는 새로운 대외정책을 입안과정의 폭을 대폭 넓혀 새로운 대외원조를 구체화하기 위한 작업이 더욱 활발하게 이루어졌다.[165] 이 연구에서는 서구와는 다른 저개발지역의 특수성에 대한 폭넓은 인식에 기반한 새로운 대외정책의 필요성이 강조되었으며, 평화봉사단Peace Corps 을 통한 문화적, 심리적 원조의 중요성 또한 지적되었다.

2) 로스토우에 근거한 새로운 대외정책

올드룩이 된 뉴룩

로스토우는 케네디 행정부 출범 직후에 이와 같은 내용을 담은 대외정책과 관련된 보고서를 제출하였다. 여기에서 그는 아이젠하워 행정부의 정책을 '올드룩old look: 오래된 패션' 으로 비판하면서 새로운 사고에 기반한 '뉴룩new look' 의 창출을 주장하였다.

> 일반적으로 새로운 전망new look 은 허약한 경제를 떠받치고 단기적인 정치적, 군사적 이익을 얻고자 하는 방어적인 노력에서, 그러한 국가가 개발의 목적으로 그들 자신의 자원을 동원할 수 있도록 준비하기에 충분한 자원을 공급받도록 자유세계가 조정하는 방식으로의 전환을 의미한다. 원조는 스스로 유지할 수 있는self-sustained 성장이 달성되었을 때 끝나며, 그 이후의 원조는 일반적인 상업적 방식normal commercial ways 으로 나아갈 수 있을 것이다. ……
>
> 우리가 할 수 있는 것은 전환할 수 있는 기초가 나타나기 시작한 곳places where there appears to be a basis for turn around, 즉 타이완, 한국, 터키, 그리스, 필리핀, 그리고 아마도

> 이란 등에 대한 방위지원defense support과 특별원조special assistance를 장기간long-term의 차관으로 전환하는 것이다. …… 인도네시아와 아프가니스탄과 같은 곳은 차관이 주어지기 전에 심각한 국내의 문제들을 해소하여야 한다. …… 가장 중요한 점은 짧은 기간 내에 자본을 생산적으로 흡수할 수 있는 능력the capacity to absorb capital productively을 가지고 있는 국가들에게 우리의 공약을 신속하게 확장시켜야만 한다는 사실이다. 이러한 국가에는 인도, 파키스탄, 나이지리아, 브라질, 콜롬비아, 베네수엘라 등이 포함된다.[166]

이 문서에서 로스토우는 새로운 정책이 수혜대상국의 사회개혁을 통해 자본 흡수능력이 확대되어야 한다는 전제 위에서, 미국이 경제개발원조를 해야 하는 국가를 열거하고 새로운 정책이 빨리 시행되어야 함을 강조하였다.

이 문서는 로스토우의 경제개발론이 미국의 대외정책에 어떠한 방식으로 적용되는가를 잘 보여준다. 즉, 자신이 분류한 경제성장의 5단계에 맞추어 각각의 단계에 따라 적절한 방식의 경제개발 원조가 이루어져야 한다는 것이다. 위의 문서에서 로스토우는 자신이 만들어 낸 경제발전의 5단계 중 '도약을 위한 선행조건 충족의 단계'와 '도약단계'를 '전환하기 위한 기초가 나타나기 시작한 곳'과 '짧은 기간 내에 자본을 생산적으로 흡수할 수 있는 능력을 가지고 있는 국가'로 구분하여 자신의 이론을 대외정책에 적용하고자 했다.

로스토우가 작성한 또 다른 문서인 "경제개발 10년의 아이디어The idea of an Economic Development Decade"[167]에서는 경제성장의 5단계에 조응하는 경제개발 원조의 형식을 구체적으로 지적하고 있다. 즉, 그는 도약의 단계에 막 들어선 국가들에서 경제개발 원조는 더욱 효율적인 결과를 가져올 것이라고 설명하면서 남미의 아르헨티나, 브라질, 콜롬비아, 베네수엘라, 아시아의 인도, 필리핀, 타이완, 남유럽의 터키, 그리스 등을 도약의 단계에 들어선 국가들, 그리고 이집트, 파키스탄, 이란, 이라크 등을 도약단계에 진입하는 것이 가능한 국가로 분류했다.[168] 정책기획국의 존슨과 웨버G. Weber는 로스토우에게 보내는 문서에서 한국, 타이완, 터키, 그리스, 필리핀 등의 국가는 군사보다는 경제원조를 보다 더 강화해야 할 국가라고 분류하였고, 이란의 경우 계획 자체를 감소해야 할 나라로 분류하였다.

로스토우를 비롯한 1950년대 미국의 대외정책을 비판하고 새로운 정책의 필요성을 강조한 학자들의 견해에 반대하는 견해도 있었다. 우선 경제개발 원조가 공산주의의 확산을 막는 데 결정적인 역할을 할 것이라는 견해에 대해, 이것이 너무나 '경제결정론적인 인식'이라는 점이 제기되었다. 미국의 경제원조와 관련해서는 미국의 의도와는 달리 저개발지역에서 미국의 원조로 인해서 이익을 얻는 계층은 농민을 비롯한 빈곤층이 아니라 특수층이라는 점 역시 강조되었다.[169] 또 사회적인 개혁이 곧 미국의 새로운 정책에 긍정적으로 조응하는 결과만을 가져오지는 않을 것이라는 점도 지적되었다.[170]

또 다른 비판은 거대한 공적 원조에 대한 것이었다. 즉, 케네디가 암살된 시기를 전후하여 의회는 새로운 저개발국 경제개발 원조가 막대한 재정적자를 초래하기 때문에 새로운 원조의 필요성을 제기하면서 후진국 정책의 개편을 요구하기도 하였다.[171] 즉, 1963년 말 의회에서는 미국의 재정적자 해소를 위하여 사적자본의 투자가 필요하다는 견해가 다시 등장한 것이다. 이러한 의회의 대응에 대해 행정부 측은 기존의 정책이 의회의 제동으로 인하여 변화되어야 함을 매우 아쉽게 생각하면서, 줄어든 대외원조 액수를 맞추기 위한 새로운 방안을 연구해야 한다는 입장을 표명하였다. 이러한 의회의 비판에도 불구하고 미 행정부는 국제개발처US Agency for International Development. 이하 'USAID'로 약칭로 대표되는 새로운 원조방식의 형태는 바꿀 수 없다는 입장을 밝혔다.[172] 그러나 이러한 의회의 요구가 베트남 전쟁으로 인하여 구체화되지는 못했지만, 1970년을 전후한 시기 닉슨R. M. Nixon 행정부의 새로운 대외정책은 이러한 요구를 반영하는 것이었다.

저개발국의 군인을 키우자

한편, 경제개발 원조로 전환하는 문제뿐만 아니라 저개발국의 새로운 지도력으로서 군인들에 대한 집중적인 지원이 거론되기 시작하였다. 이미 1959년 아이젠하워 행정부 내에서 후진국의 군부가 미국의 정책목표에 유리하게 작용할 가능성도 고려해야 한다는 주장이 대두되었었는데,[173] 케네디 행정부에 들어서 본격적으로 정책화하였다.

로스토우가 스스로 "군대의 역할에 관한 우리들의 정책Our doctrine of the role of the military"이라고 명명한 문서는 저개발국가 군부에 대한 지원정책을 표현하고 있는 대표적인 문서이다.[174]

> 장교집단은 후진국에서 친서구적pro-Western 이면서도 비공산주의적non-Communist 인 지도력을 가지고 있는 가장 잘 조직된 집단이다. 그들은 특히 과학, 엔지니어링, 행정과 기술에서 잘 교육되어 있다. 비록 정치적, 사회적 지향이나 국내의 발전정책에 있어서 동일한 목표를 가지고 있지는 않지만, 그들은 보통 가장 순종적disciplined이다.
>
> 그들은 "근대화주의자들modernizers"의 힘 있고 잠재력 있는 집단을 구성하고 있으며, 만약 그들의 능력과 외부로부터의 지식이 충분히 발휘된다면, 서구적인 생각과 가치관의 도랑conduit 으로서 역할을 할 것이다. ……
>
> 발전하는 과정에서 군대의 역할은 선악의 판단에 상관없이 불가피한 것이다. 몇몇 경우 그들은 미국의 남북전쟁 이전과 같이 민족국가의 기본적인 토대를 만드는데 결정적이며 기술적인 역할을 할 것이다. 다른 경우 그들은 일본이나 터키의 예와 같이 전통적이거나 신전통적인neo-traditional 정부를 대체하기 위한 근대적인 정치기관을 만드는 것을 선도할 것이다.
>
> 다른 한편으로 만약 군대가 전통적이거나 신전통적인 집단과 결합한다거나 무책임하게 행동한다면 근대화를 향한 움직임이 연기되거나 잘못 형성되도록 경제와 사

회정책을 심각하게 흔드는 역할을 할 것이다. 만약 그들이 근대화의 과정에 그들 스스로를 건설적으로 결합시키지 않는다면 많은 사회에서 미국의 경제, 정치, 사회적 발전과 관련된 정책의 목표들은 좌절될 것이다. ……

전통적인 사회로부터 근대적이고 민주적인 사회로 이행하는 진화과정의 특징을 극적으로 보여주는 근대화의 역동성에 대한 현재의 설명들, 즉 군대의 역할이 절대적으로 필요한the inevitability of the military role, 그리고 어느 정도 그러한 역할을 합법화할 수 있다는 설명은 민주주의적 신념에 대한 우리의 기본적인 공약과 일치하면서 미국의 외교 논리 및 정책에 조응하는 조건을 제공할 것이다.

부제副題로부터 내용을 유추할 수 있도록 한 이 문서는 저개발지역에서 군대라는 조직과 구성원인 군인들의 중요성을 자세하게 묘사하고 있다.[175]

이 문서에서 또 하나 주목할 점은 쿠데타가 일어났을 경우 정치에 참여한 군인들을 군대의 조직으로부터 분리되도록 해야 하며, 이들이 정부에 참여한 가운데 민정이양이 이루어져야 한다는 점이 지적되고 있다는 것이다. 본고의 4장에서 후술하겠지만, 5·16 쿠데타 이후 군사정부의 지도자들에 대한 미국의 입장은 이러한 정책과 동일한 것이었다. 또한 로스토우는 미국이 앞으로 취해야 할 정책으로 ① 각국의 미국외교사절단country team 으로 하여금 군부세력과 계속적인 연락을 취하도록 하고, ② 민간정치인들로 하여금 미국의 저개발국가 군부에 대한 정책을 이해하도록 하며, ③ 미국에 온 군인들에게 발전경제학, 시민행정학, 엔지니어링, 공공보건, 공공교육과 같은 비非군사적인 분야에 대해 교육해야 한다는 점을 권고하였다.

케네디 행정부의 가장 중요한 정책 내용을 담고 있다고 평가되는 "기본적인 국가안보정책Basic National Security Policy"[176] 역시 저개발국 또는 제3세계의 군부와의 호의적인 관계의 유지가 미국의 대후진국 정책에 핵심적인 사안임을 강조하였다. 직접적으로 군부를 언급하지는 않았지만, 더 근대화된, 그리고 과거의 생산관계로부터 떨어져 있는 그룹과의 관계가 향후 미국의 저개발지역 정책의 성패를 좌우하는 관건이 될 것임을 강조하였다.

이상과 같은 논의는 곧바로 미국의 대외원조에 반영되었다. 우선 대외원조를 입안하고 실행하며 평가할 통합된 기관으로서 USAID가 설치되었다. 1950년대부터 대외원조에 대한 비판의 한 부분이 대외원조기관의 비효율성의 측면에서 제기되었기 때문에 새로운 원조기관의 필요성은 '대외경제정책 긴급임무팀' 에서 먼저 제기되었다. USAID의 목표와 활동을 설명한 AID 해설에서는 전술한 장기적인, 경제개발을 동기로 한, 계획적이며 공공적 성격의 경제개발원조에 대해 많은 부분을 할애하고 있으며, 수혜대상국인 저개발국가 자체의 개혁을 통한 자본흡수능력 강화를 가장 중요한 원조의 기준으로 설정하였다.[177] 아울러 미국은 아프리카 지역에까지 관심의 영역을 확대하는 한편 남미를 대상으로 한 '진보를 위한 동맹' 을 통해 후진국에 대한 경제개발원조 중심의 정책을 실행하기 시작하였다.[178] 로스토우는 존슨 행정부하에서 '진보를 위한 동맹' 의 책임자 역할을 겸임했다.

케인즈 혁명

이상과 같은 케네디 행정부하의 새로운 대외원조정책은 기본적으로 새로운 생각을 가지고 있는 학자들과 관료들이 행정부 내에 들어오면서 형성되었다. 이들이 가지고 있었던 새로운 생각은 다음의 세 가지 내용으로 대표될 수 있다. 첫째로 경제적인 관점에서 볼 때 대외원조의 증가가 재정적자를 증가시키는 결과를 가져오지 않을 것이라는 생각이다. 이것을 당시에는 소위 "신경제학new economics"으로 지칭하였다.[179] 이러한 생각은 대외원조의 감축을 통해 재정적자를 줄이려고 했던 아이젠하워 행정부 시기의 관료들의 생각과는 차이가 있었다. 케네디 행정부에 참여한 학자와 관료들의 생각은 한국전쟁 직전인

1950년 국가안보회의 문서 68을 입안했던 정책결정자들의 생각과 일치하는 것이었다.[180] 이러한 경향에 대해 한 연구자는 맥나마라 국방부장관에 의한 군사 분야의 "맥나마라 혁명McNamara Revolution"에 조응하는 경제부문의 "케인즈 혁명의 완성the completion of the Keynesian revolution"이라고 설명하였다.[181]

아이젠하워 행정부와는 달리 케네디 행정부 내의 많은 관료들은 적극적인, 그리고 팽창된 대외원조가 미국의 경제를 활성화시킬 것으로 보았다. 즉, 재정적자가 통화안정을 위협할 것이라는 아이젠하워 행정부의 생각은 소극적인 것이며, 일정 정도의 인플레이션을 감수하더라도 적극적인 대외원조를 확대해야 한다는 것이다. 그리고 관세장벽에 반대하는 자유무역의 확대는 단기적으로는 불이익을 가져올 수도 있지만, 장기적으로 볼 때 미국의 경제에 긍정적인 결과를 가져올 것이라고 보았다.[182] 이들의 입장에서 아이젠하워 행정부의 뉴룩정책이 대외적으로 성공한 것은 "단지 한국에 대한 원조를 조금 감소"시킨 것뿐이었다.[183] 오히려 아이젠하워 행정부 시기를 통해 미국은 군사적으로도 소련에 뒤처지게 되었으며, 제3세계 국가에서도 미국에 적대적인 정권이 출현하게 만드는 역할을 했다고 판단했다.

둘째로 저개발지역 정부의 역할에 대한 생각의 변화이다. 전술한 바와 같이 후진국의 경제개발계획의 과정에서 일정 정도 독재정권의 긍정적인 역할을 인정했을 뿐만 아니라 미국의 자유주의적 경제철학에 조응되지 않음에도 불구하고 저개발지역 정부의 역할에 대해 강조하는 흐름이 나타나기 시작하였다.[184] 이것은 공公기업에 대한 입장 변화에서 잘 나타난다. 1961년 10월 말 제3세계 공기업의 역할에 대한 미국의 입장을 정리한 문서가 제출되었다.[185] 이 문서의 작성자는 미국에서 효율적으로 작동되는 경제체계가 최소한의 구매력을 가지고 있는 후진적 농업구조를 가지고 있는 저개발국가의 전혀 다른 문화 속에서도 같은 효과를 가져올 것이라는 결론은 잘못된 판단이라고 비판했다.

또한 이 문서에 지금까지 후진국의 공기업에 대한 지원을 금지한 이유는 미국의 몇 가지 잘못된 믿음에서 시작하였다고 지적하였다. 그것은 ㉮ 자유기업을 위주로 하는 자체의 경제구조에 대한 선호, ㉯ 소비자에 보다 큰 효율과 이익을 주어야 한다는 믿음, ㉰ 공기업이 자유 기업구조를 위협할 수 있다는 두려움, ㉱ 해외에서 미국 자본에 대한 우호적인 투자조건을 유지해야 한다는 희망, ㉲ 사적 부문의 강화하는 것에 의해서 근대화된 사회의 정치적 안정, 경제적 성장, 그리고 민주주의 가치가 가장 잘 유지될 수 있다고 하는 믿음 등이다.[186] 그러나 인도의 경우 국가소유기업이 가장 큰 역할을 하고 있으며, 저개발국의 경우 선진국과는 달리 중간계층middle-class에 의한 산업화 과정이 없었다는 점을 이해하는 것이 필요하다는 점이 지적되었다.

공기업에 대한 생각의 변화는 로스토우의 『제안』에서 이미 제기되었다. 즉, "많은 경우에 사적인 투자를 위한 호의적인 환경은 정부의 후원하에 어느 정도 거대한 자본형성이 이루어진 이후에 조성될 수 있"으며, 메이지유신 시기의 일본이나 1950년대의 인도는 대표적인 예라고 지적하였다. 미국의 전통적인 관념 속에서 나오는 사기업의 역할에 대한 강조가 그대로 다른 지역에 투입될 수는 없다는 것이었다. 아울러 이것은 사회주의만이 공기업과 관련된 이론을 독점하고 있다는 이론적 믿음을 제거할 수 있는 유일한 방안이라고 주장하였다. 이러한 공기업에 대한 적극적인 평가는 한편으로는 자본주의와 사회주의가 혼합된 경제체제가 가장 좋을 것이라고 믿는 저개발국가의 지도자들과 우호적인 관계를 통해 공산주의권의 영향을 차단하는 수단이 될 수 있다고 지적되었다.[187]

사적 투자를 강조하던 아이젠하워 행정부 관료들의 생각 역시 바뀌어야 하며, 케네디 행정부의 대외원조와 관련된 '철학'은 중앙집권적 국가계획과 장기간의 발전계획의 원칙이라고 명시하였다. 또한 이들의 비판은 민간기업을 중요시하는 자본주의적인 사고를 비판한 것이 아니라 정부를 대신하여 민간기업에 의한 투자를 수단으로 해서 대외원조를 이끌려고 했던 정책에 대한 비판이었다. 민간기업을 중심으로 대외경제원조를 이끌어 가려고 했던 시도들은 저개발국가에서 민족주의의 고양과 사적 자본들이 제3세계에 투자하기를 꺼려하는 양자간의 기본적인 성향을 제대로 이해하지 못했다고 비판되었다.[188]

저개발지역에서 공기업의 역할을 강조하는 새로운 사고는 "현재까지 미국은 법이나 정책으로 국가소유의 기업에 대한 미국의 지원을 금지한 적"이 없었다고 합리화되었으며, 전통적인 미국식 사고에 기초한 대외정책의 입안은 "가장 큰 실수greatest mistakes"라고 규정하였다. 실제로 국가자문회의National Advisory Council는 1961년 3월 20일 소유형태를 불문하고 정유회사나 수출입은행의 지원을 허가하였으며,[189] 1950년대의 사적투자의 강조, 특히 남미에서의 활동에 대해 그것이 명백한 실수였음을 지적하였다.[190]

셋째로 케네디 행정부에 참여한 학자와 관료들은 제3세계에서 현상유지를 통한 안정보다는 사회적, 정치적 불안정을 불러일으킬 수도 있는 사회적 개혁을 구상하고 있었다. 후술하겠지만, 1950년대 미국의 저개발국정책, 특히 그 중에서도 대한정책을 보면 미국은 한국 정부의 개혁을 주장하기도 하였지만, 현실적으로는 인플레이션의 억제를 통한 사회적 안정을 통한 내부 붕괴의 방지가 가장 중요한 정책의 핵심이었다.

그러나 1960년대에 들어와 행정부 내의 관료들은 토지개혁, 세제개혁을 비롯한 사회체제의 개혁뿐만 아니라 정신개혁을 통한 저개발국의 총체적인 사회개혁이 미국의 정책을 더 효과적으로 사용할 수 있는 계기를 만들 수 있을 것이라고 보았다.[191] 결국 사회개혁은 공산주의적 성격을 갖는 혁명을 막기 위한 수단으로서 그 의미를 갖는 것이었다. 경제개발 원조를 넘어선 총체적인 사회개혁에 대한 강조는 1950년대를 통한 저개발국의 특수성에 대한 연구에서 비롯되는 것으로 새로운 지도세력의 필요성 및 부패구조의 개혁에 대한 강조와 직접적으로 연결되는 것이다.

갈브레이스의 경우 저개발국 경제개발 정책에서 중요한 내용을 갖는 것으로 교육, 개인의 동기와 사회적 통합을 위한 사회적 정의, 효과적인 정부의 역할, 그리고 어떠한 발전방향으로 나아갈 것인가에 대한 분명한 전망이 갖추어질 수 있는 사회적인 개혁이 필요함을 강조하였다. 케네디 대통령은 미국이 필요로 하는 것은 경제적인 것뿐만 아니라 사회적인 계획이라고 언급하였다. 이것은 이 시기 미국의 저개발국 정책과 관련된 정책입안자들의 생각의 변화를 잘 보여주는 예라고 할 수 있다.[192]

사회개혁에 대한 요구는 미국의 자유주의적 전통에서 나오는 관념과는 변화된 형태를 띤다. 미국의 자유주의적 전통에 의하면 저개발국의 발전은 곧 미국을 비롯한 서구 선진제국을 모델로 하는 것이었다. 그러나 1960년대의 새로운 생각은 서구 민주주의적 이데올로기를 저개발국에 적용하려는 시도를 과감하게 포기하였다는 점에서 큰 특징을 가진다.

이상과 같은 케네디 행정부 시대 관료들의 생각 변화가 모든 관료들에게 공유되었던 것은 아니다. 그러나 대외정책, 그중에서도 저개발국정책과 관련해서는 이러한 생각의 변화가 전반적인 정책의 전환을 이끌었다. 이러한 생각의 변화에서 한국문제는 항상 핵심적인 내용이었다. 한국은 타이완, 터키, 파키스탄, 베트남과 함께 "빅 파이브Big Five"에 포함되었다.[193] 무상원조에 대한 비판 – '거대한 무상원조가 해당국의 경제성장을 막는다'의 중요한 사례였으며, 미국의 대외원조 삭감의 제1의 대상이었다. 케네디 행정부의 대외정책 변화의 무대에서 대한정책은 가장 중요한 시험대의 하나였다.

3) 대일정책의 변화

배상금이 중심이 된 1950년대 일본의 조심스러운 영향력 확대

로스토우의 새로운 주장이 대외정책에 적용되면서 나타난 아시아에서의 가장 큰 변화는 일본을 중심으로 아시아 정책을 재편하는 것이었다. 존슨 행정부에 가면서 '더 많은 깃발more flag 정책'이 실시되면서 베트남에 대한 적극적인 개입이 시작된 것도 로스토우의 주장이 반영된 것이었지만, 케네디 정부 초기부터 나타난 가시적인 변화는 일본에 대한 적극적인 정책으로의 전환이었다.

아이젠하워 행정부하에서도 일본을 아시아에서 공산주의에 대한 봉쇄의 핵심적인 축으로 성장시키기 위하여 다른 아시아 국가에 대한 원조에 일본의 생산품을 사용하도록 하고, 일본의 기업가들이 활동하기 좋은 조건을 만들기 위한 정책이 실시되었지만, 당시의 상황에서 두 가지 중요한 한계가 있었다. 하나는 일본 경제가 아시아 지역을 책임질 수 있을 정도로 성장하지 못했다는 것이었고, 다른 하나는 태평양 전쟁 시기 일본의 전쟁 범죄에 대한 아시아 국가들의 거부감이었다.

특히 후자는 아시아에서 일본의 영향력을 확대하는 데 있어서 결정적인 장애가 되었다. 결국 1950년대 일본의 대아시아정책은 전쟁 배상금 지급을 중심으로 진행될 수밖에 없었다. 1965년 이전에 진행된 사항을 연도별로 정리해 보면 다음과 같다.[194]

1951년 인도네시아와의 배상금과 관련된 협상 시작
1952년 1월 ECAFE의 associate member준회원으로 가입
　　　　1월 필리핀과 배상협상 시작
1953년 4월 ECAFE 정회원

12월 내각에서 동남아시아와의 경제협력을 위한 Three Point Program을 발표

1954년 8월 미얀마와 배상금 협상 시작

10월 Colombo Plan의 정회원, 그리고 Colombo Plan을 통하여 전후 처음으로 동남아시아 국가에 대한 기술원조

11월 배상금 문제와 관련해 미얀마와 협상 조인

1955년 4월 미얀마 배상금 협정이 발효

7월 특별 엔 차관 문제에 대하여 태국 정부와 조인, 1500만 달러의 무상원조, 2670만 달러의 차관.

1956년 5월 필리핀과의 배상협정 사인

7월 배상협정이 발효

1957년 3월 메콩강 개발 계획을 도울 것이 있다는 의사를 일본 정부가 표시

5월 해외투자 보험체제가 수정됨. 국유화에 의해 피해가 발생했을 때 이를 커버하고 자본금의 본국송환 문제에 대한 조항을 포함

5월 수출입은행 규약을 개정. 보다 넓은 의미의 해외활동을 포함

1958년 1월 인도네시아와의 배상협정 사인

2월 인도와 처음으로 정부간 신용협정 조인. 5천만 달러 규모

10월 라오스에 대한 무상원조 보상을 대신하여 in lieu of reparations 조인

1959년 1월 라오스에 대한 무상원조 시작

3월 캄보디아에 대한 보상원조 조인

5월 남베트남에 대한 배상협정 조인

7월 캄보디아에 대한 보상원조 시작

1960년 1월 남베트남과의 배상협정 발효

1958년 11월 조직된 아시아경제연구소가 100만 달러에서 200만 달러 사이의 1년 예산으로 준정부조직이 됨.

1961년 3월 대외경제협조기금 Overseas Economic Cooperation Fund; OECF 이 개발도상국에

대한 더욱 자유로운 조항들에 의한 차관을 공여하기 위하여 설치됨.

9월 OECD의 개발원조위원회Development Assistance Committee; DAC에 일본이 가입

11월 파키스탄에 대한 정부간 차관이 처음으로 연장됨.

1962년 1월 태국 정부와의 특별 엔 협정 수정. 차관 부분을 무상원조로 전환

6월 해외 기술협조처Overseas Technical Cooperation Agency가 설치되어 모든 공공, 사적 기술원조를 총괄

1963년 3월 미얀마와 1억 4천만 달러의 무상원조를 포함하는 경제기술원조 협조에 동의

1964년 3월 수출입은행 규정 개정. 무역수지 문제와 함께 개발도상국에 대한 차관을 보충하는 내용으로.

여기에 더하여 1957년 기시 노부스케 수상이 "아시아 중심외교Asian-centered diplomacy"를 선언했다는 점도 주목된다. 기시 수상이 1945년 이전에 '대동아공영권'의 출발점의 하나인 만주국에서 활약했다는 점을 고려한다면,[195] 그의 아시아 정책의 이면을 어렵지 않게 이해할 수 있다. 그럼에도 불구하고 기시의 정책은 일본의 아시아 국가들을 대상으로 한 외교가 활성화되는 데 일조하였다. 위의 연대기에서 잘 나타나듯이 기시가 수상으로 있는 동안인 1957년부터 1959년까지 동남아시아 국가들과의 배상 문제가 상당한 진척을 이루었고, 1957년에 해외투자와 관련된 보험 규정과 수출입은행의 규약이 해외투자활동에 유리하도록 개정되었다. 1958년에는 아시아경제연구소Asian Economic Research Institute가 설립되었다. 1959년에는 메콩강 계획의 일환으로서 세차례에 걸쳐 전문가들을 남베트남에 파견하기도 하였다.

그러나 앞에서 언급한 바와 같이 미국의 소극적인 정책으로 인하여 일본의 대외정책 역시 적극적일 수 없었다. 아시아극동경제위원회와 콜롬보 계획에서 일본은 소극적인 자세로 임했으며, 20세기 전반기를 통하여 일본의 식민지였

거나 일본군에 점령되었던 경험을 갖고 있었던 아시아 국가들은 일본 경제력의 확대에 경계의 눈초리를 보냈다.[196]

그러나 일본의 아시아 지역 개발도상국에 대한 원조는 1960년대에 들어서 이전과는 다른 내용으로 변화하기 시작하였다. 즉, 1960년대에 와서는 새로운 틀의 경제개발원조를 위한 기관들이 새로 만들어지거나, 또는 정부에 의한 지원이 강화되기 시작하였다. 또한 1960년대 초반 일본의 OECD 가입과 OECD 내에서 개발원조를 관장하였던 개발원조위원회에 가입하였다는 점은 주목할 만하다. 1964년을 기준으로 할 때 일본의 1인당 국민소득이 전체 OECD 국가들 중 꼴찌에서 두 번째에 지나지 않았지만, 이제 '부자나라 클럽Rich Countries Club'에 가입하여 경제개발원조를 적극적으로 실행해야 한다는 문제의식을 느낄 수밖에 없는 상황이 전개되기 시작한 것이다.

1960년대 초 이케다池田勇人 내각은 경제개발원조, 그중에서도 특히 기술원조와 관련된 계획들을 적극적으로 실행하고자 하였다. 앞의 연표에서 나타나는 바와 같이 1961년 대외경제협조기금OECF을 설립하였고, 1962년에는 해외기술협조단OTCA을 설치하였다. 1963년에는 배상금과는 별도로 미얀마에 기술원조와 관련된 논의를 마무리하였고, 1964년에는 수출입은행 규정을 다시 개정하여 개발도상국에 대한 차관을 확대하는 방안이 마련되었다.

그럼에도 불구하고 1960년대 전반기의 노력은 주로 기술원조를 내용으로 한 것일 뿐, 실제적으로 원조의 총액에 있어서는 감소하는 추세를 보였다. 〈표 2-3〉에서 나타나는 바와 같이 개발도상국에 대한 경제원조의 액수는 배상금을 포함하더라도 1961년을 정점으로 하여 1963년까지 지속적으로 감소하는 추세를 보이고 있다.

결과적으로 볼 때 1964년 이전의 동남아시아에 대한 일본의 원조는 소극적인 입장에서 벗어나지 못하고 있었다. 일본의 입장에서 볼 때 1945년까지 향유하고 있던 중국과 한반도라는 시장을 잃어버린 상태에서 동남아시아는 일본

표 2-3. 일본의 대외원조 액수(1961-1963) (단위 : 백만 달러)

	1961	1962	1963
공적, 사적 대외원조	371	280	265
배상금	65.1	66.8	65.1
합계	436.1	346.8	330.1

출처 : "Background Paper: Japanese Relations with Southeast Asia," in "Visit of Prime Minister Sato, January 11-14, 1965," January 7, 1965, *Japan and the U.S.*

이 새롭게 개척해야만 하는 중요한 경제활동의 무대였다.

아시아개발은행을 통한 일본의 영향력 확대

1964년 이후 일본은 적극적으로 대외적 영향력을 확대하기 시작했다. 이 시기는 국무부 정책기획실로 갔던 로스토우가 케네디 암살 이후 백악관으로 복귀하는 시기와 맞물린다. 로스토우는 저개발국에 대한 경제개발원조를 확대하는 정책이 필요하다고 주장하는 과정에서 미국 이외의 서구 국가들과 일본이 차지하고 있는 대외원조의 몫을 대폭 확대해야 한다고 주장했다.

일본은 아시아에서 유일하게 로스토우의 시야에 들어와 있는 대외원조 확대가 가능한 국가였다. 로스토우는 1964년 이후 일본의 정책팀과의 합동위원회에 적극적으로 참여하였으며, 국무부장관에게 보내는 문서를 통해서 일본의 적극적인 참여를 종용해야 한다고 제안했다.[197] 이미 1963년 일본의 자위대 책임자와 만났을 때 이러한 견해를 피력한 바 있었던 로스토우는 일본의 경제적 역할의 확대를 아시아 정책의 가장 중요한 핵심의 하나로 인식하였다.[198]

이 시점에서 일본은 대외정책을 적극적으로 실행하기 시작했다. 1965년과 1966년을 통해서 나타났던 일본의 동남아시아의 경제개발과 관련된 부분을 정리해 보면 다음과 같다.[199]

1965년 4월 라오스를 위하여 처음으로 외환에 대한 지원.

4월 타이완 정부를 위한 1억 5천만 달러의 차관에 동의

6월 한일관계 정상화. 8억 달러 상당의 공여

12월 Japan Overseas Cooperation Volunteers 일본식 Peace Corps 가 처음으로 라오스에 파견

1966년 3월 메콩 계획의 개발자금을 공여

4월 경제개발을 위한 토의를 위한 동남아시아 장관회담을 개최

5월 인도네시아에 대하여 3천만 달러 상당의 긴급 신용장 개설

7월 아시아 개발은행에 2억 달러의 자본을 출자

9월 동경에서 인도네시아에 대한 채권자들 회의를 개최

10월 싱가포르와 배상 협정 결론을 맺음

11월 말레이시아와 공식적인 다자간 채무 5천만 달러를 연장

12월 동남아시아에 대한 농업개발 회담을 개최

1965년과 1966년에 이루어진 일본의 동남아시아와 한국, 타이완에 대한 경제개발원조는 이전과 달리 매우 활발한 것이었다.

그러나 이러한 대외정책의 전환이 일본의 내적인 요구 때문에 일어난 것은 아니었다. 1965년과 1966년에 나온 미국의 문서들을 보면, 일본 내의 경제적인 상황이 1950년대와 비교해서 극적으로 좋아졌다고 볼 수는 없었다. 물론 1966년에 이루어진 일본의 활동에 대한 미국의 평가는 긍정적인 것이었지만,[200] 일본 내부 상황과 관련해서 볼 때에는 비관적인 평가가 압도적이다. 1966년에 국무부에서 발간한 '국가정보 평가' 파일을 보면 일본 내부에서의 여론은 동남아시아를 경제원조의 대상이라기보다는 상업적 가치가 있는 지역으로서만 바라보고 있으며, 따라서 미국의 요구를 일본이 받아들일 준비가 되어 있지 않다고 평가하였다.[201]

1967년 미일간의 무역과 경제분야의 합동회의를 준비한 문건에서도 일본의 대외원조가 가장 활발했던 1966년의 상황에 대해서 평가를 하면서도 일본 내부의 상황에 대한 문제가 중요하게 제기되었다. 즉, 일본이 자신들 스스로를 아시아 지역에 대한 원조의 중심국으로 규정하지 않고, 선진국과 저개발국 사이에서의 매개 역할로서 상정하고 있다는 것이다. 아울러 일본 내부의 어려운 경제적 여건, 즉 ① 낮은 1인당 국민소득, ② 높은 이자율, ③ 4억 달러에 달하는 무역수지 적자, ④ 대중적 지지와 관심의 부재, 그리고 ⑤ 점차 늘어가는 사회보장제도에 대한 일본인들의 요구 등으로 인하여 대외원조를 실행하기에 부적절하다는 견해가 지배적이라는 점이 지적되었다.[202]

결국 일본의 경제원조와 관련된 정책의 변화는 외부로부터의 임팩트로부터 그 동인을 찾아야 할 것이며, 아시아를 비롯한 후진국 정책을 적극적으로 추진하였던 존슨 행정부의 정책이 직접적인 원인이 되었다. 그리고 일본의 역할 확대의 극적인 전환은 아시아개발은행에 대한 적극적 개입을 통해 나타났다.

1950년대 처음으로 아시아 지역을 위한 은행 설립의 논의가 있었을 때 미국의 소극적인 태도로 인하여 일본 역시 적극적일 수 없었지만,[203] 1963년 아시아개발은행과 관련된 논의가 처음 제기되었을 때에는 다른 나라에 비해 적극적인 입장을 나타냈다. 2차 세계대전 이후 대외정책을 소극적으로 추진할 수밖에 없었던 일본으로서는 1964년의 도쿄 올림픽과 더불어 아시아 개발은행에 적극적으로 참여함으로써 아시아 지역으로의 진출을 확대할 수 있는 길을 열 수 있을 것으로 기대했던 것이다.

1962년 실론Ceylon의 은행가였던 로가나산C. Loganathan에 의해서 아시아극동경제위원회 지역의 국가들을 위한 은행의 설립 필요성이 처음 제기되었고,[204] 같은 해 10월 일본의 경제 저널리스트였던 오하시 가오루大橋薰의 주창에 의해서 10억 달러 정도를 자본금으로 하는 아시아개발은행의 필요성이 제기되면서 일본은 은행의 창설에 적극적인 입장을 보였다.[205] 오하시의 주장은 후에 아시아개발은행의 초대 총장이 되는 당시 일본의 세계은행 대표였던 와타나베 타케시渡辺美知雄와, 후에 수상에 취임한 샤토 에이사쿠左藤榮作의 지지를 받았고, 1963년 9월에 열린 세계은행 회의에서 와타나베는 미국의 관료들에게 이 계획에 대해 설명하였다. 일본은 이와 더불어 방콕에서 열린 아시아극동경제위원회 회의에 아시아개발은행의 설립에 대한 문제와 함께 파리에 있는 OECD와 비슷한 아시아경제협조조직Organization for Asian Economic Cooperation; OAEC의 설립을 제안하였다.[206]

그러나 1964년 이전의 시점까지도 일본은 아시아개발은행 설립에 적극적으로 나설 수 없었다. 그 이유는 일본 내부의 상황과 함께 미국의 소극적인 입장 때문이었다. 1964년을 통해 아시아극동경제위원회는 은행의 설립을 위하여 특별 전문가 그룹Ad hoc Working Group of Experts on the Bank을 조직하였고,[207] 우칼리M. Uquali, 파키스탄, Industrial Credit and Investment Corporation의 Director를 의장으로 한 전문가 그룹은 은행의 구조와 활동, 그리고 재원에 대한 기초적인 논의를 시작하였다.[208] 이 때까지만 해도 미국은 소극적인 입장이었다.

그러나 극적인 반전은 1965년에 일어났다. 1965년 3월 당시 존슨 미국대통령의 존스홉킨스 대학에서의 연설은 아시아개발은행에 대한 미국의 적극적인 참여를 알리는 신호탄이었다. 비록 그의 연설이 주로 메콩강 계획의 문제에 집중되어 있었지만, 존슨 대통령은 블랙Eugene Black을 특사로 임명하면서 아시아개발은행에 대한 적극적인 참여와 지원을 시작하였다.[209]

블랙은 은행의 구조와 활동, 활용자금의 성격 등 개발은행의 전체적인 틀을 짜는 데 있어서 결정적인 역할을 하였다. 특히 그는 "아시아적인" 성격보다는 지불능력을 갖춘 금융기관으로서, 경제개발계획을 위한 특별자금의 필요성을 지속적으로 강조하였다.[210] 블랙은 자문위원회의 위원들과 함께 역내외 34개국을 직접 방문하여 아시아개발은행에의 참여를 독려하였다.

일본은 이 과정에서 미국의 지원을 받으면서 아시아개발은행 본부의 유치 및 일본인 총재 선출을 위하여 적극적으로 참여할 수 있었다. 결국 아시아 국가들로부터 견제를 받은 일본이 아시아개발은행 본부의 유치에 실패하였지만, 일본인 와타나베가 초대 총재로 선출되었다. 이 안 역시 미국의 중재안에 의한 것이었다.[211]

아시아개발은행의 창립과정은 미일관계를 포함한 복잡한 문제들이 얽혀 있는 사안이었다. 미국의 베트남 전쟁 참전 문제와 함께 일본 내 반미운동과 오키나와의 일본 반환, 그리고 중국의 핵실험 성공 등이 모두 아시아개발은행 창립을 전후하여 일어난 현안들이었다.

그러나 결과적으로 일본의 적극적 참여와 아시아개발은행 내에서 상당한 지분 확보 및 일본인 총재 선출은 일본이 아시아에서 적극적으로 경제적 역할을 할 수 있도록 했다. 그리고 이러한 일본의 부상은 로스토우의 새로운 대외정책이 케네디 행정부와 존슨 행정부를 통해 아시아에서 발현되는 과정에서 이루어졌다. 정부는 이를 통해 1950년대부터 계속 추진해 온 아시아 문제에 대한 일본의 개입 강화라는 오래된 숙제를 풀 수 있었다. 물론 한일협정의 적극적 추진과 1965년의 협정 조인 역시 미국의 새로운 정책하에서 가능했던 또 하나의 정책이었다.

미주

1 J.L. Gaddis, "The Strategy of Containment," T.H. Etzold and J.L. Gaddis, eds., *Containment: Documents on American Policy and Strategy, 1945-1950* (New York: Columbia University Press, 1978) (이하 '*Containment*' 로 약칭); 박태균, 2006, 『우방과 제국, 한미관계의 두 신화』, 창비, pp. 68-71.

2 J.L. Harper, *American Visions of Europe* (Cambridge: Cambridge University Press, 1996), p. 199.

3 박태균, 2005, 『한국전쟁』, 책과함께, pp. 141-144.

4 "United States Assistance to Other Countries from the Standpoint of National Security," JCS 1769/1, April 29, 1947, *Containment* 수록. 9위 이하에 터키, 그리스, 남미, 중국, 한국, 필리핀, 이란 등이 포함되었다. 한국은 국가안보의 중요성 순위 15위, 원조의 긴급성 순위 5위, 종합 13위를 차지했다.

5 "Revise of Current Trends: U.S. Foreign Policy," PPS 23, January 24, 1948, *ibid.*

6 "The origin of Point four has been in my mind, and in the minds of members of the government, for the past 2 or 3 years, ever since the Marshall Plan was inaugurated. It originated with the Greece and Turkey proposition……" Public Papers, H.S. Truman, 1949, p. 118 (R.A. Packenham, *Liberal America and the Third World*: Political Development Ideas in Foreign Aid and Social Science (Princeton: Princeton University Press, 1973), p. 33에서 재인용).

7 R.A. Packenham, *ibid.*, pp. 35-38.

8 "a bold new program for making the benefits of our scientific advances and industrial progress available for the improvement and growth of underdeveloped areas," R.A. Packenham, *ibid.*, p. 40에서 재인용.

9 "The Position of the United States with Respect to Asia," NSC 48/1, December 23, 1949, *Containment*; "The Position of United States with Respect to Asia," NSC 48/2, December 30, 1949(이상 *Containment*에 수록).

10 대한민국 외무부, ECAFE-twenty years of progress, 1967.

11 L.P. Singh, *The Politics of Economic Cooperation In Asia: A Study of Asian International Organizations* (Missouri: University of Missouri Press, 1966), pp. 53-54.

12 Policy Planning Council, Department of State, "The Future of Economic Cooperation in Asia," October 19, 1966, RG 59, NND 979519, Box 312, NARA; FOA, "Office of the Director," Report and Recommendations on Developments in the Regional Economic Organization of South East Asia, South Asia, and the Far East (NSC 5429/2, para. 3)" October 11, 1954, Enclosure. A, p. 4, DDEL. Colombo Plan은 17개국의 원조수혜국과 6개의 원조공여국으로 구성되었다. 아시아 국가들 사이에서는 실질적인 원조가 이루어지는 Colombo Plan을 ECAFE보다 더 높게 평가하기도 한다(L.P. Singh, *ibid.*).

13 ECAFE의 본부는 방콕에 설치되었으며, 이것은 태국을 중심으로 동남아시아 지역의 이해관계를 조정하고자 한 미국의 의견이 반영된 것이었다.

14 "Oral History Interview with Ambassador John J. Muccio," Washington, D.C. February 10 and February 18, 1971, By Jerry N. Hess, Harry S. Truman Library Independent, Missouri January 1972, p. 21.

15 Hearings before the Committee on Foreign Affairs House of Representatives; Eighty-First Congress, First Session on H.R.5330 (Printed for the use of the Committee on Foreign Affairs)(Washington: United States Government Printing Office, 1949)(이하 'Hearings before the Committee on Foreign Affairs House of Representatives'로 줄임), pp. 1-3. 1950년대 UNCURK의 일원으로 활동했던 한 인물은 당시 미국의 대한정책에 대해 미국은 한국에 대한 긍정적인 원조계획을 실행하여 "한국을 …… '민주주의의 유리전시장(a display window of democracy)'"으로 만들려 하였다고 묘사하였다(W.D. Reeve, *The Republic of Korea: A Political and Economic Study* (London: Oxford University Press, 1963), p. 106).

16 "If the United States could "make a contribution in the knowgow, and raise the standard of living just 2 percent of the rest of the world, [then] our factories and our businesses never could catch up with the demand that would be on them. Just think of that! That's all we need to do. It is not beyond the bounds of possibility." Public papers, Harry S. Truman, 1949, pp. 546-547 (Packeham, *op. cit.*, pp. 48-49에서 재인용).

17 Walt W. Rostow 저, 김영록 역, 1966, 『선진국과 후진국』, 탐구당 (*View from the Seventh Floor* (New York: Harper & Row, 1964)), p. 25.

18 호프만의 연설, "recovery," *Hearings before the Committee on Foreign Affairs House of Representatives*, pp. 10, 15.

19 Report by NSC, "Position of the United States with Respect to Korea" NSC 8, April 2, 1948, *FRUS 1948*, Vol. VI, pp. 1164-1169. 트루만 대통령은 대의회 메시지를 통해 ECA

의 대한원조가 구호(relief)가 아닌 부흥(recovery)이라는 점을 명확히 했으며 "구호만으로 Self-supporting economy를 만들 수 없다," "recovery"는 유럽에 했던 것과 동일한 수준의 것이 될 것이다"고 주장했다(*Hearings before the Committee on Foreign Affairs House of Representatives*).

20 "Memorandum by the Assistant Secretary of State for Occupied Areas (Saltzman): Future Economic Assistance to Korea," September 7, 1948, *FRUS 1948*, Vol. VI, pp. 1292-1298; "Marshall to Hoffman," September 17, 1948, *FRUS 1948*, Vol. VI, pp. 1303-1305. 국가안보회의 문서 8/2에서는 경제원조계획의 실행에서 '기술원조' 와 기타 '정보, 문화, 교육, 인적 교류 프로그램의 효율성 증가를 위한 노력' 이 이루어져야 한다는 점이 추가되었다.

21 『조선일보』 1950년 1월 22일, 23일자.

22 김철범, 1995, 『한국전쟁과 미국』, 평민사, p. 214.

23 James E. Webb, "Implementation of NSC8/2 during the period from August 1, 1949 through December 31, 1949"(NSC Progress Report 3), February 10, 1950, 국방군사연구소 편, 『한국전쟁 자료 총서 I』 수록.

24 식산은행 조사부, 1953, 『식은조사월보』 8권 1호, p. 36; "Division of Historical Policy Research Office of Public Affairs Department of State, United States Policy Regarding Korea: Part Ⅲ, December 1945-June 1950, Research Project No. 252," December 1951, pp. 42-48(한림대 아시아문화연구소 편, 『미국의 대한정책 1934-1950』 수록).

25 「민국복리를 위하야 대충자금의 사용결정-긴요사업에 유출」, 『주보』 61호 1950년 5월 25일자.

26 트루만 대통령은 한국을 새로운 계획의 시험장으로 규정하였다. "..... Korea has become a testing ground" (Public papers, Harry S. Truman, 1949, pp. 178-179 (Packenham, *op. cit.*, p. 37에서 재인용)).

27 李鍾元, 1995, 『東アジア冷戰と韓米日關係』, 東京大學出版會, p. 160. 『미국의 대한원조 관계자료(제1집)』(국회 입법조사국 편)에 전문이 수록되어 있다. MSA는 아이젠하워 행정부가 집권하는 1960년까지 계속되었다.

28 Hearings before the Committee on Foreign Affairs House of Representatives, pp. 1-3.

29 A.A. Jordan, Jr., *Foreign Aid and the Defense of Southeast Asia* (New York: Frederick A. Praeger, Inc., 1962).

30 박태균, 『우방과 제국』, pp. 154-156.

31 개발차관기금의 목적은 기본적으로 장기간 저율로 후진국의 경제개발을 돕기 위한 차관

을 제공하는 것이었지만, 또다른 목적은 개인기업과 개인의 자본이 제3세계에 투자되도록 하는 데에도 있었다("Another aim of the Fund was to encourage private enterprise and the investment of private foreign capital in the Third World," R.A. Packenham, *op. cit.*, p. 57).

32 B.I. Kaufman, *Trade and Aid; Eisenhower's Foreign Economic Policy, 1953-1961* (Baltimore: Johns Hopkins University Press, 1982), pp. 17-26(이종원, 앞의 책, p. 170에서 재인용).

33 *FRUS 1952-1954,* Vol. IX, pp. 351-358(이종원, 앞의 책, p. 108에서 재인용).

34 "Annual Economic Report 1955, Republic of Korea," 895b.00/3-1956, Decimal File 1955-1959, NARA; "Annual Economic Review, ROK, 1956," 895b.00/5-2157, *ibid.*

35 NSC 5506 "Future United States Economic Assistance for Asia," January 21, 1955, RG273, NARA.

36 「체결될 한미통상조약」, 1956년 9월 9일자; 「한미우호통상조약 합의」, 동년 10월 6일자; 「한미우호통상조약의 의의」, 동년 10월 19일자; 「한미우호통상조약 공포와 실효」, 1957년 10월 9일자(이상 『경향신문』).

37 "Basic National Security Policy" June 3, 1957, *FRUS 1955-1957,* Vol. XIX, pp. 511-516.

38 결국 인도네시아에 대한 네덜란드의 반대, 한국과 베트남에 대한 소련의 반대에도 이들 국가들은 1954년 정회원국가가 되었다. 또 하나 흥미로운 점은 유엔의 비회원국의 참여가 인정되었기 때문에 공산당 정권하의 중국이 ECAFE에 참여했다는 점이다.

39 ECAFE 참가국들의 경제발전의 정도 차이 및 정치적인 견해 차이로 인해서 대체로 투표를 하지 않는 것이 관례로 되어 있다. 따라서 중요한 결정은 최고위원회의 내부 결정보다는 최고위원회 밖의 비공식적 협의를 통해서 이루어졌다.

40 Policy Planning Council, Department of State, 1966, "The Future of Economic Cooperation in Asia," October 19, 1966, RG59, NND979519, Box 312, NARA.

41 Policy Planning Council, *ibid.*

42 *Far Eastern Economic Review*, April 14, 1966, p. 59.

43 Policy Planning Council, *op. cit.*

44 1950년대 미국의 원조는 다년간의 계획으로 이루어진 것이 아니라 연차적으로 이루어졌기 때문에 계획된 연도에 지출이 이루어지지 않는 경우 다음 연도로 이월되는 것이 아니라 국고로 회수되었다. 미국의 원조 수혜국들은 이러한 원조방식에 대해 많은 불만을 표출하였으며, 미국 내에서도 이러한 방식에 대한 문제제기가 지속적으로 이루어졌다(Walt W. Rostow, *A Proposal: Key to on Effective Foreign Policy* (New York: Harper &

Brothers, 1957), pp. 9-10. 이하 『제안』으로 약칭).

45 1954년 10월에 성간(省間)위원회로서 '아시아경제정책에 관한 특별위원회(Ad Hoc Committee on Asian Economic Policy)' 에서 입안한 문시이다(이종원, 앞의 책, p. 119에서 재인용).

46 Operations Coordination Board," Outline Plan of Operations With Respect to Future United States Economic Assistance For Asia (NSC 5506)," December 7, 1955 (as concurred as amended, OCB 091.3 Asia, March 1, 1956), p. 9, Dwight D. Eisenhower Library (이하 'DDEL' 로 약칭. 신욱희 교수 소장 문서).

47 NSC 5429, "Review of U.S. Policy in the Far East," August 4, 1954, *FRUS 1952-1954*, Vol. XII, Part 1, pp. 699-700.

48 Executive Secretariat, FOA/W, "Far East Regional Conference, Manila, February 22-26, 1954" March 6, 1954, RG 59, Lot File 57D149, Box 2, NARA(이종원, 앞의 책, p. 113에서 재인용).

49 "U.S. Policy Toward Japan," NSC 5516 March 29, 1955; Executive Office of the President, "U.S Policy Toward Japan," Memorandum for All holders of NSC 5516/1, May 16, 1960, Harvard University Lament Library 소장(이하 '*Japan and the U.S.*' 로 약칭).

50 Memorandum for All holders of NSC 5516/1, "U.S Policy Toward Japan," May 16, 1960, Executive Office of the President, NSC. 그러나 몇일 후에 나온 "U.S. Policy Toward Japan"(NSC 6008 May 20, 1960)이란 문서에서는 저개발국에 대한 일본의 경제원조는 아직 가능성으로서만 존재한다고 분석하였다.

51 Telegram from the Embassy in Thailand to the Department of State, December 26, 1960, *FRUS 1958-1960*, Vol. XV, pp. 1125-1126.

52 Leszek Buszynski, *SEATO, the Failure of an Alliance Strategy* (Singapore: Singapore University Press, c1983).

53 "Memorandum of a Conversation Between the Secretary of State and the Indian Ambassador (Chagla)," Department of State, November 25, 1958, *FRUS 1958-1960*, Vol. XV, p. 147.

54 "Telegram from the Department of State to the Embassy in Philippines," March 12, 1958, *ibid.*, pp. 837-838.

55 "Telegram from the Department of State to the Embassy in Thailand," November 2, 1960, *ibid.*, pp. 1149-1150.

56 Wood to ICA, "Memorandum of Conversation on Economic Matters on the Occasion

of Secretary Dulles' Visit to Seoul" March 28, 1956, RG 469, Office of Far Eastern Operations, Korea Division, Korea Program Files 1953-1957, Box 4, NARA.

57 J.W. Dower, *Origins of the Modern Japanese State; Selected Writings of E. H. Norman* (New York: Pantheon Books, 1975), pp. 45-47; J.F. Galbraith, *A Life in Our Times* (Boston: Houghton Mifflin Company, 1981), p. 323.

58 『제안』, p. vii.

59 R.A. Scalapino, *Communist China and Taiwan* (University of California, Berkeley, 1960); Scalapino and Lee, "Origins of the Korean Communist Movement," *Journal of Asian Studies*, November 1960, February 1961.

60 R.A. Scalapino 교수와의 인터뷰, 1999년 10월 13일, 워커힐 호텔에서.

61 E.O. Reischauer, "Our Asian Frontiers of Knowledge," *University of Arizona Bulletin Series*, Vol. XXIX, September 1958; "The Broken Dialogue with Japan," *Foreign Affairs*, October 1960; *My Life between Japan and America* (New York: Harper & Row, 1986), 1960. 라이샤워 교수는 옌칭연구소(Harvard-Yenching Institute)의 소장이었으며, 케네디 행정부의 주일 미국대사로 임명되었다.

62 저개발국의 특수성에 대해 전반적으로 강조하고 있는 문건 중 대표적인 것은 *United States Foreign Policy, Ideology and Foreign Affairs* (The Principal Ideological Conflicts, Variations Thereon, Their Manifestations, and Their Present and Potential Impact on the Foreign Policy of the United States.), Study, prepared at the request of the Committee on Foreign Relations United States Senate by Center for International Affairs, Harvard University. January 17, 1960 (Washington United States Government Printing Office, 1960).

63 "A Study of U.S. Military Assistance Programs in the Underdeveloped Areas (Final Report)," April 8, 1959, Prepared for The Institute for Defense Analyses by the foreign Policy Research Institute, University of Pennsylvania, Draper-1, DDEL.

64 *United States Foreign Policy, Ideology, and Foreign Affairs*.

65 L.W. Pye, *Aspects of Political Democracy* (Boston: Little, Brown and Company); Samuel Huntington, *Political Order in Changing Societies* (New Haven: Yale University Press, 1968). 파이는 CENIS의 연구원이었고, 헌팅턴의 책은 하버드 대학의 국제관계센터에서의 연구를 포드 재단과 카네기 재단의 지원으로 발행한 것이다.

66 로스토우 역시 경제개발의 과정에서 민주적 정치체계를 유지하는 것이 어렵다는 점을 지적하였다. Keynote Address by the Honorable W.W. Rostow, Counselor and Chairman

of the Policy Planning Council, Department of State, At the Seminar on Democracy, Merida, Venezuela, Sunday, January 26, 1964, 4:00 p.m., "The Challenge of Democracy in Developing Nations," Records of the Policy Planning Council, 1963-64, Lot 70D199, NND 979524, Box 267, NARA.

67 1950년대 의회와 대학의 연구소에서 나온 대외원조 보고서는 대체로 한국에 대한 원조가 가지는 효과에 의문을 제기하고 있다. 학계의 보고서로는 E.S. Furniss, Jr., "Some Perspectives on American Military Assistance, Center of International Studies," Princeton University, June 18, 1957. 이 보고서에서는 한국 문제의 해결의 유일한 방안은 한국 자체를 비무장지대나 중립지역으로 만드는 것이라고 제안하였다.

68 로스토우는 거대한 규모의 군사원조는 "발전을 위한 발걸음을 무겁게 만드는 것"이라고 비판하였다. W.W. Rostow, "The future of Foreign Aid," *Foreign Service Journal*, June 1961, Vol. 38, No. 6, pp. 30-35.

69 Edgar S. Furniss, Jr., *op. cit.*

70 대표적인 책으로 United Nations, Department of Economic affairs, *Measures for the Economic Development of Underdeveloped Countries*, Report by a Group of Experts appointed by the Secretary of the United Nations, New York, 1951; U.N., *Land Reforms; Defects in Agrarian Structure as Obstacles to Economic Development*, 1951 (Charles P. Oman and Ganeshan Wignaraja, *The Postwar Evolution of Development Thinking* (MacMillan Academic and Professional LTD; OECD Development Centre; 1991), pp. 44-45에서 재인용).

71 J. Viner, *International Trade and Economic Development* (이순형, 1968, 『경제계획의 이론』, 법문사, pp. 53-54 재인용).

72 R. Nukse 저, 박동섭 역, 1957, 『후진국의 자본형성론』, 대한재무협회 출판부.

73 ECLA, Analyses and Projections of Economic Development; An Introduction to the Technique of Programming(「자료: 경제발전의 분석과 계획책정」, 『부흥월보』 3권 7호, 3권 8호, 3권 9호, 3권 10호에 번역); R. Prebisch, *Towards a new Trade Policy for Development* (UN Report, New York, 1964) (박희범, 1968, 『한국경제성장론』, 고려대학교출판부, pp. 128-129에서 재인용); Charles P. Oman and Ganeshan Wignaraja, *op. cit.*, pp. 137-139, 170-172.

74 *FRUS 1955-1957*, Vol. VI, p. 314.

75 A.O. Hirschman, *The Strategy of Economic Development* (New Heaven: Yale University Press, 1958) (이현재 역, 1965, 『경제발전의 전략』, 문운당).

76 로스토우의 '제단계설'에서 나타나는 서구산업화 과정에서의 면방직산업, 철도산업 등 선도산업의 중요성에 대한 강조는 모두 이러한 불균형성장론에 영향을 받은 것이었다 (Charles P. Oman and Ganeshan Wignaraja, *op. cit.*, pp. 12-13).

77 이상구 · 강명규 공역, 1961, 『경제성장의 제단계』, 법문사.

78 로스토우의 경제개발론은 비단 자본주의권의 후진국에만 영향을 미친 것은 아니었다. 이집트의 나세르 역시 로스토우의 경제발전론에 많은 영향을 받았으며, 인도의 경우 경제개발전략을 수립하는 데 핵심적인 역할을 했던 마할라노비스(Mahalanobis)가 로스토우와 직접 접촉하였다. W.W. Rostow, Eisenhower, Kennedy, and Foreign Aid, p. 51; Oman and Wignaraja, *op. cit.*, p. 31 n. 5.

79 W.W. Rostow, *View from the Seventh Floor* (New York: Harper & Row, 1964), p. 109.

80 J. Lodewijks, *op. cit.*, p. 285.

81 J.K. Galbraith, *A Life in Our Times* (Boston: Houghton Mifflin, 1981), p. 241.

82 J. Lodewijks, *op. cit.*, pp. 286-287. 이들 중 로젠슈타인 로단은 Big Push 이론을 만들었으며, 1944년 처음으로 동유럽에 대한 경제개발의 필요성을 주장하였다. 도마는 1950년대 경제개발론에서 투자와 저축, 경제성장의 상관관계에 대한 함수를 밝힌 헤로드 도마 모델을 만들었던 경제학자이다. 1950년대의 경제개발론은 거의 대부분 헤로드 도마 모델에 근거하고 있다. 루시앙 파이는 미얀마에 대한 연구로부터 시작하여 제3세계의 정치체제의 특수성을 분석했다.

83 로스토우는 "My Life Philosophy"에서 자신이 경제이론과 경제사를 접목하기로 결정한 것은 17세 때였으며, 대학 시절 주로 영국과 프랑스 혁명에 대한 보고서를 쓰면서 이러한 결정을 내린 이후 자신의 연구방향이 결정되었다고 회고하였다. 그러나 제3세계의 독특한 사회구조와 민족주의에 주목하면서 연구를 진행했던 것은 국제학연구소에서의 공동연구가 중요한 역할을 하였다. 따라서 초기의 그의 중요한 저작들은 『제단계』를 제외하고는 모두 공저(共著)로 되어 있다.

84 Recorded interview by Richard Neustadt, 11 and 25 April, 1964, John F. Kennedy Library Oral History Program, pp. 113, 149.

85 W.W. Rostow, *Eisenhower, Kennedy, and Foreign Aid* (Austin: University of Texas Press, 1985) 참조(이하 『원조』로 약칭).

86 Recorded interview by Richard Neustadt, 11 and 25 April, 1964, John F. Kennedy Library Oral History Program, pp. 46-47, p. 80.

87 국무부의 정책기획위원회에서 활동하던 로스토우는 "Basic National Security Policy"나 "Reflection on National Security Policy at April 1965"와 같은 중요한 정책문서들을 입안

하였다(S/P draft," Basic National Security Policy," March 26, 1962, Lyndon B. Johnson Papers, Vice Presidential-Security File, Box 7, Lyndon B. Johnson Library (hereafter; LBJL); John Lewis Gaddis, *Strategies of Containment* (Oxford: Oxford University Press, 1982), pp. 200-201.

88 이러한 로스토우의 베트남에 대한 주장은 이미 1955년에 발간된 그의 책 『정책』에서 그 단초를 볼 수 있다. 그는 베트남에서 전쟁을 거부해서는 안 되며, 베트남인들이 스스로 저항할 준비가 되어 있을 때 가장 효과적이라는 주장을 펼쳤다.

89 Thomas Parker, *America's Foreign Policy 1945-1976: Its Creator and Critics* (New York: Facts on File, Inc., 1980), pp. 143-146.

90 『제안』, pp. 2-5; Walt W. Rostow, *The United States in the World Arena* (New York: Harper and Brothers, 1960). (이하 『무대』로 약칭), pp. 327-328.

91 W.W. Rostow, *An American Policy in Asia* (New York: John Wiley & Sons, Inc., 1955. 이하 『정책』으로 약칭), pp. 12-13.

92 『제안』, pp. 11-12.

93 『정책』, pp. 6-7; 『무대』, p. 337. 아시아와 관련된 또 다른 연구는 1954년에 나온 *The Prospects for Communist China* (Technology Press of MIT and Wiley)가 있다.

94 『제안』, pp. 141-142.

95 『정책』, pp. 4-5.

96 『제안』, pp. 133-134.

97 『무대』, pp. 325-326. 로스토우의 아시아에 대한 분석은 20세기 후반기의 세 가지 힘에 대한 분석에 기초하고 있다. 즉, ① '통신분야의 기술혁명', ② '대량파괴 무기와 무기운반 수단의 혁명', 그리고 ③ '아시아 · 중동 · 아프리카 · 남미에서의 근대화를 위한 혁명적 움직임' 등을 20세기 후반의 가장 중요한 세 가지 힘 중 ③에서 제3세계와 저개발국의 중요성을 강조했다(『무대』, p. 411).

98 『제안』, pp. 44-54.

99 『원조』, pp. 13-15, 17-20; Henry R. Labouisse (Director, International Cooperation Administration), "Foreign Aid, a Constructive Element of U.S. Foreign Policy" (Address made before a regional briefing conference on foreign policy sponsored by the DOS and the World Affairs Council of Northern California at San Francisco, on July 20), *Department of State Bulletin*, Vol. XIV, No. 1156, August 21, 1961.

100 『정책』, pp. 13-14.

101 『제안』, pp. 63-64.

102 『정책』, pp. 13-14.

103 로스토우는 일반적으로 'undeveloped countries(저개발국가)' 가 'developed countries(개발국가)' 로 성장하는 데 75년이 소요될 것으로 계산하였다(『무대』, p. 413).

104 『정책』, pp. 29-30.

105 『정책』, pp. 6-7, 13-14.

106 『제안』, pp. 12-13; 『정책』, pp. 13, 44-45, 48-51; 『무대』, p. 364.

107 박태균, 『우방과 제국』, pp. 107-116.

108 『제안』, pp. 39-40.

109 J. Lodewijks, *op. cit.*, pp. 295-296. 로스토우는 그의 이론을 베트남에 그대로 적용해 보고자 하였다. R.D. Schulzinger, "It's Easy to Win a War on Paper: The United States and Vietnam, 1961-1968," Kunz, ed., *op. cit.*, pp. 185-186.

110 『제안』, pp. 16-19, 126-128. 로스토우의 계획에 의하면 미국이 최소한 매년 약 20억 달러의 돈을 지출해야 했고, 이러한 막대한 지출에 대한 의회의 견제가 예상되기 때문에, 부흥에 성공한 서구유럽과 일본에 부담의 일부를 떠넘기는 것과 "매년 의회의 승인을 피할 수 있는 새로운 형태의 연속성을 가진 차관이라는 형태"를 필요로 할 것이라고 주장했다(『제안』, pp. 108-109).

111 『제안』, pp. 55-57.

112 경제개발론이 식민지 근대화론을 내용 속에 포함하는 것은 저개발국의 경제개발론이 '식민학' 에서 출발했다는 점과 관련되는 것이기도 하다(김대환, 1991, 『경제발전론』, 한국방송통신대학, pp. 8-9; Diana Hunt, *Economic Theories: An Analysis of competing paradingms* (London: Harvester Wheat sheaf, 1989), pp. 44-45).

113 식민지 근대화론적 인식은 1952년 입안되었던 네이산 계획에서도 나타나고 있다. 이 계획에서 당시 한국을 평가하면서 "일본점령 40년 간의 수출입통계는 일본이 한국으로부터 착취하여 간 것보다는 한국에 자원을 투입한 것이 더 많았다는 사실"과 "일본의 한국개발은 근대적 발전의 이익을 한국민에게 주었다는 것은 또한 사실"이라는 점을 강조하였다(국회입법조사국, 1954, 『네이산 보고서』, pp. 69-70).

114 『제단계』, pp. 57-58.

115 『제단계』, pp.57-58. 이러한 '식민지 근대화론' 적인 사고는 국제학연구소의 밀리칸과 블래크머가 공동으로 집필한 『신생국가론』(유익형 역, 1973, 문명사)에 더 잘 나타난다. 이 책의 원제는 *The Emerging Nations* (Boston: Little, Brown and Company, 1961)으로 1960년 1월 상원의 요청으로 씌여진 "The Economic, Social, and Political Changes in the Underdeveloped Countries, and the United States' Foreign Policy"라는 보고서를

확대, 출판한 것이다.

116 박희범, 앞의 책, p. 304. 아울러 그의 선도산업 우선의 성장론도 비판되었는데, 이러한 비판은 변형윤의 글에서도 나타난다(변형윤, 1969, 「로스토우 도약이론의 한국경제에 대한 적용문제」, 내각기획 조정실 편, 『경제성장의 이론과 현실』).

117 『제단계』, pp. 62, 72, 95.

118 『정책』, pp. 4-5, 10.

119 한국은행 조사부 역, 1956, 『경제개발계획작성에 관한 제문제와 제기술』, pp. 50-52. J. Tinbergen 저, 박희범 · 송정범 역, 1958, 『경제개발의 설계론』, 동아출판사, pp. 2-3.

120 『제단계』, pp. 25-26, 55-56.

121 『무대』, p. 439; W.W. Rostow, 김영록 역, 1966 『선진국과 후진국』, 탐구당, pp. 114, 126-127.

122 1950년대를 통해 이집트의 쿠데타, 인도의 비동맹주의 주도 등을 통해 제3세계 민족주의에 대해 부정적 인식을 가지고 있었던 미국은 쿠바 혁명으로 인해서 이러한 인식이 보다 확산되었다. 또한 한국을 대표적인 예로 하여 후진국에서의 경제성장의 가능성은 상당히 희박한 것으로 전망하였다(Robert Henry Johnson과의 인터뷰, 1998년 6월 17일, 워싱턴 DC 내의 사무실에서).

123 L. Hartz, *The Liberal Tradition in America: An Interpretation of American Political Thought Since the Revolution* (New York: Harcourt, Brace and World, 1955) (Packenham, *op. cit.*, p. 19에서 재인용); 김경동, 1979, 「근대화를 둘러싼 쟁점들」, 『근대화 – 그 현실과 미래』, 서울대학교출판부.

124 『정책』, pp. 14-15. 민주주의에 대한 일반적인 개념에 대해서는 "민주주의 요소라는 것은 정도의 문제이며, 열망에 관한 문제이며, 운동의 방향에 관한 문제로 나타난다"고 정의하였다(『선진국과 후진국』, p. 115). 여기에서 중요한 것은 운동의 방향이다. 선진 자본주의 국가의 방향이 민주주의라면 저개발 지역에서는 '경제개발'이 그 방향이 될 수 있기 때문에 "모든 사회들은 동시에 민주적인 가치를 받아들일 필요가 없으며 그것을 요구할 필요도 없다"고 주장하였다(J.L. Gaddis, *op. cit.*, pp. 202-203).

125 로스토우의 영향을 받은 케네디 행정부의 관리들은 5·16 쿠데타 이후의 군사정부가 미국식 민주주의를 그대로 이식할 것으로 기대하지 않았다(Telegram From the Department of State to the Embassy in Korea, August 5, 1962, *FRUS 1961-1963*, Vol. XXII, p. 591).

126 『제단계』, pp. 62-63.

127 『제안』, p. 26.

128 『제단계』, pp. 23-25.

129 『제안』, pp. 26-29. 로스토우는 군인들이 국민적으로 지지를 받을 수 있는 요인은 이들이 식민지 시기 민족해방운동 과정에 적극적으로 나섰던 인물들이었기 때문이라고 판단했다 (『제단계』, pp. 41-50). 그러나 한국의 경우 군사정부의 주체들 중 민족해방운동에 참여했던 군인들이 거의 없었지만, 근대기술 교육을 받았다. 즉, 1950년대를 통해 군장교들은 '고도의 관리적 안목을 갖춘 교육훈련계획' 을 받았고, 이들이 군사정권의 핵심을 차지했을 뿐만 아니라 관료로 충원되었다는 점에서 로스토우의 이론이 그대로 반영되었다(이한빈, 1969, 『국가발전의 이론과 전략』, 박영사, pp. 131-132).

130 "A Study of U.S. Military Assistance Programs in the Underdeveloped Areas."

131 『신생국가론』, pp. 147-148; W.W. Rostow, "The future of Foreign Aid," *Foreign Service Journal*, Vol. 38, No. 6, June 1961, pp. 30-35.

132 『신생국가론』, pp. 45-46, 49-51.

133 *United States Foreign Policy, Ideology and Foreign Affairs.*

134 "A Study of U.S. Military Assistance Programs in the Underdeveloped Areas."

135 *Ibid.*

136 J. Lodewijks, *op. cit.*, pp. 296-297.

137 T. Parker, *op. cit.*, pp. 143-146; Robert Henry Johnson과의 인터뷰.

138 J.L. Gaddis, *op. cit.*, pp. 201-205.

139 『제안』, p. 85.

140 『정책』, pp. 2-3, 11-12; 『제안』, pp. 6-8, 99-103.

141 『제안』, pp. 90-91.

142 『정책』, p. 6. 로스토우의 경제개발원조에 대한 강조는 나름대로의 미국 경제의 발전단계에 대한 분석을 통해 나온 것이었다(『무대』, pp. 6-38, 443-464 참조).

143 '자립적' 이라는 것은 자체 완결구조를 가지고 있는 폐쇄적이고 독립적인 경제구조를 의미한다. 그가 『제단계』에서 제시하고 있는 'self-sustained' 나 미국의 대외정책 문서에서 자주 등장하는 'self-supporting' 의미는 폐쇄적인 경제구조가 아니라 '재정자립' 또는 'self-viable' 을 의미하는 것이다.

144 Oman and Wignaraja, *op. cit.*, pp. 11-12. 로스토우는 자신을 비롯한 서구의 사회과학자들이 '일반적인 성장개념' 을 발전시켜야 하며, 그러한 이론을 저개발국가에 제공해야 한다는 점을 강조하였다(『정책』, p. 13).

145 『제단계』, pp. 23-28. 로스토우는 5단계에서 각각의 단계를 투자율과 저축률에 기초하여 구분하였는데, 이는 해로드 도마르 모델(Harrod-Domar)의 영향을 받은 것으로 보인다. 해로드 도마르 모델은 당시 경제개발론자들이 가장 많이 인용하던 것으로, 로스토우는 투

자율 5%와 10%의 차이를 도약단계로 이행하는 가장 중요한 조건으로 설정했다.

146 아시아 정책에서의 핵심으로 일본과 함께 인도가 강조되었다. 공산중국의 실패와 인도의 성공은 전 세계에 자본주의의 우월성을 입증할 것이라고 보았다. 인도에 대한 경제개발지원 역시 이 맥락에서 나온 것이었다(『정책』, p. 43).

147 『정책』, pp. 45-46. 로스토우는 여타 아시아의 나라를 일본의 경제적 배후지, 즉 상품시장과 원료공급지로서 역할을 하도록 발전시켜야 함을 강조하였다. 또한 이러한 관계가 정치적 종속을 의미하지 않음을 명확히 할 수 있는 기제들을 마련해야 한다고 지적하였다.

148 『정책』, p. 84.

149 『원조』, pp. 85-98.

150 W.O. Walker III, *op. cit.*, pp. 44-45; Diane B. Kunz, "Cold War Dollar Diplomacy: The Other Side of Containment," *op. cit.*, p. 81. Walker는 미주개발은행, 수출입은행, IBRD(International Bank for Reconstruction and Development)의 역할이 1958년 이후 강화되었지만, 장기간의 계획이 부재하다는 점을 고려할 때 본격적인 대외정책의 변화로 규정할 수는 없다고 주장한다.

151 National Security Council, "Review of Basic National Security Policy: Basic Problems for U.S. Security Arising out of Changes in the World Situation," NSC 5707, February 19, 1957; "Basic National Security Policy," NSC 5707/8, June 3, 1957, *FRUS 1955-1957*, Vol. XIX, pp. 511-516.

152 *The Future Aid Program*, Hearings before the Special Committee to Study the Foreign Aid Program, United State Senate, Eighty-Fifty Congress, First Session (Washington, Government Printing Office, 1957), pp. 397-399.

153 "Basic National Security," NSC 5906/1, August 5, 1959, NND 909039, RG 59, NARA.

154 "U.S. Policy in the Far East," NSC 5913/1, September 25, 1959, White House Office, Office of the Special Assistant for National Security Affairs; Records, 1952-61, Box 18, DDEL.

155 "Basic National Security," NSC 5906/1, August 5, 1959, *ibid.*

156 "U.S. Policy in the Far East," NSC 5913/1, September 25, 1959, *ibid.*

157 James S. Lay, Jr., "U.S. Policy in the Far East," November 10, 1960, *ibid.*

158 "Status of the Military Assistance Program, As of 30 June 1959," August 14, 1959, Department of Defense Report to National Security Council 중 section 1과 NSC 5912 part 2와 관련된 논평.

159 U.S. Senate, Committee on Foreign Relations, United States Foreign Policy-Asia;

Studies Prepared at the Request of the Committee on Foreign Relations, United States Senate, by Conlon Associates Ltd., November 1, 1959, 86th Congress, 1st Session(1959), pp. 85-109.

160 Recorded interview by Richard Neustadt, 11 and 25 April, 1964, J.F. Kennedy Memorial Library(이하 'JFKL' 로 약칭) Oral History Program, pp. 3-6; 『원조』, pp. 2-7.

161 J.K. Galbraith 교수와의 인터뷰, 1998년 5월 18일, Cambridge에 있는 자택에서. 갈브레이스 교수 역시 장기간에 걸친 공적자본 중심의 원조를 강조하였다("Fire Brigade Operations Abroad," NSF: Departments of Agencies, Department of State: General, 3/6/61-3/31/61, Box 284, JFKL).

162 D. Halberstam, *The Best and the Brightest* (New York: Fawcett Crest, 1969), pp. 183-184 (John Lodewijks, *op. cit.*, p. 295에서 재인용); Recorded interview by Richard Neustadt, 11 and 25 April, 1964, JFKL Oral History Program, pp. 18-20, 113, 149.

163 Robert Henry Johnson과의 인터뷰.

164 "Task Force Report," December 31, 1960, NSF: Subjects: Foreign Economic Policy, Box 297, JFKL. 실제로 매년 결정되는 계획은 장기계획을 어렵도록 하였다. 한국의 경우 1955년의 원조 현황을 보면 1955년에 배당된 전체 원조 물품의 60%만이 1955년 12월 1일까지 도착하였으며, 비계획원조는 94% 실행된 데 반하여 계획원조의 실행률은 49%에 불과하였다("Annual Economic Report 1955, Republic of Korea," 895b.00/3-1956, Decimal File 1955-1959, NARA). 미대사관은 원조의 지연이 곧 계획의 지연을 가져올 것이라고 전망했다.

165 "Plans for the Reorganization of Foreign Assistance," March 4, 1961, RG 59, Lot 67D378, Box 10, Records of Department, Assistant Secretary, Richard N. Gardner, 1961-65(이하 'Gardner File' 로 약칭), NARA; Report of the Development Assistance Panel (President's Science Advisory Committee), "Research and Development in the New Development Assistance Program," March 7, 1961, *ibid.*

166 Memorandum to the President, February 28, 1961, Rostow, "Crucial Issues in Foreign Aid," National Security File: Meeting and Memoranda: Staff Memoranda, W.W. Rostow, *Foreign Aid*, 2/24/61-2/28/61, Box 324, JFKL.

167 Papers of President Kennedy, President's Office Files, Box 64a, Staff Memoranda, W.W. Rostow, 1961, 3/61-5/61, JFKL.

168 Memorandum From Robert H. Johnson and George Weber to W.W. Rostow, February 22, 1961, NSF: M&M: Staff Memoranda, W.W. Rostow, Foreign Aid,

International Aid for Underdeveloped Countries, 2/21/61-2/23/61, Box 324, JFKL.

169 이 문제는 현재의 저개발국 원조와 관련해서도 중요성을 갖는다. 최근 한국과 일본이 동남아시아의 일부 국가에 주고 있는 원조가 해당국의 특수층을 부자가 되게 할 뿐이라는 비판이 제기되고 있다(「'원조'의 하수구가 될 것인가」, 『한겨레21』, 제372호, 2001년 8월).

170 From Robert H. Johnson, Memorandum for Mr. Kaysen, "The AID Research Program," December 11, 1961, NSF: Carl Kaysen: Foreign Aid Policy: 7/26/61-9/8/61 Box 373, JFKL.

171 "A Proposal to strengthen the Foreign Economic Assistance Program," December 27, 1963, Gardner File, NARA.

172 "The Future of Foreign Aid," December 18, 1963, Gardner File, NARA; President's Committee to Examine the Foreign Assistance Program,"Outline," December 26, 1963, *ibid.*

173 Mill Paper 206, DOS, "Political Implications on Afro-Asian Military Takeover" March 31, 1959, Documents of the National Security Council: Third Supplement (Frederick: UPA 1985, MicroFilm) (이종원, 앞의 책, p. 246에서 재인용).

174 "The Role of the Military in the Underdeveloped Areas," RG 59, Department of State, 1960-1966, Box 6 NARA. 이 문서가 존재함에도 불구하고 로스토우는 필자와의 인터뷰에서 자신이 후진국의 군부 역할을 강조했다는 점에 대해 강력하게 부인하였다.

175 이 글이 실질적인 정책에 어느 정도 영향을 미쳤는가에 대해 평가하고 있는 문서는 없지만, 이 글이 나오기까지 약 1만 5천 명의 군인들이 미국에서 교육을 받았고, 4천 명의 군인들이 미국이 현지에 설립한 기관에서 교육을 받았다는 점이 이 문서에 명시되어 있다.

176 S/P draft,"Basic National Security Policy," March 26, 1962, Lyndon B. Johnson Papers, Vice Presidential-Security File, Box 7, Lyndon B. Johnson Library (이하 'LBJL'로 약칭). 이 문서의 중요성에 대해서 처음 주목한 사람은 Gaddis이다. 비록 이 문서가 NSC 68과 마찬가지로 곧바로 승인되지는 않았지만, 케네디 행정부의 정책의 핵심적인 내용들을 거의 전부 포괄하고 있다고 평가하였다(J.L. Gaddis, *op. cit.*, pp. 200-201).

177 『AID 해설』, 1962, 공보처. 대체로 JFKL에 있는 카이센(Carl Kaysen) 문서군 중 Box 373은 USAID가 새로 조직되면서 다른 행정부 조직들과 어떻게 역할 분담을 할 것이며, USAID의 역할을 어떻게 규정할 것인가의 문제를 다루는 문서들로 구성되어 있다(NSF: Carl Kaysen: Foreign Aid Policy: 7/26/61-9/8/61, Box 373, JFKL).

178 케네디 대통령은 1961년 6월 16일자 연설을 통해 저개발국에 대한 미국의 정책이 변화하였음을 명백하게 선언했다. *Department of State Bulletin*, Vol. XIV, No. 1149, July 3,

1961.

179 A.M. Schlesinger, *A Thousand Days; John F. Kennedy in the White House* (Boston: 1965), pp. 153, 155-157, 299-300, 381-384; 겔브레이스 교수와의 인터뷰. 쿤츠(Kunz)는 이러한 경향을 "팽창주의적(expansionist)" 경향이라고 규정하였다(D.B. Kunz, *op. cit.*, p. 82).

180 트루만 행정부 시기 대외정책을 입안했던 핵심적인 관료들이었던 케난, 애치슨(D. Acheson)과 니츠(P.H. Nitze), 러스크(D.D. Rusk) 등이 케네디 행정부에 자문, 대사, 장관 등으로 참여하였다.

181 J.L. Gaddis, *op. cit.*, pp. 213-232.

182 W.O. Walker III, *op. cit.*, pp. 46-48.

183 J.L. Gaddis, *op. cit.*, p. 171.

184 "Excerpt from the Senate Foreign Relations Committee Hearings," June 6, 1961, Part 1, Page 248, Economic Assistance to State Enterprise, NSF: Subject: Policy Planning: 06/61-08/61, Box 303, JFKL. 이 문서는 인도의 예를 들어 공기업에 대하여 정태적으로 바라볼 것이 아니라 그 동안의 경험적, 동정적, 실용적인 관점에서 재고해야 할 필요성을 제기하였다.

185 Policy Planning Council, "US Policy Toward Government-owned Enterprise in Transitional Free World States," October 4, 1961, Gardner File, NARA.

186 미국의 전통적인 자유주의적 발전론은 (1) 미국 자체의 발전 경험이 다른 나라에도 적용될 수 있으며, 적용되어야만 한다는 믿음, (2) 사적인 자유기업에 대한 믿음, (3) 무역과 투자에 관한 접근을 개방하고 자유에 대한 옹호, (4) 정보와 문화의 자유로운 흐름에 대한 옹호, (5) 개인기업을 보호하고 국제 경제 · 문화 교류에 미국의 참여를 고무하며 규정화하는 국가의 행동에 대한 수용 등이다(E.S. Rosenberg, *Spreading the American Dream; American Economic and Cultural Expansion, 1890-1945* (New York: Hill and Wang, 1982), pp. 7-13).

187 갈브레이스 교수는 궁극적으로 소유의 문제는 중요하지 않으며, 중요한 것은 자율성의 문제이자 돈을 버는 문제라고 하면서, 인도의 경우 공공부문과 사적인 부문의 균형을 잘 고려해야 할 필요성에 대해 강조하였다(J.K. Galbraith, *op. cit.*, pp. 332, 337).

188 The Task Force on Foreign Economic Policy, "Report to the Honorable John F. Kennedy," NSF: Subjects: Foreign Economic Policy, Task Force Report, 12/31/60, Box 297, JFKL.

189 Policy Planning Council, "US Policy Toward Government-owned Enterprise in

Transitional Free World States," October 4, 1961, Gardner File, NARA.

190 『제안』, pp. 13-15.

191 국무성의 경제담당 차관보(Under Secretary for Economic Affairs)였던 볼(George W. Ball)이 의장으로 있던 특별임무팀은 "재정적이고 기술적인 원조 외에 무엇인가가 더 필요"함을 지적하면서 "공산주의의 확산을 막기 위한 부분에 우선적인 초점을 두는 것에서부터 경제적 · 사회적 개혁을 위한 계획에 자금을 대는 방향으로 대외경제원조가 재조정될 필요"가 있음을 강조하였다(William O. Walker Ⅲ, *op. cit.*, pp. 46-48).

192 W.J. Sheppard, "Program for a decade of Development," *Foreign Service Journal*, August 1961, Vol. 38, No. 8, pp. 21-23.

193 R.H. Johnson and G. Weber to Rostow, February 22, 1961, NSF: M&M: Staff Memoranda, Walt W. Rostow, Foreign Aid, International Aid for Underdeveloped Countries, 2/21/61-2/23/61, Box 324, JFKL.

194 "Intelligence Report: Japan's Economic Role in the Development of Free Asia," CIA, May 1967, E.O. 12958, Sec. 3.6, LBJL, in *Japan and the U.S.*

195 Charmers Johnson, *MITI and the Japanese Miracle: The Growth of Industrial Policy, 1925-1975* (Stanford: Stanford University Press, 1982).

196 P.H.M. Jones, "Supplement: Banking in Asia, Our Annual Survey," *Far Eastern Economic Review*, Vol. 52, No. 2, 14 April, 1966, p. 59.

197 "The Joint U.S.-Japan Committee on Trade and Economic Affaris: the Southeast Asia Regional Development Program," July 3, 1965, S/P File Copy, NND 979519, RG 59, *Japan and the U.S.*

198 Memorandum of Conversation, "Japan's World Responsibilities," May 13, 1963, S/P File, NND 979524, RG 59, *Japan and the U.S.*

199 "Intelligence Report: Japan's Economic Role in the Development of Free Asia," CIA, May 1967, E.O. 12958, Sec. 3.6, LBJL, *Japan and the U.S.*

200 "US Policy Assessment-Japan, 1966," April 17, 1967, Embtel A-1398, NND 969000, RG 59, *Japan and the U.S.*

201 "National Intelligence Estimate, no. 41-65," Japan, CIA, NND 979519, S/P Copy, RG 59, *Japan and the U.S.*

202 Sixth Meeting of the Joint United States Japan Committee on Trade and Economic Affairs, Washington, September 13-15, 1967, JCT/S-9, September 7, 1967, *Japan and the U.S.*

203 P.H.M. Jones, "Supplement: Banking in Asia, Our Annual Survey," *Far Eastern Economic Review*, Vol. 52, No. 2, 14 April, 1966, p. 59.

204 그는 Asian Bankers' Seminar에서 "Regional Economic Cooperation in Asia: A Case for a Development Bank for ECAFE Countries"를 발표하였다. 그러나 당시 인도 파키스탄 간의 분쟁 발생으로 이 주장은 더 이상 조명을 받지 못했다(D. Wilson, *A Bank for Half the World: The Story of the Asian Development Bank 1966-1986* (Manila: Asian Development Bank, 1987), p. 3).

205 *Ibid.*, p. 4. 일본에서의 초기 아시아개발은행과 관련된 주장은 홍콩에 본부를 두고, 영어를 공영어로 사용하자는 내용을 포함하고 있었다.

206 박태균 · 박태호, 2004, 「1960년대 아시아개발은행의 창립과정에 대한 연구」, 『국제 · 지역연구』 제13권 제2호 참조.

207 Asian Development Bank, *Annual Report for 1967* (Manila, 1967), p. 4.

208 "Regional Economic Cooperation in Aisa and the Far-East: The Asian Development Bank and Trade Liberalization," EF/Cn, 111707 (New York: UN, 1965). 그러나 여기에서 이루어진 제안은 경제개발을 위한 특별 자금보다는 지역 내 경제협조를 위한 기구로서의 역할과 일반적인 금융활동에만 초점이 맞추어졌다(Eugene R Black, *Alternative in Southeast Asia* (London, 1969), p. 100).

209 Oral History with Eugene Black, June 4, 1969, LBJL, 아시아개발은행 도서관 소장.

210 N. Dutt, "The US and the Asian Development Bank: Origins, Structure and Lending Operations," *Journal of Contemprary Asia*, Vol. 2, No. 31, January, 2001, pp. 241-261.

211 D.T. Yasutomo, *Japan and the Asian Development Bank* (New York: Praeger Publishers, 1983), pp. 69-70.

212 박태균 · 박태호, 앞의 글 참조.

1952년 한국에 대한 유엔대여금 문제를 해결하기 위해 마이어 특사가 한국에 왔다. 유엔대여금은 당시 인플레이션 문제의 가장 중요한 원인이 되었다. 마이어 특사와 한국 정부가 맺은 마이어 협정을 통해 이후 미국 정부는 한국의 경제정책에 깊숙이 개입할 수 있는 계기를 마련했다.
국가기록원 소장 사진

Photograph

1954년 9월 5일 서울대학교 최규남 총장과 미네소타 대학측 관계자가 미네소타 계획에 합의하였다. 미네소타 계획은 서울대학교를 지원하기 위한 것으로 미국의 국제협조처가 한국에 대한 기술원조의 일환으로 실행한 계획이다.
서울대학교기록관 소장

Photograph

김일환 상공부장관과 부흥부장관, 그리고 원 미경제조정관이 동해안의 산업시설을 시찰했다. 1958년이었을 것으로 추측된다. 당시 미국의 경제조정관은 한국의 대충자금의 운용을 결정하는 막강한 권한을 가지고 있었다.
국가기록원 소장 사진

1958년 3월 28일 서울대학교 행정대학원 앞에서 기념촬영이 이루어졌다. 미네소타 계획은 1958년에 행정학 분야에 대한 지원을 추진하였으며, 텍사스 대학원의 맥코클 교수가 책임을 맡았다. 1959년 4월 행정대학원이 정식으로 출범하였으며, 연세대학교와 고려대학교는 기술원조의 일환으로 경영대학을 설립했다. 모두 경제개발계획의 인재 양성을 목적으로 지원이 이루어졌다.
서울대학교기록관 소장

Photograph

1959년 이승만 대통령이 이임하는 다울링 주한미국대사 부부와 기념촬영을 했다. 다울링 대사가 재임하는 기간 동안 이승만 대통령은 환율문제와 일본산 제품을 원조로 들여오는 문제, 그리고 주한미군과 한국군 감축 문제 등으로 불편한 관계를 유지했다.
국가기록원 소장 사진

1959년 2월 10일 드레이퍼 위원단이 서울대학교를 방문했다. 드레이퍼 위원단은 한국에 대한 미국의 원조를 재검토하기 위하여 조직되었다. 서울대학교에 대한 기술원조인 미네소타 계획을 점검하기 위해 방문한 것으로 보인다.
서울대학교기록관 소장

Photograph

1959년 이승만 대통령이 매카나기 신임 주한 미국대사 신임장 제정후 기념 촬영했다. 이승만 대통령은 몇 개월 후 4.19 혁명 때 매카나기 대사가 대통령의 하야를 권고할 것이라고 상상하지 못했을 것이다.
국가기록원 소장 사진

민주당 정부 시절 장면 국무총리가 집무실에서 주한 미국대사, 그리고 유엔군사령관과 함께 환담하고 있다. 당시 미국 정부는 장면 정부를 적극적으로 지지하고 있었지만, 내심 강한 지도력을 갖춘 새로운 정치세력이 등장하기를 원하고 있었다.
국가기록원 소장 사진

Photograph

1961년 주한미 파견단에서 경제문제를 담당하는 킬렌 처장이 내한했다. 그는 1962년 군사정부의 경제정책과 관련해서 한국 정부와 계속 마찰을 빚었다.
국가기록원 소장 사진

Photograph-

버거 주한미국대사 일행이 군사정부의 내각 기획통제관실을 방문했다. 당시 미국은 군사정부의 정책에 많은 관심을 갖고 있었고, 양국 정부 사이에 경제정책 및 민정이양을 둘러싸고 갈등이 빚어졌다. 아마 1962년 초 경제개발계획안에 대해 설명하는 자리였던 것으로 추측된다.
국가기록원 소장 사진

1962년 국가재건최고회의에서 통화개혁 후 경제 동향보고를 하고 있다. 통화개혁은 미국의 압력으로 인해 실패로 끝났고, 통화개혁을 주도했던 유원식과 박희범이 군사정부에서 물러났다. 통화개혁의 실패는 군사정부가 경제개발계획을 수정하는 데 결정적인 계기가 되었다.
국가기록원 소장 사진

本社

取材用「짚」車 마련

金鍾泌同門 기증

弊社는 이번에 新型인 WILLYX 64年型을 마련했읍니다. 「VERITAS LUX MEA」의 깃발을 달고 大學街를 누빌 이 「知性의메신저」 取材用 짚車는 現共和黨議長金鍾泌同門이 寄贈한것입니다. 紙齡700號와 17年의 傳統을지닌 弊社가 車를導入하기란 이번이처음입니다. 그동안 新聞製作過程上이나 取材活動上 여러가지 不便과 隘路를겪어온 弊社는 이제보다 正確, 迅速한 報道의使命을 다하게 되었읍니다.

앞으로 大學新聞의 發展을 스스로 다짐하면서 愛讀者 여러분의 많은聲援을 더욱바랍니다.

大學新聞社

「大學新聞의 보람을더욱빛낼 「서울자 7671」

1963년 11월 서울대학교 대학신문사가 취재용 짚차를 마련했다. 김종필 동문이 기증했다는 내용이 붙어 있다.
서울대학교기록관 소장

Photograph-

박정희가 민선 대통령에 당선된 직후인 1964년 초 청와대에서 열린 것으로 보이는 이 파티는 박정희 밀어주기의 핵심인물이었던 버거 주한 미국 대사를 위한 자리였다.
국가기록원 소장 사진

1965년 한국을 방문한 로스토우를 홍정철 홍보처장이 맞이하고 있다. 한국을 방문한 로스토우는 청와대에서 박정희 대통령을 만난 다음 서울대학교에서 한국의 경제성장에 대한 강연을 했다. 로스토우는 당시 한국이 도약단계에 있다고 말해 세간의 관심을 끌었다.
국가기록원 소장 사진

Photograph

1965년 5월 3일 문리대 강당에서 로스토우 교수의 강연회가 열렸다. 강연의 주제는 "아세아에 있어서 경제개발"이었다. 이 강연에서 로스토우는 한국경제가 도약단계에 있다고 주장했다.
서울대학교기록관 소장

1998년 11월 21일 텍사스 주립대학(오스틴)의 로스토우 교수 연구실에서 찍은 사진. 두 차례에 걸친 인터뷰 이후 찍었다. 필자에게 자서전 초고의 앞부분을 주기도 했던 로스토우 교수는 2003년 봄 타계했다.

Photograph

2003년 8월 주체사상탑에서 내려다본 평양의 모습이다. 평양은 한국전쟁 이후 철저하게 계획된 도시로 변모했으며, 전후 복구의 상징이었다. 군사정부의 주체들뿐만 아니라 미국 정부는 북한의 전후 복구사업에 대해 많은 관심을 갖고 있었다. (필자가 직접 찍은 사진)

제3장

안정에서 성장으로: 1960년대 초 미국의 대한정책 변화

1. 현상 유지, 그러나 위기
2. 한국사회가 변하고 있다
3. 변화된 미국의 대한정책

현상 유지, 그러나 위기 _ 1

한국전쟁은 미국의 대한정책뿐만 아니라 세계적 차원에서 미국의 대외정책을 바꾸어 놓은 사건이었다. 트루만 행정부는 한국전쟁에 대한 적극적인 개입을 결정하였지만, 결과는 성공적이지 못했다. 그리고 성공적이지 못했던 결과는 1953년 시작한 아이젠하워 행정부에서 새로운 정책을 실시하는 중요한 배경이 되었다.

아이젠하워 행정부는 종전과 함께 한국전쟁을 통해서 팽창된 재정지출을 줄이는 것을 일차적인 과제로 내세웠다. 이에 따라 미국의 대한정책은 당연히 수정될 수밖에 없었다. 무엇보다도 한국에 있는 주한미군의 규모를 감축하고, 한국에 대한 원조를 감축해야 했다. 그러나 정전협정이 조인된 이후에도 북한에 중국군이 있는 상황에서 미국 정부가 한반도에 대한 안보공약을 조정하는 것은 쉬운 일이 아니었다. 과연 아이젠하워 행정부는 이러한 딜레마를 어떻게 극복하려고 했을까?

1) 인플레이션을 잡아라

계속되는 인플레이션

아이젠하워 행정부는 한국에 대한 원조를 감축하기 위해 세 가지 방안이 고려되었다. 즉, ㉮ 한국군의 규모를 감축하고 주한미군을 철수시키는 방안, ㉯ 한국에서 일본의 경제적, 군사적 역할을 높임으로써 미국의 짐을 일본에게 넘기는 방안, 그리고 ㉰ 한국의 경제적 복구와 사회적 안정을 통해 한국군 유지에 소요되는 비용을 한국이 더 부담하도록 하는 방안이 고려되었다.

이러한 방안들 중에서 첫 번째와 두 번째 방안은 직접적으로 미국의 대한 군사원조를 줄일 수 있는 우선적인 방법이었다. 그러나 두 방안을 현실화하기 위해서는 당시 상황에서 많은 난관이 존재하고 있었다. 첫 번째 방안은 여러 각도에서 논의되었지만, 실행되기 어려웠다. 한국전쟁이 완전히 종료되는 '종전終戰'이 아닌 잠시 중지된 '정전停戰' 상태로 끝났고, 1958년까지 북한에 중국군이 주둔하고 있는 상황에서 남한에 있는 군대의 규모를 줄이는 것은 군사적으로 위험한 상황을 조성할 수 있었다.

게다가 정전협정 조항은 밖에서 새로운 무기를 반입하는 것을 금지하고 있었기 때문에 재래식 무기를 현대식 무기로 교체하는 문제 역시 쉽지 않았다. 정전협정에 따라 중립국감시위원회가 설치되었으며, 정전협정의 제13항 d항에서 '한국국경 외로부터 증원하는 작전비행기, 장갑차량, 무기 및 탄약의 반입을 정지'한다는 규정이 있었으며, 이러한 군사물자의 이동을 중립국감시위원회에서 감독하도록 하였다.[1]

미국의 부담을 대신하여 일본의 역할을 강화하는 방안 역시 1950년대에는 실현될 수 없었다. 1950년대 이승만 정부는 반일反日 이데올로기를 통치 이데올로기의 중요한 한 부분으로 설정하고 있었으며, 이 문제 때문에 한일 간의 관계정상화는 물론이고 경제교역 역시 어려움을 겪고 있었다.[2] 이미 1949년부터 한일무역협정, 일본도자기 밀수사건, 일본 면포 수입결정 철회 등을 통해 일본과 교류는 상당히 어렵게 진행되었다.[3] 송인상이 부흥부장관이 되었을 때 이승만 대통령은 명심해야 할 사항으로 일본의 제품을 구매하지 않아야 한다는 점을 당부하였다. 또한 1958년 이승만 대통령은 일본의 재일교포 북송문제로 인해 일본과의 경제교역을 전면 금지하기도 했다.[4]

미국은 일본의 아시아에 대한 역할을 강화하고[5] 아울러 한일관계의 정상화에 대해 강조하였지만, 한국 내부의 반일 이데올로기는 물론이고 일본 경제 자체의 문제가 또 하나의 장벽이 되었다. 즉, 미국은 1950년대를 통해 일본 자체의 경제가 아직 한국에 군사적, 경제적 원조를 책임질 만큼 성장한 단계는 아니었기 때문에 일본의 민간 기업에 의한 투자는 부분적으로 가능하지만, 성급하게 부담을 주기보다는 일본의 상품을 구매해 주어야 하는 단계라고 판단하였다.[6]

결국 미국이 선택할 수 있는 가장 효과적인 카드는 마지막 방안, 즉 한국의 경제적 복구와 안정을 통해 한국 자체가 군사비에 부담하는 비율을 높여야 한다는 방안이었다. 이것 역시 전쟁 직후의 상황을 고려할 때 바로 실현될 수 있는 방안은 아니었지만, 한국민들에게 지지를 받을 수 있는 방안이면서 다른 한편으로는 남한이 경제성장에 성공한다면 효과적인 냉전정책을 수행할 수 있는 방안이기도 하였다.

그러나 경제복구와 재건정책을 추진하기 위해서는 또 다른 난관이 기다리고 있었다. 그것은 엄청난 인플레이션 문제와 함께 과도한 군사비를 삭감함으로써 한국 정부의 재정적자를 해소하는 것이었다. 1950년대 미국의 대외경제정책 결정자들이 대외원조의 확대는 곧 미국 경제 및 재정의 불안정으로 연결될 것으로 생각했던 것과 마찬가지로,[7] 대한정책에 있어서도 투자계획을 통한 성장정책은 통화팽창에 의한 인플레이션의 악화로 이어질 것으로 예상하였다.

유엔 직원들 내부에서 한국의 인플레이션 억제를 위한 방안을 둘러싸고 성장을 통한 공급의 확대가 인플레이션을 막을 수 있는 방안이라는 견해가 도출되기도 하였지만,[8] 기본적으로는 통화팽창을 막고 정부의 재정지출을 축소함으로써 인플레이션 문제를 해결하는 것이 경제성장을 위한 전제조건으로 인식하였다.

또한 미국 정부는 1948년 대한민국 정부가 수립된 이래로 외부적 침략에 의한 위협에 대해서도 염려하고 있었지만, 인플레이션 등 한국 내부의 불안정에 의한 이승만 정권의 붕괴 가능성에 대해서도 관심을 기울이고 있었다.[9] 후술할 한국군 감축과 관련된 논의에서 미국의 합동참모본부는 한국군 감축을 계속 반대하는데 여기에는 공산군의 침략을 방어하는 것이 주요한 목적이기도 하였지만, 한국군의 감축이 군부 내의 동요를 가져올 가능성이 있으며, 이것이 내부적인 체제 전복으로 이어질 수도 있다는 점을 고려하였다. 아울러 유엔군 사령관의 작전통제권 아래 있으면서 이승만의 통제를 상대적으로 적게 받고 있는 군대의 규모를 감축할 경우 미국에 대한 한국군 내부에서의 이미지가 악화될 가능성도 있었다.[10]

그러나 인플레이션 문제는 한국전쟁 기간 동안 유엔군에 대한 대여금 문제로 더욱 악화되었다. 1952년의 '마이어 협정'을 통해 일부 대여금을 돌려받았고, 1953년 통화개혁으로 인플레이션 문제를 해결하고자 했지만, 전후복구 과정에서 또 다시 통화 증발이 이루어졌다. 이로 인해 1장의 〈표 1-1〉과 같이 인플레이션은 점점 더 심각한 문제가 되었다. 1954년과 1955년에는 93.3%와 62.1%의 통화량 증가를 보였으며, 1959년까지 매년 20%를 상회하는 통화량이 증가했다. 이에 따라 소비자 물가와 도매물가 역시 1958년 이전까지 매년 20%를 상회했다. 1955년에는 도매물가 상승률이 81.9%에 달하기도 했다.

한국 정부는 대충자금의 봉쇄로 인하여 경제부흥이 불가능하다는 것을 내외적으로 발표하기도 하였지만, 미국은 인플레이션이 계속되는 한 대충자금을 풀지 않겠다는 정책을 고수하였다.[11] 1954년의 타스카Tasca 보고서의 승인을 둘러싼 미 행정부 내부의 논의 역시 인플레이션 문제에 대한 미국의 집착을 잘 보여준다.[12] 타스카는 한국에 대한 원조를 조사하기 위해 보고서를 작성했다. 미 행정부는 국가안보회의 문서 156으로 명명된 타스카의 경제개발계획이 인플레이션을 유발할 가능성이 많다는 이유로 보고서와는 전혀 다른 내용의 국가안보회의 문서 156/1을 결정하였다.

또한 한국군의 규모와 원조규모를 규정한 '합의의사록合意議事錄, Agreed Minute relating to the Continued Cooperation in Economic and Military Matters' 제4항에서도 "양국 정부의 목적하는 바는 한국 예산을 "인프레"를 억제할 수 있는 방식으로 발전시키는 데 있다"라고 명시적으로 규정하고 있다.[13]

따라서 1950년대 미국의 대한정책 문서에 나타나는 대한정책의 핵심적인 사안들은 ㉮ 미래의 해외 원조의 수준을 최소한으로 줄이면서 1949년과 1950년 수준의 생활수준 회복, ㉯ 생산성을 높이는 계획에 우선순위를 두면서 인플레이션을 억제하고 경제안정을 유지하는 조건 안에서 가능한 한 빨리 투자를 증가시키는 것, ㉰ 군대의 유지를 위해 사용되는 비용의 많은 부분을 한국에서 담당하도록 하는 것 등이었다. 1953년에 나온 국가안보회의 문서 170/1에서 처음 제기된 세 가지 경제적인 목표는 ㉮를 제외하고는 1960년까지 기본적인 내용이 계속 유지되었다.[14]

한국 재정수입의 50% 이상을 미국의 원조가 차지하고 있다는 사실을 감안할 때, 이러한 미국의 정책은 정부의 투자 확대에 의한 통화팽창과 그에 따른 인플레이션을 감수해야 하는 경제개발계획의 실행을 불가능하게 하는 것이었다. 뿐만 아니라 당시 한국 상황에서 미국이 원조로 조성된 대충자금을 경제개발을 위한 투자에 사용하는 것에 대해 반대했기 때문에 경제개발을 위해 투자할 자본을 구할 길이 없었다. 대부분 대한정책 입안과 관련된 미국의 관료들은 경제개발계획이 인플레이션을 야기할 것이라고 생각했다.[15]

인플레이션 억제에 대한 강조는 다른 한편으로 경제학의 가장 기본이 되는 사안이었다. 즉, 인플레이션의 유발은 통화가치를 떨어뜨리며, 이것은 저축률의 저하를 가져오는 것이므로 국내 자본의 축적을 어렵게 하고, 이것은 다시 투자율의 저하로 이어지는 악순환이 계속될 수밖에 없었다. 인플레이션의 억제를 통한 경제안정은 경제성장을 위한 기본적인 전제가 되는 것이었다.

1957년 4월의 재정안정계획의 실시는 미국의 반反인플레이션 정책을 가장 잘 보여준 것이었다. 이 계획의 실행을 위해서 합동경제위원회는 세입의 증가를 통한 수지균형을 달성하도록 세율의 효율적 적용과 세금을 증수할 것, 경쟁입찰을 통한 원조물자 판매대금의 효과적인 회수에 노력할 것, 새로운 사업계획에 필요한 자금을 조달하기 위해 주식공매, 사채 발행 등의 방법에 의한 국유재산과 귀속재산의 불하를 독려할 것, 인플레이션 경향을 초래하지 않는 한도 내에서 대충자금계정의 신규 방출을 승인할 것 등을 결정했다.[16]

변화, 그러나 뉴룩 하에서의 조정

그러나 1956년을 전후하여 한국에 대한 상황 인식이 변화하면서 미국의 정책문서에 내용적 변화가 나타나기 시작하였다. 대한정책과 관련된 국가안보회의 문서 5702/2 1957년에 나온 두 번째 문서의 두 번째 수정안 와 6018 1960년에 나온 18번째 문서 의 경제 관련 조항은 이전의 정책문서와는 다른 내용을 포함하고 있었다. 1957년에 나온 국가안보회의 문서 5702/2에는 기술원조와 관련된 항목과 농촌지역에 대한 지원, 그리고 경제개발의 과정에서 국내외의 사적 투자가들의 참여를 확대해야 한다는 조항이 포함되었다.[17]

국가안보회의 문서 6018에서는 경제개발과 관련된 내용이 더욱 강화되었다. 이전의 문서에서 대한정책의 목적과 관련하여 "자급적인self-supporting 경제"를 만들어야 한다고 지적되던 부분이 "자급적이면서 성장하는self-supporting, growing 경제"로 바뀌었고, '주요정책 방향Major Policy Guidance' 항목 내에 '경제개발Economic Development'과 '개혁과 발전을 위한 계획Programs for Reform and Development'이라는 조항이 신설되었다. 이러한 조항들은 1950년대 국가안보회의에서 나온 한국 관련 정책문서 중에 처음으로 삽입되었다.

'경제개발' 조항 아래에는 15항에서 '정부와 국민들에게 발전에 대한 자신감을 추구하는 것', 16항에서 수입을 줄이고 수출을 늘릴 것과 과세구조의 개혁, 17항에서 1차 산업 생산의 증가와 '경제적 안정과 조화되는 최대한의 비율로 산업 생산의 증가', 그리고 지역개발사업과 사회간접자본의 고취, 외국 개인 자본투자의 증가를 위한 지원 등을 설정해 놓았다.[18]

그럼에도 불구하고 국가안보회의 문서 5702 시리즈와 6018 시리즈를 통해 미국의 대한정책이 근본적으로 변화했다고 볼 수 없다. 두 문서에서 모두 산업 생산능력의 향상이 경제적 안정에 조응하는 한도 내에서 이루어져야 함이 강조되었다. 국가안보회의 문서 5702/2에서는 '경제적인 목표'라는 새로운 항목이 추가되었지만, 한국에 대한 기술적, 경제적 원조는 우선적으로 '한국군의 지원을 계속하는 것continue to support of ROK military forces'을 목적으로 하였으며, 복구를 위주로, 그리고 '경제안정을 합리적으로 유지하면서with the maintenance of a reasonable degree of economic stability'라는 단서가 붙어 있다. 한국 정부가 추진해야 할 정책과 관련해서도 1항이 미국의 원조를 효율적으로 사용한다는 것이었고, 2항이 '적절한 경제적, 재정적 정책을 적용하고 실행한다Adopt and implement sound economic and fiscal policies, taking an increasingly greater responsibility for improving fiscal management'는 것이었다.[19]

우정은이 '근대화 이론에 관한 대학의 교과서'와 같은 성격을 가진 문서라고 평가한[20] 국가안보회의 문서 6018을 보면 '경제적 안정과 조화되는 최대한의 비율로 산업 생산의 증가'라는 내용이 17항의 3번째 항목에 있지만, '경제적 안정과 조화되는'이라는 표현이 조건으로 붙어 있다. 또한 18항에서 '한국에 대한 경제지원은 군사적 지원과 경제적 진보를 돕기 위한 것'이라고 하여 군사적인 목적이 우선함을 명백하게 밝히고 있다. 경제개발과 관련된 15, 16, 17항은 모두 공통적으로 균형예산과 경제안정을 주 내용으로 하고 있다. 아울러 농업, 어업, 지역사업, 운수, 전력, 기술교육, 사회적 개혁 등과 관련된 항목들이 17항 안에 있지만, 개별 산업들이 병렬적으로 나열되어 있을 뿐 산업발전을 위한 전략이나 계획을 위한 어떠한 대안도 제시되지 않았다. 결국 1957년에 나온 국가안보회의 문서 5707 시리즈와 동일한 내용이 반복되고 있는 것이다.

국가안보회의 문서 6018 시리즈에 있는 환율 문제나 수입 감소와 수출 증대와 관련된 항목 역시 균형예산과 관련된 내용이다. 1950년대를 통해 이승만 정권은 환화의 과대평가를 통해 더 많은 원조를 얻어내려 하였고, 미국은 현실적인 환율을 통해 원조의 효과를 배가시키려고 하였다. 환율이 현실화되면 대충자금이 증가되기 때문에 미국의 대한원조를 줄일 수 있었으며, 다른 한편으로 대충자금의 증가는 미국이 한국의 경제정책에 더 큰 영향력을 행사할 수 있는 물적 토대를 만드는 방안이었다. 이승만은 더 많은 달러를 얻기 위하여 환율의 현실화에 반대하였고, 이 과정에서 많은 갈등이 빚어졌다.

1950년대 환율 문제는 한미 간의 갈등의 가장 중요한 문제였다. 수출의 증대를 위한 현실적인 환율의 적용이라는 국가안보회의 문서 6018의 조항 역시 수출의 증대와 현실적 환율을 통해 외환 부족과 대충자금의 확충을 동시에 얻고자 하는 것이었다. 1959년 대사로 부임한 매카나기W.P. McConaughy의 경우 환율 현실화 정책을 도입하도록 이승만 정부에게 압력을 가하기 위해 한국에 왔다는 소문이 있었고, 4·19 혁명시 미국이 이승만에게 하야하도록 권고한 것 역시 환율정책 때문이라는 주장이 제기될 정도로 환율 문제는 한미 간의 가장 중요한 경제적 현안이었다. 한국에서 환율을 현실화하기 위한 미국 정부의 압력은 민주당 정권과 5·16 쿠데타 직후의 군사정권에서도 지속되었다.

2) 외국의 민간자본 투자 권장정책과 한국군 감축정책

공적 자본보다는 사적 자본을 이용하는 방안

외국의 개인자본 투자를 확대하는 문제 역시 두 문서에서 지적되었는데, 이것은 당시 미국의 후진국 정책의 특성과 깊은 연관을 가진 문제였다. 2장에서 언급한 바와 같이 아이젠하워 행정부 출범 직후부터 공적 자본을 대신한 사적 자본의 투자를 확대하기 위한 방안이 강구되었다. 상호안전보장법의 제413조에서도 '자유기업 및 개인참여의 장려' 항목을 두어 대외원조상에 민간 자본의 참여를 장려할 수 있는 국내외적인 장치를 마련해야 한다고 강조하였다.

1957년 이루어진 '쿨리Cooley 수정안'은 공법Public Law 480조로 만들어진 대충자금을 한국에서 활동하는 미국인 기업가들이 이용할 수 있도록 하는 내용을 포함하고 있었다.[21] 물론 이 내용에 대해 한국 정부의 관계자들은 한국측이 대충자금을 산업건설에 대해 사용하지 못하도록 막으면서 미국의 기업가들에게 대출을 허용한다는 점에 대해 비판적인 입장을 표명하였다.[22] 실제적으로 1958년 이후 쿨리 수정안에 따른 외국 기업인에 대한 대출은 없었지만,[23] 이 수정안은 사적 투자를 증가시키려는 미국 정부의 직접적인 노력을 반영하는 것이었다.

미국은 1954년 이후 한국에서 외국의 민간자본 투자가 이루어질 수 있는 유리한 조건을 만들기 위하여 이승만 정부에 많은 압력을 가하였고 이로 인해 이승만 정부와 미국 사이에는 많은 갈등이 빚어졌다. 1955년 한국에서 활동하는 미국 기업가들에 대한 세금문제를 둘러싼 한미 간의 갈등이 일어났고,[24] 우호통상조약을 둘러싼 논쟁이 진행되었다.[25] 또한 미 행정부는 방미 중인 송인상 부흥부장관에게 압력을 행사했고,[26] 1958년부터 1960년 사이 외국 자본을 유치하기 위한 법안을 설립하는 과정에서 한국 정부에 압력을 넣었으며, 미국인 고문들을 파견했다.[27] 1955년부터 한국경제와 관련된 모든 대사관 보고 문서에 외국의 개인자본 투자를 위한 '분위기'를 조성할 것을 명시한 조항이 추가되었다.

그러나 아이젠하워 행정부가 한국을 비롯한 저개발국에 투자하는 기업에게 특혜를 주겠다고 했음에도 불구하고[28] 중국군이 주둔하고 있는 북한과 군사적으로 대치하고 있다는 외적인 불안요소와 함께 한국의 내부적인 불안요소 때문에 외국의 개인기업들이 한국에 대해 생산적인 투자를 실행하는 것이 불가능하였다. 1956년 일본에 위치한 굿리치Goodrich 회사는 한국에 타이어 공장을 건설하기 위하여 조사작업을 벌였는데, 외국으로 달러를 송금할 수 있는 적절한 기초가 한국에 마련되어 있지 않다는 이유로 투자유치를 포기하였다.[29]

1961년 미국대사관의 보고에 의하면 1960년 1월 외국인 투자유치법이 통과되었음에도 불구하고 외국인 투자는 한 건도 없으며, 이것은 한국의 사회적·정치적·군사적 불안정 때문이라고 지적하였다.[30] 한국 정부의 입장은 민족자본의 육성을 위해 외자도입을 제한하자는 것이었다. 이러한 논의는 1955년 2월 실무자회의에서 시작되어 19개월 간 계속되었다.[31]

한국군을 감축하자

1950년대 미국의 대한정책과 관련하여 또 다른 중요한 초점은 한국군 규모의 감축과 관련된 문제였다.[32] 정전이 이루어진 직후부터 미국은 대한원조의 규모를 줄이기 위한 직접적인 방안으로 한국군을 감축하고자 하였다. 중국군이 북한에 주둔하고 있고 정전의 상태에서 언제 다시 전쟁이 발발할지 모르는 상황이었지만, 미국 원조의 대부분이 한국군의 유지를 위해 사용되고 있는 만큼 군을 감축하지 않고서 한국에 대한 원조를 줄이는 것은 불가능하였다.[33]

미국은 1954년의 합의의사록에서 한국군의 규모를 규정한 이래 국가안보회의 문서 5514에서 처음으로 한국군의 규모를 줄일 것을 명시하였다.[34] 즉, "적당한 시기에 활동 중인 군대의 규모를 줄이기 위하여 군사력의 전투 효율성을 증가시키고 효율적인 예비사단을 발전시키는 방식으로 한국의 전반적인 안전적 지위를 유지"한다는 것이었다.[35] 군대 규모의 감축을 위한 논쟁은 1950년대를 통해 계속되었으며, '뉴룩'의 지지자와 중국공산당에 대한 군사적 봉쇄 지지자 사이에서 많은 논쟁이 이루어졌다.[36]

래드포드A.W. Radford 의장을 중심으로 하는 합동참모본부는 한국군의 감축에 대해서 강력하게 반대하는 입장이었으며, 국방부와 주한 유엔군 사령관, 그리고 주한 미대사는 한국군의 감축을 적극적으로 지지하는 입장이었다.[37] 1956년 2월의 국가안보회의 276차 회의에서 기록은 당시 행정부 내에서의 다양한 입장을 잘 반영한다.

> 재정국장 휴R.R. Hughes는 매년 10억 달러가 한국에 투입될 것이라고 대답했다. 대통령은 남한은 너무도 비싼 '장난감plaything'이라고 말했다. 대통령은 다시 우리가 한국에서 20사단을 유지해야 하는가에 대해 질문하였고 래드포드는 이에 대해 그것을 확신하고 있다고 답변했다. …… 대통령은 모든 우리의 극동에서의 문제는 한국에 초점이 맞추어져 있다고 거듭 그의 신념을 주장했다.[38]

1957년 1월 13일에 열린 아이젠하워 행정부의 제326차 국가안보회의에서 한국군 감축 문제와 관련된 본격적인 논의가 진행되면서 "드디어 뉴룩이 철저히 제자리를 찾게 되었다"는 언급이 나타날 정도로 한국군 규모의 축소 문제는 아이젠하워 행정부의 전체적인 대외정책의 성패를 좌우할 수 있을 정도의 중요한 문제였다.[39]

한국군의 감축과 관련된 논쟁은 종종 경제개발의 문제와 연결되었다. 타스카 보고서국가안보회의 문서 176에서는 한국군의 감축을 통해 군에서 나온 인력을 경제개발을 위한 목적에 이용해야 할 필요성을 제기하였다.[40] 이러한 제안은 훈련된 군인들이 양질의 노동력을 제공할 수 있을 것이라는 전제하에 이루어졌지만, 1950년대의 한국의 경제 상황을 고려할 때 노동자의 수가 부족하다는 사실이 경제개발을 가로막는 장벽이 되는 것은 아니었다. 오히려 과다한 실업 문제가 경제개발을 위한 주요한 목적의 하나로 제기되어야 할 실정이었다.

타스카 보고서 이후에도 일부 정책입안자들 사이에서 경제개발을 목적으로 한 군대 규모의 감축 – 한편으로는 노동력의 문제를 초점으로, 다른 한편으로 군대에 사용될 국가 예산을 경제개발의 비용으로 전용해야 함을 초점으로 – 을 강조하는 논의는 계속되었지만, 군대의 감축이 오히려 사회적 불안을 조성할 가능성이 있다는 이유로 반론이 제기되기도 하였다. 특히 전역한 장교들의 경우 전문적인 직업을 갖는 것이 가능하였지만, 수만명의 일반 사병들은 오히려 실업 문제를 악화시키는 결과를 초래할 가능성이 컸다.[41]

실제로 한국 정부는 군을 경제개발에 이용하는 방안으로 1954년 12월 27일 이래로 김일환 중장을 단장으로 하는 군파견단이 석탄공사에 파견되기도 하였다.[42] 그러나 군 노동력의 전용은 큰 효율을 보지 못하였고, 석탄공사는 오히려 자금고갈과 노임체불에 대한 노동자들의 반발로 경영에 어려움을 겪는다.[43]

이러한 논의의 결과 주한미군의 일부 감축과 한국군 2개 사단의 감축이 이루어졌고[44] 주한미군 현대화 계획의 일환으로 핵탄두 탑재가 가능한 미사일의 한국 배치가 이루어졌다.[45] 국무부는 핵탄두를 한국 내에 저장하지 않는다는 조건하에 미사일 배치를 찬성하였다. 이승만 대통령은 핵탄두가 한반도 내에 없다는 사실에 불만을 가지고 있었으며, 독자적으로 원자탄 개발사업을 전개해야 할 필요성을 강조하기도 했다.[46]

그러나 미국의 한국군 감축계획은 계속될 수 없었다. 오히려 미국은 1959년을 전후하여 군사적 봉쇄에 더 큰 관심을 기울이기 시작하였다.[47] 아이젠하워 대통령은 국가안보회의의 411차 회의에서 다음과 같은 견해를 피력하였다.

우리가 대한민국을 진공상태로in a vacuum 고려해서는 안 된다는 것이 그대통령: 필자주에게 명확해진 것 같다. 한국의 문제는 세계정세하에서 논의되어야 한다. 그의 견해를 설명하기 위하여 대통령은 오늘 아침 해리만A. Harriman, 주소대사과 후르시쵸프Khrushchev 사이에 있었던 가장 최근의 논쟁과 관련된 부분을 읽었다. …… 이러한 종류의 정보는 우리가 세계정세의 문제를 떠나서 한국군의 규모를 16개 사단으로 할 것이냐, 18개 사단으로 할 것이냐를 한가하게 계산할 틈이 없다는 것we could not sit down and coolly calculate 을 의미한다고 대통령은 느꼈다. 대통령은 미국이 어느 곳에서 허약하다고 인식할 여유를 주어서는 안 된다고 강력하게 주장하였다. …… 대통령은 한국군의 규모를 줄이는 것이 잘못되었다는 것을 주장하는 것이 아니라 미국이 세계적으로 너무나 많은 결정적인 지역에서 약한 모습을 보이는 것은 진정한 위협이 될 것이라는 점을 주장하는 것이라고 언급하였다.[48]

따라서 4 · 19 혁명 이후 민주당이 군사감축을 통해 군사예산의 일부를 경제개발예산으로 돌리겠다고 7 · 26 총선 공약으로 발표했을 때 미국의 합동참모본부는 이에 대해 강력하게 반대하였다. 당시 미국의 국방부장관은 미국이 아닌 한국 정부에 의해 제기되었다는 점 역시 반대의 이유라고 밝혔다.[49] 결국 민주당 정권은 군 감축 문제를 실현하지 못했다. 오히려 1960년 미국의 대한군사원조 계획은 이전보다 더 늘어났고 장기계획을 수반한 군사원조가 고려되었으며, 국가안보회의 문서 6018에 포함되어 있는 10만 규모의 한국군의 감축 문제는 합동참모본부의 제안으로 삭제되었다.[50]

1959년에 나온 드레이퍼 위원회보고서 역시 이러한 미국의 방침을 뒷받침해 준다.[51] 이 보고서에서는 미국이 동남아시아에서 군사력을 감축하는 것은 적절치 못한 것이며 경제적인 원조만으로 군사적, 안보적 문제를 해결할 수 없음을 지적하였다. 이 위원회의 성원 중 한 사람은 한국전쟁의 경우를 중요한 사례로 지적하면서 1948년에서 1950년 사이 한국에 대한 과도한 경제부흥원조경제협조처 원조가 군사적인 원조를 대신한 것이었는데, 결국 이것이 한국전쟁의

발발로 이어졌다는 역사적인 사례를 강조하였다.[52]

국가안보회의 문서 5907에서는 한국군에 대한 단계적 삭감 조항이 삭제되었으며, 한국군의 임무가 "아시아 전역에 있어 공산주의의 침략에 대항하는 한국의 계속적인 결의를 과시하는 데 충분한 힘과 제 능력을 행사하는 것 exercising the degree of power and range of capabilities sufficient to demonstrate throughout Asia the continuing determination of the Republic of Korea to oppose Communist aggression"이라고 규정하여 한국군의 역할을 확대하는 내용이 추가되었다.[53] 이 문서에서 경제, 기술적 원조는 한국군에 대한 지원에 공헌하도록 한다는 점이 첫 번째 목적으로 명시되었다. 한국에 주재하고 있었던 미국 관료들은 1959년에 수행했던 연구를 통해 미군 2개 사단을 포함하여 남한의 전체 21개 사단을 충분히 무장시켜도 중국과 북한연합군의 지상공격을 방어할 수 없다는 결론을 내렸다. 더 이상 감축은 불가능하다는 것이다.[54]

결론적으로 볼 때 1950년대의 미국의 대한정책은 부분적인 변화가 있었음에도 불구하고 한반도에서 경제적이기보다는 군사적인 목적이 우선되는 정책이 지속되었다. 1950년대 미국의 원조를 관리하였던 경제조정관들의 면면에서도 1950년대 미국의 대한정책의 성격이 잘 나타난다. 타일러 우드T. Wood 경제조정관의 경우 행정부에 들어오기 이전에 증권관련 중개회사에서 전문가로 일했던 인물이다.[55] 우드 조정관의 후임으로 활동한 원W. Warne 조정관은 이전에 이란과 브라질의 원조를 관리하는 역할을 하였지만, 수자원 관리 전문가로서 뉴딜New Deal 정책시 전문가로 일한 경력을 가지고 있었고, 한국에서 관직을 마친 이후에는 캘리포니아California 주의 수자원 관리를 맡는 전문가로 일했다.[56] 한국의 경제정책에 결정적인 영향을 미쳤던 1950년대 미국인 경제조정관은 경제개발을 위한 경제전문가라기보다는 관리인의 성격이 강했다.

물론 2장에서 언급한 바와 같이 해외활동처와 국제협력처, 그리고 개발차관기금이 1950년대에 경제계획원조 또는 기술원조를 위한 활동을 수행했지만,

표 3-1. 1950년대 주한미군 감축 현황

연도	주한미군 규모(1,000명)
1950–1953	325
1954	223
1955	85
1956	75
1957	70
1958	52
1959	50
1960	56
1961	58

출처 : 박태균, 2000, 「철군을 통해 본 주한미군의 명암, 그리고 역사」, 『월간중앙』 8월호에서 재구성.

그 활동은 매우 제한적인 것이었다. 국제협력처 원조는 상호안전법하에서 방위원조에 속하는 것이었고, 개발차관기금의 경우 1950년대를 통해 승인된 것은 아이젠하워 행정부의 대한원조의 성격을 변화시키기에는 너무나 적은 양에 지나지 않았다.[57] 개발차관기금은 수혜국 정부에서 적절한 계획을 제출한 이후 계획에 대한 검토 작업을 통해 차관이 지원되었다. 당시 한국 정부가 효율적인 산업계획을 제출하는 것은 거의 불가능했다. 1950년대 말 주한 미국파견단US Operation Mission in Korea; USOM/K이 조직되기 전까지 대한원조와 관련된 사항을 유엔군 산하의 '유엔민간원조사령부United Nations Civil Assistance Command, Korea; UNCACK'에서 관장하였다는 것 역시 1950년대 미국의 대한정책의 성격을 잘 보여주는 예라고 할 수 있다.

결국 아이젠하워 행정부가 뉴룩정책을 고수하고 있는 한 대한정책의 성격을 근본적으로 변화시키기는 어려웠다. 후술하겠지만, 경제개발이 필요하다는 인식이 나타나고 있었던 것은 사실이지만, 본격적으로 경제개발을 위한 원조는 안정과 현상유지를 기본 원칙으로 하는 뉴룩정책과 상충될 수밖에 없었다. 여기에 더하여 1950년대 말 냉전의 강화는 대한정책의 변화를 어렵게 하였고 뉴룩정책의 실질적인 실행마저 어렵게 했다. 〈표 3-1〉에서 볼 수 있듯이 주한미군의 감축이 이루어질 수 있었지만, 한국군 감축정책과 주한미군 감축정책은 결국 부분적인 실행에 그쳤다.[58] 주한미군의 경우에도 1959년까지 급속하게 감축되다가 1960년 이후에는 오히려 증가했다.

한국사회가 변하고 있다 _ 2

1950년대 말은 한국사회에 많은 변화가 일어나는 시기였다. 정치적으로 이승만 정부에 대한 불만이 고조되면서 1956년의 제3대 정부통령선거에서 부통령에 민주당의 장면張勉이 당선되었고, 이후 자유당 내에서 강경파 세력들이 당을 주도하기 시작하였다. 1958년 이후 4대 총선거를 앞두고 일어난 진보당 사건, 같은 해 말에 일어난 2 · 4 보안법 파동, 1959년 초에 있었던 『경향신문』 폐간 사건, 같은 해 조봉암의 사형 집행, 그리고 1960년의 3 · 15 부정선거 시비와 4·19 혁명 등이 연이이 일어났다.[59] 4·19 혁명으로 집권한 민주당 정권은 1년을 넘기지 못하고 5·16 쿠데타로 붕괴되었다. 1950년대 말의 정치변화는 정부수립 이후 유례를 찾아볼 수 없을 정도로 숨가쁜 것이었다.

미 행정부 역시 공화당의 아이젠하워 행정부에서 민주당의 케네디 행정부로 교체되는 변화의 시기였다. 미국은 이 시점에서 한국에서의 상황 변화를 어떻게 인식했을까? 그리고 뉴룩정책에서 저개발국에 대한 새로운 대외정책으로 변화하는 과정에서 한국에서의 상황 변화는 무슨 의미를 가질까?

1) 경제적 변화, 그리고 전문관료의 등장

격동의 시대

1958년까지 평균 4.7% 정도 유지되던 경제성장률이 2%대로 하락하였다. 1957년부터 미국의 압력에 의해 시행된 재정안정계획으로 인한 정부의 긴축재정[60]과 미국의 대한원조 감소로 인해 성장률이 전반적으로 하락하였다. 경제 전반에 침체가 가속화되면서 1956년 이후에는 국영 또는 관영기업들이 부실 운영이 문제로 제기되기 시작하였다. 석탄공사와 조선전업朝鮮電業, 경성전기, 대한중석, 대한해운공사 등 관영기업의 부실운영은 1956년부터 상당히 큰 문제로 제기되었다.[61]

1957년 이후 원조에 의존한 삼백三白: 밀가루, 면화, 설탕 산업의 호황으로 신설투자가 이어졌지만, 1959년부터 과잉투자의 부정적 효과가 나타나기 시작하였다. 제분공장의 경우 1956년 이후 21개의 공장이 운영되었는데, 1959년부터 과잉투자가 문제가 되어 1961년에는 12개 공장이 운영을 못하는 상황에 이르렀다. 이것은 1960년 이래의 급격한 환율 상승과 1959년 1월 원면에 25%의 고율관세를 부과한 것이 직접적인 원인이 되었다.[62]

무엇보다도 당시 한국경제를 지탱하고 있었던 미국의 대한원조의 삭감은 가장 큰 위기 상황으로 인식되었으며, 여기에 더하여 1959년의 태풍 '사라' 의 피해는 경제적 · 심리적 침체를 가속화시키는 것이었다. 태풍 '사라' 의 피해로 정부는 미국에 긴급원조를 요청하였고, 인프레 억제정책이 강력히 추진 중임에도 불구하고 1960년의 선거를 앞둔 상황에서 거액의 풍수해 복구비가 방출되었다.[63] 1950년대 후반 경제개발계획을 통한 급속한 성장에 대한 국민적 공감대가 형성되었던 반면 경제 상황 전반에 대한 사회적인 비판이 높아져 가고 있었다.[64]

반면에 인프레 억제를 통한 안정적인 기조가 나타나기 시작하였다. 물가가 안정되기 시작한 시기는 1956년 이후 경제전문관료들이 고위직에 임명되고 이들이 한국에 주재하고 있는 미국의 관리들과 우호적인 관계를 유지했던 시기와 일치하였다. 전문관료이면서 미국에 우호적일 것으로 미국이 판단했던 관료들은 송인상[65]을 비롯하여 국방부장관 김정렬金貞烈, 부흥부장관 신현확申鉉碻,[66] 상공부장관 김현철金顯哲 등이었다. 특히 송인상 부흥부장관의 등용은 당시 한미관계와 관련해 중요한 의미가 있었다. 송인상은 1950년대 중반 이후 한미간 협력의 상징이 되어 왔다. 주한 미국대사관은 1950년대 말 송인상이 부흥부장관에서 재무부장관으로 자리를 옮기자 경제적으로 더욱 우호적인 분위기가 조성될 것으로 평가했다.[67] 1950년대 초를 통해 난항을 겪고 있던[68] 한미합동경제위원회가 송인상이 부흥부장관이 된 이래로 정상화되었으며, 이를 통해 1957년 이후 본격적인 안정화정책이 시행되었다.

민주당 정권이 들어선 이후에 미국과의 공조관계는 더욱 강화되었다. 4·19 혁명과 5·16 쿠데타의 과정에서 관료층의 변화는 가속화되었다. 민주당 정권하에서 '새로운 피'의 수혈을 통해 국·과장 급 인사가 진행되었고, 군사정권의 등장 이후 국방연구원, 육군군수학교 내의 장성교육과정 등을 거친 '군 지식층'이 관료로 진출하기 시작했다. 〈표 3-2〉는 당시 전문 관료들이 주요 직책에 임용되었던 사례를 보여준다.[69]

1958년과 1959년에는 전국 도매물가지수가 해방 이후 처음으로 한자리 수에 머물렀다. 1956년 도매물가 상승률은 31.4%, 1957년 16.3%였던 것에 비하여, 1958년에는 -6.5%, 1959년에는 2.6%로 낮아졌고, 다시 1960년 10.7%, 1961년 13.2%로 상승했다.[70] 1950년대 말 인플레이션의 안정이라는 긍정적인 현상과 경제성장률의 저하라는 부정적 현상이 공존하는 상황에서 한국의 경제관료들과 주한 미국대사관은 인플레이션의 안정을 더 중요하게 생각했다. 그러나 물가는 1960년의 정·부통령 선거를 앞두고 다시 앙등하였으며, 미국 원

표 3-2. 1950년대 후반 주요 경제관료의 임용현황

이름	직위	연도	경력
宋仁相	復興部長官 財務部長官	1957. 6.9. 1959. 3.20.	서울고상 졸업, 재무부 이재국장, EDI 연수
申鉉碻	復興部次官 復興部長官	1957. 6.21. 1959. 3.20.	경성대학 법문학부 졸업, 고등문관시험 행정과, 일본상공성 공무관보, 상공부차관
宋廷範	復興部 企劃局長 復興部 調整局長	1957. 7.8 1960. 2.9.	大分고상 졸업, Chase Manhattan 은행 연수
車均禧	復興部 經濟計劃官 復興部 企劃局長 復興部 事務次官	1957. 7.8. 1960. 2.19. 1960. 9.2.	동경농업대학, Wisconsin 대학 졸업, 산업개발위원회 참여
金東洙	財務部 司稅局長	1961	고려대 경제학부 졸업, Michigan대 경제학부 졸업, 동 대학원 수료
金東洙	財務部 司稅局 稅制課 財務部 稅制課長	1959. 7.1. 1961. 2.3.	Michigan State University 졸업
李起鴻	復興部 企劃課長 復興部 企劃局長	1956. 12.26. 1960. 10.6.	Columbia University 졸업, ECAFE 사무국 경제담당관
李漢彬	財務部 豫算局長	1958. 9.4.	하버드 경영대학원, 국방대학원 졸업
丁濈錫	復興部 企劃局 事務官 經濟企劃院 綜合企劃局長	1957	서울대 법대 졸업, 밴더빌트대 졸업

출처 : 안용직 편, 1997, 『대한민국관료연구』 (III), (IV), 연세행정연구회.

조의 감소와 성장률의 저하와 함께 사회적인 불안을 고조시키고 있었다.[71]

사회적으로 1950년대 후반은 "못살겠다 가라보자갈아보자"는 제3대 정·부통령 선거의 민주당 구호에서 잘 나타나는 바와 같이 사회적 변화를 요구하는 시기였다. 비록 의회를 중심으로 하는 합법 공간에서 정치적 지위를 얻는 데에는 실패하였지만, 진보당을 비롯한 혁신정당운동이 광범위한 지지를 얻을 수 있었던 것도 이러한 분위기 때문이었다. 제3대 정·부통령 선거에서 나타난 한강 백사장당시 한강에는 백사장이 있었다. 선거유세의 열기와 조봉암의 200만 표가 넘는 득표는 당시의 사회적 분위기를 잘 보여주는 것이었으며, 4·19 혁명은 이러한 분위기의 연장선상에 있었다. 4·19 혁명 이후 억눌렸던 사회적인 불만이 사회운동을 통해 표출되었다.[72]

전재복구는 끝났다

이러한 1950년대 후반의 전사회적인 변화에 대하여 미국 역시 민감하게 반응하였다. 기존의 대한정책이 재고되어야 할 필요성이 제기된 것이다. 우선 주한 미국대사관의 문서나 국무부, 국가안보회의의 정책문서에서는 1950년대 후반부터 경제개발계획이 실시되어야 할 필요성이 제기되기 시작하였다.[73] 1950년대 중반 이전에도 경제개발계획의 실시와 관련된 움직임이 전혀 없었던 것이 아니었지만, 미국은 이에 대해 소극적이거나 한국의 계획에 대해 부정적으로 평가하였다. 인플레이션의 억제를 통한 경제안정이 1950년대 미국의 대한경제정책에서 우선적인 위치를 차지하고 있었기 때문이었다. 그러나 1950년대 중반 이후 미국은 한국의 경제적 상황이 몇 가지 측면에서 긍정적으로 바뀌었다고 인식하였다.

첫째로 미국의 정책결정자들은 한국의 국내 경제 상황이 호전되어 "전재戰災복구가 끝났다"고 인식하였다.[74] 1956년에 들어서 미국은 국가안보회의의 문서

118/2 1948년 이래 118번째 만들어진 문서의 두 번째 수정안 이래 설정되었던 1949-1950년의 경제 수준의 회복이라는 경제목표가 달성되었다고 판단하고 재건계획 또는 발전계획의 수립이 필요하다고 인식하였다.[75]

1955년 11월 30일에 작성된 국무부 운영조정단 Operations Coordinating Board 보고서는 한국에서 경제계획을 실시할 수 있는 사회·경제적 기반이 조성될 가능성이 없다고 보고하였다.[76] 그러나 경제조정관으로 부임한 이래 환율 문제로 시달리고 있었던 우드는 1956년 초 처음으로 장기적인 투자계획이 필요하다는 견해를 본국에 피력하였다.[77] 우드는 1956년 7월 이임移任을 앞두고 발표한 성명에서 중소기업 중심의 자유경제원칙을 전제로 하여 한국의 경제부흥이 가능할 것이라는 성명을 발표하였다.[78] 실제로 한미합동경제위원회하에 설치되었던 구호위원회 Relief and Aid Goods Committee 는 1956년 11월 8일 해체되었다. 이것은 한국전쟁으로 인한 구호의 문제가 어느 정도 해결되었다는 미국측의 인식을 반영한 것이었다. 또한 1957년 이후 인플레이션이 어느 정도 억제되면서 수치상으로 경제적 안정상태가 나타나기 시작했다. "케인즈가 한국에 투입된다고 하더라도 잡히기 어렵다"고 인식하였던[79] 인플레이션 문제가 해결되었다는 것은 한국 현지의 미국 관료들에게 한국 경제의 엄청난 변화로 인식되었다.

그러나 이러한 미국의 인식이 무상원조 형태의 군사원조에서 경제발전계획원조로의 전이를 의미하는 것은 아니었다. 1950년대 말까지 인플레이션 문제에 대한 고려가 핵심적인 사항이었으며, 한국 정부에 의한 미국의 대한경제정책에 대한 비협조, 그리고 아직까지 한국 스스로의 생존가능성이 희박하다는 점 등이 지속적으로 지적되었다.[80] 한국경제에 대한 부정적 인식은 1956년 9월 물의를 일으켰던 미국의 한 상원의원의 발언에서 잘 나타난다. 그는 "한국은 미국의 원조를 받을 뿐 경제부흥에 대하여는 아무런 노력도 하지 않는 흡혈아吸血兒"라고 혹평하였다.[81] 재건단계로의 전이를 위하여 1955년 12월과 1956년 6월 2회에 걸쳐 2,500만 달러가 한국에 지원되었지만,[82] 인플레이션 안정을 통한 사회안정이 경제개발보다는 군사안보적인 차원에서 이루어진 것이었다. 그럼에도 불구하고, 현지에 있는 미국의 관리들은 경제개발계획이 필요하다는 점을 인식하고 본국에 권고하기 시작하였다.[83] 원W. Warne 경제조정관은 신문지상을 통해 한국에서 부흥계획이 필요함을 자주 피력하였다.[84]

아울러 부분적이기는 하지만 한미 간의 갈등의 초점이 되었던 몇 가지 문제들이 1950년대 말에 이르러 부분적으로 해소되기 시작하였다. 1950년대를 통해 이승만 정부와 미국 간의 갈등을 만들어 낸 대표적인 문제들은 환율의 현실화 문제와 외국 민간자본의 투자유치를 위한 한국 내부에서 조건을 마련하는 문제였다. 환율의 현실화 문제와 관련해 이승만 정권은 부분적으로 미국의 요구를 받아들여 1958년 '외환특별세'를 제정하였고,[85] 미국의 원조기관인 국제협조처가 강력하게 요구하였던 '투자보장협정'을 승인하였다.[86] 미국측이 요구하는 투자보장협정은 "한국 정부가 보장하는 외국인 투자의 공장이나 기관이 파손된 경우 한국 정부가 보상하고, 한국 정부가 보상하지 아니할 경우 미국 정부가 보상하고 한국 정부에 대한 투자인의 청구권은 미국 정부가 행사"한다는 것으로 한국 정부는 이에 대해 계속 반대하는 입장이었지만,[87] 결국 미국의 요구를 수용하였다.

경제정책을 이끌 전문 관료들의 부상

둘째로 미국은 한국 내부에서 경제개발계획을 위한 주체와 공감대가 형성되고 있었다는 점에 주목하였다. 1950년대 전반기를 통해 한국 정부와 미국에 의해서 몇 차례 경제계획이 작성되었지만, 이러한 계획들은 모두 실행되지 않았다. 여기에는 경제개발계획이 인플레이션 문제를 악화시킬 것이라는 우려와 개발계획 자체의 문제점 등이 기본적인 원인이었지만, "독립된 정치, 경제적 실체로서의 남한은 한국의 역사상 처음 있는 일"이라고 지적하면서, 경제개발계획을 입안하고 실행할 만한 경험과 주체가 형성되어 있지 못하다는 점 역시 중요한 요인으로 지적되었다.[88]

1955년의 경제현황에 대한 주한 미대사관의 보고서는 한국의 경제적 진보가 어려운 이유를 5가지 들었는데 이 중 두 가지가 주체들의 문제로 "기술력 있는 노동력과 경영자의 부족," 그리고 "광범위한 부정부패"의 문제였다.[89] 이는 저개발국가가 일반적으로 가지고 있는 문제점에 대한 미국의 지적, 즉 ① 훈련된 인적자원의 부족, ② 필요한 정부기구의 결여, 그리고 ③ 혁신적인 생각을 가진 지도력의 부재와 일치하는 것이다.[90]

그러나 〈표 3-2〉에서 볼 수 있듯이 1956년 이후 송인상으로 대표되는 전문관료들이 경제정책을 입안할 수 있는 지위에 오르게 되자[91] 미국의 한국에 대한 인식이 달라지기 시작했다.[92] 미국은 새로운 관료의 등장과 함께 경제개발계획을 위한 공감대가 형성되기 시작하였다고 인식하였다.[93] 아울러 부흥부 산하에 산업개발위원회 설치와 1959년의 경제개발 3개년계획의 작성에 대해 경제개발계획의 실행을 위한 긍정적인 움직임으로 파악하였다.[94]

미국은 국제협력처 원조에서 산업개발위원회의 운영을 위하여 12만 5천 달러를 배정하였다. 또한 전술한 1958년의 임시외환특별세법과 1960년의 외자도입법의 제정은 이들 관료들과 미국의 협의 속에서 이루어진 실제 성과물이었다.[95] 미국이 1952년과 1953년에 이어 1954년과 1955년에는 한국에 대한 원조 및 한국군 규모 문제를 비롯한 군사 · 경제적인 문제로 에버레디 계획을 다시 제기하였던 사실을 감안한다면,[96] 1950년대 후반의 한미 간에 나타난 협조적인 경제정책은 커다란 변화라고 할 수 있었다. 비록 이승만 대통령과의 관계가 좋아진 것은 아니었지만, 한국 정부 내 고위관료들과 호의적인 관계를 형성할 수 있다고 판단했던 것이다.

미 국무부는 미국에 호의적이면서 경제개발계획을 입안, 실행할 수 있는 관료의 등장에 주목하면서 이들에게 정치적으로 힘을 실어주기 위한 활동을 전개하기도 하였다. 미국은 일본 주재 맥아더 사령부의 경제전문가였으며, 국무부 동북아시아과Office of Northeast Asian Affairs의 일본 재정무역계장이었던 크롱크Edwin M. Cronk를 경제담당 공사economic chargè d'affaires로 임명하였다.[97] 크롱크는 정부 부처의 중간 관료급 인사들과 함께 정기적으로 한국의 정치 · 경제 상황과 관련된 세미나를 열었으며, 이를 통해 전문관료들의 식견을 높이고 이들의 정부 내에서 위상을 제고하고자 하였다. 이 세미나에는 이한빈, 이기홍, 김동수 등이 참여하였으며, 스스로를 '사상가들thinkers'로 부르기도 했다.

이러한 상황 속에서 미국은 경제개발계획을 입안 · 실행할 수 있는 한국 내 조건이 변화했다고 인식하였고, 송인상의 요청에 따라 한국의 경제개발계획의 작성을 돕기 위하여 국제협력처의 기술원조계획하에서 1959년 오레곤 자문단University of Oregon의 경영행정학 전문가들을 파견하였다. 오레곤 자문단은 경제개발계획의 입안을 위해 내한한 첫 번째 자문단이었다. 오레곤 자문단은 "작지만 영향력 있는 한국인과 미국인의 그룹"의 존재가 당시 경제개발계획을 실행할 수 있는 제일 좋은 조건이었다고 보고하였다.[98]

이상과 같이 미국은 1950년대 후반의 경제적 조건의 변화를 통해 남한 내에서 경제개발계획을 실행해야 할 필요성과 함께 실행할 수 있다는 주체적 조건이 갖추어졌다고 인식했다. 1960년 초 미행정부나 주한 미국대사관의 문서상에 일부 정치세력이 경제정책 결정을 독점하고 있다는 비판이 나오기도 하였지만, '주체'가 형성되어 있지 못하기 때문에 실행할 수 없다고 하는 인식은 더 이상 나타나지 않았다.

이러한 긍정적 인식과는 달리 1958년 이후의 지속적인 경제성장률의 하락은 경제개발계획의 필요성을 인식하는 또 다른 원인이 되었다. 전술한 바와 같이 1958년 이후 미국은 인프레 억제의 목표가 어느 정도 달성되었다고 인식하였고, 한국전쟁 이후 한국의 경제에 나타난 유일한 긍정적인 신호라고 판단하였다. 그러나 인플레이션의 억제와 미국의 원조 감소는 다른 한편으로 경제성장률의 저하를 가져왔고, 민주당 정권 시기에 이르러서는 경제성장률이 2.3%까지 하락하였다. 1959년 미국대사관의 관리들은 처음으로 경제성장률의 저하로 성장을 위한 계획이 필요하다고 인식하였다.[99]

민주당 정권의 경제고문으로 내한한 울프C.J. Wolf, Jr. 박사는 태완선太完善 부흥부장관에게 보내는 보고서에서 "새로운 계획은 절대적인 성장률의 상승 문제뿐만 아니라 지난 4년간 계속된 급속한 감소의 추세를 되돌리는 데" 그 목적이 있음을 강조하였다.[100] 1961년 대통령 직속 한국 문제에 관한 긴급임무팀Presidential Task Force on Korea. 이하 'Korea Task Force'로 약칭이 대한정책 문서를 만드는 과정에서 울프 박사의 위 보고서가 이용되었으며, 낮은 성장률의 개선이 경제개발계획의 기본 목적으로 설정되었다.[101] 1958년 이후 낮은 성장률은 1962년까지 계속되었으며, 빅 푸쉬론을 주장한 국제학연구소의 로젠쉬타인로단은 1961년부터 1966년까지 한국의 평균성장률을 1.0% 수준으로 예측할 정도로 한국의 경제성장에 대해 비관적이었다.[102]

1950년대 말과 1960년대 초의 한국경제에 대한 미국의 인식은 이상과 같이 긍정적인 평가와 부정적인 평가가 병존하였다.[103] 흥미로운 사실은 두 평가가 서로 상반된 것이었음에도 불구하고 모두 경제개발계획이 필요하다는 결론에 도달하고 있다는 점이다. 물가안정은 성장의 기본전제가 된다는 것이 아이젠하워 행정부의 기본적인 경제정책이었지만, 다른 한편으로 낮은 성장률로 인한 사회불안, 그리고 내부적인 붕괴를 막아야 한다는 것 또한 군사안보적 측면에서 대한정책의 골간을 이루는 내용이었다.

2) 정치적 불안과 민족주의의 발흥

장면, 부통령에 당선되다

경제적인 상황 못지않게 미국이 주목했던 것은 정치, 군사적인 상황의 변화였다. 미국의 대한정책은 1945년 이후 현재에 이르기까지 다양한 국내적, 국제적인 상황에 따라 내용이 변화되었지만, 한반도가 중국공산당과 일본 사이에서 '완충지대buffer zone' 로서 역할을 하고 있다는 군사적인 의미와 미국의 대한정책의 성패가 자유세계의 이데올로기적 전쟁의 '상징' 으로서 역할을 한다는 정치적인 의미는 변화하지 않는 기본적인 목적이었다. 4장에서 자세히 살펴보겠지만, 한국의 경제개발계획에 대한 평가와 실행과정이 경제적이 아닌 정치적인 해법을 통해 진행되었던 것 역시 한국 정치구조의 특수성을 반영하는 것이면서, 동시에 미국 대한정책의 정치적 · 군사적 · 심리적 특성을 반영하는 것이었다.

정치 · 군사적인 관점 속에서 특히 중요하게 다루어진 것은 한국의 정치 · 사회적 안정 여부였다. 한국 내부의 정치적 불안정은 이데올로기의 전시장으로서의 한국이 외부로부터가 아닌 내부에서 붕괴를 가져올 수도 있다는 것을 의미했다. 또한 한국전쟁 기간의 '부산정치파동' 을 통하여 한국의 정치적 불안정이 세계적으로 어떠한 영향을 미치는가에 대해 절감하였던[104] 미국은 1950년대 후반의 정치적 불안정이 미국의 대한정책을 전면적인 실패로 몰아갈 수 있는 중대한 문제로 인식하였다.

1956년의 정 · 부통령 선거를 통해 미국은 대한정책을 부분적으로 조정할 수밖에 없었다. 장면의 부통령 당선과 이기붕李起鵬의 탈락, 그리고 조봉암曺奉岩의 선전으로 나타난 선거결과는 미국의 예상을 뛰어넘는 엄청난 변화의 시작이었다. 이승만의 대통령 재선은 예상하고 있었지만, '이승만 이후 post-Rhee' 를 위한 대안으로서 온건한 이기붕의 당선을 예상하고 있었던[105] 미국으로서는 장면의 부통령 당선에 놀랄 수밖에 없었다. 고령의 이승만 사후에 대해서 대비하고 있던 주한 미국대사관은 장면의 당선에 대해 예기치 못한 결과라고 파악하고 대한정책이 근본적으로 수정되어야 한다고 주장했다.[106]

당시 헌법에 의하면 대통령 유고시 부통령이 대통령직을 승계하도록 되어 있었다. 따라서 장면의 부통령 당선으로 인해 고령의 이승만이 사망했을 경우 민주당이 정권을 잡을 수 있게 된 것이었다. 그러나 주한 미국대사관과 국무부는 모두 민주당에 대해서 부정적인 입장을 갖고 있었다. 즉, 파벌싸움과 정치적 술수 등으로 인해 정상적으로 스스로의 정당마저도 제대로 운영하지 못한다고 보았던 것이다.[107]

진보당의 약진 역시 매우 중요한 문제였다. 주한 미국대사관은 사회주의 세력의 대두에 경계심을 강하게 나타냈다. 다울링 주한 미국대사는 국민의 정치·경제적 불만을 배경으로 "사회주의가 대두"할 수 있는 사회적 분위기가 한국사회 내부에 존재하고 있음을 지적하였다. 대사관의 분석에 의하면 이러한 진보당의 약진은 대통령선거에서 나타났던 조봉암의 개인적인 인기에서 비롯된 것이 아니라, "자본주의와 자유기업에 대한 대중적 환멸과 실망이 확대되어 여기에 대한 유일한 대안으로서 국가계획경제로의 지향" 때문이라고 분석하였다. 결국 다울링 대사는 미국이 취할 수 있는 정책으로서 "민주적 과정의 성장 장려"라는 정치적 개혁과 함께 "의미있는 경제개발의 촉진"이라는 경제개혁을 한국 정부가 수행하도록 해야 한다고 권고하였다.[108]

미국은 이러한 정치적인 변화에 대해 1958년까지는 경제적인 해결방안을 모색하였다. 정치적 불안정에도 불구하고 1958년까지 한미 간에 논의된 중요한 사안은 재정안정계획을 통한 통화팽창 및 인프레의 억제와 환율 조정 문제였다. 그리고 새로운 전문적 경제관료의 등장을 통한 경제적 협조체제의 형성은 한미 간의 공조가 증진되는 방향으로 전개될 수 있다는 긍정적인 조짐으로 판단하였다. 미국은 경제적인 해결방안을 통해 한국 내부의 정치적인 문제 역시 해결될 것으로 전망하였다. 즉, 경제적인 조건의 개선은 정치적 불안정으로 인한 사회주의자들이 발흥할 수 있는 기회를 제거할 수 있을 것으로 전망했던 것이다.

한국에서도 민족주의가

그러나 1958년 말의 2 · 4 보안법 파동에 이은 1959년 초의 『경향신문』 폐간사건을 통해 미국은 한국의 불안정한 정치 상황이 기본적으로 자유당 강경파에 의해서 조성되고 있으며, 더 이상 '강 건너 불구경' 만 할 수는 없다고 판단하였다. 미국은 2 · 4 보안법 파동과 『경향신문』 폐간 사건에 대해 강경하게 항의하면서 주한 미국대사를 소환하였고[109] 주한 미국대사와 국무부의 성명을 통해 이승만 정권에 압박을 가하였다. 1958년 12월 29일 국무성의 극동부 차관보 로버트슨W.S. Robertson은 주미 한국대사 양유찬을 만나 보안법 파동에 대해 직접적으로 항의하였고, 다울링W.C. Dowling 대사는 한국 정부에 대해 직접적인 압력을 넣어야 함을 국무성에 권고하였다. 여기에는 이승만 대통령이 대미관계에서 가장 많은 관심을 기울이고 있었던 미국 의회를 통한 압력의 방식이 함께 권고되었다.[110]

미국이 불안정한 정치 상황에 대해 직접적인 압력을 선택한 데에는 한편으로 이승만 정부의 행태에 대한 국제적인 견해를 의식한 것이었지만, 다른 한편으로는 정치적 불안정을 이용하여 한국 내부에서 사회주의 세력들이 정권을 잡을 수 있는 가능성이 있다는 점을 고려한 것이었다.[111] 이러한 정치적 불안의 정점頂点에는 4·19 혁명이 있었고, 다울링의 후임으로 새로 부임한 미국 대사였던 매카나기는 이승만의 대통령직 퇴진을 직접적으로, 그리고 노골적으로 이승만에게 전달하였다.[112]

4·19 혁명으로 인한 이승만 정부의 몰락과 민주당 정권의 등장, 그리고 연이은 5·16쿠데타로 이어지는 정치적인 격동으로 인해 미국은 1950년대와는 다른 정책을 수립해야 할 필요성이 커지게 되었다. 경제적으로뿐만 아니라 정치적·군사적으로 이승만 정부와 갈등을 일으켰던 미국은 "다른 한국지도자와는 달리 지적이고, 덜 민족주의적이며, 보다 합리적"인 장면의 집권으로 1950년대에 해결하지 못했던 제반 문제들을 해결하고자 하였다.[113]

미국은 딜론C.D. Dillon 각서를 제시하였고[114] 민주당 정권은 1960년 말부터 1961년 초까지 딜론 각서에 있는 내용을 해결하기 위하여 많은 노력을 기울였다.[115] 딜론 각서는 딜론 국무부장관 대리가 장면 총리에게 1960년 10월 25일자로 보낸 편지에 포함된 것으로 경제원조 증액의 단서로 한국 정부측에 환율의 조정, 원조과정 정상화, 공공요금 인상, 원조의 효율적 사용 등을 실시할 것을 요구했다. 이 내용은 아이젠하워 행정부가 이승만 정부에 지속적으로 요구했던 사안들이었으며, 한국에 대한 원조를 감축하기 위한 방편이었다. 딜론은 한국에 1억 6,500만 달러의 국방원조Defense Support Assistance 에 730만 달러 상당의 기술협조원조Technical Cooperation Assistance 를 추가로 지원하는 것을 제안하면서 딜론 각서의 4가지 내용이 이듬해1961년3월 1일까지 완결될 때 추가원조가 이루어질 것이라고 못박았다.[116]

한편, 4·19 혁명으로 인해 미 행정부가 받았던 또다른 충격은 한국에서 민족주의의 엄청난 고양이었다. 2장에서 살펴본 바와 같이 1950년대 후반 미국 내에서 저개발지역 민족주의의 힘에 주목하기 시작했고, 한국에서 민족주의의 고양은 대한정책을 변화시킬 수 있는 중요한 동인이 되었다. 1959년의 콘론 보고서는 한국 내부에서 사회주의적 경향의 고양을 통해 새로운 움직임이 대두되고 있음을 경고한 바 있다.[117] 후술할 팔리Farley 보고서를 비롯한 1961년 초반 이후에 나온 미국의 문서들에서 나타나는 민주당 정부의 위기에 대한 인식 역시 4·19 혁명 이후의 민족주의 고양에 대한 위기의식을 반영하는 것이었다.

미국은 이승만 정부 붕괴의 한 원인이 민족주의의 발양에 있다고 보았으며,[118] 민주당 정부 시기의 통일운동, 한미경제협정 반대운동 등 민족주의적인 흐름이 대한민국을 위협하는 주요한 흐름이며, 동시에 한국을 내부적인 위기로 끌고 갈 수 있다고 판단하였다.

정면 정부의 등장보다 더 큰 위력을 발휘한 것은 5·16 쿠데타였다. 미국은 5·16 쿠데타를 4·19 혁명에서 발현된 민족주의의 연장선상에서 파악하였다.[119] 쿠데타 세력의 민족주의적이고 폐쇄적인 요소는 민주당 정부 시절에 이룩된 한미 간의 공조에 균열이 가도록 만드는 요인이 되기도 하였지만, 다른 한편으로 경제개발을 위한 중요한 동인으로 작동하였다. 즉, '사회주의적'이고 '미국에 협조적'이지 못하다는 점과 함께 '민족주의적'이라는 인식은 미국의 대한정책에 부정적인 요인이 되는 것이었지만, 다른 한편 적극적으로 근대화를 이끌어 갈 수 있는 힘이 될 수도 있는 것이었다.

정치적인 관점에서 또 하나 주목되는 사실은 1950년대를 통해 특정한 군부 내의 인물들에 대하여 미국의 관심이 점증하고 있었다는 점이다. 1950년대 국무부와 대사관 사이의 전문에서 군부 내의 동향과 관련된 문서들을 찾는 것은 어렵지 않다. 이미 1952년의 부산정치파동 시기에도 군부 내에서 이승만 이후의 대체세력을 찾고자 했던[120] 미국은 정치적 혼란이 점증하면서 군부에 대한 관심이 더욱 높아졌다. 미국은 1952년의 부산정치파동과 1953년의 반공포로 석방을 둘러싼 한미 간의 갈등을 겪은 이후 군부를 중심으로 한 한국의 정치세력 재편 가능성을 계속 열어놓고 있었다. 부산정치파동 당시 한국군이 이승만 대통령보다 유엔군에 더 충성스러운 군대라고 평가하였던[121] 미국이 한국 군부에 관심을 가졌던 것은 당연한 것이었다.[122]

미 상원외교위원회의 요청으로 작성된 콘론협회의 한국의 정세와 관련된 보고서에서 쿠데타의 가능성에 대해서는 부인하였지만, 젊고 지적인, 가난한 집안 출신의 군인의 동향에 대해서 주목하였다.[123] 미국은 1950년대 말 정치적인 혼란 – 자유당 강경파의 등장, 민주당의 파벌투쟁, 진보당의 약진 – 으로 인하여 한국에서 제일 큰 물리력과 인원을 보유하고 있었던 군부에 더 많은 관심을 갖게 되었다.[124] 1955년 이후 주한 미국대사관은 특히 이승만과 군 내부의 관계 및 동향, 특히 정일권丁一權과 김정열金貞烈, 손원일孫元一 등 군 내부에서 영향력이 있으면서 상대적으로 온건파이거나 유엔군사령부와 가까운 관계를 유지하고 있었던 인사들의 행동에 주목하였다.[125] 또한 이기붕을 정점으로 정일권과 손원일을 결합시키는 방안도 고려되었다.[126]

북한의 성공적 전재 복구, 그리고 중국군의 철수

미국의 군사, 정치적 상황에 대한 인식과 관련하여 마지막으로 지적되어야 할 부분은 북한의 상황 변화에 대한 인식이다. 특히 북한 경제 상황의 호전으로 인해 남한 경제개발의 필요성이 제고되었다. 1950년대를 통해 북한은 성공적으로 전재 복구를 이루었으며, 북한의 경제성장 역시 남한과 비교되지 않을 정도로 엄청난 것이었다. 미국은 북한의 경제적인 상황에 대해 지속적으로 관심을 가지고 있었으며,[127] '이데올로기적 전시장' 인 한반도에서 사회주의 체제인 북한에 비해 경제적인 성장이 미흡하였던 남한의 상황에 대해 주의를 기울이고 있었다.

남한의 지식인들 역시 1장에서 언급한 바와 같이 북한의 경제발전에 대해 민감하게 반응하였고, 경제개발계획에 대한 공감대를 형성하는 주요한 원인의 하나였다. 미 국무부는 1962년 경제기획원의 경제개발계획안에 대해 7.1%의 성장률을 비현실적이라고 비판하였지만, 미 국무부 스스로가 새로운 정책결정 과정에서 남한이 북한보다 더 높은 경제성장률을 이루는 것이 중요한 경제적 목적의 하나임을 분명히 하였다.[128] Korea Task Force의 첫 번째 초안이 나왔을 때 CIA는 초안에서 북한과 관련된 고려가 너무 적다는 점을 핵심적으로 지

적하였다.[129]

군사적으로 볼 때 1958년 중국군이 북한에서 철수한 것 역시 중요한 문제였다. 1950년대 중반 이후 아이젠하워 행정부에서 한국군의 감축을 고려할 때에도, 그리고 1961년 이후 케네디 행정부에서 경제개발을 위한 군축을 고려할 때에도 중국군이 북한에서 철수하였다는 사실은 중요한 고려대상이 되었다.[130] 중국군의 철수는 남한에서 더 이상 거대한 군대를 유지할 필요가 없으며, 주한미군 역시 감축하거나 철수해야 한다는 중요한 근거로 제시되었다. 〈표 3-1〉에서 나타나는 바와 같이 1958년 갑자기 전체 주한미군 규모의 25% 이상을 감축할 수 있었던 것 역시 같은 해 중국군의 철수와 관련된 것이었다. 한국에 대한 미국의 기본적인 목적 중 하나가 군사적인 부분이라고 할 때 남북한 사이의 군사적 상황 변화는 미국의 대한정책 변화에 결정적 변수가 될 수 있었다.

3_ 변화된 미국의 대한정책

1950년대 중반 이후 한국사회에서 변화의 조짐이 나타나기 시작했다. 미국의 입장에서 인플레이션의 안정과 전문 관료들의 등장은 긍정적으로 평가되었지만, 정치 · 사회적으로 4 · 19 혁명 이후 민족주의의 고양은 미국을 비판하는 여론을 조성하거나 사회적 불안을 가져올 수 있다고 판단했다. 한국 내부의 상황이 변화하면서 미국의 대한정책 역시 새롭게 수정해야 할 필요성이 대두되었다.

이러한 변화의 시점은 미국에서 케네디 행정부가 새로운 저개발국정책을 채택하기 시작하는 시점과 맞물리고 있었다. 미국의 새로운 정책은 저개발지역에 적극적으로 개입하여 사회적 개혁을 이끌어 내고, 이를 통해 미국의 경제개발 원조의 효율성을 제고한다는 것이었다. 이러한 케네디 행정부의 새로운 정책이 한국사회의 변화와 맞물리면서 어떠한 방식으로 표출되었을까?

1) 성장과 개혁정책

원조의 비효율성에 대한 팔리의 비판

1961년 케네디 행정부의 출범은 미국의 대한정책이 본격적으로 변화하는 계기가 되었다. 전술한 바와 같이 1950년대 미국의 학자들에 의한 저개발국 정책에 대한 비판과 이들의 케네디 행정부에의 참여, 그리고 1950년대 후반 한국의 상황 변화에 대한 미국의 인식은 대한정책의 변화를 가져왔고, 그 충격은 1961년 초부터 시작되었다.

이미 행정부 출범 이전부터 대외정책에 대해 재고하기 시작하였던 케네디 행정부가 대한정책을 심각하게 고려하기 시작한 것은 주한미국파견단의 부副책임자였던 팔리H.D. Farley의 보고서가 제출된 직후였다.[131] 팔리는 그의 보고서에서 4·19 혁명으로 한국의 오랜 문제였던 부패의 문제가 어느 정도 해결되었지만, 1년이 경과한 시점에서도 근본적인 개혁은 이루어지지 않고 있다는 점을 지적하면서 오히려 사회적 불안이 가속화되고 있는 한국의 정세를 '절망적' 이라고 보고하였다.

사회개혁과 관련하여 이 보고서에서는 한국인들에 의해 사회개혁이 신행될 경우 '폭발적인 반미운동' 이 전개될 것으로 보고, 미국이 사전에 사회개혁에 개입해야 할 필요성이 있음을 강조하였다. 그러나 이러한 사회적 위기는 오히려 미국에게 기회를 제공하고 있으며, 한국민들은 미국의 개입을 기다리고 있다고 분석하였다. 여기에서 미국의 개입은 '조용한 혁명의 착수' 를 의미하며, 시기적으로 4·19 혁명 1주년이 되는 날이 가장 적당하다고 판단하였다.

팔리는 이러한 문제를 해결하기 위해서는 미국의 원조기관인 주한미국파견단의 비효율성을 빨리 해소해야 하며, 미국이 적극적으로 정치과정과 경제정책에 개입해야 한다고 권고하였다. 팔리는 대통령이 특별대사를 임명하여 한국 정부에 압력을 넣는 방법이 가장 효과적일 것으로 보면서, 특별대사는 장면 뿐만 아니라 학생, 지식인, 언론인, 의회, 군부, 기업인 등 다양한 정치세력과의 접촉을 통해 사회적 불만세력을 합법공간으로 이끌어 냄으로써 범국민 연합적인 세력을 형성하는 역할을 해야 한다고 주장하였다.[132]

팔리 보고서가 나오기 이전에 이미 CIA와 국무부, 합동참모본부가 공동으로 성안한 한국보고서에서 장면 정권이 너무 약하다는 점과 사회주의 세력이 발흥하고 있다는 점, 한국 내에서 민족주의적 중립화에 대한 관심이 고조되고 있다는 사실이 이미 지적되었지만,[133] 팔리 보고서만큼의 파장을 일으키지는 못했다.[134] 당시 국무부와 국방부, 그리고 한국에 파견되어 있었던 미국인 관리들은 대체로 한국의 상황이 여러 가지 문제를 안고 있는 것은 사실이지만 팔리가 지적하는 것만큼의 위기 상황은 아니라는 것과 권고안이 현실적이 아니라는 것이 대체적인 반응이었다.[135] 그러나 팔리 보고서 이후 미국의 대한정책과 한국 내부의 상황은 우연이라고 할 수 없을 정도로 팔리가 권고한 제안의 수순을 밟아 나갔다.

팔리의 보고서가 한국의 상황을 일정 정도 과장되게 분석하고 있다는 부정적인 평가에도 불구하고, 보고서가 나온 이후 대한정책을 시급하게 재고해야 한다는 견해가 백악관 내부에서 제기되었다. 팔리의 보고서를 받아본 로스토우는 한국에 대한 "신선한 관점fresh look"이 필요하다는 점을 대통령에게 권고하였고,[136] 국무부에 한국과 관련된 권고안을 가능한 한 빨리 만들 것을 지시하였다.[137]

이 시기에 나온 문서 중 1961년 3월 15일자 코머R.W. Komer의 보고서는 케네디 행정부 관료들의 한국에 대한 견해를 잘 보여주는 문서이다. 이 문서에서는 한국군의 감축을 통해 남는 비용을 경제개발의 비용으로 사용한다는 것과 공공부문을 강조하면서 노동집약적 경공업labor intensive light industry을 위주로 한 경제건설 방안, 그리고 미국이 적극적으로 한국 문제에 개입할 필요성 등을 내용으로 하였다.[138] 이러한 내용은 이후 새롭게 제출된 미국의 대한정책 문서의 골자와 맥을 같이한다.

한국 문제에 관한 대통령 직속 긴급임무팀의 조직

미 행정부가 대한정책을 새롭게 고려하고자 하는 노력은 1961년 5월 15일의 국가안보회의 483차 회의에서 대통령의 지시에 의하여 극동문제 담당 국무차관보인 전 주한 미국대사 매카나기를 의장으로 하는 'Korea Task Force' 를 구성하면서 본격화되었다.[139] 대통령은 Korea Task Force의 조직을 국가안보실행National Security Action 문서 제2421호로 승인하였다. *FRUS*에는 공식적으로 Korea Task Force에서의 토론과 관련된 문서가 없는 것으로 분석하였지만, 미국의 국립문서보관소에 있는 문서에 의하면 국무부10명, 국방부3명, CIA 이름, 숫자 不明, ICA 3명, USIA 3명, 재무부2명, 국가안보회의1명, 예산국1명에서 최소한 23명이 Korea Task Force에 참여하였으며, 이들이 논의를 거쳐 한국에 관한 보고서를 제출하였다.[140]

Korea Task Force에서는 국가안보회의에 제출할 보고서를 몇 차례의 논의를 거쳐 만들었다. Korea Task Force는 1961년 5월 15일부터 동년 6월 1일까지 네 차례에 걸쳐 초안을 작성하였으며, 몇 차례의 심의를 거쳐 동년 6월 5일 "한국에 대한 긴급임무팀-국가안보회의를 위한 보고서Presidential Task Force on Korea - Report to the National Security Council"라는 제하의 문서로 국가안보회의에 제출되었다.[141] 이 보고서는 다시 국가안보회의의 심의를 거쳐 6월 12일 그 내용이 확정되었으며, 6월 13일 확정된 내용이 공식적인 미국의 대한정책으로 대통령에게 제출되었다.[142]

논의과정에서 약간의 수정이 가해지기는 했지만, 정책문서의 내용은 '국가개발계획' 을 세우고 이에 대해 미국이 적극적으로 지원해야 한다는 것과 이를 위하여 주한미국파견단을 개편하고 한국군의 감축과 관련하여 구체적인 연구와 협의를 시작해야 한다는 것을 골자로 했다.[143] 합동참모본부는 한국군의 감축이 실업자군의 양성으로 인하여 한국경제에 부정적인 영향을 줄 것이라는 비판과 함께 한국군의 값싼 유지비를 고려할 때 감축보다는 유지를 강조하였다.[144] 그러나 한국군의 감축이 미국의 재정적자를 해소하기 위한 것이 아니라 군사비를 경제개발을 위한 비용으로 전용해야 한다는 점이 명시되었으며, “새로운 개발”에 대한 강조로 바뀌어야 한다는 점을 강조하였다.

Korea Task Force의 첫 번째 전체 회의를 위한 준비 문서에 보면 '무엇이 필요한가What needs to be done' 라는 항목의 제일 첫 번째 항이 “경제개발”로 되어 있다.[145] 아울러 경제개발을 심각하게 규제하고 있었던 한국의 행정기관을 없애는 등 사회개혁이 필요하며, 실업 문제 해결과 유일한 산업자원인 인적 자원을 이용하기 위한 노동집약적인 산업의 필요성을 강조하였다.[146] 군축 문제가 계속 논의는 되었지만, 군사정부의 내적 안정을 위한 정치적인 고려,[147] 경제적 안정을 이룬 다음에 논의해야 한다는 경제적 고려,[148] 그리고 동아시아 전체의 안보 차원의 고려 때문에 결정되지 못했다. 1963년에 발생한 휴전선 충돌은 군축 논의를 연기시키는 데 또 하나의 중요한 역할을 하였다.[149]

이러한 새로운 정책문서의 내용은 케네디 행정부의 새로운 후진국 정책과 같은 맥락에서 이해될 수 있다. 특히 대한정책은 강력하게 추진되었기 때문에 Korea Task Force의 첫 번째 초안 '단기적인 목적' 항에서 3-5년 안에 강력하고 안정된 한국 정부가 수립되어야 함이 강조되었다. 또 하나 주목되는 점은 새로운 미국의 정책 시행의 전제조건으로서 강력한 미국의 개입 필요성이 강조되고 있다는 사실이다. 첫 번째 결정서 초안에서는 미국이 한국의 “맏형elder brother” 역할을 해야 한다는 점이 명시되어 있다.

Korea Task Force의 결정서와 거의 같은 시기에 나온 “군사와 재건 중 상대적 우선권: 한국에 초점을 맞추어Relative Priority of Military vs. Reconstruction - Focus in Korea”[150]라는 문서는 새로운 미국의 정책을 보여주는 또 하나의 중요한 문서이다. 이 문서에서 아이젠하워 행정부에서는 생존할 수 있는 경제를 만들기보다는 한국군을 유지하는 데 더 많은 노력을 기울였다고 비판하면서 결국 이러한 정책이 미국의 대한정책을 실패로 이끌었다고 지적하였다. 문서의 기안자인 코머는 북한지역에서 중국 공산군의 철수를 전제로 하여 미국은 외부의 침략 가능성보다는 내부의 문제에 더 많은 관심을 기울여야 한다고 강조하였다. 이와 관련하여 이 시기 북한의 침략 가능성이 약화되었다는 인식은 미국이 한국 내의 문제, 특히 경제개발 문제에 초점이 맞출 수 있는 기본 전제가 되었다.[151]

정신도 개조

이상과 같은 케네디 행정부의 대한정책 변화는 1950년대의 대한정책과 비교하여 몇 가지 특징을 가지고 있다. 첫째로 한국 정부가 경제개발계획을 입안하고 이를 적극적으로 실시해야 하며, 미국은 경제개발원조를 통해 이를 적극적으로 지원해야 한다는 점이 우선적인 정책으로 설정되었다는 점이다. 특히 대한원조에서 외국인의 민간투자의 역할을 더 이상 강조하지 않는다는 사실은 1950년대의 정책과 비교할 때 가장 큰 차이점의 하나라고 할 수 있다. 물론 이것이 해외 민간자본의 흐름을 의도적으로 막겠다는 것을 의미하는 것은 아니었다. 그러나 1950년대와 같이 대외원조의 감축을 위해 사적 자본의 참여를 계획적으로, 또는 특혜를 통해 지원하겠다는 정책은 더 이상 찾을 수 없다.

미국의 원조가 무상원조에서 차관으로의 변화함에 따라 군사정부에서는 1962년 7월 31일 법률 1114호와 1115호로 '장기결제방식에 의한 자본재 도입에 관한 특별조치법'과 '차관에 대한 지불보증에 관한 법률'을 공포하였고, 1966년 8월 3일자 법률 제1802호로 외자도입법을 제정하였다.[152]

두 번째 특징은 새로운 정책이 전반적인 사회적 개혁을 강조하였다는 점이다. 러스크D.D. Rusk 국무장관은 1961년 8월 1일자 버거S.D. Berger 주한 미국대사에게 보내는 훈령에서 우선 처리해야 할 문제는 한국의 내부적인 문제에 두어져야 한다고 강조하였다.[153] 팔리의 보고서와 Korea Task Force 결정서에서 잘 나타나는 바와 같이 민주당 정권 이후 미국이 강조하였던 한국 내의 가장 중요한 문제는 '부패' 문제였다.[154] Korea Task Force에서 대한정책 문서를 만들기 위해 한국과 관련된 기관들이 보낸 공문 중 주한 미국대사관 공문에서 보이는 한국에 대한 첫 번째 인상은 부정부패였다.[155] 따라서 봉급 인상을 통한 공무원 사회의 개혁과 개발계획을 실행할 수 있는 기구가 절실하게 필요하다는 것이 새로운 정책의 핵심적 내용의 하나였다.

사회개혁과 관련하여 주목되는 부분은 한국의 사회개혁이 단지 제도개혁에 그쳐서는 안 되고 정신개혁이 함께 진행되어야 한다고 지적한 점이다. 여기에는 "국가지도자들에 의한 국가의 목표와 이상의 규정과 대중적 선언," "학생, 지식인, 그리고 언론과의 보다 나은 관계의 유지," 그리고 "한국의 이미지 제고" 등이 포함되어 있다.[156] 첫 번째 항목은 하향의 방식을 통해 한국 국민들의 사고방식을 변화시키겠다는 것, 즉 '인간진보human progress'를 목표로 한 것으로[157] 국가적 '신화'와 동의를 교육과 교화를 통해 만들어 내야 하며 이 문제에 미국이 개입해야 한다는 내용까지도 권고되었다.[158] 따라서 Korea Task Force의 초안에서는 경제개혁을 위한 기관과 함께 사회개혁을 위한 또 다른 기관의 필요성이 강조되었다.[159]

사회개혁의 강조는 1950년대 미국 관리들의 한국에 대한 부정적인 인상에서 출발한다. 국가안보회의나 Korea Task Force의 대한정책 관련 문서들을 보면 앞부분에 한국의 상황에 대한 설명, 또 경우에 따라서 한국의 역사적 배경에 대한 보고가 실린다. 그런데 대부분의 경우 한국의 역사적 배경이나 당시의 상황에 대해 매우 부정적인 내용들로 채워져 있다. Korea Task Force에서 지적되고 있는 '한국문화의 독창성이 결여되어 있다no coherent set of basic cultural values have yet taken its place'는 내용을 비롯해서, 강한 민족적 편견, 역사적으로 나타나는 종속성과 파당성, 그리고 공동작업을 할 수 있는 능력의 결여, 다른 사람들의 문제점에 대해 비판하기를 좋아하는 기질, 지식인들의 소요, 공산주의에 대한 노출 등은 당시의 정책문서에 나타나는 한국사회와 한국인에 대한 공통된 인식이었다.[160] 한국사회와 한국인들에 대한 부정적인 인식은 곧 경제개발을 위한 중요한 전제로서 사회개혁, 국민의식 개혁 등이 필요하다는 인식으로 연결되는 것이다.

사회개혁을 위한 계획의 일환으로서 1950년대 미국은 교육원조와 교환프로그램 등을 통해 저개발지역에 긍정적인 미국관을 심기 위해 노력하였다.[161] 이러한 노력은 1960년대에 들어와 더욱 강화되었다. 특히 1961년의 '풀브라이트 헤이즈Fulbright-Hays 법안'의 성립으로 미국 정부의 문화적 노력이 하나의 법안으로 통합되었다. 이 법안으로 새로운 교환계획, 미국의 책과 정기간행물의 번역, 미문화원의 활동에 대한 지원, 국제학술대회에 대한 지원, 해외의 미국학에 대한 지원 등이 강화되었다.[162] 1961년 이후 미국은 저개발국에 대학생들로 구성된 평화봉사단peace corps을 파견하기 시작하였고, 한국에도 많은 평화봉사단원들이 파견되었다. 평화봉사단원은 개개인에 따라 다양한 성향을 보였지만, 평화봉사단의 파견은 저개발 사회의 국민들이 미국을 긍정적으로 인식하도록 만드는 것과 함께 이들의 생활의식의 개혁을 기도한 것이었다.[163]

국민의식을 포함한 사회개혁정책과 관련하여 군사정부의 '재건국민운동본부'의 활동이 주목된다. 이 운동이 미국의 대한정책과 어떠한 관련을 맺고 있었는가의 문제는 현재까지 공개되어 있는 자료로서는 파악하기 어렵다. 그러나 내핍생활의 여행勵行, 근면정신의 고취, 생산 및 건설의식의 증진, 국민도의 앙양, 정서관념의 순화, 국민체위 향상 등을 목적으로 했던 재건국민운동본부의 활동은 미국의 당시 대한정책과 일맥상통하였다. 여기에 참여한 인물들 역시 교육자, 언론인, 출판인, 종교지도자 등 미국의 새로운 저개발국정책에서 강조하고 있는 새로운 사회지도계층의 범위에 포함되는 지식인들이었다.

일본과의 관계를 정상화

미국의 대한정책에서 나타나는 또 다른 변화는 일본과의 관계를 정상화해야 한다는 부분이 1950년대에 비하여 더 강조되었다는 점이다.[164] 케네디 대통령은 취임 직후 한일관계를 빨리 정상화해야 함을 국무장관에게 지시하였다.[165] Korea Task Force의 책임자였던 매카나기는 한국과 일본의 관계 개선이 1년 이내에 이루어져야 한다는 점을 권고의 세 번째 항목으로 명시하였다.[166] 또한 1963년 5월에 정책기획실Policy Planning Council에서 나온 대외정책에 대해 간략하게 정리한 보고서의 '일본' 항목에서 일본이 아시아의 '저개발국에 대해 보다 많은 역할Stimulate it to take larger role in development of underdeveloped countries'을 할 수 있도록 해야 한다는 항목이 포함되어 있으며, '한국' 항목에는 '일본과의 관계정상화를 지원Promote establishment of normal relations with Japan' 해야 한다는 내용이 삽입되어 있다.[167]

한일관계 정상화에 대한 미국의 희망은 한국에 대한 미국의 부담을 일본측에 넘기려고 했던 1940년대 말 이후 지역통합전략의 연장선상에서 해석할 수 있다. 그러나 1950년대에는 2장에서 전술한 바와 같이 일본에 대한 아시아 국가들의 부정적 인식과 일본 자체의 문제로 인해 이 정책을 적극적으로 실행할 수 없었지만, 로스토우는 일본의 적극적인 역할이 필요하다는 점을 강조했다. 또한 케네디 행정부가 1950년대에 비하여 이 부분에 더욱 적극적인 관심을 가진 것은 일본의 경제부흥이 어느 정도 성공하였기 때문에 저개발국에 대한 경제적 · 군사적인 역할을 수행할 능력을 갖추게 되었다는 점과,[168] 한국이 경제개발계획을 수행하기 위해서는 일본의 자본과 일본이라는 수출시장이 필요하다는 점이 고려되었다.[169] 특히 일본 자체의 부흥이 완료되었다는 인식은 한일관계 정상화의 기본 전제가 되었다.[170]

1962년 5월에 나온 한일관계와 관련된 국가안보회의에 제출하기 위해 마련된 문서[171]에서는 한일관계를 빨리 정상화해야 하는 이유로서 ㉮ 한국의 빠른 경제개발계획을 위해 일본의 원조가 필요하다는 점, ㉯ 수출을 위한 일본의 시장이 필요하다는 점, ㉰ 자유세계의 단합과 아시아의 힘을 막는 중요한 장애물이 제거되어야 한다는 점, 그리고 ㉱ 북한의 공산주의 정권과의 점증하는 심각한 경쟁에서 한국 정부의 권위가 뒷받침되어야 한다는 점 등이 지적되었다.

여기에서 한 가지 주목되는 것은 "㉱ 북한의 공산주의 정권과의 점증하는 심각한 경쟁에서 한국 정부의 권위가 뒷받침되어야 한다는 점"이었다. 만약 일본이 남한만을 대상으로 한일협정을 맺을 경우 북한에 비하여 남한의 정통성이 더 강화될 수 있을 것으로 판단했던 것이다. 실패하긴 했지만, 이미 1951년의 샌프란시스코 강화조약 시기 트루만 행정부는 남한만을 조약에 참여시킴으로써 남한 정부의 정통성을 강화시켜 주는 방안을 구상했었다.[172] 결과적으로 한일협정의 조약문 안에 '유엔의 결정에 근거한' 대한민국 정부의 범위를 규정함으로써, 38선 이남에서 선거가 실시된 일부분만을 남한의 관할권으로 인정하도록 되었지만, 한일협정은 이 시기 대한민국 정부의 권위를 높여주는 방안의 하나로 논의되었던 것이다.

2) 군사정권에 대한 선택적 지원정책과 성장우선정책

농촌 출신의 젊은 장교들

미국의 대한정책 변화 중 주목해야 할 내용은 쿠데타 이후 군사정부에 대한 입장에서 잘 나타난다. 2장 2절에서 언급한 것과 마찬가지로 로스토우는 1950년대 말 이후 저개발국의 군인들 및 군사정부의 지도자들과 호의적인 관계를 유지해야 한다고 주장하였고, 케네디 행정부는 이 주장을 적극적으로 수용하였다. 이러한 시기의 한가운데에 위치하고 있는 것이 한국의 5·16 쿠데타였다. 5·16 쿠데타는 로스토우가 주장하였던 '농촌 출신의', '젊고', '이전의 생산관계와 연결되지 않는' 군인들에 의한 쿠데타였다.

우선 주목해야 할 점은 1961년 초반부터 쿠데타가 실행되기 직전까지 미 행정부는 민주당 정권의 지도력에 문제가 있음을 지적하면서 새로운 지배세력이 나타나야 한다는 점을 강조했다는 사실이다. 이미 미국의 관리들은 1952년의 부산정치파동과 1956년의 정·부통령 선거 이후 장면의 정치적인 허약성에 대해 비판적인 평가를 내리고 있었다.[173] 팔리 보고서는 민주당 정권을 강화하거나 새로운 지도력의 필요성에 대해 언급한 대표적인 문서였다.

5·16 쿠데타가 일어나기 하루 전에 나온 Korea Task Force의 첫 번째 초안에서는 장면을 "대체할 만한 인지도 있는 지도자clearly identifiable alternative leader"가 없지만, "불행하게도, 지금의 총리는 강력한 지도자a strong leader가 아니라는 점"이 한국 내의 정치 상황의 문제점으로 지적되었다. 따라서 새로운 지도자를 물색할 필요가 있으며 이 과정에서 미국은 '공개적, 비공개적either overtly or covertly' 인 방법을 모두 사용하여, 적극적인 역할을 해야 한다고 권고하였다.[174] 5·16 쿠데타 이후에 나온 네 번째 초안에서 미국의 관리들은 쿠데타가 장면의 지도력 부족 때문에 일어났다는 점을 지적하였다.[175]

민주당 정권에 대한 미국의 입장과 관련하여 또 하나 주목되는 문서는 Korea Task Force에 제출된 작성자 미상의 "긴급임무팀에 대한 제안Suggestion Regarding Korea Task Force"이라는 제하의 문서이다.[176] 이 문서는 총 11항에 걸쳐 대한 정책과 관련된 권고를 하였는데, 이 중 제8항인 '한국 정부의 지도력Korean Government Leadership' 이란 항목이 주목된다. 이 항에서 장면의 지도자로서의 이미지를 높여주고 국민과의 관계를 개선하도록 해야 한다는 내용과 함께 "총리나 행정부의 대체 가능성에 대한 타당성과 유연성Advisability and feasibility of replacing Prime Minister or administration"이라는 내용이 동시에 포함되어 있다. Korea Task Force의 다른 모든 관련문서들이 작성자가 밝혀져 있는 데 반해, 유일하게 작성자가 밝혀져 있지 않은 이 문서는 CIA나 또다른 정보관계자들의 견해로 추측되는데, 미국의 현지기관 일각에서 당장 정권을 교체하지 않는다고 하더라도 장기적인 관점에서 정권교체의 가능성을 모색하였던 것으로 보인다. 이 문서가 권고하고 있는 토론주제의 하나로서 장면 정권이 실패할 경우 경제적 붕괴, 공산주의에 의한 전복과 함께 쿠데타가 하나의 가능성으로 상정되었다. 그럼에도 불구하고 현재까지 공개된 자료들 속에서는 5 · 16 쿠데타를 미국이 직접 지휘했다는 증거는 없으며, 단지 쿠데타를 위해 박정희와 김종필 중심의 세력과는 다른 세력들을 지원하고 있었다고 추측할 수 있는 '크레퍼 사건' 만이 부분적으로 밝혀져 있다.[177]

쿠데타 직후 미국은 군사정부의 지도자들에 대해 부정적인 견해를 가지고 있었다. 이러한 견해는 쿠데타 주체들 중 일부가 과거 공산주의, 사회주의 운동을 했던 경력을 가지고 있었다는 점에 기인하는 것이었으며, 쿠데타 주도 세력들이 민족주의적이면서 고집불통이고 근대적인 행정 경험이 없었다는 점이 비판의 초점이었다.[178] 그리고 시간이 흐르면서 군사정부가 미국의 대한정책에 대해 비협조적이거나, 미국과 사전협의를 거치지 않고 중요한 경제정책을 결정한다는 점 때문에 쿠데타 세력 일부에 대한 인식은 더욱 나빠졌다.

그러나 이것이 전반적인 쿠데타 세력에 대한 평가는 아니었다. 미국은 쿠데타 직후부터 군사정부가 민주당 정권에 비하여 경제적인 문제에 적극적이었으며, 로스토우가 언급한 경제개발을 위한 동력으로서 '민족주의적' 특징을 가지고 있다고 평가하였다.[179] 로스토우는 5·16 이후 군사정부에 대한 지원을 케네디 대통령에게 직접 권고하였다.[180] 대한정책을 입안하고 있었던 미 행정부는 쿠데타가 발생한 지 6일이 지난 후 나온 세 번째 보고서 초안에서 군사정부 외에는 대안이 없는 것으로 파악하였다.[181]

박정희를 불순분자로부터 분리해서 지원

미국의 쿠데타 세력에 대한 정책은 '선택적 지원'의 형태를 띠고 있었다. 지금까지의 5·16쿠데타와 미국의 관계에 대한 논의는 대체로 쿠데타에 미국이 개입하였는가의 여부에 초점이 맞추어져 있었다.[182] 그러나 당시 미국의 대한 정책의 초점은 다른 곳에 있었다. 즉, 미국은 쿠데타 세력 중 미국에 호의적인 세력을 찾거나 또는 호의적인 세력을 만들어서 미국의 정책에 불만을 품고 있거나 사회주의적인 생각을 가지고 있는 군인들을 정권 내에서 제외시키려고 하였다. Korea Task Force의 네 번째 결정서 초안이 나온 이후 부록 F로 새롭게 추가된 부분에는 군사정부에 참여한 사람들 중에서 누가 적합한 지도자인지 찾아야 한다고 지적하고 있다.[183] 5·16 쿠데타 직후 군사정부의 핵심인사와 채널을 열기 위해 고심하던 미국은 6월이 지나면서 박정희를 핵심인물로 지목하고, 박정희의 지도적 입장을 인정해야 함을 강조하였다.[184] 이 문서에서 버거 주한 미국대사는 박정희 외에 다른 대안이 없다고 주장했다. 그는 '박정희 밀어주기'의 핵심인물이었다.

그는 군정이 시작된 이후 5개월이 지난 시점에서 나온 한국 상황에 대한 평가 보고서에서 일부 쿠데타 주체에 대한 불만을 표시하면서 박정희만이 가장 믿을 수 있고 안정된 지도자라고 평가하였다.[185] 1961년 12월 국무부에 보낸 전문에서는 현재의 상황을 안정화시킬 수 있는 유일한 요소는 박정희이며, 박정희가 중심이 된 군사정부는 원조를 보다 효율적으로 사용할 수 있는 자세가 되어 있기 때문에 추가원조가 필요하다고 지적하였다.[186] 그는 불안한 경제적·정치적 상황은 주로 중앙정보부의 경제, 정치에 대한 개입에서 비롯되는 것이며,[187] 통화개혁이나 증권파동은 모두 중앙정보부 때문에 발생한 것이기 때문에 이러한 상황에서 박정희에 대한 지원이 유일한 희망이고 군부의 파벌싸움 역시 박정희의 결정에 의존해야 한다고 국무부에 보고하였다.[188]

군정하에서뿐만 아니라 민간정부로 이양된 후에도 박정희의 주도권을 인정해야 한다는 것이 버거 주한 미국대사의 입장이었으며, 민정이양을 둘러싼 한미 간의 갈등[189]이 표출되었던 시기에도 국무부의 반대에도 불구하고 박정희가 대통령선거에 나가도록 격려해야 한다고 권고하였다.[190] 미 국무부의 관리들은 버거 대사의 입장이 '의식적 낙관주의'라고 표현하였지만,[191] 극동담당 차관보 해리만 W.A. Harriman 이나 국무장관 러스크, 안보담당 대통령 보좌관이었던 번디는 버거 대사의 이러한 입장을 지지하였다.[192]

미 행정부는 쿠데타 직후부터 박정희에 대한 상대적으로 긍정적인 평가와 함께 초기 중앙정보부 조직, 통화개혁 실시, 민주공화당 조직 등에 참여한 군인들을 박정희로부터 일정한 거리를 두도록 하려고 하였다. 강원룡 목사의 회고에 의하면 미국은 정일권丁一權과 이후락李厚洛을 통해 "박정희 둘레로 울타리를 세우고 박정권의 좌경화를 막"았다고 한다.[193] 이후락은 4·19 혁명 시기 CIA의 한국지부장을 역임한 실바P.D. Silva의 적극적인 후원을 받았다. 실버는 장면 총리에게 총리 직속 정보기관을 만들면 지원할 것을 약속하면서 이후락을 책임자로 앉힐 것을 지원의 조건으로 제시하였다.[194] 당시 미국 정부는 군사정부와 관련된 자료들은 당시 군사정부에 참여하고 있는 인사들이 과거에 어떠한 방식으로 좌익활동에 관련되어 있었는가에 대해 분석하였다. 또 다른 문서에서는 일부 군사정권의 정치 · 경제 고문들과 중앙정보부에 참여하고 있는 사람들에 대해 'back-room boys'라고 하면서 이들을 군사정부 내에서 몰아내야 할 필요성을 강조하였다.[195]

1963년 1월에 나온 군사정부 시기 미국의 대한정책 문서인 "한국에 대한 정책지침 문서Guidelines Paper on Korea"[196]에서는 박정희에 대한 지원을 명확하게 재확인하고 있다. 즉, 당분간 미국은 박정희와 효과적으로 공조관계를 유지해야 하며, 원조문제를 관계유지를 위한 수단으로 이용하면서 군사정부 내에서 통합성을 공고하게 하도록 하기 위하여 "박정희에게 지원을 해야만 한다should give

General Pak support"는 점을 '기본적인 접근' 항의 제3항에 포함하였다.

국무성의 경제전문가였던 버거를 한국대사로 임명한 것도 의미가 있는 것이었다. 브리그스A.O. Briggs, 주한 미국대사 이전에 주 도미니카대사, 주 우루과이대사, 레이시W.S.B. Lacy, 주한 미국대사 이전에 주 필리핀 대사관 참사관, 다울링주한 미국대사 이전에 주 핀란드 부영사, 주서독대사관 근무, 매카나기주한 미국대사 이전에 주 미얀마대사 등 이전에 주한 미국대사들이 전형적인 외교관이었던 데 반하여 버거는 국무부 소속의 노동관련 경제전문가였다.[197] 팔리가 제안한 대통령 특별파견단의 수준은 아니지만, 비중을 가진 인물을 파견해야 한다는 고려에서 버거가 임명되었다.[198]

결정적인 사건은 박정희의 미국 방문이었다. 미국은 민정이양을 강력하게 주장하면서도, 아직 민정이양이 되지도 않은 상태에서, 국가의 수반으로 선출조차 되지 않은 박정희를 미국으로 초대하여 국민들뿐만 아니라 군사정부 내에서 그의 위신을 높여주는 역할을 하였다. 군사정부 내에 많은 파벌이 있다는 사실을 인정하면서도 박정희를 미국으로 초청했다는 것은 당시 미행정부의 박정희에 대한 입장을 잘 보여주는 것이었다.[199] 물론 이러한 초청은 군사정부에 대한 미국 영향력의 제고를 기본 목적으로 한 것으로 보이지만, 당시 미국의 문서들은 박정희의 미국 초청과 케네디 대통령과의 면담은 박정희의 위신을 높여주기 위한 계획임을 명백하게 밝히고 있다.[200] 버거 대사는 박정희의 미국 방문은 내적으로 박정희에 대한 지지를 제고시켜 주었으며, 상황을 안정되게 만들었다고 평가하였다.[201]

미국의 군사정부에 대한 적극적인 개입은 군사정부에 반대한 인사들에 대한 배려에서도 나타나며[202] 민정이양 시기에도 계속되었다. 1963년 박정희의 군정 연장 선언으로 인하여 민정이양을 둘러싼 한미 간의 갈등이 제기되기도 하였지만, 군인들이 옷을 벗고 민간정부에 참여하는 방식에 대해서 미국은 제동을 걸지 않았으며,[203] 주한 미국대사관은 군인들과 정치인들이 합작한 정당의 출현을 희망한다는 내용을 국무성에 전달하였다.[204]

5·16 쿠데타 이후 몇 년이 지나 이루어진 버거의 군사정부에 대한 평가는 이러한 미국의 정책을 잘 보여준다. 버거는 1966년 베트남의 상황을 개선하기 위한 방안으로서 한국의 역사적인 경험을 강조하면서, "군부 지도자들, 그중에서도 특히 박정희의 성격은 미국의 정책 변화에 어느 정도to some extent 적합한 것"이었다고 평가하였다.[205] 1950년대 중반 한국의 경제 상황이 전혀 희망이 없었던 반면 베트남의 경제는 희망적이라고 평가했던 국제통화기금IMF의 평가[206]와는 전혀 상반되는 내용으로 이루어진 이 문서에서 버거 대사의 박정희에 대한 평가는 매우 긍정적인 것이었다.

> 우리는 박정희를 지도자로서의 자질과 개인적으로 솔직한 성품을 가진, 국가의 아픔에 대해 보통 이상으로 깊은 감정을 가진 사람으로 평가했으며, 통치의 원칙 속에서 우리는 그를 교육시키려고 하였다. We sized up Pak Chong-hui as a man of unusual depth of feeling about the sickness of his country, with qualities of leadership and personally honest, and we sought to educate him in the fundamentals of governing.

버거 대사의 결론은 민주당 정권과 같이 불안정한 정치상태를 계속하고 있는 국가에서는 군사정부의 수립을 통한 효율적인 정책의 창출이 불가피하다는 것이었다. 아울러 다양한 성향의 장교들 가운데 미국이 미국의 정책에 합당한 사람을 "찾아서 양성find and cultivate"해야 함이 중요함을 지적하였다.

케네디 행정부의 대한정책 변화 내용은 1963년에 나온 "한국에 대한 정책지침 문서," 1965년에 나온 "국가정책문서: 대한민국National Policy Paper; Republic of Korea"에 지속되었다.[207] 미국의 입장에서 볼 때 한국의 경제발전과 정치적 · 사회적 진보는 다른 아시아 국가들, 특히 베트남의 경우와 비교하여 눈에 띄는 모범이었다.[208]

안정이 아니라 성장

한편, 군사정부에 대한 변화된 입장과 함께 케네디 행정부의 대한정책 변화의 기저에는 대한정책에 참여했던 관리들의 생각의 변화가 자리잡고 있었다. 특히 '신경제학New Economics'과 같은 맥락에서 인플레이션과 성장에 대한 경제적 사고의 변화가 나타난다.

> 경제의 안정은 재정정책에만 의존하는 것이 아니라 일상적인 기업 활동의 복구에도 중요한 영향을 받는다. 기업가들은 합리적인 이익을 위하여 몰수 또는 인플레이션의 위협 없이 자신들의 기업을 운영하고 확장할 수 있는 자신감을 가져야 한다.부정축재 문제에 대한: 필자주 실제적인 해결방안은 그들의 기업가적 경험과 증명된 능력에 손해를 미치지 않으면서 그들의 사회에 대한 빚을 되갚도록 하는 방안으로 이루어져야 한다. 이와 관련하여 미국은 한국 정부가 생산적인 기업으로의 투자를 통해 재투자를 고려하도록 한다는 보고서에 상당히 고무되어 있다.[209]

이 문서 외에 "긴급임무팀에 보내는 세 번째 초안Third Draft - Report of the Korea Task Force"에서도 경제개발을 위하여 어느 정도의 인플레이션을 용인해야 할 필요성을 지적하고 있으며, 통화팽창보다 더 큰 문제는 불합리한 금융제도라고 하면서 금융·재정체계를 손질해야 한다고 강조하였다.[210]

미국이 인플레이션에 대한 강박관념에서 벗어나 성장과 개혁의 문제에 큰 관심을 기울였다는 점은 공무원과 경찰에 대한 봉급인상을 적극적으로 추진한 점에서도 잘 나타난다. 1950년대를 통해 미국은 공무원의 임금을 인상하려는 이승만 정권의 정책을 반대하였다. 반대의 이유는 공무원의 임금인상이 재정안정계획에 부합되지 않았기 때문이었다.[211] 4·19 혁명 이후에 민주당 정부에게 인플레이션의 위협에도 불구하고 환율의 현실화와 공공요금 인상을 요구했지만, 이것은 대충자금의 증대를 통해 원조를 줄이기 위한 방편이었다. 그러나 5·16 직후의 정책문서들은 공무원과 경찰의 임금인상이 일시적인 통화팽창을 가져올 수 있더라도 부패의 제거를 위해서는 반드시 실행되어야 한다고 강조하였다.[212]

물론 이러한 생각을 모든 관료들이 공유한 것은 아니었다. 특히 1950년대부터 업무의 연속성을 가지고 있었던 한국 현지의 관료들과 일부 국무부 관리들은 인플레이션의 중요성을 계속 강조하였다. "다른 나라의 경우에서 나타났던 심각한 인플레이션 없이 경제성장을 이룬 사례를 감안하지 않더라도 1958년과 1959년 한국의 기록은 급속한 성장이 가격 안정을 통해 가능하다는 것을 보여준다. 1960년과 1961년의 경험은 물가의 상승이 낮은 경제성장률을 동반한다는 점을 잘 보여준다"는 국무부의 한 보고서는 당시의 경제성장률을 고려할 때 사실과는 다른 평가지만, 인프레 억제를 통한 안정기조가 대한정책의 실행자 내부에서 계속 관철되고 있다는 하나의 예이다.[213]

이 문제는 두 가지 측면에서 분석할 수 있다. 첫째로 정책 결정과 정책 실시 사이에서 나타나는 '시간적 지연'의 문제이다. 새로운 정책이 고위층에서 결정되었다고 할지라도 그것이 실제 정책으로 나타나기에는 어느 정도의 시간이 필요하다. 특히 대외정책의 경우 정책을 결정하는 중앙과 그 정책을 시행하는 현지와의 시차는 클 수밖에 없다. 경우에 따라서는 시차의 문제뿐만 아니라 심각한 갈등으로 표출되기도 한다.

둘째로 정책 실행과정에서 나타나는 '기관 institution'의 특수성 문제이다. 관리들의 생각과 행동은 자신들 스스로의 생각이나 국가의 정책에 의해서 좌우되기도 하지만, 오랫동안 지속되어 온 자신들이 속해 있는 기관의 관행에 따라 움직이는 경우가 많다. 때때로 이것이 새로운 정책을 가로막는 하나의 요인으로 작용하기도 한다. 1950년대를 통해 인플레이션 억제를 통한 재정안정이라는 경제적 정책하에서 움직였던 관료들이 새로운 정권하에서 곧바로 자기들의 생각을 바꾸는 것은 쉽지 않았을 것으로 추측된다.[214] 새로운 생각을 가진 관료가 기존의 기관에 들어가 기관의 방향이나 특성을 변화시키는 것도 쉬운 문제는 아니다.

이와 같은 '시간적인 지연'의 문제에도 불구하고 새로운 미국의 정책은 1963년 이후 본격적으로 한국에서 적용되기 시작하였다. 이와 관련하여 1964년부터 제2차 경제개발 5개년계획 입안을 위한 미국인 고문, 특히 콜D.C. Cole의 역할은 매우 시사적이다. 이전의 주한 미국대사관이나 원조관련 기관의 미국인 관료들이 대체로 경제전문가라기보다는 관리형 관료였던 데 비하여 1961년 민주당 정권의 경제개발계획을 위한 고문으로 내한하였던 울프 박사와 콜 박사는 경제개발론 및 미국의 대외정책 전문가였다.

특히 콜 박사는 인플레이션 억제를 위한 안정화 정책에 대해 부정적인 입장을 가지고 있었다. 1950년대의 안정화계획이 인플레이션 문제에만 초점을 두어 "성장의 실제적인 장애물"로 작용하였으며, "한국인 스스로가 경제를 담당할 수 있는 책임"을 지지 못하도록 만들었기 때문에 비효과적이었고 잘못 실행된 정책이었다고 비판하였다.[215] 그는 경제개발계획에 대한 자문을 위하여 내한하였을 때 경제개발을 위하여 "환율은 낮게, 생산적 활동과 수출을 위한 대출은 싸게, 저축을 위한 이자는 높게" 하는 정책을 적극적으로 추진하였다. 인플레이션의 결과는 새로운 상품과 자원의 동원을 통해 부분적으로 상쇄될 것으로 생각하였다.[216] 새로운 정책을 뒷받침할 수 있는 새로운 관료들이 동원되기 시작한 것이었다. 1963년경에 이르러 미국의 관리들은 "경제적 발전이라는 목표를 달성하지 못하는 어떠한 남한 정부도 유지될 수 없다"는 생각을 갖게 되었다.[217]

1964년 군복만 벗은 민간인 박정희를 수반으로 하는 새로운 정부가 수립되는 시점에서 미국은 새로운 정책을 뒷받침할 수 있는 새로운 관료들을 동원하기 시작하였다. 1950년대 중반 이후 경제개발계획의 입안과 실시에 대한 사회적 공감대가 형성된 한국은 1956년부터 경제개발계획을 입안하기 시작하였는데, 계획의 입안과 실시가 힘을 받기 시작한 시기는 이상과 같은 미국의 대한정책이 변화하기 시작하는 1961년이었고, 본격적인 실시가 가능했던 시기는 한국뿐만 아니라 미국의 대한정책을 입안하는 부서에 새로운 관료들이 자리잡기 시작하는 1964년이었다.

미주

1 박태균, 2005, 『한국전쟁』, 책과함께, pp. 344-354.

2 서중석, 2000, 「이승만대통령의 반일운동과 한국민족주의」, 『인문과학』 제30집 참조.

3 『제1회 국회속기록』 제86호, 1949년 4월 27일, pp. 702-703; 『제5회 국회속기록』 제28회, 1949년 10월 31일, p. 549; 제29회, 1949년 11월 1일, p. 583.

4 송인상, 1996, 『성장과 부흥』, 21세기북스, pp. 149-150, 302-303.

5 Executive Secretariat, FOA/W, "Far East Regional Conference, Manila, February 22-26, 1954" March 6, 1954, RG 59, Lot File 57D149, Box 2, NARA; NSC 5429, "Review of U.S. Policy in the Far East," August 4, 1954, *FRUS 1952-1954*, Vol. XII, Part 1, pp. 699-700; NSC 5506 "Future United States Economic Assistance for Asia" January 21, 1955, RG273, NARA.

6 "U.S. Policy Toward Japan," NSC 5516 March 29, 1955, *ibid.*; Executive Office of the President, "U.S Policy Toward Japan," Memorandum for All holders of NSC 5516/1, May 16, 1960, *ibid.*

7 William O. Walker Ⅲ, "Mixing the Sweet with the Sour: Kennedy, Johnson, and Latin America," Kunz ed., *The Diplomacy of Crucial Dacado* (New York: Columbia University Press, 1994), pp. 46-48.

8 성장을 통한 인프레 억제 방안은 1952년 네이산(Nathan)에 의해서 강력하게 주장되었다. 네이산은 "안정이 될 때까지 재건을 미룰 필요는 없다. 한국의 인프레는 상품공급의 확대와 재정적 요구의 제한에 달려 있다. 그것은 재건의 중지에 있는 것이 아니다. 가장 급선무는 한국의 생산능력을 재건하는 동시에 인프레에 통제를 가하는 것"이라고 주장하였다 (Nathan's "Letter of Transmittal" of the Report to the UNKRA's Kingsley pp. 9-10, in UNKRA "Preliminary Report on Economic Reconstruction of Korea," December 15, 1952, prepared by Robert R. Nathan Associates, Inc. UNKRA/AG/13 p. 26 (Satterwhite, "The Politics of Economic Development," Ph.D dissertation, University of Washington, 1994, pp. 227-228에서 재인용)).

9 박태균, 1998, 「1948-1950년 미국의 대한경제부흥정책」, 『역사와 현실』 28, pp. 47-48 참조.

10 Discussion at the 311th Meeting of the National Security Council, Thursday, January 31, 1957, Ann Whitman File; Eisenhower; Papers, 1953-61, DDEL.

11 갈홍기(공보처장), 「FOA 거부행위로 한국재건사업은 침체」, 『주보』 122호 1954년 9월 8일자.

12 "The Special Representative for Korean Economic Affairs (Tasca) to the President," NSC 156, *FRUS 1952-1954*, Vol. XV, Part 2, pp. 1244-1263; "Strengthening the Korean Economy," NSC 156/1, July 17, 1953, *ibid.*, pp. 1384-1394.

13 국회 입법조사국, 1964, 『미국의 대한원조관계자료(제1집)』, 입법참고자료 제14호.

14 "U.S. Objectives and Courses of Action in Korea (NSC 170/1)," November 20, 1953, *FRUS 1952-1954*, Vol. XV, Part 2, pp. 1620-1624.

15 「환율조정은 불가피: 경제계획 대폭 수정, 원조정관」, 1957년 11월 1일자; 「원조종관, 합경위서 수습책 경고」, 1957년 12월 5일자(이상 『경향신문』); "Note by the Executive Secretary to the National Security Council on U.S. Objectives and Courses of Action in Korea," NSC 5514, February 25, 1955, *FRUS 1955-1957*, Vol. XXIII, Part 2, pp. 42-48; "Statement of U.S. Policy toward Korea," NSC 5702/2, August 9, 1957, *ibid.*, pp. 491-498; NA-McClurkin to FE-Robertson, "Scope of Discussions with ROK," 895b.00/6-2055 Decimal File 1955-1959, NARA; "Annual Economic Report 1955, Republic of Korea," 895b.00/3-1956, *ibid.*; "Statement of U.S. Policy toward Korea," NSC 5817, August 11, 1958, *FRUS 1958-1960*, Vol. XVIII, pp. 485-491; "Statement of U.S. Policy toward Korea," NSC 5907, *ibid.*, pp. 571-579.

16 이현진, 2005, 「제1공화국기 미국의 대한경제원조정책 연구」, 이화여대 박사논문, p. 167.

17 "Statement of U.S. Policy toward Korea," NSC 5702/2, August 9, 1957, *FRUS 1955-1957*, Vol. XXIII, Part 2, pp. 491-498.

18 Draft Statement of U.S. Policy toward Korea, NSC 6018, November 28, 1960, *FRUS 1958-1960*, Vol. XVIII, pp. 699-707. 아울러 수출과 국내수요와 관련된 생산성의 확대를 위한 환율의 개혁도 항목 내에 설정되었다.

19 국가안보회의 문서 5702시리즈의 초안인 5702는 국방부의 executive secretary였던 레이(James S. Lay, Jr.)에 의해서 작성되었는데, 기본적인 목적은 경제개발과 관련된 것이 아니라 한국군의 감축과 관련된 문제를 어떻게 처리할 것이며, 감축으로서 제안될 수 있는 대안 4개를 제시한 문서였다("Evaluation of Alternative Military Programs for Korea," NSC 5702, January 14, 1957, WHO-SANSA-5, DDEL).

20 J. Woo, *Race to Swift* (New York: Columbia University Press, 1991), pp. 70-71.

21 「쿠리자금 총 10억환」, 『동아일보』 1959년 6월 19일자; D. Macdonald, *U.S.-Korean Relations from Liberation to Self-Reliance* (SF: Westview Press, 1992), pp. 282-283.

22 No title, 895.00/10-457, Decimal File 1955-1959, NARA; "Quarterly Economic Summary, January-March, 1958, Republic of Korea," 895.00b/6-1058, *ibid.*

23 「쿠리기금 융자추진」, 『서울경제신문』 1962년 6월 10일자.

24 Embtel No. 263, 895b.11/8-2855, Decimal File 1955-1959, NARA.; Embtel, No. 271, 895b.11/8-2955, *ibid.*; Deptel, 895b.11/9-655, *ibid.*; "Taxation of American Firms in Korea," 895b.11/9-855, *ibid.*; Deptel, 895b.11/9-955, *ibid.*; NA Mr. Hemmendinger to FE Mr. Robertson, Jones, "Summary Background of Foreign Businessmen's Tax Dispute with the Republic of Korea," 895b.11/9-1355, *ibid.*

25 "Annual Economic Report 1955, Republic of Korea," 895b.00/3-1956, *ibid.*; "Annual Economic Review, ROK, 1956," 895b.00/5-2157, *ibid.*

26 Mr. Parsons to Mr. Mann, no title, 895.00/10-2158, *ibid.*

27 Mr. Parsons to Mr. Mann, "Call of Korean Minister of Reconstruction on the Acting Secretary," 895b.00/10-2158, *ibid.*; "Korean Reconstruction Program," 895.00b/10-2058, *ibid.*; "Weekly Economic Review," No. 52, 895b.00/12-3159, *ibid.*

28 Report to National Security Council, Status of the Mutual Security Program, NSC 5912 Part 2, RG 273, Records of NSC, EO12856, Box 51, NARA. 국제협조처의 경우 내부에 민간기업과(Office of Private Enterprise)를 두었으며, 비록 의회에서 승인이 거부되기는 하였지만 사적투자에 인센티브를 주기 위한 500만 달러가 신청되기도 하였다.

29 "Annual Economic Review, ROK, 1956," 895b.00/5-2157, Decimal File 1955-1959, NARA.

30 Embtel, No. 1349, April 11, 1961, NSF: CO: Korea, Box 128, 4/11/61-5/17/61, JFKL.

31 「체결될 한미통상조약」, 1956년 9월 9일자; 「한미우호통상조약 합의」, 동년 10월 6일자; 「한미우호통상조약의 의의」, 동년 10월 19일자; 「한미우호통상조약 공포와 실효」, 1957년 10월 9일자(이상 『경향신문』).

32 이종원, 1995, 『京アジア冷戦と韓米日關係』, 東京大出版匯会, pp. 223-244; 박태균, 2001, 「1950 · 60년대 미국의 한국군 감축정책」, 『국제지역연구』 참조.

33 Editorial Note, *FRUS 1955-1957*, Vol. XXIII, Part 2, p. 194; Memorandum of Discussion at the 279th Meeting of the National Security Council, Washington, September 20, 1956, *ibid.*, pp. 309-314.

34 합의의사록이 체결되기 직전 이승만의 방미에 대비한 주한 미대사관의 한 문서에서는 이미 군대 감축의 필요성을 제기하였다(Drumright to the Secretary of State, "Saturday Morning Meeting to Discuss Rhee Visit," 795b.11/7-2354, Decimal File 1950-1954, NARA).

35 "Maintain the general security position of the ROK by increasing the combat effectiveness of its active armed forces and developing an effective reserve in order to permit a reduction in the size of its active armed forces at an appropriate time" ("Note by the Executive Secretary to the National Security Council on U.S. Objectives and Courses of Action in Korea," NSC 5514, February 25, 1955, *FRUS 1955-1957*, Vol. XXIII, Part 2, p. 46).

36 Discussion at the 297th Meeting of the National Security Council, Thursday, September 20, 1956, NSC Series, Ann Whitman File, Box 8, DDEL; Discussion at the 311th Meeting of the National Security Council, Thursday, January 31, 1957, *ibid.*

37 이종원, 앞의 책, pp. 228-246 참조.

38 Memorandum of Discussion at the 276th Meeting of the National Security Council, Washington, February 9, 1956, *ibid.*, Vol. 23, pp. 217-220.

39 "at long last, the New Look has come home to roost with a vengeance" (Discussion at the 326th Meeting of the National Security Council, Thursday, June 13, 1957, *ibid.*, pp. 443-454).

40 The Special Representative for Korean Economic Affairs (Tasca) to the President, *FRUS 1952-1954*, Vol. XV, Part 2, pp. 1244-1263.

41 Memorandum from the Officers in Charge of Korean Affairs (Nes) to the Director of the Office of Northeast Asian Affairs (Parsons), October 1, 1956, *FRUS 1955-1957*, Vol. XXIII, Part 2, pp. 315-320; Memorandum from the Joint Chiefs of Staff to the Secretary of Defense (Wilson), October 11, 1956, *ibid.*, pp. 322-325; Telegram from the Embassy in Korea to the Department of State, October 12, 1956, *ibid.*, pp. 325-329; Discussion at the 411th Meeting of the National Security Council, Thursday, June 15, 1959, *FRUS 1958-1960*, Vol. XVIII, pp. 559-570.

42 「재건의 기상: 석공편」, 『산업경제신문』 1956년 1월 27일자.

43 「위기에 봉착한 기간산업」, 『경향신문』 1956년 7월 26일자.

44 D. Macdonald, *op. cit.*, p. 99. 1957년 11월 한국군의 규모를 규정하고 있던 합의의사록의 부록 B항이 개정되었으며, 2개 사단의 감축은 1958년 12월에 이루어졌다.

45 Editorial Note, *FRUS 1958-1960*, Vol. XVIII, pp. 432-433; Editorial Note, *ibid.*, pp. 460-461; 박태균, 『우방과 제국』, pp. 154-156.

46 『국무회의』 4291년 1월 28일자 회의록.

47 "U.S. Policy in the Far East," NSC 5913, September 3, 1959, RG 273, Records of the

NSC, EO12856, Box 51, NARA.

48 Discussion at the 411th Meeting of the National Security Council, p. 565.

49 Memorandum of Discussion at the 470th Meeting of the NSC, December 20, 1960, *FRUS 1958-1960*, Vol. XXII, pp. 710-713.

50 Discussion at the 469th Meeting of the NSC, Thursday, December 8, 1960, Ann Whitman File; Eisenhower; Papers, 1953-61, DDEL.

51 Presidents Committee to Study the United Sates Military Assistance Program, "Committee Report" (Washington, D.C., August 17, 1959); "Areas of Discussion Proposed by the Draper Committee for Their Meeting with the Joint Chiefs of Staff on Thursday, 15," January 1959. U.S. Presidents Committee to Study the U.S. Military Assistance Program (Draper Committee): Records, 1958-59, Box 17, DDEL.

52 A.A. Jordan, Jr., *Foreign Aid and the Defense of Southeast Asia* (New York: Frederick A. Praeger, Inc., 1962), pp. 198-199.

53 NSC 5907 "U.S. Policy toward Korea" July 1, 1959, *FRUS 1958-1960*, Vol. XXII, pp. 571-579.

54 D. Macdonald, *op. cit.*, pp. 100-101.

55 John Kenneth Galbraith, *A Life in our times* (Boston: Houghton Mifflin Company, 1981), p. 416.

56 로버트 원(Robert Warne)과의 인터뷰. 로버트 원은 윌리암 원 경제조정관의 아들이다.

57 홍성유, 1965, 『한국경제의 자본축적과정』, 고려대학교 아세아문제연구소, pp. 295-311.

58 「주한경제조정관실을 개칭: 미원조단으로 발족. 7.1.부터 미대사가 직접 감독」, 『동아일보』 1959년 6월 30일자. 1997년에 발표한 졸고 「1950년대 말 미국의 대한정책과 로스토우의 근대화론」(『한국사론』)에서는 1950년대 말 미국의 대한정책이 변화하였다고 정리한 이종원, 우정은 등의 기존의 연구성과를 전적으로 받아들였다. 그러나 1997년 말과 1998년을 통해 미국 국립문서보관소와 아이젠하워 도서관, 케네디 도서관, 존슨 도서관에 있는 자료들을 검토하는 과정에서 1950년대 미국의 대한정책 변화가 본질적인 성격의 변화가 아니라는 결론을 얻을 수 있었다.

59 1958년 말부터 1959년을 통한 정치적 불안정은 재일교포 북송문제와 함께 1959년 말에 실린 송년기사에 잘 나타난다(「어두웠던 4292년」, 『한국일보』 1959년 12월 31일자).

60 「대자동결로 부흥사업난관」, 1957년 10월 20일자; 「초긴축정책을 지속」, 1958년 1월 7일자; 「김재무 답변, 긴축재정을 계속 유지방침」, 1958년 12월 16일자; 「환율유지와 자금 두색화(杜塞化)」, 1956년 9월 6일자(이상 『경향신문』).

61 「합경기획분위서 관영사업비 83억 방출 결정」, 1956년 9월 18일자; 「국영기업체 융자 334억」, 1958년 11월 7일자; 「탄가인상안과 석공 운영」, 1956년 10월 6일자; 「혼돈에 빠진 삼척세멘트」, 1956년 12월 6일자; 「경영의 합리화는 구두선」, 1957년 3월 29일자; 「시설투자 확장으로 생산비인하 시급」, 1957년 3월 30일자; 「분할불하추진과 정부의존 지양 긴요」, 1957년 3월 31일자(이상 『경향신문』); 『국무회의(상)』, 4291년 1월 2일자 제1회 국무회의.

62 「침체상태에 있는 제분업계」, 『서울경제신문』 1961년 11월 27일자.

63 「태풍의 상처」, 1959년 9월 21일자; 「미국의 긴급원조 요청」, 동일자; 「풍수해 복구비 방출계획결의」, 1959년 9월 25일자(이상 『한국일보』).

64 1958년 말과 1959년 초의 경제관련 기사는 경제문제에 대한 양면적 인식을 잘 보여준다(「통화정책의 재검토 시급」, 1958년 12월 23일자; 「경제의 발자취」, 1958년 12월 27일자; 「장기개발계획이 최대공약수」, 1958년 1월 1일자; 「지나친 물가억제는 경제발전 저해」, 1958년 1월 3일자(이상 『경향신문』)).

65 S.H. Lee, *op. cit.*, p. 25. "Quarterly Economic Summary - January-March 1959, Republic of Korea," 895.00b/6-159, Decimal File 1955-59, NARA.

66 미대사관은 1957년 부흥부차관에 임명된 신현확에 대해서도 전문관료로서 한미 간의 공조관계에 긍정적 역할을 할 것으로 기대하였다. "Weekly Economic Review No. 26," 895b.00/7-157, Decimal File 1955-1959, NARA.

67 S.H. Lee, *op. cit.*, p. 22.

68 『네이산 보고서』, pp. 542-543; 송인상, 앞의 책, pp. 168-177.

69 이한빈은 군지식층이 관료사회에 충원되었지만 상대적으로 경제부처에의 침투는 크지 않았다고 분석했다(이한빈, 1969, 『국가발전의 이론과 전략』, 박영사, pp. 130-133).

70 전국경제인연합회 편, 1975, 『경제정책 30년사』, 사회사상사, p. 846.

71 1958년을 통해 부흥을 위한 정책과 안정계획이 계속 발표되었지만, 1959년 들어서도 미국의 원조 감소에 대한 불안감이 신문지상을 통해 계속 표출되었다(「외원삭감은 敗北 초래」, 『경향신문』 1959년 3월 17일자; 「이대통령회견담: 원조삭감은 불가」, 『동아일보』 1959년 6월 9일자). 1958년 5월까지 한국 정부의 부흥정책이 필요하다고 공개적으로 언명했던 원 경제조정관은 1958년 6월 이후에는 한국에 대한 원조가 감소하지 않는다는 점을 해명하는 데 주력하였다.

72 1950년대 중반 이후 저소득으로 인한 국민들의 불안감과 관영기업을 중심으로 하여 노동자들의 파업 움직임이 두드러지게 나타나기 시작하였다(「가치와 가격의 괴리」, 『한국일보』 1959년 9월 6일자; 「파업태세를 갖춘 8천 석공종업원」, 『한국일보』 1959년 10월 11일자).

73 Letter From the Officer in Charge of Economic Affairs, Office of Northeast Asian

Affairs (Parsons) to the Charge in Korea (Strom), December 2, 1955, *FRUS 1955-1957*, Vol. XXIII, pp. 191-193.

74 D. Macdonald, *op. cit.*, pp. 271-272.

75 Seoul to DOS, Embtel 481, "Annual Economic Revies, ROK, 1956" May 21, 1957, 895b.00/5-2157, RG 59, Decimal File 1955-1959, NARA.

76 OCB, November 30, 1955, NSCS-OCB-3, DDEL(신욱희 교수 소장 문서).

77 From NA Mr. Ockey To NA Mr. Hemmendinger, "Economic Mission to Korea," 895b.00/2-356, Decimal File 1955-1959, NARA.

78 「사설: 미경제조정관의 대사(代射)에 즈음하여」, 『경향신문』 1956년 7월 24일자.

79 D. Macdonald, *ibid.*, pp. 261-262.

80 Memorandum From the Director of the Office of Northeast Asian Affairs (Parsons) to the Assistant Secretary of State for Far Eastern Affiars (Robertson), November 1, 1956, *FRUS 1955-1957*, Vol. XXIII, pp. 340-341.

81 「알랜더 의원, 외신보도를 해명」, 『경향신문』 1956년 9월 17일자. 현지기관과는 달리 워싱턴의 행정부와 의회는 한국경제에 대해 계속 부정적인 인식을 가지고 있었다(존슨과의 인터뷰).

82 Progress Report Prepared by the OCB, *FRUS 1955-1957*, Vol. XXIII, pp. 292-297.

83 "Current review of U.S. Program in Korea," 1956. 10. 10; Seoul to DOS, Embtel 481, "Annual Economic Revies, ROK, 1956" May 21, 1957, 895b.00/5-2157, Decimal File 1955-1959, NARA; "Confidential Memo," March 1958, RG 84 (Steven Hugh Lee, *ibid.*, pp. 2, 10에서 재인용).

84 「경제재건에 헌신: 원씨입경제일성」, 1956년 7월 24일자; 「원조정관 언명-건전한 부흥체계지향」, 1958년 2월 6일자; 「원 조정관 - 경제자립책에 언급」, 1958년 4월 26일자; 「원조정관 - 장기경제개발계획을 찬성」, 동년 7월 4일자; 「원 조정관 - 미대한원조액등언급」, 동년 9월 5일자; 「원조정관, 한국경제전망」, 동년 12월 26일자; 「다우링 대사, 미상원 증언 후언명」, 1959년 1월 27일자(이상 『경향신문』).

85 「외환세법 조건부 수정통과」, 『경향신문』 1958년 8월 15일자; "Economic Assessment-Korea, July-December 1958," 895.00b/3-1158, Decimal File 1955-1959, NARA; "Transmittal of, and Comments on, Three Memoranda by the Tax Advisory Group Concerning a Special Tax on Foreign Exchange Transaction," Embtel No. 74, 895b.11/7-3157, *ibid.*

86 「투자보장협정 성안」, 1957년 8월 4일자; 「외국자본을 유인」, 1958년 9월 3일자; 「23일 외

환특별세법시행령을 공포」, 동년 10월 24일자(이상 『경향신문』); "Quarterly Economic Summary, January - March, 1958, Republic of Korea," 895.00b/6-1058, *ibid.*

87 「한미투자보장협정 축진」, 『경향신문』 1957년 11월 4일자.

88 Letter From the Acting Director of the Office of Northeast Asian Affairs (Parsons) to the Counselor of Embassy in Korea (Strom), August 1, 1956, *FRUS 1955-1957*, Vol. XXIII, pp. 297-299.

89 "Annual Economic Review, 1955, Republic of Korea," 895b.00/3-1956, Decimal File 1955-1959, NARA.

90 BNSP (S/P draft-D. Armstrong) with attached summary. 11/8/63, Box 280, Entry 5041 Records of the Policy Planning Council, 1963-1964 Lot 70D199, RG 59, NARA.

91 미국 관료들이 송인상의 역할에 대해 주목한 문서들은 다음과 같다. "Weekly Economic Review, No. 15," 895b.00/4-1257, Decimal File 1955-1959, NARA; "Weekly Economic Review No. 24," 895b.00/6-1757, *ibid.*; "Quarterly Economic Summary - January - March 1959, Republic of Korea," 895.00b/6-159, *ibid.*; Steven Hugh Lee, *op. cit.*, pp. 24-32.

92 "Annual Economic Review, ROK, 1956," May 21, 1957, 895b.00/5-2157, Decimal File 1955-1959, NARA.

93 Memorandum From the Officer in Charge of Korean Affiars (Nes) to the Deputy Director of the Office of Northeast Asian Affiars (Parsons), July 12, 1956, *FRUS 1955-1957*, Vol. XXIII, p. 291; Letter From the Acting Director of the Office of Northeast Asian Affiars (Parsons) to the Counselor of Embassy in Korea (Strom), August 1, 1956, *ibid.*, pp. 297-298.

94 Oregon Report, p. iv.

95 송인상은 장관에 취임한 직후 외자도입법의 제정이 긴요함을 공개적으로 발표하였다(「외자도입법 제정이 긴요: 송장관, ICA 장관 발표에 언급」, 『경향신문』 1957년 9월 14일자).

96 P.H. Satterwhite, *op. cit.*, pp. 244-247; 홍석률, 1994, 「한국전쟁 직후 미국의 이승만 제거계획」, 『역사비평』 가을호, pp. 162-167; 박태균, 2006, 『우방과 제국』, pp. 116-144. 이승만은 1952년의 이승만제거계획이 실패했기 때문에 무쵸(John J. Muccio) 당시 주한 미국대사가 미국으로 쫓겨간 것으로 해석하였다(『국무회의』 4291년 1월 28일자).

97 크롱크의 임명은 동북아시아과장 파슨스의 추천에 의한 것이었다(Letter From the Officer in Charge of Economic Affairs, Office fo Northeast Asian Affairs (Parsons) to the Charge in Korea (Strom), December 2, 1955, *FRUS 1955-1957*, Vol. XXIII, Part 2, pp.

191-193).

98 Oregon Report, p. iv.

99 "Qarterly Economic Summary-July-September 1959, ROK," November 30, 1959, 895b.00/11-3059, Decimal File 1955-1959, NARA.

100 C. Wolf, Jr., "Honorable Tae Wan Son, Minister of Reconstruction," March 28, 1961, Economic Department, The RAND Corporation, p-2288, 24 April 1961, "On Aspects of Korea's Five-Year Development Plan," Prepared for Ministry of Reconstruction, Republic of Korea, Produced by The RAND Corporation, Santa Monica, California.

101 W.P. McConaughy to Members of Korea Task Force, "Meetings of Korea Task Force," May 12, 1961, Gardner File, NARA.

102 P.N. Rosenstein-Rodan, International Aid for Underdeveloped Countries, CENIS, January, 1960, NSF: M&M: Staff Memoranda, Walt W. Rostow, Foreign Aid, International Aid for Underdeveloped Countries, 1/61, Box 324, JFKL.

103 한국언론에서도 이중적인 경제현상에 주목하였다(「두개의 한국경제관」, 『한국일보』, 1959년 12월 15일자).

104 부산정치파동 당시 미국은 이승만의 독재적인 전횡에 대해 미국의 견해를 묻는 영국과 영연방 국가들의 입장에 당황하였다. 미국 역시 이승만의 전횡에 항의하는 입장이었지만, 유엔군에 참전한 다른 국가들의 부정적 반응에 해명해야 할 필요가 있었다. 미국이 이승만에게 직접적으로 압력을 넣기도 하였지만, 다른 한편으로는 이승만을 제거하고 새로운 정권을 수립할 계획을 세웠던 것도 이러한 고민을 해결하는 하나의 방식이었다(박태균, 『우방과 제국』, pp. 116-144).

105 이종원, 1994-1995, 「米韓關係における介入の原型 – エウァーレヂィ計劃 再考」(1)(2), 『法学』 58권 1호, 59권 1호, pp. 1051-1053.

106 Seoul to Dos, Embtel 389, "The 1956 Presidential Election in the ROK(X); Final Report" May 24, 1956, 795b.00/5-2456, Decimal File 1955-1959, NARA. 미국은 1956년 선거의 결과 민주당의 약진으로 오히려 혼란이 증대될 것이라는 염려가 지배적이었다(이종원, 앞의 글, pp. 1058-1059).

107 박태균, 『우방과 제국』, pp. 264-266.

108 Seoul to DOS, Embtel 205, "Inaugural Convention of the Progressive Party," December 11, 1956, 795b.00/12-1156, Decimal File 1955-1959, NARA; Dowling to DOS, Embtel 338, "Situation and Short-Term Prospect of the ROK," November 21, 1957, 795b.00/11-2157, *ibid.*

109 「아이젠하워, 다우링 대사 통해 이대통령에게 모종친서」, 1959년 1월 2일자; 「미 국무부, 다우링 대사를 소환」, 1959년 1월 15일자; 「韓國政情을 숙의: 덜레스장관, 보차관보, 다우링대사」, 1959년 1월 20일자; 「다우링대사, 경찰국가화 방지」, 1959년 1월 20일자(이상 『경향신문』).

110 「한국정정에 비밀증언: 다우링대사 소환」, 1959년 1월 25일자; 「한국민주주의 희생 방지: 덜레스장관 언명」, 1959년 1월 28일자; 「다우링대사, 4일 최종협의」, 1959년 2월 3일자; 「이대통령에의 보고휴대: 다우링대사 협의완료, 18일 귀임」, 1959년 2월 5일자; 「미 견해를 전달: 「다우링대사 경무대 방문」, 1959년 2월 21일자(이상 『경향신문』).

111 S.H. Lee, *op. cit.*

112 이재봉, 1995, 「4월혁명과 미국의 개입」, 『한국정치학회보』 제29집 제1호 참조. 매카나기 대사의 내한 제1성은 이전의 대사와는 전혀 다른 것이었다. 레이시 대사와 다울링 대사의 내한 제1성이 경제문제와 관련된 것이었다면, 매카나기 대사의 제1성은 "한일관계를 중재할 용의가 있다는 것"이었다(「매카나기 미대사, 착임제일성」, 『한국일보』 1959년 12월 12일자).

113 Draft Statement of U.S. Policy toward Korea, NSC 6018, November 28, 1960, *FRUS 1958-1960*, Vol. XVIII, pp. 699-707. 이 정책 문서에서 미국은 "장면 정권은 보다 유연하고 대중에 대한 책임감이 높다. …… 정부는 대중적 분위기에서 유지될 것이고 대중은 잠재울 정도의 효과적인 정치·경제적 개혁을 시도할 것"이라고 높이 평가했다.

114 Deptel No. 382, 795b.5-MSP/10-2560, Decimal File 1955-1959, NARA.

115 D.H. Satterwhite, *op. cit.*, pp. 324-327. 민주당의 대미협조적인 경제정책은 이미 1950년대부터 예견된 것이었다. 민주당은 1950년대 내부 계획을 통해 실제적인 환율의 적용, 국토건설단 사업, 중소기업의 지원 등을 골자로 하는 정책을 입안하였고, 미대사관에 이와 관련된 내용을 통보하였다("Annual Economic Review, ROK, 1956," 895b.00/5-2157, Decimal File 1955-1959, NARA).

116 Deptel No. 382, 795b.5-MSP/10-2560, Decimal File 1955-1959, NARA.

117 U.S. Senate, Committee on Foreign Relations, United States Foreign Policy-Asia; Studies Prepared at the Request of the Committee on Foreign Relations, United States Senate, by Conlon Associates Ltd., November 1, 1959, 86th Congress, 1st Session(1959), pp. 85-109.

118 Presidential Task Force on Korea, "Report to the National Security Council," June 5, 1961, DOF, Countries 1962-1963, Box 120 1961-1963, JFKL

119 *Ibid.*

120 James F. Schnabel, *The History of the Joint Chiefs of Staff- The Joint Chiefs of Staff and National Policy, Vol. III, The Korean War*, pp. 792-796; 나종일, 1988, 「1952년의 정치파동: 행정부, 의회, 군부, 외국의 상호작용」, 『한국정치학회보』 22집 2호; 박태균, 1995, 『조봉암 연구』, 창작과비평사, pp. 195-197.

121 The Commander in Chief, United Nations Command (Clark) to the Chief of Staff, United States Army (Collins), May 31, 1952, *FRUS 1952-1954*, Vol. XV, Part 1, pp. 274-275; Memorandum by the Deputy Assistant Secretary of State for Far Eastern Affairs (Johnson) to the Secretary of State, June, 1952, *ibid.*, pp. 284-285.

122 이승만과 군부의 불편한 관계는 1950년대 중반 이후 군의 정훈교재로 사용하였던 『政訓大系』에서도 잘 나타난다. 정훈대계는 군인들의 정신교육을 위한 것이었는데, 경제부문에서 화폐개혁을 비롯한 이승만 정권의 경제정책에 대해서 비판을 제기하였다. 최호진과 탁희준이 이 책의 경제부분 필자로 참여하였다.

123 U.S. Senate, Committee on Foreign Relations, United States Foreign Policy-Asia; Studies Prepared at the Request of the Committee on Foreign Relations, United States Senate, by Conlon Associates Ltd., November 1, 1959, 86th Congress, 1st Session (1959), pp. 85-109.

124 Dowling to DOS, Embtel 197, September 15, 1959, 795b.5-MSP/9-1959, Decimal File 1955-1959, NARA; Bane to Parsons, "Comments on Proposed FY1960 MAP-Korea," September 15, 1959, 795b.5-MSP/9-2359; 795b.5/10-2059; 795b.5-MAP/11-1859, *ibid.*

125 Embtel, No. 178, 795b.00/8-1055, Decimal File 1955-1959, NARA; W. Park Armstrong, Jr. to the Acting Secretary, "NIE 42.1-56; Probable Developments in the Republic of Korea Through Mid-1957," 795b.00/2-2856, *ibid.*

126 李鍾元, 『五十年代東アジア冷戰ノ變容ト米韓關係』, p. 1051.

127 Department of State, INR-NIE Files, *FRUS 1955-1957*, Vol. XXIII, Part 2, pp. 287-289; "Evaluation of Alternative Military Programs for Korea," NSC 5702, January 14, 1957, *ibid.*, pp. 489-498; "Report of Korea: Major Korean policy and program," October, 1956, Randall Series, Trip Subseries: U.S. Council on Foreign Economic Policy, Office of the Chairman: Records, 1954-1961, Box 2, DDEL; "Cement Plant to be Build in North Korea by Rumania," 895a.332/7-3158, RG 59, Decimal File 1955-1959, NARA; "Background Paper; Present Korean Political Situation," prepared for Press. Eisenhower's trip to Korea in June, June 4, 1960, JFKL.

128 Walter P. McConaughy to Members of Korea Task Force, "Meetings of Korea Task

Force," May 12, 1961, RG 59, Lot 67D378, Box 9, Gardner File, NARA.

129 "Meeting of Korea Task Force," May 29, 1961, Box 9, *ibid.*

130 Robert Komer, "Relative Priority of Military vs. reconstruction - Focus in Korea," June 12, 1961, DOF, Countries 1962-1963, Box 120 1961-1963, JFKL.

131 Report by Hugh D. Farley of the International Cooperation Administration to the President's Deputy Sepcual Assistant for National Security Affairs (Rostow), March 6, 1961, President's Office Files: Country Series, Korea, Security 1961-1963, JFKL. 팔리는 대통령 안보담당 보좌관 번디(McGeorge Bundy)와 논의를 거친 슐레진저(A. Schlesinger)의 제청이 이루어진 후 자신의 보고가 제출되었다고 밝혔다(*FRUS 1961-1963*, Vol. XXII, p. 424).

132 국무성의 경제담당 차관보였던 볼(G. Ball)은 로스토우에게 보내는 메모에서 특별대사로 당시 볼리비아에 파견되어 있던 밀리칸(M.F. Millikan)을 임명할 것을 제의하였다. Memorandum from the Under Secretary of State for Economic Affairs (Ball) to the President's Deputy Special Assistant for National Security Affairs (Rostow), March 20, 1961, *FRUS 1961-1963*, Vol. XXII, p. 429.

133 이재봉, 「4월혁명과 미국의 개입」 참조.

134 팔리 자신에 의하면 자신의 보고서가 로스토우, 맥도날드(D. MacDonald, 국무부 한국 담당 직원, 전 주한 미국대사관 참사관), 본스틸(C.E. Bonesteel, 총참모장), 키니(R. Kinney, 국무부 한국민정 담당 직원), 메이시(R.M. Macy, 예산국 국제과장), 쉐퍼드(W.J. Sheppard, ICA 극동지역국장), 쿨리(J. Cooley, ICA 처장 특별보좌관) 등으로부터 지지를 받았고 합동참모본부 의장이었던 렘니쩌 장군 역시 그의 견해에 대해 강력하게 지지하였다고 진술하였다(*FRUS 1961-1963*, Vol. XXII, p. 424의 각주 참조).

135 Ambtel, No. 1142, March 11, 1961, 795b.00/3-1161, Decimal File 1960-1963, NARA; Memorandum from Sheppard to Labouisse, March 10, 811.0095b/3-861, *ibid.*; Memorandum from the Under Secretary of State for Economic Afairs (Ball) to the President's Deputy Special Assistant for National Security Affairs (Rostow), March 20, 1961, *FRUS 1961-1963*, Vol. XXII, p. 429; Mr. Bacon to FE Mr. Steeves, "Your Meeting on Monday, March 13, at ICA concerning the Hugh Farley Matter," March 19, 1961, NND 959269 Box 5, RG 59, NARA; "Hugh Farley's Views on the U.S. Program in Korea," March 16, 1961, NND 959269 Box 5, RG 59, NARA.

136 Memorandum From the President's Deputy Special Assistant for National Security Affairs (Rostow) to President Kennedy, March 15, 1961, *FRUS 1961-1963*, Vol. XXII,

pp. 428-429.

137 Note by Battle (Executive Secretary), March 15, 1961, 795b.00/3-1561, Decimal File 1960-1963, NARA.

138 Memorandum, March 15, 1961, NSF; Countries: Korea, General, 1/61-3/61, JFKL.

139 NSC Meetings, No. 483, NSF, Meetings and Memoranda Series, NSC Meetings, May 5, 1961, JFKL(*FRUS 1961-1963,* Vol. XXII, p. 448에서 재인용).

140 이상 RG 59, Lot 67D378, Box 9, Gardner File, NARA 참조.

141 "First Draft Report of the Korea Task Force," May 15, 1961, Box 9, Gardner File, NARA; "Third Draft - Report of the Korea Task Force," May 22, 1961, *ibid.*; Walter P. McConaughy to Members of Task Force, "Fourth Draft - Report of the Korea Task Force," June 1, 1961, *ibid.*

142 "Summary and Revision of Recommendations of Task Force Report on Korea (For discussion at meeting at White House at 4 P.M. on June 12, 1961)," President's Office Files; Countries; Korea, Security, 1961-1963, Box 120, JFKL; Walter F. McConaughy to Members of the Task Force on Korea, "Summary and Revision of Recommendations of Task Force Report on Korea," June 13, 1961, Gardner File, NARA.

143 경제개발을 위한 목적으로 군대를 감축하자는 논의는 1961년부터 시작되었다. 비록 한국군의 베트남전 참전으로 실질적인 감축이 이루어지지는 못했지만, 클레이(Clay Committee)의 활동과 주한 미국대사가 작성한 '버거계획(Berger Plan)'을 통해 구체적인 내용이 나타나기도 하였다. 내용은 대체로 4년 동안 매년 3만 5천에서 4만 명의 군인을 감축하는 것으로 전체 군인 수의 약 25%를 감축하는 방안이었다. 합동참모본부의 렘니쩌 의장은 1950년대 합동참모본부의 래드포드 의장의 견해와 마찬가지로 한국군의 감축에 반대하는 입장을 고수하였다(박태균, 『우방과 제국』, pp. 279-284).

144 L.L. Lemnitzer, Chairman of Joint Chiefs of Staff, "Strategic Appraisal of US Position in Korea 1962-1970(U)," 10 April 1962, Box 281, Records of the Policy Planning Council, 1963-64, NARA.

145 Walter P. McConaughy to Members of Korea Task Force, "Meetings of Korea Task Force," May 12, 1961, Gardner File, NARA.

146 Presidential Task Force on Korea - Report to the National Security Council, June 5, 1961, DOF, Countries: Korea 1962-1963, Box 120, JFKL.

147 Telegram From the Embassy in Korea to the DOS, July 23, 1962, *FRUS 1961-1963,* Vol. XXII, pp. 581-585.

148 *FRUS 1961-1963*, Vol. XXII, p. 549의 각주 2. 버거, 매카나기, 번디 등이 동의한 내용이다.

149 Editorial Note, *op. cit.*, pp. 656-657.

150 Robert Komer, "Relative Priority of Military vs. reconstruction - Focus in Korea," June 12, 1961, DOF, Countries: Korea 1962-1963, Box 120, JFKL.

151 National Intelligence Estimate, 14.2/42-61, September 7, 1961, *FRUS 1961-1963*, Vol. XXII, p. 521.

152 전국경제인연합회 편, 앞의 책, pp. 396-397.

153 Rusk to Samuel Berger, August 1, 1961, NND 948813, Box 27, Korea, General Records, RG 84, NARA.

154 "First Draft Report of the Korea Task Force," May 15, 1961. 이 문서의 맨 처음 항목으로 가장 중요한 문제로 "부패" 문제가 다루어져 있다. 부패의 문제는 한국의 역사에서 계속되어 온 문제로 인식하였다.

155 "Korean Government and business are riddled with graft and corruption." Statement by Embassy Seoul, "General Conclusions and Recommendations on Measures to Cope with Corruption and Nepotism in Korea," no date. Gardner File, NARA.

156 Memorandum for Mr. Rostow, "This Afternoon's Meeting on Korea," June 12, 1961, NSF: Countries: Korea General, 6/61, Box 127, JFKL.

157 "General Statement of AID Policy," Agency for International Development Manual, August 1, 1962, Records of Government Agencies, AID, Reel 18, JFKL.

158 Walter P. McConaughy to Members of Korea Task Force, "Meetings of Korea Task Force," May 12, 1961, Gardner File, NARA.

159 로스토우는 『제단계』에서 '도약을 위한 선행조건 충족의 단계' 에 있는 국가에서 '도약단계' 로 넘어가기 위한 선행 조건으로 "새로운 가치체계를 통한 신념의 발생"과 "새로운 형태의 진취적 인사"가 필요함을 강조하였다(『제단계』, pp. 23-25, 41-60).

160 이와 관련하여 가장 잘 정리하고 있는 문서는 Donald S. Macdonald, Korean Desk Officer (State) to Members of Task Force, "Economic Policy Recommendations-excerpted from recent communications from Embassy Seoul," May 10, 1961, Gardner File, NARA; Statement by Embassy Seoul, " General Conclusions and Recommendations on Measures to Cope with Corruption and Nepotism in Korea," no date, *ibid.*

161 W.W. Rostow, "The future of Foreign Aid," *Foreign Service Journal*, June 1961, Vol. 38, No. 6, pp. 30-35; 임대식, 1998, 「1950년대 미국의 교육원조와 친미엘리트의 형성」,

『1950년대 남북한의 선택과 굴절』, 역사비평사 참조.

162 Richard Pells, *Not Like Us; How Europeans Have Loved, Hated, and Transformed American Culture Since World War 2* (New York: Basic Book, 1997), pp. 58-63.

163 Memorandum to the President, "Crucial Lssues in foreign Aid," February 28, 1961, NSF: M&M: Staff Memoranda, W.W. Rostow, Foreign Aid, 2/24/61-2/28/61, Box 324, JFKL.

164 일본과의 국교정상화 과정에서 나타난 미국과 일본, 그리고 군사정부의 태도 및 견해와 관련해서는 李鍾元, 1994, 「韓日國交正常化の成立とアメリカ－一九六O六五年」, 近代日本研究會, 『近代日本研究・十六・戰後外交の形成』, 山川出版社 참조.

165 National Security Action Memorandum No. 151 April 24, 1961, NSF: M&M: Staff Memoranda: Arthur M. Schlesinger: 7/62-6/63, Box 327, JFKL.

166 Walter P. McConaughy to Members of Korea Task Force, "Meetings of Korea Task Force," May 12, 1961, Gardner File, NARA. 케네디 대통령과 러스크 국무장관은 한일관계의 정상화에 적극적인 관심을 가지고 있었다(Memorandum from President to Berger, August 23, 1962, Box 127 NSF: Korea, Subjects, Park Corespondence, JFKL; Memorandum for President, "Korean-Japanese Relations," May 17, 1962, NSF, Meetings and Memoranda, NSC meetings, 1963 Standing Group Meetings 5/18/62-8/3/62, Box 314, JFKL).

167 Department of State, Policy Planning Council, "Brief Foreign Policy Statements," March 5, 1963, Box 243, Lot 70D199, Records of the Policy Planning Council, 1963-1964, RG 59, NARA. 한일관계 외에 다른 항목은 공산주의의 재침략을 방어, 민선 시민정부로의 정권이양, 그리고 경제개발의 고무 등이다.

168 Department of State Guidelines For Policy and Operations, October 1961; FE-Averell Harriman to N-Mr. McGhee, "Japanese Aid to the Developing Areas," March 1, 1963, Bureau of Far Eastern Affairs, NND 959269, Box 20, RG 59, NARA. 일본의 경제적 역할이 기본적으로 강조되었지만, 군사적 역할의 확대가 필요하다는 점 역시 강조되었다.

169 "AGENDA," National Security Council Standing Group Meeting, International Situation Room, The White House, Friday, May 18, 1962 -- 3:00 P.M. NSF: Meetings and Memoranda, NSC meetings, 1963 Standing Group Meetings 5/18/62-8/3/62, Box 314, JFKL.

170 "Some Comments on a Far East Strategy," Department of State, 1960-1966: Roger Hislsman, 1963-1966, General, 1963-1966, Box 8, JFKL.

171 "Korean-Japanese Relations," Background paper for use in connection with the meeting of the NSC standing Group, May 18, 1962, *ibid.*

172 박태균, 2005, 「한일회담 시기 청구권 문제의 기원과 미국의 역할」, 『한국사연구』, 131호.

173 Muccio to Allison, *FRUS 1952-1954,* Vol. XV, Part 1, p. 50; Lemnitzer to JCS, May 21, 1956, RG218, JCS Files, 1954-1956, Box 26, NARA.

174 "First Draft Report of the Korea Task Force," May 15, 1961, Gardner File, NARA.

175 From Walter P. McConaughy to Members of Task Force, "Fourth Draft - Report of the Korea Task Force," June 1, 1961, Gardner File, NARA. 민주당 정권에 대한 부정적 평가와는 달리 당시 미대사관의 직원으로 있었던 헨더슨(G. Henderson)은 당시 미대사관이 1961년 민주당 정권이 안정적인 국면에 들어서던 시기로서 평가하였다고 회고하였다(김정기, 「헨더슨 회고-케네디, 5·16 진압건의를 묵살」, 『신동아』 1987년 5월호, pp. 222-223).

176 "Suggestion Regarding Korea Task Force," Gardner File, NARA.

177 미국이 장면을 대체할 수 있는 정치세력을 찾으려고 시도했다는 사실과 관련하여 주목되는 사건은 '크레퍼 사건' 이다. 이 사건은 김종필의 증언에 의하면 5·16 쿠데타 이전에 장면 총리의 정치고문이었던 웨터카와 크레퍼 대령, CIA 한국지부장 드 실바, 참모총장 장도영(張都暎) 등이 관여된 장면 정권 전복계획이었다. 그러나 정확한 실상은 현재까지 드러나지 않고 있다(정성관, 「미정보기관, 장도영 추대하여 장면 정부 뒤엎으려 했다」, 『월간조선』 1993년 8월호; 박태균, 『우방과 제국』, pp. 194-195).

178 "Guidelines Paper on Korea - Final Drafts," January 28, 1963, RG 59 RG 59 Bureau of Far Eastern Affairs 1963, Subject Files, Personal Name and Country Files 1960-1963, Box 23, NARA. 쿠데타에 대한 유엔사령관과 주한 미대사의 반대성명에도 불구하고 쿠데타를 진압하지 못한 데 대해서 헨더슨은 5·16 쿠데타 3주 전에 일어난 '피그만 사건' 의 실패로 인하여 적극적인 행동이 불가능했던 것으로 설명하였다(김정기, 「헨더슨 회고」, pp. 223-224).

179 "The Early Months of the Korean Military Government," Department of State, Bureau of Intelligence and Research, Research Memorandum, January 8, 1962; Deptel 1421, June 4, 1961, NSF, Korea, Cables 6/61, Box 128, JFKL; Moyer to William J. Sheppard, June 16, 1961, Bureau of Far Eastern Affairs, NND 959269 Box 5, RG 59, NARA.

180 김종권, 「로스토우박사의 개발연대 비화: 나의 충고에 따라 케네디는 박정희를 돕기로 결심했다」, 『월간조선』 1992년 12월호, pp. 458-459; 로스토우 교수와의 인터뷰, Texas Austin의 연구실에서.

181 메카나기는 군사정부의 인정에 대해 불만을 표시하였지만, 맥도날드는 군사정부를 지지

하는 방법밖에는 없으며 지금 미국이 어떻게 하는가가 군사정부의 방향을 결정할 것이라는 견해를 피력하였다(Meeting of Korea Task Force, May 29, 1961, Gardner File, NARA).

182 정창현, 「5·16쿠데타는 미국이 주도했다」, 『월간말』 1993년 4월호; 1991, 「5·16군사쿠데타의 배경과 성격」, 『한국현대사』 3, 풀빛; 박태균, 『우방과 제국』, pp. 191-226.

183 FE Avery F. Peterson (Deputy Assistant Secretary) to members of the Task Force, June 1, 1961, "USIA Paper on Psychological Program," Gardner File, NARA.

184 "Telegram from the Embassy in Korea to the Department of State," July 9, 1961, *FRUS 1961-1963*, Vol. XXII, pp. 496-498.

185 "Pak is coolest head and most reliable and stable leader," Telegram From the Embassy in Korea to the Department of State, October 28, 1961, *FRUS 1961-1963*, Vol. XXII, pp. 522-526.

186 Letter from the Ambassador to Korea (Berger) to Secretary of State Rusk, December 15, 1961, *FRUS 1961-1963*, Vol. XXII, pp. 542-548.

187 Memorandum of Discussion at a Department of State-Joint Chiefs of Staff Meeting, June 15, 1962, *op. cit.*, pp. 575-576; Embel, No. 1312, 795b.00/6-1962, Decimal File 1960-1963, NARA.

188 Telegram from the Embassy in Korea to the DOS, July 23, 1962, *FRUS 1961-1963*, Vol. XXII, pp. 581-585.

189 박태균, 『우방과 제국』, pp. 244-253.

190 Telegram from the Embassy in Korea to the DOS, February 13, 1963, *op. cit.*, pp. 622-624; Telegram from the DOS to the Embassy in Korea, *op. cit.*, February 14, p. 625.

191 Deptel, no number, 795b.00/1-1062, 795b.00/1-1862, Decimal File 1960-1963, NARA.

192 Memorandum from the President's Special Assistant for National Security Affairs (Bundy) to President Kennedy, June 20, 1962, *FRUS 1961-1963*, Vol. XXII, p. 578; "Informal Visit of Korean Junta Leader, Lt. General PAK Chong-hui," September 1, 1961, NND 959369, Box 5, RG 59, NARA.

193 강원룡, 「강원룡자전(하); 정일권, 이후락은 미국의 박정희 좌경화 방지용이었다」, 『신동아』, 1993년 11월호.

194 노가원, 「공안정국 40년, 역대 한－미 정보기관 비밀교섭사」, 『월간다리』, 1989년 12월호

195 R.H. Hohnson, "The Task Force Report on Korea," NSF, 6/6/61, Box 127, JFKL; Telegram from the Embassy in Korea to the DOS, No. 1681, 5/28/61, CO: Korea, Box

128, *ibid.*; Korean Task Force Meeting on Thursday," 6/22/61, *ibid.*; Mr. Marshall Green to Mr. Hilsman, "Korea" October 2, 1963, RG 59 Bureau of Far Eastern Affairs 1963, Subject Files, Box 21, NARA.

196 "Guidelines Paper on Korea - Final Drafts," January 28, 1963, RG 59 Bureau of Far Eastern Affairs 1963, Subject Files, Personal Name and Country Files 1960-1963, Box 23, JFKL.

197 김정서, 「정동 미대사관저의 열두얼굴」, 『정경문화』 1982년 10월호; "Samuel D. Berger," Box 127 Korea, General, 4/1/61-6/25/61, JFKL; "Foreign Service Staffing and Operation Problems and the Role of the Ambassador," by Hon. Samuel D. Berger, Senate National Security Subcommittee Hearings, 7/24/63 and 9/18/63, Hearings before the Subcommittee on National Security Staffing and Operations of the Committee on Government Operations United States Senate, Eighty-Eighth Congress, First Session, July 24 and September 18, 1963, Part 3, Congressional Relating, Department of State, 1960-1966, 1963-1964, Box 6, JFKL.

198 1960년대 국무부 한국담당 책임자였던 맥도날드는 역대 주한 미국대사 중에 버거 대사를 가장 훌륭한 대사로 꼽았다(김종권, 「맥도널드 현대사 증언; 막후에서 본 한미관계 47년」, 『월간조선』 1992년 12월호).

199 Special National Intelligence Estimate, 42-3-61, Box 127 Korea, General, 4/1/61-6/25/61, JFKL.

200 "Chairman Park's Visit, Washington, November 14-15, 1961," Topical Outline for the President for His Conversations with Chairman Park on Tuesday, November 14, 3:30 p.m. at the White House, NSF: Countries: Korea, Subjects, Park Briefing Book, 11/14/61-11/15/61 Part II, JFKL. 키미야 타다시(木宮正史)는 박정희의 방미가 박정희의 민정이양에 대한 일정 발표에 대한 선물이었다고 분석하였다(木宮正史, 「한국의 내포적 공업화 전략의 좌절」, p. 89). 그러나 당시 신문은 주한 미국대사가 1963년 여름의 민정이양 선언에 대한 논평을 거부하였으며, 미 행정부 역시 군정 기간이 너무 장기간이라고 평가하였다.

201 Letter From the Ambassador to Korea (Berger) to Secretary of State Rusk, December 15, 1961, *FRUS 1961-1963*, Vol. XXII, pp. 542-548.

202 Headquarters Joint Military Assistance Advisory Group, Korea (Provisional), APO 301, to Ambassador (from Major General, US Army Chief, Van H. Bond), December 29, 1961, NND 931501, Box 9, Korea, General Records, 1961, RG 84, NARA.

203 Korea Task Force의 초안에서는 군사정부의 지도자들로 하여금 군으로부터 벗어나도록 하라는 내용이 들어가 있었지만, 1961년 6월 5일에 채택된 결정서에는 이 부분이 삭제되어 있다. 강성재는 버거 대사가 처음에는 군인들의 민정참여에 반대했다고 주장하였다(강성재, 「박정희에게 언성높인 버거 미대사」, 『신동아』 1987년 1월호, pp. 338-339).

204 Embtel, No. 88, July 30, 1962, NSF: Countries: General, Korea, Box 129 7/21/62-8/3/62, JFKL.

205 Samuel D. Berger, "The Transformation of Korea - 1961-1965," January 7, 1966, RG 59, NND 979519, Box 305, NARA(정일준 교수 소장 문서).

206 「한국과 베트남의 재정상황」, 895b.00/3-2157, Decimal File 1955-1959, NARA.

207 "Guidelines paper on Korea," RG 59 Bureau of Far Eastern Affairs 1963, Subject Files, Personal Name and Country Files 1960-1963, Box 23, NARA; "National Policy Paper; Republic of Korea," NND 979519 RG 59, Box 306, NARA.

208 Samuel D. Berger, *op. cit.*; "Foreign Aid; Economic Development, Politics and the U.S. Interest," From Rostow to David Bell, October 28, 1965, NND 979519 RG 59, Box 306, NARA.

209 "Topical Outline for the President for His Conversations with Chairman Park on Tuesday, November 14, 3:30 p.m. at the White House - Chairman Park's Visit, Washington, November 14-15, 1961," Part II, NSF, Country, Korea, Subjects, Park Briefing Book, 11/14/61-11/15/61, Box 128, JFKL. 부정축재자 처리방법에 대한 미국의 입장을 밝힌 이 문서는 부정축재자 처리과정에도 미국이 개입했을 가능성을 보여준다.

210 1962년과 1963년 안정화 계획에 가장 적극적으로 임했던 AID감독관 킬렌 역시 1961년 당시의 가장 중요한 문제는 가격의 안정화가 아니라 기업의 활성화를 통한 성장과 수요의 확대에 있다는 점을 강조하였다("Minutes of Country Team Meeting, Thursday, September 28, 1961," October 28, 1961, NND 948813, Box 27, Korea, General Records, 1961, RG 84, NARA).

211 from Mr. Parsons to Mr. Mann, no title, 895b.00/10-2158, Decimal File 1955-1959, NARA; "Economic Assessment-Korea, July-December 1958," 895.00b/3-1158, *ibid.*; "First Joint Meeting of Embassy, UNC, OEC Heads with ROK Cabinet Ministers," 895b.10/8-2658, *ibid.*; "Second Joint Meeting of Embassy, UNC, OEC Heads with ROK Cabinet Ministers," 895b.10/9-1658, *ibid.*

212 "Report to the NSC by the Presidential Task Force on Korea, June 5, 1961" 6/12/1961 Countries: Korea, General, Box 127, 4/1/61-6/25/61, JFKL; Memorandum for Mr.

Rostow, "This Afternoon's Meeting on Korea," June 12, 1961, NSF: Countries: Korea General, 6/61, Box 127, JFKL.

213 Mr. Gordon from Albert E. Pappano, July 31, 1962, NND 948833 Box 34, RG 84 Classified General Records, 1962, NARA.

214 Stephen Krasner, *Defending the National Interest* (New Jersey: Princeton University Press, 1990)

215 Edward S. Mason 외, 1976, 『한국경제 사회의 근대화』, 한국개발연구원, p. 224.

216 Stephan Haggard, Byun-Kook Kim and Chung-In Moon, "The Transition to Export-led Growth in South Korea: 1954-1966," *The Journal of Asian Studies 50-4* (1991. 11), pp. 864-865.

217 Macdonald, *op. cit.*, pp. 100-101.

제4장

경제개발계획과 그 수정

1. 1950년대의 경제개발계획
2 군사정부의 경제개발계획과 경제정책의 실패
3. 군사정부의 경제개발계획 수정

1950년대의 경제개발계획 _ 1

아시아의 다른 국가들에서 경제개발계획을 입안 · 실시하게 되면서 한국에서도 경제개발계획을 실시하자는 여론이 점차 높아졌다. 1950년대 한국 정부는 제대로 된 통계기구 하나 갖추지 못하고 있었지만, 경제개발계획의 실시를 통해 경제성장을 달성해야 한다는 내적 요구를 무시할 수 없었다. 이것이 부흥부와 함께 부흥부 산하에 산업개발위원회의 설립으로 나타났다.

지금까지 경제개발계획은 1960년대 이후 박정희 정부의 전유물로 인식되어 왔다. 그러나 경제개발계획은 이미 1949년부터 입안되기 시작했으며, 1950년대를 통해 몇 차례에 걸쳐 입안이 시도되었다. 오히려 군사정부의 경제개발계획은 장면 정부 시절의 계획을 거의 그대로 발표한 것에 불과하다는 주장이 나오면서 장면 정부의 계획이 군사정부에 의해서 도둑맞았다는 연구성과도 있다. 그러나 몇 차례의 경제개발계획은 입안만 되었을 뿐 1950년대를 통해서 실행되지 못했다. 왜 실행되지 못했을까? 1950년대 한국은 미국으로부터 단일 국가로는 가장 큰 규모의 원조를 받고 있었음에도 경제개발계획을 실행할 수 없는 결정적인 장애물이 있었던 것인가?

1) 이승만 정부의 산업개발 3개년계획

짜깁기 계획

한국전쟁 후 전재복구 단계를 거치면서 한국 정부의 관리들이 경제개발계획에 본격적으로 관심을 가지기 시작한 시기는 1950년대 후반이었다. 전술한 바와 같이 1950년대를 통해 미 행정부는 경제개발계획의 실시와 상충되는 이해관계를 가지고 있었지만, 1950년대 말 미국의 관리들은 한국 상황의 변화에 따라 경제개발계획이 실시되어야 한다고 인식하고 있다. 또한 한국사회 내부에서도 경제개발계획을 입안, 실시해야 한다는 사회적 공감대가 점차 확산되고 있었다.

〈표 4-1〉과 같이 1956년 이전에도 한국 정부는 경제개발계획을 입안하였다. 1949년의 '5개년 물동계획'은 산업개발이나 재건계획과 함께 부족한 물자의 공급문제를 중요하게 다룬 계획으로, 당시 미국의 경제협조처 원조계획이 준비되는 시기에 입안되었다.[1] 1951년의 계획은 UN 대여금의 반환에 대한 미국과의 협정, 1954년 계획은 군사원조와 경제원조를 결정하기 위한 이승만과 아이젠하워의 워싱턴 회담을 앞두고 급조된 계획이었다. '타스카 보고서'와 '네이산 보고서'는 미국과 유엔이 전쟁 복구와 경제재건을 위해 만든 계획이었다. '타스카 보고서'와 '네이산 보고서'는 미국과 유엔의 대한원조를 효율적으로 사용하기 위하여 입안되었지만, 실행되지 못했다.[2] 1956년 이전 한국 정부의 계획들은 대부분 미국의 원조를 더 많이 받기 위하여 기존의 계획을 수정하거나, 여러 경제부처의 계획을 종합한 것이었다. 1956년의 부흥 5개년계획은 그 대표적인 예였다.

표 4-1. 1950년대와 1960년대의 주요 경제개발계획

계획명	입안기관(자)	기간	성장률	비 고
5개년물동계획 (1949)	기획처	1950–1954	–	- 기간산업 중심의 계획 - 다양한 계획을 종합
5개년종합계획 (1951)	기획처		–	- UN군 대여금 상환과 관련된 협정을 앞두고 계획됨
5개년종합계획 (1954)	기획처		–	- 이승만의 방미를 앞두고 1951년의 계획을 수정 - 국내자본의 육성 강화를 강조
4개년종합계획 (일명 타스카 보고서, 1953)	헨리 타스카 (미대통령 특사)	1954–1957	–	- 미국의 대한원조 계획을 결정하기 위해 입안됨 - 투자의 중점은 농업, 광업
한국경제재건계획 (일명 네이산 보고서, 1954)	네이산사절단 (UNKRA 계획)	1954–1958	5.0%	- 농업 중심의 계획 - 목표년도 제조공업이 국민총생산에서 차지하는 비율이 14% - 군축을 주장
부흥5개년계획 (1956)	부흥부	1957–1961	10.0%	- 미국무장관 방한으로 3일 만에 입안됨 - 미국의 원조액을 기준으로 입안 - 시설투자 중 사회간접자본에 56.3%, 제조업에 23.2% 투자를 목표

출처 : (1) 1949년 계획 : 이대근, 1987, 『한국전쟁과 1950년대의 자본축적』, 까치, p. 55; Seoul to DOS, Embdes 644, "Transmittal of a Translation of Five Year Economic Recovery Program," October 17, 1949, 895.50 FIVE YEAR PLAN/10-1749, RG 59, Decimal File 1948-1950, NARA; 김점숙, 2000, 「미군정과 대한민국 초기(1945~1950) 물자수급정책 연구」, 이화여대 박사논문, pp. 112-119.

(2) 1951년 계획 : Pusan(Loren) to DOS, Embtel 71, "Korea Reconstruction Plan," August 28, 1951, 895.00/8-2851, RG 59 Decimal File 1951-1954, NARA.

(3) 타스카 계획 : 「타스카보고서의 내용 – 대한경제계획의 기초」, 『주보』 73호.

(4) 1954년 계획 : 기획처, 「87년도 한국경제부흥계획–총액 6억 2천8백만불」, 『주보』 78호.

(5) 네이산 계획 : 『네이산 보고서』.

(6) 1956년 계획 : 「부흥부 5개년계획 성안」, 1956년 2월 29일자; 「부흥부 5개년계획 수정: 이대통령 관계장관에 분부」, 1956년 3월 11일자; 「부흥 신5개년계획성안」, 1956년 2월 29일자; 「부흥5개년계획의 전모」, 1956년 3월 20일자(이상 『한국일보』); 「부흥5개년계획의 재편」, 1956년 6월 21일자; 「15억불로 수정: 5개년 부흥계획안 재검토」, 1956년 6월 18일자; 「연간 3억 5천만불 계상: 재편성될 5개년 부흥계획」, 1956년 6월 19일자(이상 『경향신문』); "Transmittal of Draft ROK 5-Year Plan," 895.00-FIVE Year/3-756, Decimal File 1955-1959, NARA.

부흥 5개년계획은 덜레스J.F. Dulles 국무장관의 방한을 앞두고 3일간의 짧은 기간 동안 졸속으로 입안되었으며,[3] 이승만 대통령에게 보고를 한 후 하루 동안의 수정[4]을 거쳐, 3월 17일 내한, 17시간 동안 국내에 체류한 덜레스 장관에게 제출되었다.[5] 국내에서는 "동 계획목표가 덜장관의 내한을 계기로 하여 아무런 구체적인 기초자료도 없이 한국 정부에서 일방적으로 작성된 가공적인 수치에 불과하였던 것"이었다는 비판이 제기되었고,[6] 미국 관리들은 계획 자체의 내용에 대해서도 '통합된 전략이라기보다는 많은 구매리스트' 라고 혹평하였다.[7] 또한 덜레스에게 전달된 계획안에 대해 비판이 제기되자마자 부흥부가 곧바로 외원의 양을 축소하여 수정된 계획안을 제출하였다는 점[8] 때문에 미국은 계획의 실질적 목적이 실시보다는 더 많은 원조 획득에 있다고 판단하였다.[9]

1956년 계획이 국내여론과 미국의 비판을 받으면서 폐기되었지만, 이를 계기로 한국 정부는 경제개발계획의 입안에 본격적으로 착수하기 시작하였다. 한미합동경제위원회이하 '합경위' 로 약칭 는 1956년 9월 7개년 부흥계획을 입안할 것을 합의하였다.[10] 합경위는 1957년 5월 6일, 1인당 국민소득 300달러를 목표로 하는 '경제부흥 장기계획' 을 수립할 것과 입안과정에서 미국의 고문단을 초빙할 것을 합의하였다.[11] 1957년 7월부터 경제개발을 위한 '산업발전본부' 창설안이 합경위에 의해 발표되었고,[12] 동년 5월부터 한국 정부는 '경제개발위원회' 의 설치를 고려하였다.[13] 1957년 말 '장기경제개발위원회' 라는 이름으로 발표되었던[14] 계획 입안을 위한 조직은 1958년 4월 1일 '산업개발위원회' 이하 '산개위' 로 약칭 로 발족하였다.

민간기업 주도, 그러나 균형성장

산개위는 부흥부 산하에 송인상 부흥부장관의 주도로 설치되었다. 여기에는 전술한 경제개발론자들 중 주석균朱碩均, 홍성하洪性夏, 이창렬李昌烈, 박동앙朴東昂, 황병준黃炳晙, 안림安霖, 주종환朱宗桓, 고승제高承濟, 부완혁夫琓爀, 최호진崔虎鎭이, 경제 전문관료 중 신현확申鉉碻, 차균희車均禧, 송정범宋廷範, 곽상수郭埉壽, 김동수金東洙, 이재설李載卨, 이면사李冕錫 등이 참여하였다. 홍성하, 황병준, 고승제, 부완혁, 최호진이 민간기업 주도형 경제개발론을 주장한 경제개발론자들이었고, 주석균, 이창렬, 박동앙, 안림은 국가주도형 경제개발론을 주장하였지만 박희범, 최문환에 비하여 자유방임적 경제질서의 중요성을 강조한 경제개발론자들이었다. 주석균과 이창렬은 1950년대 후반 이승만 정부의 강력한 통제로 나타나는 부정부패를 막기 위하여 자유경제체제가 강화되어야 할 필요성에 대해 강조하였고,[15] 안림은 북구北歐의 사회민주주의에 관심을 갖고 있었다.[16]

미국은 산개위의 계획입안을 자문하기 위해 전문가들을 파견하였는데, 이들 역시 미국의 경제정책원칙에 충실한 인물들이었다. 1950년대 미국 정부의 저개발국에 대한 경제정책이 민간 자본이 주도하도록 초점이 맞추어져 있었고, 한국 정부가 경제개발계획을 입안한다면 민간기업이 주도하는 계획이 되어야 한다는 점을 거듭 강조하였다.[17] 제헌헌법의 경제조항 개헌과 귀속재산의 민간불하를 한국 정부에 권고하였던 것도 미국의 민간기업 주도형 정책을 잘 보여주는 것이었다.[18]

산개위에 파견된 쵸나 박사는 한국의 현실을 제대로 이해하지 못하고 저개발국이 아닌 영국과 독일을 모델로 하여 한국의 경제개발계획을 검토하려 하였다.[19] 산개위를 돕기 위해 국제협력처 자금으로 들어온 오레곤 자문단은 활발한 활동을 하지 못했고[20] 국내 경제전문가로부터 비판을 받았지만,[21] 민간인 투자의 중요성과 현실적 환율의 필요성 등 자유시장의 중요성을 강조하는 입장이었다.[22]

경제개발론을 주장한 경제전문가 그룹과 외국인 고문단 외에 산개위에 참여한 경제관료들은 경제개발계획의 입안을 위한 기술면에서 전문가적 자질을 가지고 있었던 반면 뚜렷하게 자신들의 경제개발론을 제기하지는 않았다. 따라서 산개위 회의는 민간기업 주도형 경제개발론자들이 주도하였으며,[23] 이들의 생각은 계획에 반영되었다. 즉, "이 계획에 있어서 정부는 자유경제원칙을 존중하여 민간기업 활동을 최대한으로 조성하는 방침을 견지"한다고 밝히면서 "경제실현을 위하여 직접적인 통제수단은 조금도 고려하지 않고 정부와 민간의 밀접한 협동으로써 계획 작성을 추진시킬 작정"이라고 하여 정부의 통제를 최소화하는 방안을 원칙으로 하였다.[24]

산개위는 1959년 초 '시안'을 입안한 이후[25] 몇 차례의 분과토의와 전체 심의를 거쳐 1960년 정부통령 선거 직후 산업개발 3개년계획을 발표하였다.[26] 3개년계획은 연평균 성장률을 5.2%로 상정하였고, 소요되는 자본의 상당부분을 외자에 의존하였지만, 미국의 대한원조가 감소하고 있었던 당시의 상황을 고려하여 입안되었다. 비료, 시멘트, 펄프, 기계산업 등 수입대체 산업화에 큰 비중을 두고 있었는데, 이것은 균형성장론의 영향이었던 것으로 보인다.[27]

3개년계획의 또 하나의 특징은 농업분야의 발전을 강조했다는 점이다. '시안'에서는 농업의 중요성에 대해 "한국의 생산력의 거점은 제1차 산업에 있다는 결론 밑에서 농업발전에 제1차적인 중점"을 둔다고 하였으며, "공업화의 초기에 있어서는 농촌부흥에 의한 구매력의 증강과 중소공업의 발전은 생산과 소비를 서로 확약함으로써 국내시장을 육성, 수호하는 유일한 길"이라고 강조하였다.[28] 이것은 1950년대 경제개발론자들이 공통적으로 강조하고 있었던 1차 산업 중요성의 근거와 동일한 것이었다. 즉, 한편으로는 전통적인 영향과 1950년대 한국의 산업구조를 고려할 때 농업은 절대적으로 중요한 위치를 차지하고 있다는 점이 강조된 것이었고, 다른 한편으로는 서구의 저개발국 경제개발론의 영향으로 농촌의 소득수준을 높임으로써 소비시장의 확대를 통한 제조업의 발전을 이끌겠다는 것이었다.

농업의 중요성을 강조한 또 다른 이유는 당시 상황에서 외화를 획득할 수 있는 방법은 쌀 수출밖에 없다는 인식 때문이었다. 산개위의 위원장이었던 주원朱源에 의하면 2차 산업의 구성비율을 높이는 것을 장기적인 목표로 하였지만, 3개년계획은 첫 단계에서 농업분야, 특히 쌀과 보리의 증산에 중점을 두고 있었다.[29]

그러나 3개년계획안에 대해서는 많은 비판이 이루어졌다. 국내에서의 비판은 먼저 산개위 자체 회의에서 이루어졌다. 산개위의 위원들은 이 계획이 각 부서 간의 협의가 충분히 이루어지지 않은 상태에서 시안이 나왔으며, 산개위 자체의 심의과정에서 중공업 부문이 과도하게 설정되었다고 비판하였다.[30]

4·19 혁명을 전후한 시기에는 3개년계획안에 대한 비판이 공론화되었다. 김영선은 4·19 혁명 직전 환율, 금리, 과세율, 노임, 곡가정책 등의 현실화가 경제계획의 전제가 되어야 한다고 주장하면서 3개년계획은 비민주적인 과정을 통해 이루어진 '경제논문'에 불과하다고 비판하였다.

> 현재와 같은 거대한 국방비 부담을 계속하면서 경제건설을 꾀한다는 것은 거의 불가능할 것이라 함은 국민의 상식이다. …… 미곡수출도 대일 미곡시장의 개척을 전제로 할 것인바 이는 대일외교정상화와 긴밀한 관련이 있을 것인데 이에 대한 국책의 결정이 없이 미곡수출을 강화한다는 것은 탁상공론적 호도가 아닐까 생각한다. …… 그 안에 제시된 구체적 정책에 이르러서는 제3류급의 상식에 불과하다. 그렇다면 이 계획안은 실무층의 의견을 도외시하고 이론과 통계를 중심으로 극소수 경제학도가 작성한 경제론문에 불과한 것으로밖에 보지 않을 수 없다. 특히 우리나라 경제현실에 있어 절대적 비중을 차지하고 있는 외원과 외채 문제를 비교적 소홀히 취급하고 선진국가의 경제계획에서나 찾아볼 수 있는 계획 목적을 나열하고 특수사정을 거의 무시한 보편적 정책방법의 채택은 우리나라 아닌 다른 나라의 경제계획을 일고읽고 있는 것과 같은 감을 주고 있다. …… 그러므로 이 계획의 입안자들은 학리적 통계유희와 선진국가의 모방에 급급하여 국내에 있는 전문기술자의 의견과 실무담당자의 견해를 소홀히 했다는 비난을 면免할 수 없을 것이다.[31]

위의 인용문에서 김영선이 제기한 비판의 핵심은 3개년계획이 현실성이 없는 사업의 나열에 불과하다는 점이었다. 그는 또한 각종 사업을 나열하는 것이 아니라 중요순위를 책정하는 방식인 불균형성장론의 도입이 필요하며, 계획을 실시할 기구의 개혁과 공무원 사회의 개혁이 가장 중요한 문제임을 지적하였다.

1960년 5월 15일에는 농업문제연구소, 대한상공회의소 등 단체와 무역계 인사, 언론계 인사들이 참여한 가운데 3개년계획에 대한 공청회가 열렸다.[32] 여기에서 제기된 문제는 3개년계획안에 동력자원의 문제가 중요하게 고려되지 않았다는 점이다. 즉, 전력을 비롯한 동력자원의 문제가 해결되지 않으면 당시의 상황에서 산업시설을 만들거나 가동하는 것이 불가능하다는 것이다. 또한 고용문제의 해결이라는 사회적으로 가장 중요한 현안 역시 3개년계획에서 고려되지 않았다는 비판이 제기되었다.

경제계획은 사회주의에서나 하는 것

3개년계획이 입안되었지만, 당시는 다음과 같은 몇 가지 이유 때문에 이를 실행할 수 없는 상황이었다. 첫째로 1950년대 경제정책 결정을 거의 독점하고 있었던 이승만 대통령의 경제개발계획에 대한 태도의 문제이다. 1장에서 전술한 바와 같이 네이산 계획이나 '5개년계획'에 대한 이승만의 부정적 태도[33]는 그가 경제개발계획에 부정적인 입장을 가지고 있었음을 잘 보여준다. 그는 또한 1950년대 후반 미국이 군대의 감축에 따른 비용을 경제개발 비용으로 전환할 것을 제안했을 때 이를 거부하였다.[34]

오히려 이승만 대통령은 한국군의 사단 수를 늘리겠다고 주장하였다.[35] 결과적으로 한국군의 감축이 이루어졌지만, 정부수립 이후부터 북진통일을 하나의 통치 이데올로기화했던 이승만 정부[36]는 경제개발보다는 군사안보 문제에 더 큰 관심을 가지고 있었다. 그의 경제개발계획에 대한 입장과 관련하여 이승만이 통일을 지상과제로 상정하였기 때문에 경제계획이 불가능했다는 주장도 주목된다. 즉, 통일을 고려한다면, 남한만을 대상으로 하는 경제개발계획은 중복투자가 될 가능성이 있다는 것이다.[37]

둘째로 미국의 대한정책을 고려해야 한다. 계획을 추진할 국내자본이 없는 상황에서 미국의 대한원조로 조성되는 대충자금은 계획에 사용될 유일한 투자자본이었다. 그러나 이미 2장과 3장에서 살펴본 바와 같이 1950년대 미국의 대한경제정책은 한국에서 경제개발계획의 실행을 어렵게 하는 것이었다. 미 행정부는 1950년대를 통해 인플레이션을 억제하면서 안정화정책을 추진하였고, 통화팽창을 야기할 가능성이 있는 성장정책은 가능한 한 억제하려고 하였다. '경제개발' 이 필요하다는 내용이 처음으로 삽입되었던 국가안보회의 문서 6018 시리즈 문서에서 '생산의 증가' 는 '경제적 안정과 조화되는 최대한의 비율' 이라는 전제조건 위에서만 가능한 것으로 설정되었다.[38] 또한 미국의 대한원조가 줄어들고 있는 상황에서 더 많은 원조를 필요로 하는 경제개발계획의 실행을 미국이 승인할 가능성도 거의 없었다.

결국 아이젠하워 행정부는 원조를 감축시키는 상황에서 감축된 원조를 효율적으로 사용하고 외국의 민간자본 투자를 늘리는 것이 경제개발을 할 수 있는 유일한 방안으로 상정하였고, 대충자금의 사용은 특별계정을 통해 미국인 경제조정관에 의하여 통제되었다.[39] 유상차관에 의존해서 계획을 실시할 수 있는 가능성도 있었지만, 1960년까지 승인된 개발차관기금은 소액에 불과했고, 그나마 각각의 사업별로 승인되는 실정이었다.

결국 3개년계획은 1960년 4월 15일 국무회의에서 승인이 난 직후 4·19 혁명으로 이승만 정부가 붕괴하면서 실행되지 못했다. 계획 자체는 경제개발계획이 필요하다는 사회적 인식과 경제전문가들의 공감대에서 출발하였고, 이승만 정부는 이러한 사회적 요구를 받아들이지 않을 수 없었다. 그러나 1960년에 이르러 이승만 정부는 계획을 정치적으로 이용하고자 하였다. 3개년계획의 시안이 나온 것은 1959년 1월이었고 계획의 시작 역시 1960년으로 상정되었지만, 계획에 대한 심의는 정치적인 현안들로 인하여 국무회의에서 고려되지 못하였다.[40] 1959년을 통해 계획에 전혀 관심이 없었던 이승만과 자유당은 선거를 앞두고 계획의 졸속적인 심의와 발표를 요구하였다.[41] 4·19 혁명으로 인해 3개년계획안은 전면 보류되었고, 계획의 실행을 원하는 사회적인 요구는 민주당 정부로 이월되었다.

2) 민주당 정부의 제1차 경제개발 5개년계획

『사상계』와 민주당 신파의 부상

민주당 정부 시기 경제정책은 두 가지 특징을 가지고 있다. 첫째로 민간기업 주도형 경제개발론자들이 경제정책을 결정하는 중요한 지위를 점했다는 사실이다. 민주당 신파의 김영선과 주요한은 각료로 임명되어 민주당 정권에서 끝까지 경질되지 않고 자리를 지켰으며, 김영선은 재무부장관, 주요한은 상공부장관과 부흥부장관을 교대로 맡거나 겸임하였다. 『사상계』의 편집장 겸 사장이었던 장준하張俊河는 국토건설단 단장, 『사상계』 동인이었던 태완선太完善과 유창순劉彰順은 상공부장관과 부흥부차관을 역임하였다.[42] 1950년대 민간기업 주도형 경제개발론을 주장했던 두 그룹, 즉 『사상계』 그룹과 민주당 신파가 민주당 정부하에서 경제정책 결정과정의 핵심적 역할을 맡은 것이다. 계획의 입안과정에는 산개위에 참여하였던 학자, 관료 중 주원, 차균희, 박동앙 등과[43] 오레곤 자문단, 그리고 아시아재단Asia Foundation 과의 계약으로 방한한 경제학자인 울프 박사가 참여하였다. 울프 박사 외에는 산업개발 3개년계획의 입안자와 큰 차이가 없었다.

울프 박사는 케네디 행정부의 새로운 저개발국정책을 적극 지지하는 입장을 가지고 있었다.[44] 그는 저개발국의 경제개발 과정에서 대외원조의 중요성을 강조하였다.[45] 아울러 울프 박사가 불균형성장론을 경제개발계획의 이론으로 도입할 것을 권고했다는 점[46] 역시 주목해야 할 점이다. 불균형성장론은 균형성장론에 비하여 계획성이 약하며,[47] 저개발국이 불균형성장론을 채택했을 경우 선진국과의 대외무역이나 외자의 도입이 성장과정뿐만 아니라 성장 이후에도 계속될 수밖에 없었다.

그러나 울프 박사가 저개발국에서 공기업의 필요성을 강조했다는 점[48]은 경제개발계획 입안에 참여했던 경제전문가들 중 정부의 개입을 주장했던 차균희, 박동앙의 입장[49]을 뒷받침해 주는 것이었다. 빅 푸쉬Big Push 이론이 도입되었던 것도 정부 역할 부분을 강화하는 이론적 근거가 되었던 것으로 보인다. 3개년계획에 비하여 민주당의 계획에서 정부의 역할을 강조한 것은 이 때문인 것으로 보인다.

둘째로 민주당 정부의 경제정책은 미국과의 공조관계가 제1순위였다는 점이다. 1950년대 민간기업 주도형 경제개발론자들의 주장에서 잘 나타나듯이 경제부처를 장악한 민주당 신파는 미국과의 공조관계를 경제개발을 위한 가장 중요한 조건으로 상정하고 있었다. 민주당 신파의 주요 지도자들 중 장면, 주요한, 김영선 등은 부일협력 경력이 있었으며, 해방 이후 친미親美 성향으로 전환한 인물들이었다.[50] 민주당 정부는 경제제일주의를 내세우면서, '딜론각서Dillon Package'를 통해 미국이 요구한 사항들을 먼저 해결하고자 하였으며, 물가상승의 위험성과 관련된 경고가 제기되었음에도 환율 개정,[51] 공공요금 인상[52] 등을 실시하였다.

1961년 2월 13일 '경제기술원조협정'의 체결은[53] 민주당의 대미협조 경제정책의 하이라이트였다. 경제기술원조협정에 대해 대중적인 반발이 있었음에도 민주당은 조약 체결을 강행했고, 미국은 이 기회에 '한미군사행정협정' 까지 체결하고자 하였다.[54] "농림당국이 농림행정을 구상함에 있어서도 어떤 정책을 실현하기 위하여는 경제원조가 얼마만큼 필요하느냐 하는 문제를 농촌고리채의 정리나 농산물가격의 적정화 문제보다도 더욱 관심을 두어 왔다"는 비판은 당시 민주당 정부의 정책에 대한 지식인들의 견해를 반영하고 있었다.[55]

민주당 정부의 경제개발계획은 이상과 같은 특징을 그대로 반영하면서 추진되었다. 민주당 정부가 계획의 입안을 위해 가장 먼저 착수한 작업은 계획기구의 개편이었다. 새로운 경제계획을 위한 기구로 '경제기획처' 의 신설이 예정되었는데,[56] 이것은 산개위에 대한 비판 때문이었다. 산개위는 부흥부 산하에 설치되었기 때문에 정부 내의 다른 경제부처보다 상위에서 계획을 총괄할 수 없고, 정치적 힘이 강하게 개입되어 있다는 비판이 제기되었다.[57] 결과적으로 5·16 쿠데타로 인해 새로운 기구의 설치는 '시안' 만으로 끝나게 되었고, 태완선과 주요한이 주도하면서 기업, 학계, 언론계 인사로 구성된 종합경제회의의 심의를 거쳐 산개위에서 활동했던 관료들이 경제개발계획안을 입안하였다.

장면 총리는 1960년 11월, 1961년을 시점으로 하는 계획안을 작성하라고 지시하였다. 그러나 딜론 각서의 해결, 환율문제와 공공요금 인상 등의 문제로 인하여 민주당 정부는 집권 후 7개월이 지난 1961년 3월에서야 경제개발계획을 본격적으로 입안하기 시작하였다.[58] 딜론 각서에 따른 미국의 요구사항이 1961년 2월 말까지 완수된 것은 아니었지만, 민주당 정부가 딜론각서에 있는 내용을 적극적으로 추진했기 때문에 미국은 만족스러운 입장을 표명하였다.

뿐만 아니라 1961년 초 시작된 케네디 행정부는 새로운 원조정책을 추진하였고, 그 내용이 국내외의 신문을 통해 알려지기 시작했다는 점 역시 본격적인 경제개발계획 추진의 또 다른 요인이 되었다. 케네디 대통령이 개발차관에 중점을 두겠다는 교서를 발표한 다음 날 장면은 미국과의 경제협력에 대한 재검토에 들어갔으며 경제개발계획의 작성도 본격적으로 시작되었다.[59]

민주당 정부의 5개년계획안[60]은 '민주적 경제계획'을 표방하면서 개인기업의 역할을 보조하는 수준에서 정부의 간접적 통제와 적극적인 외자의 도입을 추진하였다. 무상원조가 감소하고 있는 상황에서 미국 외의 다른 나라로부터 차관 도입이 필요하다는 점도 지적되었다. 경제개발 과정에서 민간기업의 역할도 강조되었지만, 3개년계획에 비하여 사회간접자본과 사회적 수익성이 필요한 사업에서는 정부 주도의 투자 또한 강조되었다. 산업별 투자계획에서는 선도산업의 역할을 강조하면서 전력, 농업, 그리고 사회간접자본 등 세 분야를 핵심적인 사업으로 지정하고, 핵심사업을 기반으로 하여 전략산업석탄, 비료, 시멘트, 화학섬유, 정유, 철강을 발전시켜야 한다고 설정하였다. '계획의 내용'에서 제1장이 '산업기반의 조성'이며 1절이 '에너지 수급계획', 2절이 '기초산업시설의 확충', 3절이 '농어업생산력의 발전', 4절이 '유휴자원의 이용과 국토보존'으로 되어 있다.

산업별 투자계획의 내용은 산개위의 3개년계획과 큰 차이가 없었다. 석탄생산을 강조한 것은 화력발전소의 가동을 통해 전력공급량을 늘리기 위한 것이었으며, 비료, 시멘트, 화학섬유, 정유 등은 당시 수입량이 가장 많았던 품목으로, 전형적인 수입대체산업화 전략이었다.[61] 불균형성장론이 도입되고, '요소공석식 접근방식'이라고 계획안 내에 표현되었지만, 3개년계획과 마찬가지로 산업부문계획이 나열적이었고, 각 부문의 투자와 목표년도의 내용은 균형성장론과 유사한 내용을 갖고 있었다. 균형성장론을 채택하고 있었던 인도의 경제개발계획 경험을 도입하기 위하여 인도의 전문가를 초빙할 계획을 세운 것도 민주당 정부의 경제개발계획의 성격을 잘 보여주는 것이었다.[62]

민주당 정부의 경제개발 5개년계획의 특징은 농어업 부문이 공업투자보다 우선순위에 있었다는 점과 1950년대 이래로 미국이 강조하였던 재정 · 금융부문의 안정화 기조가 강조되었다는 점이다. 특히 후자는 민주당 정부의 경제정책을 잘 보여주는 것이었다.

이 계획이 공업화에의 산업기반 조성을 그 근본목적으로 하고 있으나 여기에서는 이율배반적인 명제 즉 안정과 확대의 조정이 신중히 다루어져야 할 것이다. 후진국에 있어서 공통적인 현상으로 나타나기 쉬운 인프레 경향은 보다 건전한 성장을 위하여서는 세심히 취급되어야 한다.

저축이 미미하고 따라서 자본형성이 부족한 현실에 과도한 투자계획은 그러한 위험을 내포하고 있는 만큼 어디까지나 재정금융안정의 기초위에서 실행되어야 할 것이다. 이것은 곧 계획기간 중의 통화가치와 물가의 안정이 최대한 지속되어야 함을 의미한다.[63]

위 인용문은 투자가 '재정금융안정' 의 기초 위에서 이루어져야 한다는 점을 강조한 것이다. 1950년대 경제개발론자들이 공통적으로 안정보다는 성장, 또는 성장을 통한 안정을 주장하고 있었던 점을 고려할 때 안정에 기초한 성장정책은 반反 인플레이션 안정화 정책을 강조했던 1950년대 미국의 대한정책을 의식한 것으로 보인다.

국토건설단의 실패, 그리고 민주당 정부의 몰락

민주당 정부의 경제정책 중 가장 주목을 받은 것은 경제개발 5개년계획보다는 그 안에 포함되어 있던 '국토건설단' 사업이었다. 공공사업을 대대적으로 일으켜 이를 통해 실업자 문제를 해결하고 아울러 사회간접자본을 확충한다는 방안이었다.[64] 민주당 정부는 '민주당 정부의 운명을 건 일대사업' 이라고 하면서 대대적으로 사업계획을 작성하였다. 국토개발사업에 필요한 자본은 미국의 잉여농산물 원조액 1,000만 달러와 정부보유달러의 공매公賣에 의한 150억환, 그리고 추가경정예산에 의해 배정된 400억환을 재원으로 할 계획이었다. 400억환 중 270억환은 현금으로 지출되며, 나머지 130억환은 그 금액에 해당하는 잉여농산물로 지급할 예정이었다.[65] 국토건설사업 계획안은 1960년 11월 국회에 제출되어 다음해 3월 실행에 들어갔다.

1950년대부터 한국에서 실업문제의 해결을 위해 공공사업을 일으켜야 할 필요성에 대해서 강조하였던[66] 미국은 민주당 정부의 정책 중 국토건설단 사업을 가장 긍정적으로 평가하였고 공법480 원조의 추가 공여를 계획하고 있었다.[67] 한국의 경제개발론자들 역시 공공사업의 필요성에 대해서 절감하고 있었다. 이들은 가능하다면 농업부문과 관련된 거대한 공공사업을 통해 한국의 가장 큰 자원인 인적 자원을 이용하고 아울러 실업문제를 해결할 수 있다고 주장하였다.[68]

이러한 생각은 한국의 전통적인 경제사상을 바탕으로 경제정책을 입안하고자 하였던 조소앙의 경제사상 속에서도 나타나며,[69] 인도의 공공근로사업이 한국에 미친 영향 또한 큰 것이었다. 송인상은 인도, 파키스탄 방문을 통해 지역개발 사업에 많은 감명을 받았고, 1958년 부흥부 내에 차균희를 책임자로 하는 지역사회개발위원회를 설치하였으며 각 도道와 군郡에는 지역위원회를 설치하였다.[70] 1950년대 한국군의 정훈교재였던 『정훈대계』에는 선진국과 소련의 국토계획에 대해 설명하면서 이것을 전후 '신조류'로 규정하였다.[71]

그러나 민주당 정부의 국토건설사업은 결국 실패하였다. 재원으로 사용될 잉여농산물의 도입이 지연되었고, 사업기간에 동원될 노동력에 대해 노임의 절반을 현물로 지급하도록 계획되었지만, 현물을 받은 노동자가 이것을 다른 곳에 판매하는 것을 금지하였다. 이러한 임금지불 방식으로는 본격적인 실업자 구제를 이룰 수 없었다.[72] 또한 정부가 국토건설요원으로 채용할 계획이었던 대학졸업자 약 2천 명 중 일부는 월급이 적고 침식이 불편하다는 이유로 건설현장 부임을 거부하기도 하였다.[73]

민주당은 경제개발계획의 입안과 국토건설사업을 적극적으로 추진하였지만, 대중적으로 지지를 얻지는 못했으며, 결국 군사정부로 이월되었다. 이것은 전술한 바와 같이 민주당 정부의 지나친 미국 의존에 따른 국민들의 반발이 하나의 요인이 되었다.

그러나 민주당 정부의 경제정책 실패의 원인이 미국에 대한 과도한 의존, 또는 미국의 요구에만 있었던 것은 아니었다.[74] 민주당 정부 자체가 국민들에게 신뢰를 주지 못했던 것도 중요한 요인이 되었다. 민주당 정부는 7 · 29 총선 당시 공약 15장에서 내걸었던 경제정책을 전혀 시행하지 않았다. 여기에서 민주당은 "부정축재의 회수, 특혜와 독점의 배제, 부패의 근절, 관권의 부당한 간섭 지양" 등을 약속하였지만,[75] 오히려 "산업경제의 위축을 지양"하고[76] "북한 괴뢰에 이익을 주는 부정축재처리가 되지 않도록" 한다는 보수언론의 지적[77]을 명분으로 부정축재자 문제를 제대로 처리하지 않았다.

민주당 신파의 경제개발론에서 나타나는 바와 같이 주요한과 김영선은 독점재벌이라고 비난받는 기업이 있다고 할지라도 자유경제체제의 원리에 의해서 움직여야지 정부가 개입해서는 안 된다는 논지를 폈다. 이것이 부정축재자 처리 문제를 처리하는 논리적 근거가 되었다. 또한 민주당은 부정축재 처리대상자들로부터 정치자금을 받아 물의를 일으키기도 했다.[78] 부정축재자 처리 문제는 4 · 19 혁명에서 나타난 국민적 요구였기 때문에 이에 대한 미미한 처리는 민주당 정부의 대중적 지지를 떨어뜨리는 계기가 되었다.

민주당 정부의 경제시책은 부정축재자 처리 외에도 여러 가지 점에서 문제를 드러냈다. 야당 시절 주장했던 관권을 축소해야 한다는 정책이 전혀 반영되지 못했으며,[79] 김영선은 스스로 1950년대의 경제관료들에 대해 비판하였음에도 불구하고 이들을 그대로 등용하였다.[80] 민주당은 1950년대 전반에 걸쳐 주장했던 자유경제를 4 · 19 혁명 직후에는 '혼합경제'로 바꾸어 "사익의 추구가 공익의 확대와 일치할 수 있는 한계 안에서 사익추구의 자유를 용인하고 공익에 배치되는 사익추구는 용인하지 않는다"고 주장하였다.[81]

결국 민주당 정부의 경제정책은 대중들의 지지를 얻지 못했고, 실패로 끝나고 말았다. 그러나 민주당 정부의 계획이 그대로 폐기된 것은 아니었다. 쿠데타로 권력을 잡은 군사정부는 경제개발계획의 입안과 실시를 적극적으로 추진하였고, 민주당의 경제개발계획안은 군사정부의 '건설부안'으로 표지를 바꾸게 되었다.

2 _ 군사정부의 경제개발계획과 경제정책의 실패

5 · 16 쿠데타로 집권한 군부 세력들은 불법적인 집권으로 인한 국민들의 정치적 반대는 없었지만, 정권의 정당성 확보를 위해서 여러 가지 정책을 실시하였다. 농촌 고리채를 정리하고, 중소기업에 대한 대출을 확대했으며, 경제개발에 매진하겠다는 정책을 내놓았다. 그리고 군사정부가 출범한 지 몇 달이 지나지 않아 경제개발계획을 내놓았다. 이미 장면 정부에서도 추진했던 '경제제일주의'를 군사정부에서도 내놓았다.

이러한 과정을 거쳐서 1962년 1월 제1차 경제개발 5개년계획이 시작되었고, 이후의 과정은 일반적으로 성공의 과정으로 알려져 있다. 그러나 어떻게 7개월이라는 짧은 시간 동안 이루어진 경제개발계획의 입안과 실시가 과연 성공할 수 있었을까? 혹시 실패한 이야기는 성공한 이야기 속에 묻혀 있었던 것은 아닐까? 또한 미국 정부는 군사정부의 조급한 정책에 대해서 어떠한 반응을 보였을까?

1) 제1차 경제개발 5개년계획

일사천리로 밀어붙이기

5·16 쿠데타를 통해 집권한 군사정부는 민주당 정부와 마찬가지로 경제제일주의를 내세우면서 경제개발계획의 입안과 실시를 제2의 혁명과업으로 설정하였다.[82] 군사정부의 경제제일주의는 내부적으로는 불법적인 집권을 합리화하기 위한 논리였고,[83] 외부적으로는 경제개발계획의 필요성을 강조하던 미국과의 관계를 고려한 것이었다.

쿠데타 직후 군사정부의 경제정책을 이끌었던 것은 국가재건최고회의이하 '최고회의'로 약칭 의장 박정희와 최고회의 상공위원장 유원식이었다. 이들은 경제정책을 입안한 경험이 없었기 때문에 경제학 교수들과 은행관료들, 그리고 경제관료들을 고문이나 기획위원에 임명하였다. 최고회의의 고문이나 기획위원에는 다양한 성향의 인물들이 등용되었는데, 당시 경제관료들의 회고를 종합하면, 박정희와 유원식이 가장 신임했던 고문은 박희범이었다고 한다.[84] 박정희, 유원식, 박희범은 가장 대표적인 국가주도형 경제개발론자들이었다. 이들의 생각은 군사정부에서 발표한 제1차 경제개발 5개년계획에 그대로 반영되었다.

초기 군사정부의 경제개발계획에 대한 입장은 1961년 5월 31일에 발표된 '기본경제정책'에 잘 나타난다. '기본경제정책'은 "국민경제의 균형적 발전"을 기본 목표로 하여 "장기개발계획에 있어서는 농어업과 주요 기간산업전력, 석탄, 정유, 비료, 철강 등에 치중"한다는 것을 기본내용으로 하였다.[85]

쿠데타 직후에 군사정부는 건설부를 통해 경제개발계획안이하 '건설부안'으로 약칭을 발표하였다.[86] 건설부안은 민주당 정부의 경제계획과 동일한 내용이었다.[87] 건설부안이 별다른 반응을 얻지 못하는 가운데 1961년 7월 22일 최고회의가 종합경제재건계획안이하 '최고회의안'으로 약칭을 발표하였다.[88] 최고회의안은 유원식이 중심이 되어 재정경제위원회 안에 '종합 경제재건 기획위원회'란 기구를 설치하고 여기에 박희범 교수가 참여한 가운데 입안되었다.[89] 최고회의는 계획안을 작성한 뒤 1961년 7월 18일 정부 부처에 이틀 간의 시한을 주고 계획안을 검토할 것을 지시하였다.[90] 최고회의안은 내무부를 제외하고는[91] 다른 부처와 협의를 거치지 못한 채 최고회의 일부 인사들의 작업에 의해 작성되었다.[92]

계획의 내용을 볼 때 최고회의안은 건설부안에 비하여 자본형성에서 외자보다 정부 재정부문의 역할이 강화되었고,17.2% → 29.6% 연평균 성장률 역시 5.6%에서 7.1%로 상향 책정되었다. 수출계획안 역시 건설부안에 비하여 최고회의안은 더 높게 책정되었던 반면에 수출산품의 비율에서는 건설부안이 2차 산품의 비율을 높게 상정했던 데 반하여 최고회의안은 1차 산품의 비중을 더 높게 책정하였다. 수입대체를 목표로 하는 중공업 중심으로 산업투자계획이 책정된 만큼 초기에 2차 산품을 수출하는 것은 불가능하였다.

최고회의안에 대한 비판은 국내외에서 광범위하게 제기되었다. 계획내용에 대한 비판의 초점은 현실적이지 못한 성장률과 투자율, 저축률에 있었다. 가장 먼저 최고회의안을 비판한 것은 상공회의소였다. 상공회의소는 8월 12일 의견서를 제출하여 물가변동에 대한 고려가 전혀 없으며, 7.1%의 성장률은 비현실적이라고 비판하였다. 또한 조세부담률의 급속한 증가12.7% → 17.5% 는 기업 의욕과 민간투자에 부정적 영향을 미칠 것이며, 1, 2차 년도에 중점투자부문의 자본을 주로 외자에서 충당하려 한 것은 외자도입에 너무 큰 기대를 걸고 있는 것이라고 비판하였다.[93]

미국은 장면 정부의 계획안을 그대로 계승한 건설부안보다도 최고회의안에 더 비판적이었으며, '짜깁기patchwork' 계획안이었다고 비판하였다.[94] 박정희가 방미시 최고회의안을 제출했을 때 익명의 고위 경제자문가는 계획의 내용이 "공상적"이며 "비현실적"이라는 입장을 한국측에 전달하였다.[95]

그러나 최고회의안은 완성된 경제계획안은 아니었고, 전체적인 계획에 대한 입장을 조율하기 위한 시도였다. 군사정부는 최고회의안과는 별도로 1961년 7월 19일 최고회의 의장 박정희의 명의로 '장기 경제개발계획 지침 하달이하 '지침'으로 약칭' 이란 제하의 문서를 건설부에 전달하였다.[96] 지침은 내용상으로 최고회의안을 요약한 것에 불과하지만, 경제개발계획 수립의 기본방침을 제시한 것이었다. 즉, 1961년 10월 16일에 제출된 제1차 경제개발 5개년계획안의 '제안이유' 는 "모든 사회경제적 악순환을 시정하고 자립경제의 달성을 위한 기반을 조속히 구상함을 기본목표로 삼은 제1차 경제개발 5개년계획안"이 "국가재건최고회의 의장의 장기경제개발계획 지침에 의거"하여 이루어졌다고 밝히고 있다.[97]

최고회의안이 발표된 후 열흘 남짓 지나서 최고회의는 경제계획을 위한 위원회를 소집하고, 8월 5일부터 본격적인 계획안의 작성을 위한 검토작업을 시작하였다.[98] 1961년 8월 13일에는 한국은행을 비롯한 경제부처에 계획안을 개별적으로 검토할 것을 지시하였다. 경제기획원장이 작성하여 최고회의에 제출한 경제개발 5개년계획 완성을 위한 긴급건의의 건에는 이 시기 경제개발계획을 완성하기 위한 자세한 계획과 일정이 수록되어 있다. 계획과 일정은 〈표 4-2〉와 같다.

〈표 4-2〉의 일정보다 조금 늦은 10월 14일 계획안이 확정되어 중앙경제위원회[99]에 회부되었다.[100] 두 달 만에 계획이 완성된 것이었다.[101] 중앙경제위원회의 최종심의 보고서를 보면 9월 말에 완성된 경제기획원의 경제계획안은 대체로 최고회의안과 유사하다는 점을 알 수 있다. 몇 가지 다른 점은 "귀농정책"의 필요성을 주장한 점, 수리사업의 경우 "신규사업은 일체 하지 아니 한다"라고 규정한 점 등이다. 전자는 도시 실업문제의 해결을 위한 것이었고, 후자는 농업에 대한 투자를 최소화하기 위한 것이었는데, 심의과정에서 다시 삭제되었다.[102]

중앙경제위원회의 심의결과는 지침에 근거해서 만들어진 계획안에 비판적이었으며, 미국의 최고회의안에 대한 비판과 상당히 유사한 내용이었다. 우선

표 4-2. 경제개발 5개년계획 작업 일정표

내용\기간		7월		8월						9월	
		25	31	5	10	15	20	25	30	5	10
3개년계획안(최고회의안, 경제기획원안, 한은안)의 비교표 작성	7/28–31		↔								
사업별 투융자계획, 생산계획, 산업별 부가가치, 산업별 취업인구산출 및 수출입계획	7/28–8/18		←				→				
위원회 구성	8/1–2			↔							
위원회 제1차 회의(기본방침, 기준, 인구증가율, 취업인구, 경제성장률, 국제수지규모, 자본계수, 투자율, 산업구성 등 결정)	8/3–4			↔							
기본모형 시안 작성	8/5–8			↔							
위원회 제2차 회의(기본모형 시안 검토)	8/9				↔						
사업별 외화유치 재원의 결정	8/19						↔				
국민총생산표, 재정수지표, 국제수지표, 인구동태표 작성	8/19–23						↔				
위원회 제3차 회의(투융자계획 등 검토)	8/21						↔				
전체 조정 작업	8/24–25						↔				
산업연계 및 노동생산성 검토	8/26–28							↔			
계획안 완성	8/29–9/1								←	→	
위원회 제4차 회의(주요계획지표 검토)	8/31								↔		
油印	9/1–4									↔	
위원회 최종회의	9/5									↔	
중앙경제위원회, 각의 및 국가재건최고회의에 의한 심의	9/10									↔	
영역 및 인쇄	9/6–15									↔	

출처 : 「경제개발 5개년계획 완성을 위한 긴급건의의 건」 별첨, 1961년 8월 2일자, 『5개년계획 관계철』.

7.1%의 경제성장률은 "강력한 행정력의 뒷받침"이 있다면 가능하겠지만, 너무 의욕적이라는 점이 지적되었다.[103] 또한 "과대한 투자 염출로 인하여 인프레의 위험이 염려"되며 신규사업에 대해서는 새로운 재원을 찾기 어렵다는 것이 지적되었다. 성장률과 관련된 지적은 중앙경제위원회 안에 소속된 분과위원회

의 위원들이 산개위에 참여했던 인물들이었다는 점과 관련된다. 산개위의 3개년계획 입안과정에서 5%의 성장률이 가능한 목표로 설정되었었다.[104]

중앙경제위원회의 토의를 거친 경제계획안은 예정보다 한 달 정도 늦은 1961년 10월 16일 각의에 상정되었고,[105] 각의에서는 중앙경제위원회의 조정안에 대해 농어촌 문제에 대해 더욱 강조할 필요성을 제기하였다.[106] 오히려 산업 건설 분야에 대한 투자를 농어촌 고리채 정리사업과 농어촌 자금융자에 투입하는 것이 필요하다는 정치적인 권고가 이루어졌다.[107] 군사정부의 정당성을 확보하기 위한 정책이었다. 1961년 12월 1962년도 예산안 심의과정에서 일부 투융자 내용이 변경되었는데, 농림부문에서 91억환, 전력부문에 7억환의 투융자가 증가된 내용이었다.[108]

군사정부의 계획이 수출주도형이라는 것은 잘못된 신화

1962년 1월 경제기획원은 '제1차 경제개발 5개년계획'이하 '경제기획원안'으로 약칭을 발표하였다.[109] 공식적으로 이 계획에는 민주당 정부하의 부흥부·재무부 관료이한빈, 이기홍, 정재석 등, 최고회의 기획위원회정인욱 鄭寅旭, 황병준, 경제기획원송정범, 안종식 安鍾楼, 이경식 李經植, 우윤희 禹潤熙, 이웅수 李雄秀, 남영우 南榮祐, 한국은행정원훈 鄭元勳, 박성상 朴聖相, 학계 성창환, 이정환, 육지수 陸芝修, 홍성유, 박동앙, 기술계안경모 安京摸, 남기동 南基棟에서 참여한 것으로 되어 있다.[110] 그러나 기획국 문서에 나타나는 바와 같이 기본적으로 건설부안민주당 정부의 경제개발계획안을 토대로 하여 최고회의안과 박정희의 명의로 작성된 지침이 계획안의 기본골간을 이루었다. 즉, 최고회의의 박정희, 유원식 등과 최고회의 의장 자문위원인 박희범, 정소영鄭韶永[111] 등의 생각이 반영된 것이었다.[112] 당시 "최고회의에서 결정한 정책이 상당히 세부적이었기 때문에 관료들이 조정하거나 수정할 내용은 거의 없었다."[113]

경제기획원안이 일부 최고회의 지도자들의 견해를 그대로 반영했다는 사실은 계획안이 발표되기 직전인 1962년 1월 8일 박정희의 직접 지시에 의해서 '수정 및 조치사항'이 경제기획원에 전달되었다는 점에서도 잘 나타난다.[114] 이 때 수정 또는 추가된 중요한 내용은 〈표 4-3〉과 같다.

2-2)-15는 민간부문의 활동에 대한 정부의 우위를 확실히 하는 것이며, 4-2)는 1950년대 미국의 정책으로 인하여 안정기조의 정책이 계속되었지만, 이것을 성장중심의 기조로 전환하겠다는 의지를 표명한 것이었다. 7-2)는 중요산업에 대한 국영의 원칙을 채택할 것을 지시한 것이었다.

경제기획원에서 발표한 계획에서 나타나는 중요한 특징은 두 가지이다. 첫째로 산업화 전략이 균형성장론과 수입대체산업화 전략을 채택하고 있다는 점이다.[115] 계획에서 공업화의 목표로 '에너지원의 개발', '경제구조의 균형적 개발', '사회간접자본의 확충', '고용의 증대', '수출증대', '기술의 진흥'의 순서로 중요도를 설정하였다.[116] 공업화에서 주목되는 것은 지금까지 알려졌던

표 4-3. '수정 및 조치사항'에서 수정 또는 추가된 내용

항	원안	수정 또는 추가
2-14	가까운 시일안에 南北統一은 이루어지지 못할 것이다.	北韓에 대한 經濟的 優位를 확보하기 위하여 급속한 經濟成長을 기할 것이다.
2-2)-15	…… 民間部門의 自發的인 活動을 期待하는 ……	…… 民間部門의 自發的인 活動을 刺戟하는 ……
2-5)-16	國防費는 현재의 수준을 유지한다.	國軍의 裝備를 現代化함으로써 國防力을 强化하고 國防費는 不可避한 自然增額 만을 인정한다.
7-2)		광업-다) 鐵, 非鐵金屬, 非金屬, 鑛業은 각각 國營企業體를 중심으로 同種鑛業의 組合體를 편성하며 組合制度에 의한 鑛業發展을 도모한다. (새로 삽입)
4-2)		금융-마) 物價安定을 위주로 한 外換管理體制에서 國際收支 및 生産中心의 外換管理體制로 전환한다. (새로 삽입)

출처 : 국가재건최고회의, 「제1차 경제개발 5개년계획(수정 및 조치사항)」, 기획국, 『오개년계획 관계철』 내 문서.

바와는 달리 수출주도보다는 '경제구조의 균형적 개발'이 더욱 중요하게 고려되었다. 산업화 전략에서는 핵심사업에 중점적으로 투자하는 방식의 불균형성장론을 따르고 있지만, 목표에서는 수입대체산업화와 산업 간의 균형성장이 제시되었다. 산업화 전략에서 가장 중점을 두었던 부분은 비료공장, 정유공장, 제철공장의 건설로, 군사정부 이전의 계획 내용을 계승하고 있다. 1차 산품을 중심으로 한 수출의 강조, 농림수산업17.2%, 비료4%, 전기11.7%, 운수업12.3%에 대한 중점적 투자, 사회간접자본의 확충 내자총액의 약 10%, 차관을 합하여 정부 총투자재원의 14% 등은 민주당 정부의 계획을 그대로 계승한 것이었다.[117] 이러한 투자계획으로는 2차 산품의 수출은 불가능했다.

아울러 군사정부의 계획이 이전의 계획과 비교할 때 나타나는 또 하나의 공통점은 산업별 계획이 병렬적으로 나열되어 있으며, 단기간에 작성되었다는 점이다. 이것은 당시의 경제관료들이 공통적으로 인정하고 있는 바와 같이 부정확한 통계와 계획입안에 참여한 경제학자, 경제관료들이 풍부한 경험과 높은 수준의 이론을 겸비하지 못했기 때문이었다. 아울러 〈표 4-2〉에서 드러나는 것처럼 두 달이라는 짧은 기간에 만들어졌기 때문에 계획은 새로운 내용을 담

표 4-4. 경제기획원안의 자본형성의 구성비 (단위 : %)

연도	투자주체별		원천별		내외자별	
	정부	민간	정부	민간	정부	민간
1960	32.8	67.2	47.3	52.7	68.5	31.5
1962	30.6	69.4	58.3	41.7	75.4	24.6
1963	37.9	62.1	58.3	41.7	65.3	34.7
1964	38.2	61.8	56.7	43.3	67.0	33.0
1965	33.0	67.0	52.5	47.5	77.0	23.0
1966	34.0	66.0	53.4	46.6	74.9	25.1
계획기간 중	34.8	65.2	55.6	44.4	72.2	27.8

출처 : 경제기획원, 『제1차 경제개발 5개년계획(개요 및 2년차 계획)』, p. 29 (표-10).

표 4-5. 1950년대 말 1960년대 초 경제개발계획 비교

분류 \ 계획	산업개발 3개년계획	민주당 5개년계획	경제기획원안
입안자	산업개발위원회	산개위의 일부 관료 (차균희, 박동앙, 김종대, 주원)	경제학자, 경제관료
기획/수정/승인	송인상 / 산개위 / 국무회의(이승만)	민주당 신파 / 산개위 일부 관료 / 민주당 신파	박정희, 유원식, 박희범, 정소영 / 박정희 / 최고회의
경제개발론	민간기업 주도형	민간기업 주도형	국가주도형
수용된 서구 경제개발론	균형성장론	균형성장론, 불균형성장론, Big Push론	균형성장론, 불균형성장론, 구조주의
계획의 이념	자유경제체제 존중	혼합경제체제	지도받는 자본주의
정부의 역할	보조적 역할	관리적 역할, 그러나 사회간접자본과 공익성 사업은 정부가 주도하여 투자	정부가 주도, 공적 부문의 강조가 계획 이념으로 설정됨
자본축적	외자 중심	외자 중심	내자중심
성장률	5.0%	5.6%	7.1%
안정과 성장	안정을 고려	안정기반을 강조	성장을 위주로 한 안정정책
투자순위	모든 부문에 골고루 (계획을 나열)	초기에는 전력과 농업부문 우선	전력과 중공업에 우선
입안에 모두 참여한 인물	경제학자 : 성창환, 박동앙, 주원, 이창렬 경제관료 : 차균희, 이기홍		
공통점	자립적 경제구조 수립, 2차 산업의 육성을 통한 균형성장론, 수입대체산업화(제철, 비료, 시멘트), 농업분야 투자와 쌀 수출 강조, 중소기업 육성, 전력산업을 산업화의 기초로서 강조		

출처 : 산업개발위원회, 『단기 4292년도 가격기준에 의한 산업개발 3개년계획』(1960년); 건설부, 『제1차 5개년경제개발계획(시안)』, 1961년 5월; 경제기획원, 『제1차 경제개발 5개년계획(개요 및 2년차 계획)』, 1962년 11월.

을 수 없었다.

둘째로 내자의 동원이 강조되었다는 점이다. 이전의 계획이 자본축적을 위하여 외자의 적극적인 이용을 강조한 점을 고려하면 내자동원의 강조는 국가주도형 경제개발론자들이 주도한 군사정부 경제개발계획의 가장 큰 특징이었다. "국내자본을 최대한으로 하고 …… 정부보유불정부가 소유한 달러: 필자주은 사업목적을 위하여 계획적으로 사용"하며 "국내로동력을 최대한으로 활용하여 자본화"한다는 것이 내자동원의 방법이었다. 총 가용자원 수급에서 대외의존이 1962년 13.1%에서 목표년도인 1966년 8.9%로 낮게 책정되었으며, 자본형성 구성비는 〈표 4-4〉와 같이 내자를 통한 자본형성이 전체의 3/4에 달하도록 계획되었다.

민간기업보다는 정부가 주도해야 한다는 점이 강조된 것 역시 경제기획원안의 특징이었다. 계획의 '이념 및 방침'에 "정부가 직접적인 정책수단을 보유하는 공적 부문에 그 중심"을 두겠다는 점이 명확하게 설정되었고, 계획에 동원되는 자본의 주체에서도 〈표 4-4〉와 같이 민간 44%, 정부 56%로 계획하였다. 이것은 박희범이 계획하고 있었던 '산업개발공사안'을 뒷받침하는 것이었다. 후술하겠지만, 군사정부는 통화개혁을 통해 내자를 확보하고 '산업개발공사'를 설치하여 국가가 기업을 내신한 투자의 주체로서 경제개발의 과정에 직접 개입하고자 하였다.[118] '산업개발공사'는 공사의 대표에게 부수상의 자격을 부여함으로써 국가 경제의 일원적 통제를 위한 기관이었다.

〈표 4-5〉는 군사정부 이전의 경제개발계획과 군사정부의 경제개발계획의 공통점과 차이점을 비교한 것이다.

2) 경제정책의 실패

통화개혁의 실패

국내에서는 계획안이 발표된 직후 비현실적인 수출계획과 물가 및 통화량에 대한 고려가 없었다는 점, 그리고 과도한 내자의 동원이 비현실적이라는 비판이 제기되었다.[119] 후술하겠지만, 미국 역시 경제기획원안에 대해 비판적 입장을 보였다. 그러나 군사정부는 자신들의 정책을 고수하였다. 국민의 지지를 얻기 위해 쿠데타 직후부터 농촌 고리채 정리, 중소기업에 대한 지원, 물가통제정책을 통한 물가안정 등을 추진하였고,[120] 1962년 1월에 발표된 경제개발계획의 청사진 하에서 경제정책을 실시하였다. 1962년 말부터 인플레이션 현상이 나타나고, 계획의 수정을 위한 작업이 동년 11월에 시작되었지만,[121] 안정기조를 강화하겠다는 것을 제외하고는 경제기획원안을 계속 고수하였다.[122] "일단 수립된 시책을 시행함에 있어서는 일시적으로 다소 불의의 사태가 발생한다 하더라도 가능한 한 이를 극복하여 계속 결행하는 일관성을 지녀야 할 것"이며, "일시적인 반동 현상에 신경과민이 되어 부분적인 보완조치를 산발하는 일이 없어야" 한다는 것이 군사정부의 입장이었다.[123]

군사정부가 가장 먼저 착수한 작업은 내자의 동원이었다. 우선 군사정부는 내자의 마련을 위해서는 인플레이션도 불사하겠다는 의지를 공개적으로 표명하였다.[124] 군사정부가 내자동원을 위해 처음으로 취한 조치는 예금금리의 대폭 인상을 통해 저축률을 증가시키는 것이었다.[125] 그러나 이 계획은 1961년의 엄청난 통화팽창으로 인한 인플레이션 때문에 실패할 수밖에 없었다. 금리는 인상되었지만, 인플레이션 때문에 저축을 유인할 수 없었다. 군사정부는 소폭이나마 계획된 '국민저축 5개년계획'을 축소 · 수정할 수밖에 없었다.[126]

군사정부가 금리인상 다음으로 추진한 것은 민간자본의 동원을 위한 보험

회사의 통제[127]와 증권시장의 활성화였다. 군사정부는 증권시장의 활성화를 통해 5천여 억환을 경제개발에 투입할 수 있을 것으로 예상하였다.[128] 군사정부의 이러한 발표 후 1961년 말에서 1962년 5월까지 경제침체상태가 계속되는 상황 속에서도 주식값이 큰 폭으로 상승했다. 여기에서 터져나온 사건이 소위 '증권파동' 이었다.[129] 증권파동은 중앙정보부가 증권시장에 개입하여 이익금을 정치자금화하는 과정에서 발생하였다.[130] 증권파동 이후 증권시장은 파행을 거듭하였고, 증권거래소가 공영으로 개편되었음에도 불구하고 1963년까지 정상화되지 않았다.[131]

증권시장이 파행을 거듭하는 가운데 통화개혁이 이루어졌다. 기존의 환화와 신종 원화를 10:1의 비율로 설정한 '긴급통화조치법' 은 통화개혁과 함께 예금동결을 통해 국내자본을 동원하려고 한 군사정부의 대표적인 경제정책이었다.[132] 표면적으로는 악성 인플레이션을 미연에 방지하기 위한 것이라고 발표하였지만, 근본적인 목적은 예금의 동결을 통해 국가투자기관인 '산업개발공사' 를 설립하고자 한 것이었다.[133] 통화개혁을 통해서 봉쇄된 예금은 1년 이상 정기예금의 금리와 동일한 연 15%의 금리가 적용되며, 6개월 이내에 설립될 산업개발공사의 주식으로 대체된다는 것이 구체적인 내용이었다.

미국은 통화개혁에 대해 강력하게 반발하였다. 통화개혁이 사전에 협의되지 않았고, '긴급통화조치법' 이 발표되기 48시간 전에서야 미국에 통보되었다는 사실과 함께 통화개혁을 통한 '산업개발공사' 설립안이 사회주의적 개발정책으로 나아갈 수 있는 가능성을 가지고 있었다는 점 때문이었다.[134] 미국의 압력으로 인하여 통화개혁을 통한 봉쇄계정은 곧 전면 해제되었으며,[135] 산업개발공사 설립안 역시 폐기되었다.[136] 통화개혁 실패로 인한 가장 주목되는 변화는 군사정부의 경제시책을 장악하고 있었던 유원식 상공위원장과 박희범 최고회의 의장 고문이 경제정책 입안자의 자리에서 물러났다는 점이었다.[137]

내자 동원의 실패는 통화개혁이나 증권파동의 처리과정에서 나타나는 바와 같이 미국의 압력이나 정치적 부정의 개입 때문이기도 하였지만, 군사정부가 당시의 경제현실을 무시한 정책을 실시했기 때문이었다. 1959년부터 시작된 경기침체와 1960년과 1961년 환율의 현실화, 그리고 공공요금의 인상에 따른 인플레이션 때문에 일반 국민에게서 산업자금을 동원한다는 것은 불가능한 일이었다. 통화팽창과 인플레이션은 계속되었지만, 일반 국민들의 손에 들어오는 자금은 없었고, 이것은 곧 소비의 위축에 따른 생산능력의 감소를 의미하는 것이었다.[138]

이러한 상황에서 일반 국민의 돈으로 내자를 동원한다는 것은 실현 불가능한 경제시책이었다. 부정축재자 처리과정을 통해 은행을 장악하였지만, 시중자금이 경색된 상황에서 정부가 민간으로부터 투자자금을 마련하는 것은 불가능한 일이었다. 사채시장의 자금 역시 예상했던 것만큼 은행에 많이 유치되어 있지 않았다.

쌀 위기

군사정부의 내자동원정책의 실패는 엄청난 물가앙등과 인플레이션을 초래하였다.[139] 인플레이션으로 인하여 자금의 순환이 제대로 이루어지지 않자 전당포 붐이 일어났고, 사채의 이율이 높아졌음에도 이용이 급증하는 사태가 일어났다.[140] 설상가상으로 1962년의 가뭄 때문에 쌀 공급뿐만 아니라 전력공급도 차질을 빚었다.[141] 내자 동원을 통한 경제개발계획 실행은 불가능하게 되었다.[142]

군사정부는 통화개혁의 실패와 1962년의 엄청난 흉작으로 인하여 가시적인 성과는 물론 스스로 정책의 실패를 자인할 수밖에 없는 상황에 몰리게 되었다.[143] 경제개발계획을 1962년부터 시행하였지만, 1961년의 경제성장률이 3.5%였던 반면,[144] 1962년도에는 2.8%로 떨어졌다.[145] 1년차 계획이 종료된 시점에서 군사정부가 계획 실시의 성과물로 내세울 수 있었던 것은 주택보급 1,200호와 교실 4,800동 신설이 전부였다고 해도 과언이 아니었다.[146]

또한 소비재 30-40%, 생산재 10-30%에 이르는 물가상승을 막기 위한 긴축재정으로 인하여[147] 공장가동률이 떨어졌으며,[148] 통화량이 늘어남에도 불구하고 시중에 자금이 모자라고 소비성향이 위축되는 현상이 나타났다. 신규사업에 대한 투자정책은 전면 보류되었다.[149] 경제개발계획이 전면 재조정되어야 한다는 여론이 고개를 들기 시작했으며,[150] 원화의 가치 하락으로 환화로 다시 환원해야 한다는 견해도 군사정부와 민간기업인들 사이에서 나타나기도 하였으며, 인플레이션이 심각해지고 국내에 물자 부족현상이 나타나면서 수출제일주의 정책 역시 제고되어야 한다는 비판이 나타나기 시작했다.[151]

그러나 군사정부에게 가장 큰 위기는 쌀 위기였다. 1963년의 쌀 위기는 군사정부의 경제정책을 전체적으로 파탄으로 몰고갈 수 있을 정도로 사회 전체에 큰 문제가 되었다. 1962년의 흉작과 군사정부의 쌀 수집 실패로 오키나와琉球로의 쌀 수출을 중단해야 했으며, 베트남과 타이완으로부터 쌀 도입을 추진하였다.[152] 정부는 미국에 추가 농산물 원조를 긴급히 요청하였지만, 한미 간의 정치, 경제적인 현안 때문에 제때에 이루어지지 않아 쌀 위기는 1963년 한해 동안 계속되었다.[153]

이상과 같은 경제정책 실패로 인하여 군사정부는 경제개발계획을 수정하지 않을 수 없는 상황에 이르게 되었다. 군사정부는 경제정책 실패로 인해 다른 한편으로 원조를 무기로 한 미국의 압력을 받아들일 수밖에 없었다.

물론 경제정책의 실패 외에도 군사정부의 경제개발계획 자체에 미국의 압력을 수용할 수밖에 없는 요인을 포함하고 있었다. 즉, 경제기획원안은 내자의 동원을 강조하였지만, 주요 기간시설이 외자의 충원을 통해 건설되도록 계획되었다. 군사정부는 종합제철소에 3,200만 달러, 제3비료공장에 3천만 달러, 시멘트 공장에 900만 달러 등 외자의 사용을 책정하였다. 미국이 이에 소요되는 외자를 충당하지 않을 경우 계획의 성사는 불가능한 것이었다.[154] 실제로 제철공장사업은 외자의 충당이 어려워 1963년 2월 이후 계획의 진행이 어려워졌다.[155] 미국은 통화개혁의 실패를 계기로 자신들의 입장을 군사정부에 관철시키기 위하여 정치적인 해결방식을 동원하기 시작하였다.

군사정부의 경제개발계획 수정 _ 3

경제개발계획으로 출발한 군사정부의 1년은 결코 성공적이지 못했다. 군사정부가 발표한 경제개발계획은 중단될 위기에 몰렸으며, 통화개혁 역시 실패하여 원화를 다시 환화로 돌리자는 주장까지 제기되었다. 여기에 더하여 1962년의 한해旱害로 인하여 수력발전이 제 기능을 못하면서 전력 위기가 왔고, 쌀 위기는 군사정부를 더욱 어렵게 했다. 박정희 최고회의 의장은 그의 책을 통해 스스로 실패를 자인할 수밖에 없었다.

군사정부의 정책 실패는 케네디 행정부의 대한정책에도 위기가 되었나. 케네디 행정부는 군사정부가 한국사회의 변화를 이끌어 내면서 새로운 저개발국 정책을 실시할 수 있는 조건을 만들 수 있다고 판단했고, 이를 통해 박정희를 지지했다. 그러나 초기 군사정부의 성적은 결코 만족스러운 것이 아니었다. 케네디 행정부는 이 위기를 어떻게 극복하려고 했을까?

1) 경제개발계획에 대한 미국의 개입

겉으로는 사전 협의, 실제로는 민족주의적 성향에 대한 반대

미국은 군사정부의 경제개발계획이 비현실적인 내용으로 이루어졌다고 비판하였다. 비현실적 내용의 핵심은 경제성장률과 중화학공업에 대한 투자계획이었다. 한국에 있었던 미국의 기관들은 경제계획으로 가능한 성장률을 5.0% 정도로 추산하였으며, 7.1%의 성장률은 비현실적이라고 판단하였다.[156] 중화학공업에 대한 비판은 제철소 건설계획에 초점이 맞추어졌다.

미국은 1961년 11월 박정희가 케네디 대통령과 공동회담을 할 때 비현실적인 성장률, 과도한 내자의 동원, 수출전략의 결여와 함께 과도한 중화학공업 건설안을 비판하였다.[157] 1962년 말 한국을 방문한 벨D.E. Bell 미국 국제개발처 처장은 한국의 제철소 건설이 불가능함을 강력하게 주장하였다.[158] 비현실적인 경제성장률은 결국 대중들의 경제개발계획에 대한 자신감을 심각하게 손상할 것이라고 전망하였다.[159]

비현실적이라는 비판과 함께 계획의 실행과정에서 개인기업들의 역할에 대한 지적이 결여되어 있다는 점과[160] 계획 자체가 너무나 이론적 모델에 집착하였다는 점 – 울프 박사의 분석에 의하면 균형성장론과 헤로드–도마르Harrod-Domar 모델[161] – 이 함께 비판되었다. 한 가지 주목해야 할 점은 2장에서 설명한 것과 같이 케네디 행정부는 후진국에서 공기업의 역할을 인정하는 방향으로 후진국 경제정책을 바꾸었지만, 군사정부에 대해서는 민간기업의 역할을 강조하였다는 사실이다.

이것은 한편으로는 1950년대 한국 정부의 원조물자 처리과정에 대한 불만 때문이었고,[162] 다른 한편으로 군사정부의 계획안이 '산업개발공사안'에서 나타나는 것과 같이 정부의 역할을 과도하게 설정했기 때문이었다. 정부의 과도

한 역할에 대한 반대는 내자를 동원하여 경제개발계획을 수행하고자 하는 군사정부의 정책에 대한 불만을 의미하는 것이기도 했다. 외자를 이용한 불균형적인 경제개발이 저개발국을 자본주의 경제체제 내에 묶어둘 수 있다는 로스토우의 근대화론과, 내자동원 및 수입대체산업화를 주장하는 군사정부의 균형성장론은 서로 배치되는 것이었다.

미국의 경제개발계획에 대한 불만은 비단 계획의 내용에만 있는 것이 아니었다. 또 다른 불만은 군사정부가 정책을 발표하기 전에 미국과 '사전 협의'를 하지 않았다는 사실에 있었다.[163] 이것은 다분히 정치적인 성격이 짙게 깔린 것이었다. 미국은 사후 승인이 아니라 계획입안과정에서 협의를 통해 미국의 정책에 적합한, 또는 미국이 판단하기에 실행가능한 계획을 만들어야 한다는 입장을 가지고 있었다. 미국은 '합의된 5개년계획agreed Five-Year Development Plan'이 나오기 전에는 경제개발계획을 위한 원조가 불가하다는 방침을 군사쿠데타 직후 결정하였다.[164]

미국의 불만은 1962년의 제2차 추가경정예산의 처리과정과 통화개혁시 더 크게 불거져 나왔다.[165] 통화개혁에 대한 갈등의 기본적인 원인 역시 사전 협의가 이루어지지 않은 채 군사정부에 의해 일방적으로 발표되었다는 점 때문이었다.[166] 군사정부가 미국과의 협의를 꺼리고 통화개혁을 실시한 것에 대해 케네디 행정부는 한국에 있는 쿠데타 이후 군사정부의 최대 위기이며, 경우에 따라서는 국교를 단절하고 박정희에 대한 지지를 철회할 수도 있음을 한국에 있는 미국의 관리들이 군사정부 관계자들에게 시사해야 할 필요성을 제기하였다.[167] 군사정부 역시 이러한 미국의 정책에 대해 불만을 품고 있었으며, 당시 한미 간의 갈등 때문에 USOM을 "You Spend Our Money"로 부르기도 하였다고 한다.[168] 원조자금을 한국에 대해 쓰지 않고 주한미국파견단의 운영비로 다 써버린다는 비판이었다.

미국은 두 가지 방식을 통해 군사정부의 경제정책을 수정하고자 하였다. 경제정책의 결정과정에 직접 참여하는 방식이었다. 정책 결정과정에 직접 참여하기 위하여 미국은 군사정부에게 통화개혁의 실패와 인플레이션의 문제에 대해 공개적으로 추궁하였으며,[169] 일부 관리들을 워싱턴으로 소환하기도 했다.[170] 또한 경제개발계획의 내용을 수정하기 전에는 경제원조가 어렵겠다는 입장을 밝혔다.[171] 1962년의 흉작과 물가앙등으로 1963년 쌀 위기를 비롯한 전반적인 경제위기가 닥쳤을 때에도 미국은 재정안정계획의 수정을 요구하며 추가원조를 보류하는 방식으로 압력을 행사하였다.[172]

결국 군사정부는 미국의 입장을 받아들여 1963년 한미합동경제위원회 Combined Economic Committee 를 대체하는 한미합동경제협조위원회a Joint United States-Korean Economic Cooperation Committee 를 설치하고, 재정안정계획을 실시할 수밖에 없었다.[173]

주목되는 점은 미국의 압력 및 개입 과정이 신문을 통해서 소상히 보도되었다는 점이다. 군사정부에서 스스로의 약점을 공개적으로 밝힐 이유가 없다는 점을 고려한다면, 서울에 있었던 미국의 현지기관들이 언론플레이를 통해서 군사정부에게 압박을 가했을 가능성도 있다. 군사정부의 잘못된 정책으로 인해서 미국의 추가 원조가 불가능하다는 점이 공개적으로 기사화되었다는 점은 서울에 있는 미국의 현지기관들의 의도적인 '정보 흘리기' 의 가능성을 제외하고서는 기사화될 수 없는 내용이었다.

둘째로 미국은 정치적인 방식을 통해서 군사정부의 경제정책을 수정하려고 하였다. 이것은 우선 미국의 입장을 전달하는 방식에서 잘 나타난다. 미국은 경제개발계획에 대한 입장을 경제정책 결정자들보다는 박정희 최고회의 의장에게 직접 권고하는 방식을 택했다.[174] 박정희의 미국 방문시 정상회담에 이은 실무자 회의에서 해밀턴Fowler Hamilton 국제협조처International Cooperation Administration 처장은 미국의 지원 조건으로 경제계획의 수정을 제안하였다.[175] 버거 대사는 박정희를 직접 만나 계획은 현실성이 없으며, 최고회의의 주장에 따라 몇몇 경제학자들이 모여 수手작업한 것에 불과하다는 점을 미국이 파악하고 있다고 전달하였다.[176] 박정희에 대한 직접적인 압력은 군사정부의 경제정책 결정이 "박정희를 둘러싼 소집단a small group around President Pak"에게 독점되어 있다는 판단과 함께[177] '선택적 지원'을 위한 미국의 전략과 일치하는 것이었다. 즉, 박정희와 직접 접촉함으로써 그의 권위를 미국이 인정한다는 사실을 보여줄 수 있는 방법이기도 했다.

박정희에 대한 압력과 함께 제1차 경제개발 5개년계획과 통화개혁을 주도한 인물들을 군사정부 내에서 퇴진시키는 것 역시 중요한 정치적 방식이었다. 3장 3절에서 서술한 것과 같이 미국은 군사정부의 주체들이 경제정책에 미숙하거나 민족주의 또는 사회주의적 경향이 강했기 때문에 경제정책에 문제가 있다고 파악하고 주한미국파견단 소속의 부셔A. Boucher와 리틀회사Arthur D. Little Company를 박정희와 군사정부의 경제고문으로 파견하였다.[178] 또한 1963년 한미합동경제협조위원회의 설치 역시 경제고문 파견과 동일한 맥락에서 파악할 수 있다. 그러나 시간이 지남에 따라 미국은 경제적 갈등을 해결하는 길은 '선택적 지원' 정책을 취함으로써 가능할 것으로 파악한 것으로 보인다.[179]

불순분자들을 대체하라

당시 경제정책의 결정과정에는 박정희를 중심으로 유원식, 박희범, 이창렬과 같은 국가주도형 경제개발론자들과 한국 중앙정보부가 관여하고 있었다. 미국은 1962년 이후 조성된 경제적 위기는 모두 한국의 중앙정보부와 군사정부 내의 일부 경제전문가들에게 책임이 있는 것이라고 파악하였다.[180] 킬렌 주한미국파견단 처장은 이창렬을 비롯하여 미국의 대한원조에 불만을 가지고 있는 경제고문들과 사이가 좋지 않았다.[181] 군사정부의 경제계획에 대한 평가 보고서에서 리틀회사의 경제고문들은 계획을 입안하고 실행하는 과정에서 경제 분야의 전문 관료들이 소외되어 있다는 점이 군사정부의 경제정책 결정과정에서 나타나는 가장 근본적인 문제라고 인식하였다.

군사쿠데타 직후부터 주한미국파견단의 관리들은 한국 경제관료들과의 접촉을 활발히 하였다. 부서와 그의 참모들은 차균희 및 다른 사람들과 경제개발과 계획에 대한 생각을 논의하였으며, 마이어D. Myer는 쿠데타 초기에 국토건설단을 책임지는 신임 관료들과 접촉하기 시작하였다. 헤일만J. Heilman은 상공부장관을 만나 충주비료공장에 대한 미국과의 협정을 상기시켰다고 한다. 그러나 미국은 "현재로서는 경제관료들이 정책을 결정하지 못하고 있으며 최고회의에서 내려온 사항을 받아들일 뿐"이라고 인식하였다.[182] 또한 미 국무부는 "박정희를 둘러싼 소집단 그룹"이 경제정책 결정과정에서 독점적인 영향력을 행사하고 있다고 판단하였다.[183]

군사정부는 통화개혁의 실패를 계기로 제1차 경제개발 5개년계획을 입안, 추진하였던 경제고문들과 최고회의 상공분과위원장 유원식을 군사정부에서 퇴진시키고 경제전문가들을 정책 결정과정에 전진 배치시켰다. 또한 미국은 중앙정보부장인 김종필과 가까웠던 김용태金龍泰를 정책입안자의 위치에서 물러나도록 직접적인 압력을 가하였다.[184] 김종필이 중앙정보부장직에서 사퇴한 것은 군사정부 내부의 파벌문제와 함께 증권파동, 4대의혹 사건과 같은 경제정책에 대한 책임 때문이었다.[185] 경제정책 결정과정에서 밀려난 인사들은 대체로 쿠데타 직후 미국이 사회주의적 성향의 인사로 주목했던 인사들이었다.[186]

미국은 통화개혁 실패 이후 등장한 새로운 민간인 관료들이 협조적 분위기를 만들 것으로 전망하였다.[187] 통화개혁 실패 이후 경제기획원장과 부원장에는, 이승만 정부하에서 재무부와 부흥부, 한국은행의 핵심관료였던 김유택金裕澤, 1962년 7월 - 1963년 2월, 차균희1962년 6월 - 1963년 6월가 임명되었다. 김유택의 후임이며, 통화개혁 직후부터 1963년 2월까지 상공부장관에 재임했던 유창순1963년 2월 - 1963년 4월은 한국은행 뉴욕사무소장을 거쳐 민주당 정부에서 부흥부차관, 외자청장, 한일회담 대표를 역임한 인물이었다. 재무부장관과 차관에는 전문 은행관료 출신인 김세련金世鍊, 1962년 6월 - 1963년 2월, 큐슈九州 대학 출신의 동국대 교수 황종률黃鍾律, 1963년 2월 - 1963년 12월, 한국은행과 재무부 관료 출신인 김정렴金正濂, 1962년 6월 - 1963년 6월 이 임명되었다.

이들은 모두 전문 경제관료 출신이며, 통화개혁 직후에 임명되었다는 공통점이 있었으며, 군인 출신의 백선진白善鎭, 재무부장관, 1961년 6월 - 1961년 7월, 송요찬宋堯讚, 경제기획원장, 1962년 2월 - 1962년 3월, 정내혁丁來赫, 상공부장관, 1961년 5월 - 1962년 7월, 유원식, 박희범 등을 대신하여 실질적인 경제정책 결정과정에 참여하였다.[188] 미국은 1965년까지도 정부 내의 좌파적, 반미적인 인사들에 대해 견제해야 할 필요성을 계속 강조하였다.[189] 버거 대사에 의하면 증권파동 및 통화개혁을 주도했던 인사들의 후퇴는 미국의 압력에 박정희가 굴복하여 나온 결과였다.[190]

미국은 이상과 같은 과정을 통해 군사정부의 경제정책에 적극 개입하였다. 경제적 · 정치적 방식을 통한 미국의 개입은 1950년대에도 나타난다. 부산정치파동 때 이승만 주위의 세력들을 몰아내기 위한 계획과 압력, 그리고 합동경제위원회의 설치 등은 전형적인 예라고 할 수 있다. 그러나 군사정부에 대한 미국의 개입은 이전 시기와 분명한 차이가 있었다. 즉, 경제개발계획의 실행을 전제로 한 압력이었다는 점이다. 군사정부 이전의 계획에 대한 미국의 비판은 계획의 내용을 빌미로 그 실행에 필요한 경제원조를 제공하지 않겠다는 것이었다. 그러나 군사정부 시기 미국의 비판은 경제원조를 하겠지만, 계획을 미국의 대한정책에 맞게 수정하라는 것이었다. 이것은 아이젠하워 행정부 시기와 케네디 행정부 시기의 대한정책의 차이점을 잘 보여주는 것이었다.

다음과 같은 Korea Task Force의 권고도 미국의 적극적인 입장을 잘 보여준다. 즉, 미국은 한국의 경제정책 결정과정에 깊숙이 개입하여 계획을 반드시 실행해야 한다는 것이었다.

미국은 한국의 계획에 영향력을 행사하여 미국의 원조계획에 적합하도록 해야 한다. 매년 한국 정부의 예산과 개발원조의 조건으로서 그들이 미국의 정책을 받아들이는 정도를 포함하여 미국의 대표들은 계획의 진행과정에 깊이 관여해야 한다. …… 미국은 한국 정부가: 필자주 합의된 계획, 정책, 그리고 프로그램들이 수행되어야 한다는 사실에 영향력을 행사하여야 한다.[191]

미국은 군사정부의 경제정책에 개입하여 경제개발계획의 내용에 미국의 입장을 반영시키려 하였으며, 군사정부는 경제정책의 실패에 대한 책임추궁과 원조를 수단으로 한 미국의 압력을 받아들이지 않을 수 없었다. 결국 군사정부는 경제개발계획의 수정에 착수하였다.

2) 새로 변경된 계획

수출주도형, 외자 이용도 미국의 작품

1962년 11월부터 군사정부는 제1차 경제개발 5개년계획의 수정작업에 착수하였다. 이 시점에서 미국이 군사정부에 요구한 사항은 제철소와 종합기계제작소 건설을 비롯한 수입대체 산업화 전략의 포기와 수출의 증대를 위한 중소기업에 대한 지원, 계획의 입안과 실시과정에서 사기업의 역할을 제고해야 한다는 것이었다.[192] 군사정부는 1963년 4월 본격적인 수정작업에 착수하여,[193] 민정이양 선거 후인 1964년 2월 '보완계획'을 발표하였다.[194]

보완계획은 1962년 1월에 발표한 계획이 상당한 문제점을 야기시켰다는 점을 자인하면서 '재정안정'을 기본적인 원칙으로 해야 할 것임을 기본적인 전제로 하였다. 미국측 비판의 초점이었던 성장률은 7.1%에서 5%로 하향 조정되었고, 제철소 건설과 종합기계제작소 건설 계획은 백지화되었으며, 투자계획 책정 기준에서 민간기업의 역할을 대폭적으로 강화하는 방향을 제시하였다.

> 민간기업이 담당할 수 있는 사업은 민간기업에 이관한다. 후진국경제의 체질개선을 위하여 정부의 역할이 중요한 것은 사실이지만 우리의 경제체제가 자유민간기업을 원칙으로 하고 있고…… 이른바 지도받는 민주주의 체제는 계획의 수행과정에서 수정을 받게 되었으니 민간기업의 적극적인 활동을 보장할 것을 내용으로 하는 자유경제체제가 바로 이것이다.[195]

보완계획과 같은 시기에 발표된 '제3년차 계획'[196] 역시 민간부문의 강화를 강조하였고, '합리적인 경제질서의 확립'을 위해 공공부문의 비중을 낮추어 나가야 한다고 지적하였다. 즉, 한국의 "공공부문의 비중이 타 자유진영제국가에 비하여 컸"다는 점을 전제로 하여 정부기업의 한정과 민간기업의 지원 및 체질 개선을 가장 중요한 목표로 제시하였다. 또한 '안정기조 위에서의 개발계획의 추진'은 민간부문의 활성화와 함께 가장 중요한 두 가지 원칙의 하나로 제시되었다.

투자자원의 조달계획에서도 정부 담당 부분이 54.2%에서 50.2%로 하향 조정되었고, 민간부분은 45.8%에서 49.8%로 상향 조정되었다. 내자, 외자의 동원 비율 역시 내자가 0.4% 줄고, 외자가 0.4% 늘어났다. 투융자의 순위에서는 수출과 관련된 부분이 제1순위로 떠올랐고 수출계획에 구체적으로 "노동집약적인 경공업이나 수공업", "생산코스트의 인하", "수입대체 산업에 편중되어 온 투자방향을 수출산업 위주로 전환" 등의 내용이 포함되었다. 이는 미국이 군사정부 직후부터 요구한 사항이었으며, 코머의 보고서에서 강조된 부분과 동일한 내용이었다.[197] 수출과 관련하여 이전에 중요하게 고려되었던 쌀 수출이 언급되지 않았던 점 역시 보완계획의 특징이라고 할 수 있다.

저개발국의 산업개발 형태를 수출주도형으로 전환하는 것은 케네디 행정부의 후진국 정책에서 나타나는 특징의 하나였다. 케네디 대통령이 1961년 5월에 발표한 "섬유산업 원조를 위한 7개항 계획Seven-Point Program of assistance to the textile industry"은 저개발국가에게 수출 기회를 확대시켜 주기 위한 것이었다.[198] 케네디 행정부 안에서 한국의 미국에 대한 면직물 수출에 대하여 미국의 기업을 보호하는 측면에서 이것을 제한하자는 의견이 제출되기도 하였지만, 공법 480에 의해서 한국의 쌀과 텅스텐 수출이 제한되는 상황이었지만, "미국의 대한원조의 목적 중의 하나는 한국의 수출을 진흥하는 것"이라는 주장으로 인하여 오히려 할당량을 더 많게 해야 한다는 권고가 이루어지기도 했다.[199] 1963년 면직물 수출을 둘러싼 한미 간의 갈등[200]은 이러한 문제 때문에 발생하였다.

수출주도형의 강조는 한국 정부의 재정수지 적자를 줄임으로써 미국의 대한원조를 감축할 수 있다는 점과 환율문제를 동시에 해결할 수 있다는 이점이 함께 고려된 것이었다.[201] 품질이 좋지 않은 한국제품이 수출에서 경쟁력을 갖추기 위해서는 원화의 평가절하가 필수적이었다. 한국 내 경제전문가들 사이에서도 수출을 주요한 전략으로 하는 경제개발계획에 대한 주장이 나타났지만, 1960년대 초반까지 1차 산품이 아닌 제조업 중심의 수출전략에 대한 생각은 거의 나타나지 않았다. 1965년의 대한정책 문서에서도 한국의 수출을 촉진할 수 있는 시장을 미국 스스로가 만들어 주어야 할 필요성이 강조되었다.[202]

수치상으로 나타나는 경제기획원안과 보완계획의 내용상 변화를 보면 〈표 4-6〉과 같다. 1961년과 1962년의 계획이 국내 경제개발론의 경향을 그대로 반영한 것이었다면 1964년 1월에 발표된 보완계획은 미국의 요구가 일정하게 반영된 것이었다. 그리고 1964년의 보완계획이 미국의 요구에 대한 부분적 반영이었다면 1967년에 시작된 제2차 경제개발 5개년계획은 미국이 파견한 외국인 고문단의 견해가 전적으로 반영되었다. 계획의 처음 입안과정은 한국의 정책입안자들에 의해서 이루어졌지만, 1964년부터 국내에 본격적으로 들어오기 시작

표 4-6. 1962년 1월 발표된 계획과 1964년의 보완계획의 차이 (단위 : %)

분 류	1962년 1월의 계획	보완계획
성장률	7.1	5.0
총가용자원 투자비율	21.0	15.5
소비율	79.0	84.5
국내저축률/해외저축률	9.2 / 11.6	11.6 / 9.9
총투자율	22.6	17.0
농업부문 성장률	5.7	3.8

출처 : 경제기획원, 『제1차 경제개발 5개년계획(개요 및 2년차 계획)』, 1962년 11월; 『제1차 경제개발5개년계획 보완계획』, 1964년 2월.

한 외국인 고문단은 계획의 입안작업에 적극적으로 개입하였다.[203]

미국의 압력에 의한 경제정책의 수정은 경제개발계획의 내용 수정에만 그치지 않았다. 1963년부터 1966년까지 자유무역체제를 지향하는 경제정책의 변화가 이루어졌다.[204] 1964년의 환율조정과 역逆금리제도의 채택, 수출진흥을 위한 세제의 개편, 1965년 이후 청와대에서 수출진흥확대회의의 개최, 1967년 수입자유화의 확대를 위한 네가티브 시스템의 도입[205] 등은 1963년 이전의 경제정책과는 정반대의 정책을 의미하는 것이었다.[206] 미국은 이 과정에서도 군사정부와 군사정부의 뒤를 이은 박정희 정부의 경제정책 수정 및 개혁 과정에 일부 개입하였다.

일례로 미국의 국가자문위원회는 한국의 환율체제와 환율에 대한 철저한 연구를 실시하여,[207] 1963년 10월 말 정책을 완성하였다. 완성된 환율정책안은 한국인들과의 협의를 거쳐, 한국인들이 국제통화기금의 승인을 받는 형식을 취했다. 역금리제도 역시 경제기획원의 반대에도 불구하고 미국의 영향력이 관철된 것이었다.[208] 국내외 경제학자들이 1963년이나 1964년을 한국 경제발전의 기점으로 설정한 것은 이 시기에 제반 개혁들이 이루어지면서 높은 성장률을 기록하기 시작했다는 사실 때문이다.[209]

미국의 압력이 그대로 반영된 것은 아니었다

보완계획의 성립은 미국의 입장을 반영한 것이었지만, 보완계획을 통해 미국의 의도가 전적으로 관철된 것으로는 볼 수 없다.[210] 계획 자체의 내용을 보면, 박정희 정부가 특정 부분에서 이전의 계획이 가지고 있었던 특징을 고수하고 있다는 점을 발견할 수 있다. 제철소와 종합기계제작소 등 많은 양의 외화를 필요로 하는 산업은 보완계획에서 제외되었지만, 수입대체를 목적으로 하는 비료, 정유, 시멘트 산업은 여전히 가장 중요한 산업목표로 남아 있었다. 특히 비료의 경우 경제기획원안보다 투자량이 더 증가하였다.

실제 경제계획의 실행과정에서도 군사정부는 부정축재자 처리과정을 통해 수입대체를 목적으로 하는 산업에 중점적인 투자가 이루어지도록 압력을 가하였다.[211] 또한 보완계획은 전체적으로도 1950년대의 중요한 담론이 되었던 균형성장론적인 성격을 담고 있었다. 수출이 이전에 비해 강조된 것은 사실이지만, 가장 우선적인 목표로 설정되지는 않았다. 박정희는 3차 5개년계획이 시작되는 시점에서 1, 2차 계획의 성과를 "수입대체를 위주로 하는 기간산업의 건설"로 규정하였다.[212]

미국이 중소기업 중심의 정책을 강조하였고[213] '보완계획' 내에도 중소기업의 진흥을 통한 수출정책이 포함되어 있었음에도 불구하고, 박정희 정부는 대기업 중심정책을 고수하였다는 사실 역시 중요하다.[214] 미국 국제개발처의 처장은 경제개발계획의 수정작업이 진행 중이던 1962년 말 자본이 부족한 한국의 경우 중소기업 중심의 경제개발이 적합할 것이라는 점을 경제기획원장이었던 김유택과 상공부장관 유창순에게 직접 권고하였다. 이 자리에서 유창순 장관은 대기업 중심으로 계획을 실행하겠다는 것이 군사정부의 방침이라고 답변하였다.[215]

쿠데타 직후인 1961년 5월 28일 부정축재자 처리위원회를 설치하여 대기업의 소유주들을 구속하였지만, 군사정부는 이들로 하여금 비료, 제분, 시멘트, 화학섬유 등 핵심적인 수입대체산업 분야에 투자하도록 유인하고 대기업 소유의 은행주식을 몰수한 후 풀어주었다.[216] 이후 산업개발과정에서 나타나는 대기업에 대한 여러 가지 특혜와 8 · 3 조치로 대변되는 재벌기업에 대한 적극적 뒷받침은 미국이 대한경제정책으로 구상하고 있었던 경제개발의 방향과는 다른 박정희 정부와 대기업 간의 유착, 중소기업의 희생을 의미하는 것이었다.[217]

박정희 정부의 대기업을 중심으로 하는 경제개발정책은 재벌이라고 하는 독특한 한국식의 기업형태를 만들었다. 군사정부와 박정희 정부가 대기업 중심의 경제개발전략을 채택하게 된 이유는 전술한 민주당 정부 시기의 부정축재자 처리과정을 통해 유추하는 것이 가능하다. 전술한 바와 같이 민주당 정부는 4 · 19 혁명 이후 사회적 요구에 의해서 부정축재자를 처리하고자 하였지만, 정치자금의 필요성으로 인하여 부정축재자들과 결합하면서 이들을 '생산증대'와 '투자유인'이라는 명분으로 처벌하지 않았다. 군사정부 역시 민주당 정부와 동일한 처리과정을 밟는다. 부정축재자 처리과정과 대기업 중심의 경제개발전략은 정치적 · 물적 기반이 없었던 군사정부와 박정희 정부가 정권을 계속 유지하기 위하여 불가피하게 대기업을 물적 기반으로 선택하는 과정에서 나타난 결과였던 것으로 보인다.

〈표 4-7〉에서 볼 수 있는 바와 같이 대기업에 대한 경제적 집중도가 높아지고 있었고, 정부가 주도하는 정책이 실패한 상황에서 군사정부가 선택할 수 있는 물적 기반은 대기업밖에 없었다.[218] 미국이 경제개발원조의 효율성과 저개발국의 자본흡수율 제고를 위해 추진하였던 부패문제의 해결, 즉 사회개혁 역시 군사정부와 대기업의 유착으로 인하여 실패하고 말았던 것이다.

1962년 이후 인플레이션의 추세 역시 한국 정부의 입장이 미국의 압력 속에서도 어느 정도 관철되고 있었음을 보여준다. 군사정부는 '지침'에서 잘 드러나듯이 성장우선의 통화정책을 추진하고자 하였고, 이것은 곧 인플레이션을 야기할 가능성이 있는 것이었다. 미국은 1962년 이후 통화팽창의 억제를 통한 안정화 정책을 대한경제정책의 핵심적인 사안의 하나로 구상하였다. 1963년부터 안정화 정책은 본격적으로 시작되었고, 1960년대 중반까지 미국은 안정화 정책의 중요성을 강조하였다.[219]

그러나 〈표 4-8〉과 같이 1964년 이후 한미 간의 공조관계가 밀접히 이루어지는 상황에서 더 이상 안정화 정책이 실효성을 갖지 못했다. 1962년부터 1971년 사이의 통화증가율은 안정화 계획이 실행되지 않았던 1956년과 1957년의 통화증가율과 큰 차이가 없었다. 즉, 협조적인 관계 속에서는 한국 정부의 경제정책이 그대로 실행될 수 있는 여지가 많아진다는 것을 의미한다. 이 시기는 미국이 원하고 있었던 한일관계 정상화와 한국군의 베트남 파병이 이루어지는 시기로 한국과 미국이 길지 않은 밀월관계를 누리는 시기였다.

경제정책 외에 정치적으로도 미국은 자신들의 정책을 그대로 관철할 수 없었다. 전술한 바와 같이 미국의 대한경제정책을 군사정부에 요구하는 과정에서 미국이 취한 정책은 군사정부 내의 일부 인사와 그룹을 후퇴시키는 것이었다. 이로 인해 군사정부 초기 경제정책 결정을 주도하였던 일부 인사들은 군사정부에서 퇴진하였지만, 한국 중앙정보부 세력은 행정부에서 새로 결성될 정당으로 자신들의 위치를 이동하였다. 미국은 중앙정보부 세력이 민주공화당을 장악하지 못하도록 압력을 가하였다.[220] 중앙정보부 세력이 민주공화당 전체를 장악한 것은 아니었지만, 이들은 박정희 정부가 무너질 때까지 민주공화당의 가장 중요한 세력으로 한국사회에서 지속적으로 영향력을 행사하였다.

결국 1950년대 한국에서의 경제개발론을 반영한 경제개발계획은 케네디 행정부의 등장과 함께 표출된 미국의 대한정책 변화에 따라 처음으로 실시되었지만, 경제개발계획의 주체들은 계획의 내용을 미국의 정책에 부합하도록 수정할 수밖에 없었다. 명분이 부족한 쿠데타와 군사정부의 경제정책 실패는 미국이 영향력을 발휘할 수 있는 조건을 만들었다. 그러나 군사정부는 미국의 요

표 4-7. 중소기업과 대기업의 구성추이 (단위 : %)

연도	기업체수		부가가치		생산액		종업원	
	중소기업	대기업	중소기업	대기업	중소기업	대기업	중소기업	대기업
1958	98.8	1.2	62.0	38.0	66.3	33.7	72.8	27.2
1960	98.8	1.2	60.2	39.8	63.4	36.6	72.9	27.1
1963	98.5	1.5	49.7	50.3	56.3	43.7	62.4	37.6

출처 : 전국경제인연합회 편, 1976, 『한국경제정책 30년사』, 사회사상사, p. 546; 『한국연감-1964년판』, p. 579.

표 4-8. 1960년대 통화량 증가율과 물가상승률 (단위 : %)

연도	통화량 증가율	서울 소비자물가상승률	전국 도매물가상승률
1958	33.1	-3.8	-6.5
1959	20.7	3.5	2.6
1960	5.2	7.9	10.7
1961	40.4	8.0	13.2
1962	18.6	6.5	11.0
1963	1.5	20.7	30.0
1964	17.4	29.7	27.2
1965	33.1	13.4	7.7
1966	30.1	12.0	8.7
1967	42.5	10.9	7.5
1968	24.8	11.2	7.1
1969	45.5	10.1	7.5
1970	40.7	12.7	9.2
1971	17.7	12.3	13.0
1972	41.2	10.6	8.5
1958-61 평균	24.85	3.9	5.0
1962-66 평균	20.1	16.5	16.9
1967-71 평균	34.2	11.3	8.9

출처 : 경제기획원, 『개발연대의 경제정책 : 경제기획원 20년사』, p. 853; 김대환, 1981, 「1950년대 한국경제의 연구」, 『1950년대의 인식』, 한길사, p. 201의 〈표 43〉.

구를 수용하면서도 자신들의 주장의 일부를 계속 고수하였다. 이러한 경제개발계획의 수립과 실행과정은 외부의 조건과 내적인 조건이 결합되면서 나아갔던 1960년대 이후 한국현대사의 실상을 잘 보여주는 것이다.

미국이 김종필을 제거하라는 압력을 계속 행사했음에도 불구하고 박정희는 1964년까지 김종필을 감싸주었으며, 김종필이 권력의 핵심에서 밀려난 다음에도 그는 민주공화당의 한 축을 담당하였다.[221] 박정희는 외부의 압력과 국내의 기반 사이에서 줄타기를 하면서 권력과 정책을 조정했던 것이다.[222] 결국 어느 한쪽이 결정적인 상황을 만들어 내지 못하였으며, 양자의 적절한 결합은 한국 특유의 경제개발이라는 상황과 한국 특유의 경제위기라는 상황을 동시에 유발해 냈던 것으로 보인다.

미주

1 이대근, 1987, 『한국전쟁과 1950년대의 자본축적』, 까치, p. 55; 김점숙, 2000, 「미군정과 대한민국 초기(1945~1950) 물자수급정책 연구」, 이화여대 박사논문, pp. 112-119.

2 Tae-Gyun Park, "Change in U.S. Policy Toward South Korea in the Early 1960s," *Korean Studies*, Vol. 23, 1999, Chap. 2 참조.

3 『한국일보』 1956년 2월 29일자 기사에 의하면 부흥부 5개년계획은 2월 26일부터 부흥부에서 작성에 들어가 "28일에 이르러 시안이 작성완료"라고 되어 있다(「부흥부 오개년계획 성안」, 『한국일보』 1956년 2월 29일자).

4 「부흥부 5개년계획 수정: 이대통령 관계장관에 분부」, 『한국일보』 1956년 3월 11일자.

5 「덜 장관 오늘 입경」, 1956년 3월 17일자; 「덜 장관 17시간 체류」, 1956년 3월 18일자(이상 『한국일보』).

6 「부흥5개년계획의 재편」, 『경향신문』 1956년 6월 21일자.

7 Donald Stone Macdonald, *U.S.-Korean Relations from Liberation to Self-Reliance: The Twenty Year Record* (San Francisco: Westview Press, 1992), pp. 270-271.

8 처음에는 15억 달러를 사용하는 안으로 발표하였지만, 연간 3억 5천만 달러, 총 17억 달러를 사용하는 안으로 다시 수정되었다. 「15억불로 수정: 5개년 부흥계획안 재검토」, 『경향신문』 1956년 6월 18일자; 「연간 3억 5천만불 계상: 재편성될 5개년부흥계획」, 『경향신문』 1956년 6월 19일자.

9 "Comments on the ROK Five-Year Plan," 895b.00-Five Year/3-756, Decimal File 1955-1959, NARA; "Revisions made in ROK 5-Year Plan Document," 895b.00-Five Year/3-2856, *ibid.* 한국의 장관들은 주한 미국대사관의 직원들에게 계획을 수정하는 데에는 시간이 얼마 걸리지 않는다고 말하였으며, 이 사실은 국무성에 그대로 보고되었다("Quarterly Economic Summary, April-June, 1956, Republic of Korea," 895b.00/10-1556, *ibid.*).

10 합경위, 「7개년부흥계획 책정, 57년도를 기점」, 『경향신문』 1956년 9월 6일자. 경제계획은 1956년 이전에는 항상 5년을 단위로 하여 계획을 입안하였는데, 1956년의 시점에서 7년을 단위로 계획을 입안하고자 하였는지는 분명치 않다. 이승만이 '5개년계획'에 대해 거부감을 가지고 있었기 때문일 가능성도 있으며, 1957년을 기점으로 할 때 1964년에 치러질 정부통령 선거 이전을 목표년도로 했을 가능성도 있다. 1957년 2월 부흥부에서 5개년

계획안을 재조정할 것이라는 발표가 있었지만(『경향신문』 1957년 2월 3일자), 1959년 입안된 산개위의 3개년계획은 전체 7개년계획의 1차분으로 합경위의 합의를 반영하였다.

11 『경향신문』 1957년 5월 7일자. 1인당 국민소득을 기준으로 계획을 작성하고자 했던 것은 1957년이 처음이며 기준을 1938년의 1인당 국민소득 103달러로 책정하였다.

12 「산업발전본부 창설: OEC 제안」, 『경향신문』 1957년 7월 25일자.

13 「종합경제계획위원회의 구상」, 『경향신문』 1957년 5월 13일자; 「경제개발위를 설치: 대통령령으로 추진」, 『경향신문』 1957년 8월 25일자.

14 「장기경제개발위 내월 중 발족」, 『경향신문』 1957년 12월 29일자.

15 이창렬, 「중소기업 육성의 사명과 과제」, 『한국일보』 1957년 1월 14일자; 주석균, 「사회평론」, 1948년 10월 15일; 「산업경제정책의 올바른 자세」, 『비지네스』 1964년 5월호; 「통화개혁과 전망」, 『서울경제신문』 1962년 6월 19일, 20일자(이상 주석균의 글은 『南庭 주석균 논총』 수록).

16 안림, 1952, 『동란 후 한국경제』, 백영사.

17 「사설: 미경제조정관의 대사를 즈음하여」, 『경향신문』 1956년 7월 24일자; 「원 경제조정관 강조」, 1956년 11월 7일자; 「원 조정관, 9일 하오 귀국성명」, 1959년 8월 10일자; 「캠벨 보고서를 반성의 기회로 삼자」, 1959년 8월 22일자(이상 『한국일보』).

18 「기업의 민영화 강조; 우드씨 한국경제발전책을 개진」, 『한국일보』 1956년 3월 22일자.

19 산업개발위원회, 「산업개발위원회 연구회의록–현 미측 경제부조정관 로웰 쵸나 박사를 중심으로」, 4291년 2월–4292년 2월, 재정경제부 도서관 소장. 산개위 위원들은 쵸나의 제안보다는 인도의 경제개발의 과정과 실패에 더 많은 관심을 가지고 있었다.

20 오레곤 자문위원단은 자신들의 보고서에서 "정책을 만드는 것이 아니라 정책을 어떻게 만드는가를 보여주는 것"이 자신들의 임무였으나, 한국인들은 정책을 직접 만드는 작업에 참여해 주길 원하였다고 지적하였다(The Oregon Advisory Group in Korea, *A Report on the University of Oregon Advisory Mission to the Korean Economic Development Council* (Eugene, Oregon: School of Business Administration, University of Oregon, 1961. 이하 "Oregon Report" 로 약칭), pp. iv-v).

21 최호진, 「긴급한 외환문제 해결」, 『주간춘추』 1960년 제5호(『한국경제의 제문제』 수록).

22 Paul B. Simpson, "On Strengthening the Korean Reconstruction Program," September, 1960, *Oregon Report*, pp. 47-78; Frederick J. Seubere, "Stimulation Private Investment in Korea's Industrial Section," July 6, 1960, *ibid.*, pp. 138-140; Marshall D. Wattles, "Notes on Korea's Exchange Rate Problem," *ibid.*, pp. 98-110.

23 산업개발위원회, 「산업개발위원회 제25차 전체위원회의록: 경제개발3개년계획안심의」,

4292년 12월 24일; 「제1차 종(綜) 합소위원회회의록」, 4292년 2월 27일; 「산업개발위원회 연구회의록: 현 미측 경제부조정관 로웰 쵸나 박사를 중심으로」(이상 재정경제부 도서관 소장).

24 "민주적인 경제계획의 실천 역량은 궁극에 있어서 민간기업의 왕성한 활동에 있다는 점을 잊어서는 안될 것이다"(산업개발위원회, 「경제개발3개년계획시안」, 4292년 1월, pp. 11-12, 재정경제부 도서관 소장). 시안에 대한 종합 검토에서 이면사는 금융정책에 대한 통제를 최소화해야 한다고 주장하였다(「경제개발3개년계획시안에 관한 종합검토」, 4292년 4월 9일-4월 17일, pp. 43-44, 재정경제부 도서관 소장).

25 산업개발위원회, 「경제개발3개년계획시안」, 4292년 1월(재정경제부 도서관 소장); 「연간 성장률 5.0%-장기개발계획 곧 국무회의 상정」, 『경향신문』 1959년 2월 28일자; 「국민총생산 2할증: 경제개발3개년계획 성안」, 『경향신문』 1959년 3월 1일자; 「연간성장률은 5%-경제개발3개년계획안을 발표」, 『동아일보』 1959년 5월 10일자 참조.

26 산업개발위원회, 『경제개발3개년계획안의 요약』, 4292년 12월 31일; 『단기 4292년도 가격기준에 의한 산업개발 3개년계획』, 1960년(이상 재정경제부 도서관 소장); 「국무회의 통과된 경제개발3개년계획안 골자」, 『한국일보』 1960년 4월 16일, 17일자.

27 구체적인 내용에 대해서는 이현진, 2005, 「제1공화국기 미국의 대한경제원조정책 연구」, 이화여대 박사논문, pp. 180-181.

28 산업개발위원회, 「경제개발3개년계획 시안」.

29 "Enclosure 1," Combined Economic Board, "Minutes," February 1, 1960, RG 469, USOM: Korea, CEB Meetings Minutes, 60-1, 1960, Box 1, NARA.

30 산업개발위원회, 「경제개발3개년계획 시안에 관한 종합검토」.

31 김영선, 「경제개발3개년계획안 분석」, 『사상계』 1960년 4월호.

32 「경제계획안 비판」, 『경향신문』 1960년 5월 13일자.

33 소련과 중국과 같은 사회주의 국가의 경제계획은 대체로 '5년'을 단위로 이루어졌다. 따라서 강한 반공이데올로기를 가지고 있었던 이승만은 '경제개발'이나 '부흥계획', '물동계획'이라는 단어보다 '5개년계획'이라는 단어에 보다 거부감을 가지고 있었던 것으로 추측된다.

34 『국무회의』, 4291년 1월 2일자 제1회 국무회의; D. Macdonald, *op. cit.*, pp. 98-99.

35 Discussion at the 326th Meeting of the National Security Council, Thursday, June 13, 1957, NSC Series: Papers as President of the United States, 1953-1961(Ann Whitman File), Box 8, DDEL(신욱희 교수 소장 문서).

36 서중석, 1995, 「이승만과 북진통일」, 『역사비평』 여름호 참조.

37 Cole and Lyman, *Korean Development* (Cambridge: Harvard University Press, 1971), p. 166.

38 Draft Statement of U.S. Policy toward Korea, NSC 6018, November 28, 1960, *FRUS 1958-1960*, Vol. XVIII, pp. 699-707.

39 「경제재건과 재정안정계획에 관한 합동경제위원회 협약, 공보처」, 『주보』 제84호 1953년 12월 16일자; 「기획처, FOA 자금에 의한 원조구매 절차 내용」, 『주보』 제90호, 1954년 1월 27일자; 「원조물자 처분에 관한 합의사항」, 『주보』 제90호, 동년 1월 27일자; 「葛弘基, FOA 거부 행위로 한국재건사업은 침체」, 『주보』 제122호 동년 9월 8일자.

40 1958년부터 1960년 사이의 『국무회의』를 보면 정치적인 현안이 압도적이었음을 알 수 있다. 경제적인 현안도 논의되었지만, 주로 환율, 물가, 한일무역 등이 주요한 내용이 되었고, 1960년에 들어서는 제4대 정부통령 선거와 관련된 내용이 거의 전부를 차지하였다.

41 산업개발위원회, 「산업개발위원회 제25차 전체위원회의록: 경제개발3개년계획안 심의」, 4292년 12월 24일.

42 국토건설사업에는 『사상계』 편집위원이던 신응균, 이만갑, 그리고 최경렬이 각각 관리, 조사연구, 기술 부서를 맡았다(장준하, 1972, 「사상계수난사」(『민족주의자의 길』 수록), pp. 199-200).

43 송정범, 「5 · 16 초창기의 한미관계: 케네디 대통령을 만나서」, 『경우』 1987년 12월초, p. 19. 김영선이 가장 신뢰했던 관료들은 이기홍, 차균희, 김영록(金永祿), 유창순, 신병현(申秉顯) 등 미국 유학 경험이 있었던 부흥부 출신 관료들이었다고 한다(이기홍, 1999, 『경제근대화의 숨은 이야기』, 보이스사, p. 259).

44 울프 박사는 케네디 행정부하에서 군사, 경제원조의 분리를 주장한 Policy Discussion Paper No. 2 "Some Relations Between Economic And Military Assistance"(Agency for International Development, Program Review and Coordination Staff)를 초안하였다(Memorandum for Mr. Frank Coffin, "AID Draft on Methods for Improving the Coordination of Military and Economic Aid Programs," no date, NSF: Carl Kaysen: Foreign Aid, General, 5/62-11/63, Box 373, JFKL).

45 올프, 「원조의 경제학 논쟁」, 『사상계』 1961년 10월호.

46 Charles Wolf, Jr., Economic Department, The RAND Corporation, p-2288, 24 April 1961, "On Aspects of Korea's Five-Year Development Plan," Prepared for Ministry of Reconstruction, Republic of Korea, Produced by The RAND Corporation, Santa Monica, California.

47 박희범, 1968, 『한국경제성장론』 고려대학교출판부, pp. 210-211.

48 울프, 「원조의 경제학 논쟁」, 『사상계』 1961년 10월호.

49 박동앙, 「한국경제성장과 그 이론적 근거」, 『사상계』 1958년 3월호; 차균희, 「농산물 가격문제」, 『사상계』 1958년 11월호.

50 서중석, 1994, 「민주당 · 민주당 정부의 정치이념」, 『한국정치의 지배이데올로기와 대항이데올로기』, 역사비평사, p. 88.

51 「환율인상을 반대: 민족경제자립투쟁위원회」, 1960년 10월 23일자; 「환율파동－껑충뛰게 된 생필품 값」, 1961년 2월 2일자; 「물가안정책을 추궁－환률인상에 질의 전개」, 1961년 2월 3일자(이상 『경향신문』); 「환율개정 경위 및 물가앙등추세에 관한 보고」, 『국회속기록』 1961년 2월 2일.

52 유훈(兪焄)의 「재경행정」(이한빈 외, 1969, 『한국행정의 역사적 분석 1948-1967』, 한국행정문제연구소 참조. 전기요금의 49.9% 인상은 USOM/K에서 요구한 85%에는 모자라는 것이었다(「유솜 측서 조속 인상 제의」, 『경향신문』 1960년 5월 18일자).

53 경제기술원조협정에서 가장 문제가 된 부분은 제5조와 제6조의 내용이었다. 제5조는 원조사무와 관련된 미국 정부의 특별사절단과 직원에게 외교특권을 부여한다는 것이었고, 제6조는 미국 정부 또는 원조관련으로 한국에 오는 계약자에게 면세의 혜택을 준다는 것이었다(「경제기술원조협정」, 1961년 2월 8일, 국회도서관 입법조사국, 1961, 『미국의 대한 원조관계자료』 1집).

54 Letter From Secretary of State Rusk to Secretary of Defense McNamara, March 2, 1961, *FRUS 1961-1963*, Vol. XXII, pp. 422-423; Memorandum From Robert W. Komer of the National Security Council Staff to the President's Deputy Special Assistant for National Security Affairs (Rostow), March 15, 1961, *ibid.*, p. 427.

55 최호진, 「한국경제가 사는 길」, 『한국일보』 1961년 1월 22일자(『한국경제의 제문제』 수록).

56 경제개발을 위한 새로운 기구설치는 '경제개발부'와 '국토건설부'를 설치하는 논의로 시작하여 '경제계획원'으로 수정되었다(「경제개발부 신설」, 1960년 11월 3일자; 「경제개발, 국토건설 양부 신설」, 1960년 11월 15일자; 「첫 종합경제회의 개막」, 1960년 12월 19일자(이상 『경향신문』)). 군사정부가 장면 정부의 경제정책을 훔쳤다는 허동현의 주장에 대해 이완범이 반박하였지만, 당시 경제계획을 위한 기구의 논의를 본다면, 군사정부의 논의는 장면 정부에서의 논의의 연장선상에서 이해해야 한다(허동현, 1999, 『장면: 건국 · 외교 · 민주의 선구자』, 분도출판사, pp. 186-187; 이완범, 2006, 『박정희와 한강의 기적』, 선인, p. 114).

57 최호진, 「경제민주화에 따르는 신경제정책을 제2공화국에 건의한다」, 『재정』 1960년 7월호(『한국경제의 제문제』 수록); "Comments of USOM/KOREA on the Draft Evaluation

Team Report," 4/12/61, Gardner Files, NARA.

58 산업개발위, 「장기계획 성안 본격화 – 첫 고문회의 소집」, 『경향신문』 1961년 3월 26일자.

59 「케네디 대통령 특별 경제교서」, 1961년 2월 3일자; 「맥 대사–경원보다 외자도입을」, 1961년 2월 10일자; 「케네디 대통령 신외원정책을 수립」, 1961년 3월 14일자; 「외원총규모 40억불–케네디 새 연도 특별계획 발표」, 1961년 3월 23일자; 「경제정책을 전면 재검토–어젯밤 정부 여당 경협연석회의」, 1961년 3월 25일자; 「산업개발위, 장기계획 성안 본격화」, 1961년 3월 26일자(이상 『경향신문』).

60 장면 정권에 의해 1961년에 입안된 경제개발계획안은 1961년 5월 15일 내용이 확정되었지만, 그 다음날 일어난 5·16 쿠데타로 인하여 내용이 발표되지 못하였다. 그러나 장면 정권의 경제개발계획을 위한 경제고문으로 파견되었던 울프 박사에 의하면 5·16 쿠데타 직후에 발표된 건설부의 제1차 5개년개발계획이 동일한 내용이었기 때문에 본고에서는 건설부안을 참조하여 장면 정권의 경제개발계획안에 대하여 검토하였다(대한민국 건설부, 『제1차 5개년개발계획』 1961년 5월(재정경제부 도서관 소장)). 미국 역시 건설부안이 장면 정권의 경제개발계획안에 기초한 것이라고 평가하였다(Department of State, Bureau of Intelligence and Research, Research Memorandum, January 8, 1962, S/P File Copy, RG 59, NARA).

61 3개년계획에서도 화학비료공업, 제철 · 철강 공업, 정유공업, 시멘트 공업, 인견사 공업 등을 주요 투자부문으로 설정하였는데, 인견사공업을 제외하고는 모두 수입대체산업이었다.

62 「경우방담 II: 기획원 30년의 영광의 발자취」, 『경우』 1992년 6월호, p. 88.

63 건설부, 『제1차 5개년경제개발계획』, pp. 6-7.

64 이한빈, 1969, 『한국행정의 역사적 분석, 1948-1967』, 박영사, p. 31.

65 「단기 4292년도 제1회 추가경정예산안에 대한 시정방침 연설」, 『국회속기록』 1961년 2월 9일.

66 "Review of Annual Report, 1955, ROK" 895b.00/3-1956, Decimal File 1955-1959, NARA.

67 Deptel No. 819, no title, 895b.00/2-261, Decimal File 1960-1963, NARA. 1961년 한국에 있었던 미국 관리들은 공개적으로 국토건설단의 진행 여부에 따라 추가원조가 이루어질 것을 발표하기도 하였다(「진도따라 추가원조–ICA 한국 국토개발계획에」, 『경향신문』 1961년 1월 18일자).

68 「물가안정과 실업대책; 윤고병(尹吉炳), 향토개발을 위한 협동방식」, 1960년 12월호; 이창렬, 「인도 5개년경제계획」; 김영선, 「국토건설계획과 실업자 대책」, 1961년 1월호; 탁희준, 「실업자대책을 겸한 경제부흥」, 1961년 2월호(이상 『사상계』); 최호진, 「경제민주화에

따르는 신경제정책을 제2공화국에 건의한다」, 『재정』 1960년 7월호; 「소득을 주지않고 경제안정을 바랄수 있는가」, 『한국일보』 1959년 9월 6일자; 한국일보사 편, 「송인상」, 『재계회고 8』, pp. 62-64.

69 조소앙, 1949, 「신정치에의 신이념」, 『한국독립운동사자료집-조소앙 편(1)』, p. 912.

70 서원우, 「농림수산행정」, 『한국행정의 역사적 분석 1948-1967』, pp. 87-92. 송인상 회고록에 의하면 한국에 파견되어 있던 미국 관리 중 루시 애덤스의 도움을 받았고, 원 조정관 역시 지역사회개발계획에 많은 관심을 기울였다고 한다(『재계회고』 6, pp. 62-64).

71 『정훈대계』, 4292년, pp. B 159-B 160.

72 「환율개정 경위 및 물가앙등 추세에 관한 질문」, 『국회속기록』 1961년 2월 3일.

73 『조선일보』 1961년 3월 7일자.

74 새터와이트(D. Satterwhite)는 미국의 지나친 요구가 결국 민주당 정권의 몰락을 가져왔다고 주장한다. 즉, 민주당 정부가 미국의 과다한 요구를 받아들인 것은 대중적 비판을 야기시켰고 이것이 5·16 쿠데타에 이은 정권의 몰락으로 이어졌다는 것이다(D. Satterwhite, "The Politics of Economic Development: Coup, State, and Republic of Korea's First Five-Year Economic Development Plan(1962-1966)," Ph.D dissertation, University of Washington, pp. 309-311).

75 『대한민국정당사(1968년 증보판)』, 중앙선거관리위원회, p. 216.

76 「김영선 취임 기자회견」, 『동아일보』 1960년 8월 24일자.

77 「사설」, 『동아일보』 1961년 3월 4일자.

78 배광복, 「독점자본과 의회민주주의」, 고려대학교 정외과 석사논문, 1987; 서중석, 앞의 글, pp. 139-141.

79 서중석, 「조봉암의 사회민주주의와 제3의 길」, 『역사비평』 여름호, p. 104.

80 김영선은 1950년대 이승만 정부의 경제정책을 비판하면서 해외에서 교육받은 재무관료들의 활동에 대해서도 비판했었다. 김영선, 「현 재무당국의 모순은 크다」, 『사상계』 1957년 7월호.

81 『동아일보』 1960년 5월 24일자.

82 「제2의 혁명과업: 박의장, 종합경제계획에 강조」, 『서울경제신문』 1961년 7월 23일자.

83 군사정부는 대중적 지지를 얻기 위하여 먼저 농촌에서 고리채 정리사업을 실시하였고, 중소기업에 대한 지원의 확대, 부정축재자 처리를 위한 재벌 총수의 구속 등이 연이어 이루어졌다(한국군사혁명사편찬위원회, 1962, 『한국군사혁명사』 참조).

84 유원식, 1987, 『혁명은 어디로 갔나』, 인물연구소; 천병규 고희자전, 1988, 『천마초원에 놀다』, 동백천병규고희자전간행위원회; 김정렴, 1995, 『한국경제정책 50년사』, 중앙일보사.

85 「혁명정부 기본경제정책」, 『서울경제신문』 1961년 6월 1일자. 기본경제정책은 박희범이 최고회의 의장 고문으로 참여하기 이전에 발표된 것으로 최고회의 위원들과 당시 경제기획원장이었던 신태환(申泰煥) 교수의 견해를 반영한 것으로 보인다.

86 「1차5개년 경제개발계획 검토」, 『서울경제신문』 1961년 6월 17일자.

87 "The Early Months of the Korean Military Government," Department of State, Bureau of Intelligence and Research, Research Memorandum, January 8, 1962. 795b.00/1-862, Decimal File, NARA.

88 『서울경제신문』 1961년 7월 23일, 24일, 25일자; 국가재건최고회의 종합경제재건 기획위원회, 『종합경제재건계획(안)』, 1961년 7월.

89 유원식, 「유원식, 혁명 정부와 결별하다」, 『정경문화』 1983년 10월호.

90 경제기획원장관, 「제일차 오개년 경제개발계획(시안) 검토 의뢰의 건」, 4292년 7월 18일, 기획국, 『오개년계획 관계철』 내 문서(국가기록원 소장 문서).

91 내무부, 「제일차 오개년 경제개발계획(시안) 검토 의뢰의 건」. 이 문서는 앞서 7월 9일에도 동일한 내용으로 건설부에 전달되는데, 건설부 안에 대한 검토내용과 동일한 내용을 담고 있다. 이것은 이틀 간의 검토 일정 때문에 재검토의 여유가 없었기 때문으로 보인다. 따라서 최고회의안에 대한 검토는 자세히 이루어지지 않았다는 점을 추측할 수 있다.

92 문교부의 경우 계획안에 대한 건의가 이루어진 것이 최고회의안이 발표된 이후인 8월 1일이었다(「제일차 오개년경제개발계획(시안)에 대한 문교부 의견」, 4292년 8월 1일, 기획국, 『오개년계획 관계철』 내 문서).

93 「상의 의견서 제출」, 『서울경제신문』 1961년 8월 14일자.

94 Department of State, Bureau of Intelligence and Research, Research Memorandum, "The Early Months of the Korean Military Government," January 8, 1962, 795b.00/1-862, Decimal File 1960-1963, NARA.

95 「재정적 뒷받침 불가능: 미, 오개년계획 전폭 지지를 회피」, 『서울경제신문』 1961년 11월 17일자; Progress Report, August 24, 1961, *FRUS 1961-1963*, Vol. XXII, p. 518. 미국은 "중공업으로 당장에 비약하는 대신 먼저 소기업이나 가내 또는 촌락산업 등 노동력을 흡수할 수 있는 산업을 발전시키는 방향"으로의 수정안을 제시하였다.

96 기획국, 『오개년계획 관계철』 내 문서.

97 경제기획원장, 「제일차 경제개발오개년계획(안)」, 4294년 10월, pp. 1-2, 기획국, 『오개년계획 관계철』 내 문서.

98 경제기획원, 「경제개발 오개년계획작성을 위한 제일차위원회의 소집에 관한 건」, 기획국, 『오개년계획 관계철』 내 문서.

99 분과는 재정금융분과위원회(홍성하 외 7인), 산업분과위원회(주석균 외 8인), 외자도입분과위원회(유창순 외 5인), 공익기업분과위원회(정낙은 외 6인)로 구성되었다. 중앙경제위원회, 「제일차 경제개발 오개년계획(안) 심의결과보고」, 기획국, 『오개년계획 관계철』 내 문서; 「중앙경제위원회 조직」, 『서울경제신문』 1961년 9월 26일자.

100 「제일차 중앙경제위원회 개최」, 날짜 미상, 기획국, 『오개년계획 관계철』 내 문서; 「오개년경제개발계획안 심의 완료」, 『서울경제신문』 1961년 10월 13일자.

101 군사정부는 당초 10월까지 계획안을 완성하겠다고 발표했었다. 「긴급경제시책실시」, 『서울경제신문』 1961년 7월 29일자.

102 중앙경제위원회, 「제일차 경제개발 오개년계획(안) 심의결과 보고」; 「〈첨부 2〉 중앙경제위원회 건의 및 연차계획에 따르는 조정안」, 4292년 10월 16일(이상 기획국, 『오개년계획 관계철』 내 문서).

103 연 12% 정도의 통화량 증가에 대해서는 "안정적인 방향에서 책정"된 것이라고 평가하였다(중앙경제위원회, 「제일차 경제개발 오개년계획(안) 심의결과 보고」, 기획국, 『오개년계획 관계철』 내 문서, p. 10). 재정금융분과위원회는 내무부의 요청에 따라 전매청 공장신설을 제1차 연도로 앞당겨 줄 것을 요청하였는데, 이것은 과도하게 책정된 조세율을 맞추기 위한 방안이었다.

104 산업개발위원회, 「경제개발삼개년 계획시안에 관한 종합검토」.

105 「제일차 경제개발오개년계획(안) 각의 상정」, 4292년 10월 16일자, 기획국, 『오개년계획 관계철』 내 문서.

106 경제기획원, 「제일차 경제개발오개년계획(안) 조정안」, 4292년 11월, 기획국, 『오개년계획 관계철』 내 문서.

107 각의에서 조정된 내용은 농림 · 축산 부문의 투융자액이 116억환, 광업부문 18억환, 제조업부문 121억환, 전력부문 327억환, 운수 보관부문 99억환이 증가하였다. 각의의 심의과정에서 이전의 계획보다 투융자 규모는 크게 증가하였다. 1차년도(1962년) 계획에서 줄어든 부문이 부분적으로 있었지만, 5개년계획을 전체적으로 보았을 때 투융자 규모가 줄어든 부분은 하나도 없다.

108 「제일차 경제개발 오개년계획(안) 추가 승인」, 4292년 12월 4일자, 기획국, 『오개년계획 관계철』 내 문서.

109 경제기획원, 「제일차 경제개발 오개년계획」, 1962년 1월(재정경제부 도서관 소장).

110 경제기획원, 「경제개발오개년개획작성을 위한 제일차위원회의 소집에 관한 건」, 기획국, 『오개년계획 관계철』 내 문서.

111 정소영은 워싱턴 주립대학 출신으로 1950년대 국내에서 발표된 글이 없어 정확한 생각을

알 수 없지만, 1961년 최고회의의장 자문위원, 1963년 대통령경제담당비서관, 1969년 대통령 경제 제1수석 비서관을 역임한 것으로 보아 박정희의 생각을 뒷받침한 것으로 보인다.

112 「경제개발오개년계획 완성을 위한 긴급건의의 건, 별첨」, 1961년 8월 2일자, 기획국, 『오개년계획 관계철』 내 문서; Arthur D. Little, Inc., "Economic Development Planning in Korea, Report of the Arthur D. Little Reconnaissance Survey"(Cambridge, May 1962); Cole and Lyman, *op. cit.*, p. 205.

113 경제기획원, 1982, 『개발연대의 경제정책: 경제기획원 이십년사』, p. 36.

114 국가재건최고회의, 「제일차 경제개발 오개년계획(수정 및 조치사항)」, 기획국, 『오개년계획 관계철』 내 문서.

115 유원식은 1961년 10월 스칼라피노 교수를 만났을 때 경제계획안이 '균형성장론'을 채택하고 있다는 비판을 받았다. 유원식은 이에 대해서 한국의 경제수준이 다른 나라와 다르다는 점을 들어 스칼라피노 교수의 주장에 반박하였지만, 경제계획안이 균형성장론에 근거하고 있다는 점에 대해서는 반박하지 않았다(유원식, 「유원식, 혁명 정부와 결별하다」, 『정경문화』 1983년 10월호).

116 전원개발과 사회간접자본 확충은 공업화를 위한 전제조건으로 1949년의 경제협조처 계획에서부터 강조되었던 것이었고, 고용과 수출, 기술의 진흥 문제는 1950년대부터 경제개발계획에 항상 따라다니는 수사와 같은 것이었다.

117 「제일차 경제개발오개년계획 개요 발표」, 『서울경제신문』 1961년 1월 14일자. 최고회의의 7개 분과위 중 제1분과가 국토개발분과위였다. 군사정부가 국토개발사업을 어느 정도 강조했는가를 짐작할 수 있다(「7개 분과위 설치」, 『서울경제신문』 1961년 8월 11일자).

118 「産業開發資金化」, 1962년 6월 17일자; 「産業公社 長期投融資機關으로」, 동년 6월 18일자(이상 『서울경제신문』); 이기준, 1999, 『일학일생』, 일조각, pp. 10-11; 유원식, 앞의 책, p. 331. 전력3사의 통합과 호남비료의 정부투자 역시 정부의 역할을 강화하는 조치였다(유원식, 앞의 책, p. 296).

119 「62년도 상품면 수출계획」, 1962년 3월 5일자; 「오개년계획의 문제점」, 1962년 3월 25일자(이상 『서울경제신문』).

120 「농어촌 고리채, 채권행사를 정지」, 『서울경제신문』 1961년 5월 26일자; 경제기획원, 『개발연대의 경제정책』, p. 16; 한국군사혁명사편찬위원회, 1962, 『한국군사혁명사』.

121 「오개년계획 보완 진행」, 1962년 11월 16일자; 「오개년계획 보완작업 착수」, 1962년 11월 28일자; 「오개년계획 보완계획」, 1962년 12월 2일자, 3일자(이상 『서울경제신문』).

122 「2차년계획 전모」, 『서울경제신문』 1963년 2월 10일자.

123 『제일차 경제개발 오개년계획(개요 및 2년차계획)』, p. 123(재정경제부 도서관 소장 자료).

124 「정부의 새로운 통화정책」, 『서울경제신문』 1961년 10월 2일자.

125 「예금 금리를 대폭 인상」, 『경향신문』 1961년 7월 7일자. 군사정부는 내자의 동원을 위한 조치를 이미 쿠데타 직후에 실시하였지만, 이 역시 곧 철회하였나(「예금 인출 한달에 천만 환」, 1961년 5월 19일자; 「금융 동결령 일부 해소」, 1961년 5월 20일자(이상 『경향신문』)).

126 「국민저축 오개년계획 수정」, 『서울경제신문』 1962년 4월 6일자.

127 경제기획원, 『제일차 경제개발오개년계획(개요 및 2년차 계획)』, p. 34.

128 「민간투자도입 가능액 오천여억원」, 『서울경제신문』 1961년 9월 28일자.

129 「증권파동」, 1962년 6월 6일자; 「증권시장, 7월부터 정상화」, 1962년 6월 7일자; 「증권파동 요인 철저히 규명」, 1962년 6월 8일자(이상 『서울경제신문』).

130 895b.15/10-1562 A-237, Decimal File 1960-1963, NARA.

131 「증권거래소 체제개편 불가피」, 1961년 9월 9일자; 「미인(美人) 고문 취임; 증권거래소에」, 1962년 9월 20일자; 「12개 업자에 무기 영업 정지」, 1962년 10월 7일자; 「증권시장 무기휴장」, 1962년 12월 5일자; 「증권거래 개정법안 통과」, 1963년 4월 27일자(이상 『서울경제신문』).

132 「긴급통화조치법 공포」, 『서울경제신문』 1962년 6월 10일자. 통화개혁은 일반 국민들이나 고리사업자들의 은행예금과 함께 국내 거주 화교(華僑)들의 은행예금을 동원하려는 목적 역시 가지고 있었다(천병규, 1988, 『천마초원에 놀다』, 동백천병규고희 자전간행위원회, p. 204.

133 「산업개발 자금화」, 1962년 6월 17일자; 「산업공사 장기 투융자기관으로」, 1962년 6월 18일자(이상 『서울경제신문』).

134 Mr. Gordon from Albert E. Pappano, July 31, 1962, RG 84 Classified General Records, 1962, NND 948833, Box 34, NARA; Embtel, no. 1306, 17 June 1962, *ibid.*

135 「봉쇄계정을 전면 해제」, 『서울경제신문』 1962년 7월 14일자.

136 「개발공사법안 폐기될 듯」, 『서울경제신문』 1962년 12월 12일자.

137 유원식은 통화개혁의 실패에 대하여 "이제 한국경제는 자립경제를 지향하던 기본방향에서 식민지 경제, 즉 종속경제로의 방향전환을 하게 된 것"이라고 평가하였다(유원식, 앞의 책, p. 340).

138 「경제계 새로운 정부 시책을 기대」, 1962년 7월 18일자; 「고민하는 경제 시책」, 1962년 8월 31일자, 9월 1일자, 9월 2일자; 「경제계, 불황타개 시책을 요망」, 1962년 9월 14일자(이상 『서울경제신문』).

139 「불경기하의 인플레 뚜렷」, 1962년 10월 25일자; 「저물가정책 역코스」, 1962년 12월 23일자; 「물가앙등; 과감한 억제시책 시급」, 1963년 1월 12일자; 「1962년도 경제동향보고」,

1963년 1월 27일자; 「초긴축정책을 실시: 투자사업 일시 중지」, 1963년 2월 5일자(이상 『서울경제신문』).

140 「전당포 붐: 혁명 후 배로」, 1962년 3월 22일자; 「사채가 71%로 상승」, 1963년 2월 1일자; 「한국의 산업(17) – 견직, 동일자; 사채의존도 우심」, 1963년 3월 24일자(이상 『서울경제신문』).

141 「6개 수전 총스톱 위기」, 1962년 6월 26일자; 「가뭄과 전력대책」, 1962년 7월 2일자(『서울경제신문』).

142 「오개년계획의 고아」, 『서울경제신문』 1963년 6월 22일자.

143 박정희, 1963, 『국가와 혁명과 나』, 상문사, pp. 121, 141.

144 『서울경제신문』 1962년 12월 7일자. 1960년의 경제성장률은 2.1%였으며, 1961년 3.5%로 증가된 것은 1961년의 풍작이 주요한 원인이었다.

145 『서울경제신문』 1963년 1월 10일자, 6월 30일자.

146 「제일차년 총결산」, 『서울경제신문』 1962년 12월 27일.

147 「저물가정책 역코스」, 1962년 12월 13일자; 「63년도 경제시책내용」, 1963년 1월 6일자; 「물가앙등」, 1963년 1월 12일자; 「62년도 경제동향보고」, 1963년 1월 27일자; 「성장에서 안정에 치중」, 1963년 2월 7일자; 「초긴축정책을 실시」, 1963년 2월 5일자; 「63년 재정안정계획 수정안」, 1963년 4월 4일자; 「종합물가대책을 발표」, 1963년 7월 30일자; 「재정안정계획을 전면 재검토」, 1963년 8월 16일자; 「63년도 재정안정계획 완전 합의」, 1963년 11월 10일자(이상 『서울경제신문』).

148 1963년 1월부터 『서울경제신문』에 실린 한국의 산업 시리즈는 몇 개 산업분야를 제외하고는 대부분의 산업분야의 공장가동률이 50%에도 미치지 못하는 현실을 잘 보여주고 있다.

149 「초긴축정책 실시: 투자사업 일시 중지」, 1963년 2월 5일자; 「미착공사업 90여건 중단」, 1963년 4월 25일자(이상 『서울경제신문』).

150 「오개년계획 근본적 수정으로 물가안정 이루어야」, 1963년 1월 31일자; 「오개년계획 최종보완에 착수」, 1963년 4월 18일자; 「64년 개발계획안 발표」, 1963년 8월 2일자(이상 『서울경제신문』).

151 「환화로 환원 긴요」, 1963년 2월 14일자; 「물가고해결 치중: 수출제일주의 변경」, 1963년 8월 13일자; 「재검토돼야 할 수출제일주의」, 1963년 10월 4일자(이상 『서울경제신문』).

152 「경제계획 일단 중단하더라도 양곡을 도입하라」, 1963년 2월 5일자; 「쌀 琉球 수출 중지」, 1963년 2월 15일자; 「한미 긴급식량대책회의」, 1963년 6월 16일자; 「농림부의 64년 식량수급계획」, 1963년 9월 7일자(이상 『서울경제신문』).

153 Telegram From the Embassy in Korea to the DOS, April 29, 1963, *FRUS 1961-1963*,

Vol. XXII, pp. 643-645; Memorandum From Michael V. Forrestal of the NSC Staff to President Kennedy, July 3, 1963, *ibid.*, pp. 651-652.

154 「외자도입과 사업계획」, 『서울경제신문』 1962년 1월 8일자. 최고회의안이 제출되었을 때 상공회의소에서 비판한 내용 중 하나가 중점투자부문이 외자의 충당에 의해서 계획되어 있다는 점이었다(「상의 의견서 제출」, 『서울경제신문』 1961년 8월 14일자).

155 「종합제철의 고민」, 1963년 2월 14일자; 「종합제철 건설좌절」, 동년 12월 27일자(이상 『서울경제신문』).

156 "PROVMAAG/K and USOM Five-Year Projection," August 16, 1961, RG 84, Korea, General Records, 1961, NND 948813, Box 27, NARA.

157 Memo of Conversation, "ROK Government Economic Planning" 11/16/61(기미야 다다시(木宮正史), 1991, 한국의 내포적 공업화전략의 좌절 – 5·16군사정부의 국가자율화의 구조적 한계, 고려대학교 정외과 박사논문, pp. 95-96에서 재인용); 송정범, 「5·16 초창기의 한미관계 – 케네디 대통령과 만나서」, 『경우』 1987년 12월호.

158 Report of Meeting with Mr. David E. Bell, December 30, 1962, RG 84, Korea, General Records 1956-1963, NND 931501, Box 19, NARA. 오원철은 제철소 계획의 철회가 국내에서의 제철소 건설 논의과정에서 발생한 문제 때문이라고 회고하였다(오원철, 1995, 『한국형 경제건설』 제2권, 기아경제연구소, pp. 227-229). 그러나 당시 미국의 문서에 의하면 미국은 제철소 건설을 위한 콘소시엄의 구성과 AID 자금지원을 거절하였다.

159 "Summary of Arthur D. Little Company's Report: Reconnaissance Survey of Economic Development Planning in Korea," in EA-Joseph A. Yager to FE-Governor Harriman, "Topics which may arise during your stop at Seoul," February 27, 1962, RG 59, Bureau of Far Eastern Affairs, NND 959269 Box 5, NARA.

160 "Korean Economic Planning-Draft Interim Report of Arthur D. Little Company," March 23, 1962, RG 59, Bureau of Far Eastern Affairs, NND 959269 Box 5, NARA; "Arthur D. Little Company Report-Reconnaissance Survey of Economic Development Planning in Korea," July 26, 1962, *ibid.*; "Topics which may arise during your stop at Seoul," February 27, 1962, *ibid.*; "The Economist's Foreign Report for January 11, 1962," RG 59, NND 931501, Korea, 1956-1963, Box 12, NARA.

161 Charles Wolf, Jr. "Economic Planning in Korea," *Korean Affairs* 3-2 (1964. 7), pp. 231-234. 헤로드-도마르 모델은 국민소득과 저축과의 관계 속에서 투자율을 산정하여 성장률을 산출하는 방식이다. 1950년대와 1960년대 한국을 비롯한 후진국에서는 모두 헤로드-도마르 모델을 사용하였는데, 자본축적의 중요성을 강조한 모델이었다. 그러나 산업

간의 구조문제와 후진국의 인구성장의 문제, 실업문제 등이 전혀 고려되지 않았기 때문에 1960년대에는 수정모델이 등장했다.

162 미국이 한국 정부의 원조처리과정을 신뢰하지 않았다는 점은 1950년대 원조비료 판매대금의 상환문제에서 잘 나타난다. 미국은 1956년 3월 대충자금의 세입을 늘리기 위한 방안으로 비료 구매를 민간기업에 맡기는 방안을 추진하였다. 「대충자금 세입부진으로 부흥사업에 암영」, 1956년 3월 24일자; 「비료 민간도입 추진」, 1956년 3월 8일자(이상 『한국일보』); 「비료 구매방법의 고민」, 1956년 4월 12일자; 「한미간 완전합의 – 일천만불의 실수요자 비료구매」, 1956년 6월 16일자(이상 『경향신문』).

163 "Annual Economic Review, Republic of Korea, 1955," 895b.00/3-1956, Decimal File 1955-1959, NARA; "PROVMAAG/K and USOM Five-Year Projection," August 16, 1961, RG 84, Korea, General Records, 1961, NND 948813, Box 27, NARA; "The Ambassador, PROVMAAG/K and USOM Five-Year Projections," August 16, 1961, RG 84, Classified General Records, 500 USOM 1961, Box 29, NARA.

164 Progress Report, August 24, 1961, *FRUS 1961-1963*, Vol. XXII, p. 518.

165 Telegram From the Embassy in Korea to the Department of State, July 23, 1962, *ibid.*, pp. 581-585.

166 유원식, 「유원식, 혁명 정부와 결별하다」, 『정경문화』 1983년 10월호; Telegram From the Embassy in Korea to the Department of State, July 23, 1962, *FRUS 1961-1963*, Vol. XXII, pp. 581-585.

167 Memorandum of Discussion at a Department of State-Joint Chiefs of Staff Meeting, June 15, 1962, *ibid.*, pp. 575-576; Memorandum From the President's Special Assistant for National Security Affairs (Bundy) to President Kennedy, June 20, 1962, *ibid.*, p. 578; Telegram From the Embassy in Korea to the DOS, July 23, 1962, *ibid.*, pp. 581-585.

168 「경우방담 II: 기획원 30년의 영광의 발자취」, 『경우』 1992년 6월, p. 85.

169 「한미고위경제회담」, 1963년 2월 27일자; 「AID 4월 중 대한추원결정」, 1963년 3월 3일자; 「중대 의의 지닌 한미경제회담」, 1963년 3월 9일자; 「증원 등 경제안정 6개 항을 요청」, 1963년 3월 14일자; 「경제안정계획 채택이 시급」, 1963년 4월 18일자; 「한국경제문제 전반 토의」, 1963년 10월 9일자; 「재정안정계획 불이행 때문」, 1963년 10월 16일자; 「한미고위경제회담」, 1963년 11월 5일자; 「한미경제회담」, 1963년 12월 12일자(이상 『서울경제신문』).

170 「킬렌 처장 돌연 귀국」, 『서울경제신문』 1963년 10월 18일자.

171 Progress Report, August 24, 1961, *FRUS 1961-1963*, Vol. XXII, p. 518; 「경원전액 어려워: 오개년계획의 결함 때문」, 『서울경제신문』 1962년 10월 5일자.

172 「대한추원 논의대상조차 안돼: 경제안정계획 채택이 시급」, 1963년 4월 18일자; 「미 추원 천오백만 통고」, 1963년 5월 31일자; 「재정안정계획 불이행 때문」, 1963년 10월 16일자 (이상 『서울경제신문』).

173 「한미경협위 구성」, 1963년 7월 19일자; 「재등장한 한미경협위의 성격」, 1963년 7월 20일자(이상 『서울경제신문』).

174 Amembassy Seoul, "The Economic Situation" to Department of State. A-727, March 12, 1963, RG 59, Economic, General, Korea, Box 3395, NARA; Seoul to Secretary of State, No 651, November 12, 1963, *ibid.*(이상 정일준 교수 소장 문서). 버거 대사는 대사직에서 퇴임한 뒤 한국에서의 자신의 활동을 설명하면서 군사정부에 대해 미국의 입장을 전달하는 방식은 자신이 박정희나 그의 측근들을 비밀리에 만나 직접적으로 의사를 전달하는 형식을 취하였다고 회고하였다(Samuel D. Berger, "The Transformation of Korea-1961-1965," January 7, 1966, NND 979519, RG 59, Box 305, NARA(정일준 교수 소장 문서)).

175 송정범, 「5·16 초창기의 한미관계-케네디 대통령과 만나서」, 『경우』 1987년 12월호.

176 no title, August 22, 1961, RG 84, Korea, General Records, 1961, NND 948813, Box 28, NARA.

177 Department of State, "National Policy Paper: Republic of Korea, Part 1: U.S. Policy," November 9, 1965, RG 59, NND 979519, Box 306(정일준 교수 소장 문서)

178 Mr. McConaughy to Leonard L. Bacon, "Current Economic Situation in Korea," July 24, 1961, RG 59, NND 959369 Box 5, NARA; "Proceedings of Meeting of Working Level Task Force on Korea," October 4, 1961, Room 5714, RG 59, NND 959269 Box 5, NARA.

179 Telegram From the Embassy in Korea to the Department of State, July 23, 1962, *FRUS 1961-1963*, Vol. XXII, pp. 581-585; Telegram From the Embassy in Korea to the Department of State, July 23, 1962, *ibid.*, pp. 581-585.

180 Embtel, No. 1312, 795b.00/6-1962, Decimal File, NARA; Memorandum of Discussion at a Department of State-Joint Chiefs of Staff Meeting, June 15, 1962, *FRUS 1961-1963*, Vol. XXII, pp. 575-576; Telegram From the Embassy in Korea to the Department of State, July 23, 1962, *ibid.*, pp. 581-585.

181 「경우방담: 6, 70년대의 뜨거웠던 경협전쟁」, 『경우』 1990년 11월, p. 66.

182 A letter from Mr. Moyer to Mr. William J. Sheppard (Regional Director, Office of Far Eastern Operations, ICA), June 16, 1961, RG 84, Korea, General Records, 1961, NND

948813, Box 27, NARA.

183 Department of State, "National Policy Paper: Republic of Korea, Part 1: U.S. Policy," November 9, 1965, RG 59, NND 979519, Box 306, NARA.

184 김용태, 1990, 『김용태자서전』, 집문당, p. 162.

185 미국은 증권파동이 김종필과 중앙정보부 내의 측근들에 의해 일어난 사건이며, 김종필은 시중은행을 통해서도 경제정책에 관여하고 있다고 파악하였다(Embtel 1306, 17 June 1962, RG 84, Classified General Records, 1962, NND 948833 Box 34, NARA; Memorandum of Conversation, June 19, 1963, RG 84, Classified General Records, 1963, NND 948813, Box 42, NARA).

186 "Opposition to the Korean Military Junta," August 26, 1963, RG 59 Bureau of Far Eastern Affairs 1963, Subject Files, Personal Name and Country Files 1960-1963, Box 23, NARA; Mr. Marshall Green to Mr. Hilsman, "Korea" October 2, 1963, RG 59, Bureau of Far Eastern Affairs 1963, Subject Files, Pol-Political Affairs, NARA.

187 Telegram From the Embassy in Korea to the Department of State, July 23, 1962, *FRUS 1961-1963*, Vol. XXII, pp. 581-585; Telegram From the Embassy in Korea to Department of State, July 27, 1962, *ibid.*, pp. 589-590.

188 최고회의 재경위원장 김동하(金東河)를 주미대사관 수석무관 출신인 유양수(柳陽洙)로 교체한 것 역시 미국의 압력과 관련이 있었던 것으로 추측된다.

189 Department of State, "National Policy Paper: Republic of Korea, Part 1: U.S. Policy," November 9, 1965, RG 59, NND 979519, Box 306, NARA.

190 Samuel D. Berger, "The Transformation of Korea - 1961-1965," January 7, 1966, RG 59, NND 979519, Box 305, NARA.

191 Presidential Task Force on Korea - Report to the National Security Council, June 5, 1961 POF: Co: Korea, General 1962-1963, Box 120 1961-1963, JFKL. 야거(Yager)의 보고서에도 적극적 개입의 필요성이 잘 나타나고 있다(Yager to FE Peterson, "Arthur D. Little Company Report," *ibid.*).

192 Semour J. Janow (Assistant Administrator for the Far East) to W. Averell Harriman (Assistant Secretary for Far Eastern Affairs, Department of State), February 1, 1963, RG 59, Bureau of Far Eastern Affairs, NND 959269 Box 20, NARA.

193 「오개년계획 최종 보완에 착수」, 1963년 4월 18일자; 「성장목표 5%로」, 1963년 5월 22일자; 「64년 개발계획안 발표」, 1963년 8월 2일자; 「성장률을 5%로」, 1963년 9월 11일자; 「오개년계획 보완작업 윤곽」, 1963년 9월 20일자(이상 『서울경제신문』).

194 경제기획원, 『제일차 경제개발오개년계획 보완계획』, 1964년 2월.

195 경제기획원, 『제일차 경제개발오개년계획 보완계획』, pp. 7, 25.

196 경제기획원, 『제일차 경제개발오개년계획: 제삼년차(1964) 계획(최종)』, 1964년 2월. '연차' 계획은 전체 5개년계획 중 해당되는 해의 1년치 계획을 의미한다. 따라서 2년차 계획은 1963년도, 3년차 계획은 1964년도 등 1년 간의 계획을 특화한 것이다.

197 수출에 대한 강조는 1961년 주한미국파견단이 자체 조직을 비판하는 보고서에서도 잘 나타나고 있다. 이 보고서에서는 한국 정부뿐만 아니라 주한미국파견단이 1961년까지 가능한 수출증대의 방안에 대해서 전혀 고려하지 않았었다는 점을 확인하면서 이를 수정해야 할 필요성을 스스로 지적하였다("Comments of USOM/KOREA on the Draft Evaluation Team Report," 4/12/61, Gardner Files, NARA).

198 "Summary of Long-Term Cotton Textile Arrangement," 1962, RG 59, Bureau of Far Eastern Affairs, NND 959269 Box 5, NARA.

199 "Proposed Restraints on Korean Exports of cotton Textiles to the U.S.," RG 59, Bureau of Far Eastern Affairs, NND 959269 Box 5, NARA.

200 「미, 우리 면직물 수입 제한」, 1963년 1월 5일자; 「곧 한미조정회담」, 1963년 1월 26일자; 「국내업자들 긴급대책을 논의」, 1963년 1월 9일자; 「한미면직물 교역회담 개최」, 1963년 2월 9일자; 「면직물문제와 미의 고민」, 1963년 3월 2일자; 「미, 대한면직물 수입량 책정」, 1963년 3월 7일자; 「정부 재교섭 훈령」, 1963년 3월 16일자; 「대미면직물 수출량: 한국측 최종안을 원안대로 수락」, 1963년 3월 23일자; 「대미 면직물 수출 또 난관에」, 1963년 4월 9일자; 「미 4차 제한 통고」, 1963년 8월 31일자; 「전국 31개 공장, 6천대의 미싱, 소리없이 통곡」, 1963년 9월 1일자(이상 『서울경제신문』).

201 "Comments of USOM/KOREA on the Draft Evaluation Team Report," April 12, 1961, Gardner Files, NARA.

202 Department of State, "National Policy Paper: Republic of Korea, Part 1: U.S. Policy," November 9, 1965, RG 59, NND 979519, Box 306, NARA.

203 Cole and Lyman, *op. cit.*, pp. 205, 299; 「경제계획의 주역들」, 『경우』 1987년 4월호, p. 75.

204 Cole and Lyman, *op. cit.*, p. 97; 김창남, 1997, 「동아시아 제국의 경제개발전략과 경제발전유형」, 『경제사학』 제23호, pp. 55-64.

205 네가티브 시스템은 수입을 허가하는 품목을 정하는 것이 아니라 수입을 금지하는 품목을 정하는 제도이다. 따라서 금지하는 품목을 정하면 수입 가능한 품목이 더 많아지며, 수입자유화율이 상대적으로 높아지는 것을 의미한다.

206 경제기획원, 1983, 『경제기획원 30년사』, pp. 391-400; 경제기획원, 『개발연대의 경제정

책』, pp. 11-12, 40-52, 60-61.

207 Department of State Telegram 331 to Seoul, October 21, 1963, Administrative History of the Department of State Vol. I, LBJL.

208 Memorandum, Assistant Secretary of State Hilsman to the AID Administrator, November 8, 1963, Administrative History of the Department of State Vol. I, LBJL.

209 브라운(G.T. Brown, *Korean Pricing Policies and Economic Development in the 1960s*)과 『한국경제 사회의 근대화』는 1963년을 경제성장의 기점으로 잡고 있다. 오원철은 수출주도정책이 시작되는 1964년을(『한국형 경제건설』 제1권), 콜(Cole)과 라이만(Lyman)의 책은 1965년을 경제성장의 기점으로 규정하고 있다.

210 키미야 타다시(木宮正史)는 보완계획을 통해 미국의 의도가 관철된 것으로 규정하였으나, 이것은 계획의 내용과 1964년 이후 경제정책의 전개과정을 분석하지 않았기 때문에 나온 결론이다(木宮正史, 1991, 「한국의 내포적 공업화전략의 좌절 - 5·16 군사정부의 국가자율화의 구조적 한계」, 고려대학교 정외과 박사논문).

211 1960년대 군사정부의 경제계획을 수출주도형으로만 파악할 수 없다는 점은 이상철의 글에서도 잘 나타난다. 이상철, 1998, 「한국에 있어서 화학섬유의 수입대체와 정부의 역할(1965-1972)」, 『경제사학』 25호.

212 「1971년 1월 11일 기자회견」, 심용택 편, 1973, 『자립에의 의지: 박정희 대통령 어록』, 한림출판사.

213 Progress Report, August 24, 1961, *FRUS 1961-1963*, Vol. XXII, p. 518.

214 아울러 군사정부는 농림업에의 투자를 강조하는 방안을 계속 추진하였다. 경제기획원안은 총투융자액의 17%인 3,214억 5천만 원을 1 차산업에 투자할 것을 목표로 하였는데, 1965년까지 전체 투융자에 대한 농림업 투융자의 비율을 보면 1962년에 27.1%, 1963년에 18.5%, 1964년에 18.5%, 1965년에 20.3%로, 평균 21.2%의 높은 투자율을 보였다.

215 Report of Meeting with Mr. David E. Bell, December 30, 1962, RG 84, Korea, General Records 1956-1963, NND 931501, Box 19, NARA.

216 「부정축재자 9명 구속 해제」, 1961년 7월 1일자; 「부정축재처리법 개정」, 1961년 10월 27일자; 「부정축재 조사를 완결」, 1961년 12월 21일자(『서울경제신문』); 오원철, 『한국형 경제건설 1』, pp. 19-21.

217 타이완이 미국의 입장을 적극 수용하여 중소기업 중심의 경제개발을 수행하였다면, 한국은 대기업 중심의 경제개발을 수행하였다. 핫토리 타미오(服部民夫), 사토 유키히토(佐藤幸人)는 1950년대의 초기축적과 정부의 역할, 그리고 가족형태상의 차이에서 산업개발전략의 차이를 찾으려 하였고, 안병직은 일제강점기 민족자본가의 존재형태에서 그 기원을

찾고자 하였다. 服部民夫 · 佐藤幸人 編,『韓國 · 臺灣の經濟發展メカニズム』, アジア經濟研究所, 1996(안병직, 1997,「식민지기 조선과 대만의 민족공업에 관한 비교연구」,『경제사학』 23호, pp. 20-21에서 재인용); 안병직, 앞의 글 참조.

218 재벌에 대해 반감을 가지고 있으면서 국가가 투자의 주체가 되어야 한다고 주장했던 박희범과 유원식이 미국의 압력에 의해 최고회의 경제고문에서 물러났다는 것은 군사정부가 재벌 중심의 정책으로 전환할 수 있는 또 다른 기회를 제공했다. 미국은 이들의 퇴진으로 중공업 중심의 경제개발전략을 수정할 수 있었지만, 군사정부와 대기업이 결합할 수 있는 구조를 만들었다.

219 National Intelligence Estimate, January 22, 1965, NIE 42/14.2-65, RG 59, NND 979519, Box 305, NARA; Department of State, "National Policy Paper: Republic of Korea, Part 1: U.S. Policy," November 9, 1965, RG 59, NND 979519, Box 306, NARA.

220 Embtel 503, January 17, 1963; Embtel 504, January 18, 1963; Embtel 533, January 28, 1963; Embtel 517, January 23, 1963(이상 NSF: Co: Korea, General, Box 129, JFKL).

221 박태균,『우방과 제국』, pp. 267-275.

222 박태균, "Reshaping the State Through Middle Course in 1961-1963," 2003년 10월 8일, 하버드대학교 한국학연구소 콜리키움 발표문(미출간).

나오며_

1. 한국사회의 복합성

한국사회를 규정한 다양한 요소들

1950년대 후반부터 1960년대 초에 이르는 격동기는 현대 한국사회의 모습을 결정하는 중요한 주춧돌을 놓았던 시기였다. 그 결과가 부정적이었건, 긍정적이었건 간에 현대 한국사회의 주요한 모습들은 모두 이 시기를 통해 나타나기 시작했다. 정치적으로 4·19 혁명 이후 민주주의 및 민족주의의 발현, 경제적으로 5·16 쿠데타 직후 경제개발계획의 실시 등은 모두 이 시기 한국사회에서 시작되었으며, 이후 한국의 가장 중요한 특징으로 자리잡았다.

그러나 이러한 특징들이 모두 단선적으로 형성된 것은 아니었다. 본고에서 살펴본 것처럼 1950년대 후반부터 1960년대 초반까지의 시기의 한국사회의 변화를 이끌었던 것은 다양한 변수들이었다. 여기에는 소위 식민지 근대화론에서 주장하는 일제강점기의 영향도 포함되는 것이었지만, 그것만으로는 설명할 수 없는 다양한 변수들이 존재하고 있었다.

그 대표적인 것이 전통적인 공개념으로부터의 영향이었다. 한국의 역사에서 정치적 전환기나 위기의 시기에 정부가 경제질서에 강력하게 개입하면서 개혁을 이끌어 나가는 장면들을 발견할 수 있다. 전통시대의 왕조교체기에 나타났던 토지제도의 개혁은 하나의 예가 된다.[1] 해방을 전후한 시기 삼균주의三均主義를 제창했던 조소앙은 공적인 개념이 활성화되었을 때 국가가 부흥기를 맞이하였고, 그것이 무너졌을 때 국가의 기강이 해이해지고 사회가 어지러워졌다고 주장하였다. 그는 해방 이후 새로 건설될 국가에 전통시대부터 계속된 국민들의 '심리적 · 관습적' 인 가치관에 의거해서 공개념이 도입되어야 한다고 주장하였다.

해방을 전후한 시기는 일제강점기, 미군정기, 분단 정부의 수립, 한국전쟁으로 이어지는 정치, 경제, 사회적 위기의 시기였다. 이 시기에 한국의 전통적 역사에서 나타났던 공개념이 또 한번 발양되었다. 전통시대의 '공개념' 이 토지제도의 정비를 통한 분배문제에 초점이 맞추어져 있었다면, 해방 이후의 '공개념' 은 효율적 경제성장을 위한 경제개발계획이라는 수단으로 구체화되었다.

두 번째 중요한 요소는 일제강점기의 영향이었다. 일본 총독부하에서 지낼 수밖에 없었던 35년의 세월은 결코 짧은 기간이 아니었다. 따라서 이 시기 정책과 문화가 해방 이후 한국사회에 영향을 미쳤다는 것은 결코 부인할 수 없는 사실이다. 특히 이 시기의 교육과 법률 제도는 대한민국 정부 수립 후 중요한 역할을 하는 지식인들에게 결정적인 영향을 미쳤다. 5 · 16 쿠데타로 정권을 잡은 박정희 역시 일제강점기 교육으로부터 자유로울 수 없었다. '기획' 이라는 용어의 사용도 일제강점기의 영향을 보여주는 대표적인 사례였다고 할 수 있다.

세 번째 요소는 1950년대를 통한 다른 아시아 국가들의 동향이었다. 한국민들도 다른 대부분의 아시아 국가들의 국민들과 마찬가지로 제2차 세계대전 이후 독립하였으며, 정치적 독립과 함께 경제적인 성장과 자립을 원하고 있었다. 그러나 다른 아시아 국가들이 1950년대 아시아극동경제위원회, 콜롬보 계획

등을 통해 적극적으로 경제개발계획을 입안, 실시하고 있을 때 한국은 전쟁으로 인한 복구사업에만 치중할 수밖에 없었다.

그러나 한국의 지식인들은 다른 아시아 국가에서의 계획에 관심을 갖고 있었으며, 그들의 경험을 받아들여 한국에서도 경제개발계획을 추진해야 할 필요성에 공감대를 점차 형성해 나가고 있었다. 따라서 이들은 다른 아시아 국가의 경제개발계획에 대해 연구하였으며, 그 경험을 한국사회에 도입하려고 하였다. 박희범의 인도에 대한 연구는 대표적인 예라고 할 수 있다. 물론 다른 아시아 국가들의 영향은 비단 경제적인 것만이 아니었다. 정치적으로 비동맹의 영향은 진보당 운동을 가능하게 하였으며, 박정희가 그의 책에서 낫세르에 대해 언급하는 것을 가능하도록 했다.

공부해야 먹고 산다

네 번째 요소는 미국이었다. 미국의 원조 감소가 한국사회에서 '위기'로 해석되었고, 이것이 경제개발계획 실시의 필요성을 사회적 공감대로 만드는 역할을 했다는 것은 매우 역설적인 상황이었다. 또한 미국은 한국을 포함한 저개발국가의 관료들이 미국에서 공부하면서 재교육 받을 수 있는 상황을 조성하였다. 일제강점기를 통해 기초적인 교육밖에 받지 못했던 한국의 경제관료들은 재교육 과정을 통해서 경제개발계획에 대한 이론을 익힐 수 있었다.

물론 미국의 영향이 결정적이었던 것은 케네디 행정부에서 실시된 새로운 저개발국정책으로 인한 것이었다. 새로운 정책은 로스토우에 의해서 시작되었으며, 한국의 경제개발계획 실행에 결정적인 역할을 했다. 경제개발계획 없이는 원조를 하지 않았으며, 사회적인 개혁을 위해 한국사회에 적극적으로 개입하기도 하였다. 군사정부의 경제계획이 미국의 새로운 정책에 의해 칼질을 당하기도 했지만, 미국의 원조를 빼놓고 한국의 경제개발계획의 실시를 말하기는 어렵다.

다섯 번째는 한국 국민들 자신의 준비 정도였다. 한국 국민들의 교육열은 1950년대를 통해 비정상적인 도시화를 만들어 낼 정도로 엄청난 것이었다. 시골에서 도시로 유학했고, 1960년대 이후에는 수많은 한국의 대학생들이 미국으로 유학을 떠났다. 이들은 교육을 통해 경제개발을 축으로 하는 정부의 정책을 받아들일 수 있는 준비를 갖추고 있었으며, 경제개발계획을 추진할 수 있는 동력이 되었다. 본고에서 구체적으로 분석하지는 않았지만, 1970년대 한국개발연구원KDI을 비롯한 다양한 경제정책 관련 기관들이 효율적으로 움직일 수 있었던 데에는 한국인들의 교육열이 커다란 작용을 했다.

이러한 교육열은 한국 전통사회의 특징으로부터 그 기원을 찾을 수 있다. 세계사적으로 볼 때 한국은 특수한 형태의 지배층을 형성하였다. 대부분의 국가들이 전근대 시대를 통해 무력을 갖춘 세력들이 지배층을 형성하였지만, 한국의 경우는 달랐다. 공부를 잘하는 사람이 지배층을 형성하였고, 국가의 시험을 거치는 사람들만이 고위직에 나아갈 수 있었다. 전통시대에 전래 이야기들 중 유명한 것들은 대부분 공부를 열심히 한 사람이 성공할 수 있다는 내용을 담고 있다.

물론 그 공부라는 것이 문·사·철이라는 비실용적인 학문이었고, 이로 인해서 한국사회가 스스로 근대화를 이룩하지 못하고 식민지화되었다는 비판도 제기될 수 있다. 그러나 교육만이 자신의 처지를 변화시킬 수 있다는 한국 사회의 전통적인 신념은 해방 이후 현대 한국사회에서도 그대로 통했던 것이다. 오늘날 한국사회에서 나타나는 교육열이 사회적으로 부정적인 영향을 많이 미치고 있다고 할지라도 한국사회의 민주화와 경제성장의 가장 중요한 동력이 되었다는 것은 부인할 수 없는 사실이다.

2. 무엇을 말하려고 하는가?

잡종 Hybridity

본고는 이상과 같이 경제개발계획의 입안과정을 통해 1950년대와 1960년대 한국사회의 흐름을 주도한 다양한 변수들의 역관계를 추적해 보고자 하였다. 지금까지 한국사회를 움직이는 변수에 대한 연구는 하나의 변수의 역할을 절대화하는 방식으로 진행되었다. 미국의 흐름을 강조하는 연구는 미국이 만든 한국사회의 모습을 분석하는 데 초점을 맞추었다. 한국 내부의 흐름을 강조하는 연구는 미국의 영향력을 왜소하게 평가하였고, 한쪽에서는 지배세력의 흐름만을, 다른 한쪽에서는 피지배세력의 흐름만을 분석하였다. 본고가 주목하고자 한 것은 내부의 동력 – 지배세력과 피지배세력 모두 – 과 외부의 영향력이 시기에 따라서 다양한 형태로 한국현대사의 흐름을 주도하였다는 것이다.

본고에서 연구대상으로 했던 1950년대와 1960년대의 시기는 외부의 영향력이 상대적으로 강하게 미쳤던 시기이다. 외부세력이 한국사회에 강한 영향력을 미칠 수 있었던 것은 당시 한국사회 자체의 취약성 때문이었다. 즉, 비민주적 통치로 인해 정치적 정통성을 확보하지 못한 세력의 집권과 한국전쟁으로 인한 경제적 피폐, 그리고 시민사회 및 지식인 집단이 사회운영의 힘으로 형성되지 못했던 사회적 요인 등이 중요한 이유였다. 경제개발계획의 입안과정에서도 이러한 양상이 그대로 반영되었다. 한국 내부의 동인에 의해 형성된 경제개발계획은 미국의 압력에 의하여 내용이 수정되고 계획의 주체들이 교체되었다.

그러나 본고에서 살펴본 바와 같이 외부의 힘에 의해 계획의 내용이 수정되었다고 하더라도 계획을 입안한 주체들의 의도 역시 일정 정도 계속 관철되었다. 경제개발계획을 입안 · 실행해야 한다는 요구도 한국현대사의 내적인 흐름 속에서 시작되었으며, 정통성이 취약한 정부는 한국사회 내부의 요구를 적극적으로 수용함으로써 정권을 안정적으로 장악하고자 하였다. 1964년에 수정되어 실행된 경제개발계획의 내용 안에 외부의 압력에 의해 수정된 부분도 있지만, 1950년대 이후 한국의 경제전문가, 정치인, 관료들이 공통적으로 주장하였던 부분은 지속되었다.

경제개발계획이 내적인 동인과 외부의 힘을 동시에 반영하고 있다는 것은 한국의 경제개발에 대한 논쟁을 통해 잘 나타난다. 한국의 사례는 서구의 저개발국 경제개발론을 성공적으로 시행한 모델의 하나라고 주장하는 신고전파의 주장-자유주의 경제를 통해 성공한 사례-을 합리화하는 근거가 되기도 하지만, 한국의 경제개발이 외형적으로 성공할 수 있었던 요인이 한국적 특수성-정부의 강력한 개입과 특수한 기업형태재벌 체제-에 있었다고 하는 '국가주의적' 입장에서 한국적 모델을 주장하는 학자들의 논리를 합리화하는 근거도 된다.

양자의 주장은 각각 한국의 경제개발계획이 가지고 있는 양면성 중 한 면만을 분석함으로써 도출된 결론이라고 할 수 있다. 본고에서 내적인 동력과 외부의 영향력을 동시에 살펴보고자 한 것은 기존의 연구에서 나타나는 양면적인 주장이 모두 타당성을 갖고 있기 때문이기도 하며, 동시에 양자의 주장이 일면만을 강조했기 때문에 나타난 오류를 실증적으로 검토하기 위한 작업이기도 하다. 이것은 곧 '혼합' 이거나 '잡종' 이다.

잡종을 통한 식민지 근대화론 비판

식민지 근대화론에 대한 이해 역시 한국사회의 '잡종' 현상을 통해서 비판적으로 검토할 수 있다. 일제강점기의 발전은 외부로부터 선진 자본과 기술의 도입을 통한 산업화의 당연한 현상으로 받아들일 수 있다. 그러나 이것만으로는 식민지 시기의 근대화를 설명할 수 없다. 일본 총독부의 정책을 수용할 수 있는 한국인들이 없었다면, 일본의 정책은 그 어느 것도 성공할 수 없었다. 아무리 좋은 정책이 있다고 하더라도 그 정책을 성공적으로 받아들일 수 있는 대상이 존재하지 않는다면, 그 정책은 성공할 수 없다. 한국이 특정한 정책을 통해 성공했다고 해서 그 정책을 그대로 다른 나라가 수용한다고 하더라도, 정책의 수용만으로 성공을 보장할 수는 없다. 그 나라 내부에 정책을 수용할 수 있는 기반이 마련되어 있어야 하는 것이다.

기존의 식민지 근대화론이 조선시대가 정체되어 있었고, 중앙집권화되어 있지 못한 비효율적인 사회였다는 비판에서 시작하고 있지만, 이것은 스스로의 발목을 잡는 것이다. 조선인들이 이미 식민지가 되기 이전에 근대적인 문명을 받아들일 수 있는 정신적 · 물질적 준비를 하고 있지 않았다면, 일본 총독부의 어떤 정책도 성공적으로 진행될 수 없었을 것이다. 내적인 동력을 인정하지 않는 식민지 근대화론은 스스로의 모순에 빠지고 마는 것이다. 한국인들의 교육열, 북학론으로 대표되는 근대적 개혁에 대한 지식인들의 움직임, 개항 이후 조선의 정부가 실시했던 여러 가지 개혁들은 조선사회가 근대화될 수 있었던 기본적인 동력이 되었던 것이다.

아울러 일제강점기의 영향 외에도 앞에서 언급한 전통시대의 영향, 다른 아시아 국가들의 영향, 그리고 미국의 영향이 한국 경제성장의 기원으로서 함께 언급되어야 한다. 어쩌면 일제강점기 교육의 영향보다도 1950년대 이후 재교육 과정의 영향이 한국의 경제개발계획 실시에 더 큰 변수로 작용했다고 평가할 수도 있다.

식민지 근대화론의 또 다른 문제는 식민정책의 성격을 제대로 파악하지 못하고 있다는 점이다. 신고전주의적 주장과 국가주의적 주장이 동전의 양면 중 한 면만을 바라보기 때문에 나타나는 서로 다른 의견인 것과 마찬가지로 식민지에서 개발과 수탈은 동전의 양면이다. 흔히 영어로 식민지 개척을 'exploitation' 으로 표현한다. 'cxploitation' 이라는 개념 안에는 '개발' 이리는 개념과 '착취' 라는 개념이 동시에 포함되어 있다. 개발을 하지 못하면 착취할 수 없으며, 착취하기 위해서는 개발해야 한다는 것이다. 미국에서 서부 개척의 역사 역시 원주민에 대한 착취와 서부 지역의 개발이 동시에 수행된 것이었으며, 제국주의의 식민지 개척 역시 동일한 성격을 갖고 있었다. 물론 그 본질은 착취에 있는 것이지만.

로스토우의 근대화론 역시 크게 다르지 않았다. 저개발국을 개발해야 한다는 주장의 이면에는 선진 자본주의 국가의 번영이 그 기본적인 목적이 되고 있다. 저개발국이 발전하지 않고서는 선진 자본주의 국가들이 지속적으로 시장을 확보하기 힘들다는 것이다. 물론 근대화론을 이러한 방식으로만 이해할 때 미국의 정책은 단순한 제국주의적 정책 이상이 될 수 없다. 그러나 저개발국의 입장에서 볼 때 미국의 목적과 관계없이 경제개발에 대한 원조는 경제성장을 빠른 시간 내에 효율적으로 이룩할 수 있는 중요한 수단이 되는 것이었다. 이것은 곧 선진국과 저개발국에 모두 좋은 결과를 가져오는 윈-윈Win-Win 전략이 될 수 있다. 근대화론이 제국주의적 논리가 되는가, 아니면 윈-윈이 되는가는 오직 상대국의 감재력에 달려 있다.

그럼에도 불구하고 로스토우의 근대화론이 갖고 있는 양면적인 성격은 당시 근대화론의 본질을 이해하는 데 도움이 되며, 식민지 근대화론의 연장선상에서 이해할 수 있게 된다. 로스토우나 다른 경제개발론자들이 식민지 시기의 경험이 저개발국이 근대화를 달성할 수 있는 기본적인 조건이 된다고 이해했던 점 역시 이러한 식민지 근대화론과 근대화론의 동일한 성격 속에서 이해가 가능하다.

지역화 Localization

또 한 가지 주목해야 할 점은 지역화의 문제이다. '강남의 귤이 회수를 넘으면 탱자가 된다'는 고사가 있는 것처럼, 외부로부터 들어온 것들도 대체로 그

사회에서 지역화의 과정을 거친다. 외부에서 들어온 그대로의 모습으로 작용하지 않는다. 한국에 들어온 불교나 유교, 그리고 기독교가 원래의 모습대로 있는 것이 아니라 한국적인 성격으로 변화하는 것이다. 예컨대 엄청난 규모를 자랑하는 한국의 교회를 다른 나라에서 찾는 것은 결코 쉽지 않다.

한국사회뿐만 아니라 세계 어느 나라를 분석하더라도 그 사회 내부에서의 흐름만으로 해당 사회를 분석할 수는 없다. 특히 근대 자본주의 사회 이후에 국가 간의 상호 교류가 확대되면서, 모든 사회는 외부로부터 많은 영향을 받는다. 한국은 그 대표적인 모델이며, 일제강점기를 통해서는 일본으로부터, 해방 이후에는 미국으로부터, 그리고 1965년 이후에는 다시 일본으로부터 많은 영향을 받았다.

그러나 그 영향을 절대화할 수는 없다. 외부로부터 들어온 요소들은 한국 내부의 요인들로 인해서 변화하기 마련이다. 이것을 흔히 '지역화' 라고 하며, 한국에서는 '한국화' 라고 표현할 수 있을 것이다. 아래의 〈그림〉은 '노래방' 을 통해서 '한국화' 의 과정을 살펴본 것이다. 가라오케가 일본으로부터 수입되었다는 것은 주지의 사실이다. 그러나 한국에 들어온 가라오케는 일본식의 가라오케로 그대로 남지 않았다. 한국에서는 노래방이라는 새로운 형식의 가라오케가 만들어졌다.

그림. 한국화 과정 설명도

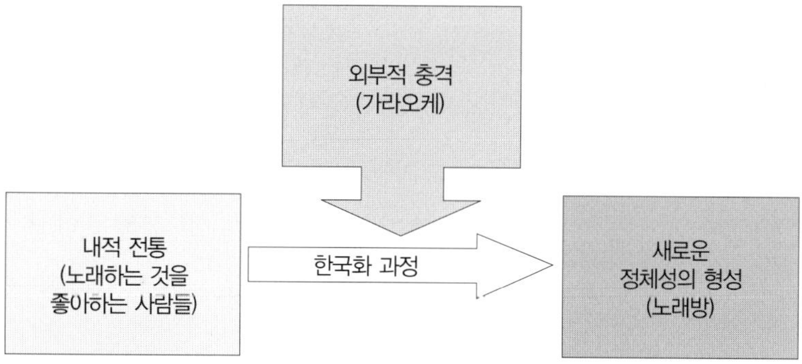

한국의 노래방은 일본의 가라오케와는 다른 특징을 갖고 있다. 술을 팔지 않으며, 어린아이에서부터 어른에 이르기까지 모든 사람들이 즐길 수 있다. 그리고 노래방은 진화에 진화를 거듭해서 지금은 세계 각국으로 수출되었다. 외국에는 가라오케도 있지만, 노래방도 있다. 또한 거의 모든 노래방에 설치되어 있는 노래방 기계의 소프트웨어는 한국에서 만들어진 프로그램이 차지하고 있다.

이러한 현상은 세계 곳곳에서 발견할 수 있다. 어쩌면 한국의 노래방은 다른 나라에 가서 또 다른 형태로 변형되어서 나타날 수도 있을 것이다. 1950년대 이후 한국에 들어온 서구의 문화와 사상은 모두 한국적인 것으로 바뀌었다. 서양의 팝송이 한국의 통기타 문화로 바뀌었고, 한국의 통기타 문화는 한국사회에 하나의 저항문화를 만들어 내기도 했다.

본고에서 살펴본 바와 같이 한국의 지식인들은 서구와 다른 아시아 국가로부터 저개발지역 경제개발론을 수입하였다. 그러나 이들은 수입한 경제개발론을 그대로 한국에 적용하지 않았다. 한국의 상황을 분석하고, 그 상황에 맞도록 경제개발론을 이용했던 것이다. 경제개발론의 한국적 적용과정이 성공적이었는가에 대한 평가를 떠나서 경제개발의 과정은 한국적인 지역화의 과정을 보여주는 것이다.

미국의 새로운 정책이 한국에 적용될 때도 같은 현상이 나타났다. 미국이 요구했던 많은 정책들이 한국에서 시행되었지만, 기존의 한국의 정책을 모두 바꾸어 놓지는 못했다. 균형성장론적인 생각, 국가가 주도해야 한다는 생각, 공개념에 대한 강조, 그리고 농업에 대한 강조 등은 이전부터 있었던 한국적인 생각이 계속된 예라고 할 수 있다. 그리고 이러한 상황이 한국적인 특수한 모델을 만들어 냈던 것이다. 한국적인 특수한 모델이 성공했는가에 대한 평가를 넘어서서 그러한 특수한 모델이 나올 수 있었던 배경은 외부적 충격이 '한국화' 하는 과정을 통해서 이해될 수 있는 것이다.

국가의 역할에 대한 강조 역시 이 부분에서 찾을 수 있다. 1970년대 이후 한국사회에는 신고전주의적 경제학이 들어오기 시작한다. 1970년대 말이 되면 '안정화' 정책이 실행되면서 정부의 역할이 축소되어야 한다는 주장이 제기되기 시작했다. 가히 '혁명적'인 변화라고 할 수 있지만, 이러한 경향은 이미 세계 경제학계의 대세가 되고 있었다.[2]

그럼에도 불구하고 한국사회에서는 국가와 현자가 일정한 역할을 해야 한다는 믿음이 계속되고 있다. 또한 농업을 포기해서는 안 된다는 믿음 역시 하나의 강박관념처럼 계속되고 있다. 금융위기가 왔을 때에도, FTA가 진행되고 있는 순간에도 국가의 역할과 농업에 대한 한국적 믿음은 계속되고 있는 것이다. 이것은 한국적인 부분들이 외부의 영향과 결합하였지만, 어떤 부분들은 그대로 지속되고 있음을 보여주는 예라고 할 수 있다.

3. 무엇이 새로운가?

생각의 힘은 결코 작지 않았다

경제개발계획의 입안과정에 대한 연구를 통해 또 하나 얻을 수 있었던 결론은 주체에 대한 분석을 통해 사건이나 정책의 본질적 성격을 보다 명확하게 밝힐 수 있다는 점이다. 지금까지 경제정책에 대한 연구는 발표된 정책안을 분석하는 수준에서 논의가 진행되었다. 또한 대부분의 경제사 관련 연구들은 수치를 중심으로 해서 나타난 결과의 분석에만 집중했다. 그러나 본고에서는 1950년대 경제개발론자들의 생각에 대한 분석을 통해 당시의 경제개발계획의 내용에 나타난 특징을 밝힐 수 있었다. 수치가 보여주지 못하는 부분에 접근하고자 한 것이다.

미국의 대한정책과 관련해서도 케네디 행정부의 저개발국 정책결정자들의 생각을 분석함으로써 1960년대 미국의 저개발국 경제개발원조의 특징을 밝힐 수 있었다. 로스토우를 비롯한 1950년대 후진국 전문가들의 근대화론을 통해 케네디 행정부의 새로운 저개발국정책이 담보하고 있는 이데올로기적 특징에 접근할 수 있었다.

여기에 더하여 한국인들이 갖고 있었던 특정한 생각들은 한국사회의 특수한 경로를 잘 보여준다. 그것은 분단으로 인해서 나타난 북한과의 경쟁의식이었다. 분단은 한국사회의 성격을 규정하는 가장 중요한 요소 중 하나였다. 미국이 한국에 대해 많은 원조를 주었던 원인 중의 하나도 분단에 기인한 것이었다. 한국 사람들은 분단으로 인해 한국이 많은 피해를 입었다고 믿고 있으며, 한국전쟁은 그 대표적인 예이다. 그러나 다른 한편으로 분단은 북한과의 경쟁의식을 통해서 한국의 경제개발 과정에서 국민들을 통합할 수 있는 역할을 했다. 본고에서 분석한 것처럼 경제개발계획을 해야 한다는 필요성이 제기되었을 때, 그리고 경제개발계획을 입안할 때 북한의 경제적인 성과는 중요한 고려 대상이 되었다.

이렇게 사람들의 생각은 그 사회의 성격과 방향을 결정한다. 군사정부의 정책 속에는 당시를 살고 있었던 한국인들의 생각이 녹아 있었다. 미국의 유명한 경제학자들과 관료들이 한국에 와서 여러 가지 영향을 미쳤음에도 불구하고, 균형성장론이 사회적 담론이 되었던 1950년대의 상황은 박정희와 군사정부의 정책에 반영되었다. 1950년대 경제개발론자들에 의해 형성된 사회적 공감대에 기초한 정책이 힘을 받을 수밖에 없었던 것이다.

한홍구는 『대한민국사』4권 2006, 한겨레신문사 에서 한국의 여러 가지 현안들이 해결되지 못하고 있음에 대해 비판적으로 검토한 바 있다. 그리고 그가 내린 결론은 '검은 머리의 미국인들'이 너무나도 많은 한국사회에서 주체적인 힘을 갖고 한국의 현실에 적합한 정책을 만들어 집행해 나가기 너무나 어려웠던 한국현대사, 그리고 현재의 현실에 대해 꼬집었다. 필자 역시 『우방과 제국』2006, 창비 을 통해서 한국과 미국 사이의 비정상적인 동맹관계가 궁극적으로 한국인들의 생각과 공감대 위에서 형성되고 있음에 대해 지적했었다. 한 사회에서 대중의 생각이 독재자나 언론 · 지식인에 의해서 왜곡될 수 있음을 전제로 해서, 사람들의 생각과 사회적 공감대는 그 사회의 성격을 반영하는 가장 중요한 힘이 되는 것이다.

한미관계와 관련된 한국사회의 공감대가 부정적인 형태로 나타났던 것과 달리, 결국 한국의 경제성장을 이끌었던 알파와 베타는 한국인들의 능력과 생각에 있었다. 이것은 서론에서 제기했던 알파와 베타였다. 한국에 경제개발계획이 필요하다는 생각, 한국이 경제성장을 할 수 있다는 자신감, 한국적 상황에 맞는 경제개발이 필요하다는 전략 등이 지금까지의 연구들이 밝히지 못했던 알파와 베타를 구성하고 있는 것이다.

본고에서 분석한 알파와 베타가 '생각' 의 힘을 밝히기에 충분한 분석이었다고 생각하지는 않는다. 보다 넓은 범위에서 연구가 진행되어야 할 것이다. 경제적인 생각뿐만 아니라 정치, 사회 구조에 대한 생각 역시 분석되어야만 알파와 베타를 밝힐 수 있다. 그러나 본고에서의 연구는 지성사 연구를 위한 출발점이라고 생각한다. 아울러 한국인들에게 체화되어 있는 한국인이 역사를 통해서 살아왔던 방식은 한국의 경제개발계획의 가장 중요한 기원이 될 것이다. 이것은 케인즈가 말했던 것처럼 사회의 작동과정에서 예상했던 것보다 큰 힘을 발휘하는 '생각' 을 통해서 한국사회의 특징을 분석하는 과정이 될 것이며, 계급적 분석, 또는 세계체제론 등 경제결정론적인 한계를 극복하는 방안이 될 것이다.

신화를 벗기 위하여

한편, 본고를 통해서 몇 가지 중요한 신화들로부터 벗어나고자 했다. 이를 위해 '확신' 처럼 믿어지고 있는 몇 가지 명제에 대해 비판적으로 접근하고자 했다.

① 케네디 행정부에 대한 긍정적인 신화가 미국뿐만 아니라 한국사회에서도 적지 않게 영향을 미치고 있다. 그러나 본고에서 분석한 바와 같이 케네디 행정부가 미국 사회에서 여러 가지 긍정적인 역할을 했을지 몰라도 대외적으로는 많은 분쟁의 씨앗을 만들어 냈다. 로스토우가 중심이 된 새로운 대외정책은 저개발국가에 대한 적극적인 개입을 필요로 했다. 이러한 새로운 정책은 미국의 베트남 전쟁 개입의 기초를 마련한 것이었으며, 한국의 경우에도 한일협정에 대한 미국의 적극적 개입의 배경이 되었다.

한일협정은 미국의 압력이 없었어도 언젠가는 이루어졌어야 할 사안이었다. 이미 1950년대 말부터 한국사회의 경제적 위기를 벗어나기 위하여 한국과 일본 사이에 수교가 이루어져야 한다는 논의가 진행되었다. 한국과 일본이 정상적인 수교를 맺기 위해서는 양국 국민의 동의와 상호 이해가 전제되었어야 했다. 그러나 미국의 무리한 개입은 국민들의 반대에도 불구하고 양국 정부가 신속하게 한일관계 정상화를 추진하는 결과를 낳았다. 결국 한일관계 정상화 과정의 문제는 현재에 이르기까지 양국의 여러 문제들이 한일관계의 발전에 커다란 장애물로서 존재하고 있다.

② 일제강점기 교육이 한국의 정치인과 관료, 지식인들에게 절대적인 영향을 미쳤다는 주장은 잘못된 것이다. 성장과정에서 많은 영향을 미친 것은 사실이다. 그렇기 때문에 이들의 회고록을 통해서 식민지 시기 교육과정에서 잊을

수 없는 선생님, 교우들, 그리고 학창시절에 대한 향수를 어렵지 않게 찾을 수 있다.

그러나 본고에서 살펴본 바와 같이 이들이 경제개발계획을 입안하고 실시할 수 있는 기초를 마련하는 과정에서 다양한 요소들이 개입되었다. 특히 1950년대의 재교육과정은 매우 중요한 요소가 되었다. 만약 일본의 직접적인 영향에 대해 지적한다면, 오히려 1965년 한일관계 정상화 이후의 영향이 더 클 수 있다. 식민지 시기 교육의 영향은 매우 기초적인 부분에 한정될 수도 있다. 본고에서는 따로 분석하지 못했지만, 1965년 이후 한국의 경제정책, 기업 등에 미친 일본의 영향에 대해서는 심층적인 분석이 필요할 것이다.

③ 한국의 경제개발의 시작은 수출주도형이 아니었다. 본고에서 분석한 바와 같이 1950년대와 1960년대 초까지 경제개발계획의 내용에서 나타나듯이 한국의 경제개발계획은 균형성장론의 내용을 갖고 있었다. 이것은 당시 사회의 공감대를 반영하는 것이었으며, 군사정부 역시 사회적 공감대를 넘어서 경제개발계획을 입안할 수 없었다. 1950년대와 1960년대의 지식인이나 관료, 그리고 군인과 정치인 중에서 수출을 통해 산업화를 해야 한다고 주장했던 사람은 거의 없었다.

수출에 대한 강조는 1963년이 지나면서 서서히 나타나기 시작했고, 미국의 도움을 통해 기대했던 것 이상으로 성공적인 수출증대가 이루어지면서 1968년을 즈음하여 '수출입국' 이라는 표현이 본격적으로 등장하기 시작했다. 1965년 이후의 경제정책은 '수출' 에 중점을 두었던 것은 사실이지만, 1970년대에 이르기까지 농업분야에 대한 투자가 강조되고, 내수를 위한 산업정책이 계속 실시되었던 것 역시 부인할 수 없다.

④ 1950년대 미국의 저개발국정책에서는 커다란 변화는 없었다. 지금까지

몇몇 연구자들이 1950년대 후반을 전후해 미국의 저개발국정책에서 변화가 나타났다고 주장했다. 당시 미국의 저개발국정책 문서들을 고려할 때 일면 타당한 주장이라고 할 수 있다. 개발차관기금의 설치, 저개발국에 대한 기술원조의 실시 등은 그러한 예라고 할 수 있으며, 한국 역시 수혜자였다.

그러나 아이젠하워 행정부는 공적 자본 대신에 민간 자본을 투입하는 정책을 실시하고자 했다. 이 정책은 미국 행정부의 재정 지출을 더 이상 늘리지 않기 위하여 고육지책으로 나온 것이었다. 그러나 당시 저개발지역이 불안정한 상황에서 저개발국에 자본을 투자할 민간 자본은 없었다. 여기에 더하여 개발차관기금이 대출시 실현 가능한 계획을 요구하고 있었기 때문에 당시 효율적인 계획을 만들어 내기 어려웠던 저개발국들에게는 그림의 떡에 불과했다. 따라서 미국의 저개발국정책과 대한정책 변화의 시점은 케네디 행정부가 들어선 이후로 보아야 한다.

⑤ 박정희의 역할이 너무 과장되어 있다. 현대사 연구자로서 가장 많이 듣는 질문 중 하나가 '박정희가 없었어도 경제성장이 성공적으로 되었을까?' 라는 질문이다. 본고를 통해서 내릴 수 있었던 결론은 '경제성장이 가능했을 것이다' 라는 점이다. 미국의 대한정책과 한국 정부에 대해서 압력을 행사하는 과정을 고려했을 때 만약 다른 사람이 정권을 잡았거나 민주당 정부가 계속되었다고 하더라도 한국의 경제개발계획의 내용은 군사정부나 박정희 정부의 그것과 크게 다르지 않았을 것이다. 또한 1950년대와 1960년대 한국사회의 공감대를 고려한다면, 다른 정부라도 비슷한 정책을 실시했을 것이다.

단지 민주주의하에서와 독재정부하에서의 강제성의 차이를 고려할 때 속도에서는 차이가 있었을 것이다. 그러나 또 하나 고려해야 하는 것은 비용cost의 문제다. 민주주의하에서 실행하는 정책들은 사회적 논의 과정에서 많은 비용을 치러야 한다. 그러나 사회적 논의가 충분히 이루어지는 만큼 사후事後 비용은 그렇게 크지 않다. 그러나 군사정부와 박정희 정부처럼 밀어붙이는 식으로 정책을 실시하는 경우 당장은 효율적으로 보일 수 있을지 모르지만, 사후 비용이 적지 않게 들어갈 수밖에 없다. 동일한 시대에 존재했던 필리핀의 마르코스 정부와 비교했을 때 박정희 정부가 상대적으로 경제지향적인 정부였음을 부인할 수 없다. 그러나 박정희 시대 이후에 겪고 있는 비용은 경제성장 못지않게 무시할 수 없는 것이다. 1997년 금융위기, 부동산 투기, 재벌의 비대화, 민주화의 비용 등 박정희 이후 시대의 비용을 계산해야 한다.

물론 이 신화들이 본고에 의해서만 완전히 벗겨질 수 있는 것은 아니다. 그만큼 본고의 한계가 많고, 앞으로 이 분야의 연구를 위한 하나의 기초가 될 수밖에 없다. 잘못된 신화들은 기존의 많은 연구들과 앞으로 이루어질 많은 연구들을 통해서 하나씩 실체를 밝힐 수 있을 것으로 믿는다.

미주

1 한영우, 1997, 『다시 찾는 우리 역사』, 경세원, pp. 36-43, 179, 212, 243-247, 368, 402. 손문의 사상을 통해 타이완의 경제개발의 특수성을 밝히고자 한 연구성과는 전통적 가치관이 경제개발계획에 미친 영향을 잘 보여준다(Robert Wade, *Governing the Market*, Chap. 6 and 9 (New Jersey: Princeton University Press, 1990)).

2 박태균, 2004, 「1970, 80년대 경제정책 주체의 변화와 새로운 경제담론」, 『박정희 모델과 신자유주의 사이에서』, 함께읽는책 참조.

참고문헌

I. 자료

1. 국문 자료

1) 신문(일간지: 서울대학교 도서관 소장)

『자유신문』, 『한국일보』, 『서울신문』, 『산업경제신문』, 『서울경제신문』, 『민족일보』, 『영남일보』, 『동아일보』, 『경향신문』, 『조선일보』, 『동아일보』, 『민국일보』.

2) 대학 신문(서울대학교 도서관 소장)

『대학신문』, 『고대신문』, 『연세춘추』, 『전남대학보』, 『부산대학교학보』.

3) 잡지

『동광』, 『삼천리』, 『시정월보』, 『조사월보』(한국은행 조사부), 『식은조사월보』(한국산업은행 조사부), 『부흥월보』(부흥부), 『통계정보』, 『사상계』, 『산업경제』, 『새벽』, 『신동아』, 『월간말』, 『월간조선』, 『재정』, 『정경문화』, 『주보』(대한민국 공보처), 『경우』.

4) 연감 · 일지 · 인명록

대한민국공보처 통계국, 『대한민국통계연감』 1952년판.

『동아연감』 1974년판, 1980년판, 1986년판(인명록).

조선은행 조사부, 『경제연감 1949』.

『한국연감』 1964년판.

한국은행, 『한국경제연감』 1955년판(인명록).

5) 기타

경제기획원, 1982, 『개발연대의 경제정책: 경제기획원 20년사』.

________, 1983, 『경제기획원 30년사』.

________, 『제1차 경제개발 5개년계획(개요 및 2년차 계획)』.

________, 『제1차 경제개발 5개년계획 보완계획』, 1964년 2월.

공보부, 『62년도 정부중요사업계획』, 1962년 3월.
국가재건최고회의 종합경제재건기획위원회, 『종합경제재건계획(안)』, 1961년 7월.
『국무회의』(신두영씨 필사본, 『경향신문』 1990년 4월 19일, 5월 3일, 6월 14일자에 부분 수록).
새한민보사, 1947, 「임협의 답신안」, 『임시정부수립대강』.
국회도서관 입법조사국, 1965, 『국제연합한국위원단 보고서 1949년』(A/936).
국회도서관 입법조사국, 1964, 『미국의 대한원조관계자료(제1집)』, 입법참고자료 제14호, 청구출판사.
『국회속기록』.
기획국, 『5개년계획 관계철』(국가기록원 소장).
『네이산 보고서』, 국회 입법조사국.
산업개발위원회, 「산업개발위원회 제25차 전체위원회의록: 경제개발3개년계획안심의」, 1959년 12월 24일.
__________, 「경제개발3개년계획시안」, 1959년 1월.
__________, 「제1차종합소위원회 회의록」, 1959년 2월 27일.
__________, 「산업개발위원회연구회록: 현비측경제부조정관 로웰 쵸나 박사를 중심으로」, 1958년 12월-1959년 2월, 재정경제부 도서관 소장.
__________, 『경제개발3개년 계획안의 요약』, 1959년 12월 31일.
__________, 『단기 4292년도 가격기준에 의한 산업개발 3개년 계획』, 4293년.
『정훈대계』, 1949년.
육사30년사편찬위원회, 1977, 『육군사관학교 30년사』.
육사7기특별동기생회 편, 『노병의 추억 : 육사7기특별임관 40주년 기념특집』.
한국정신문화연구원 편, 1995, 『한국독립운동사자료집-조소앙 편(一), (三)』.
중앙선거관리위원회, 『대한민국정당사(1968년 증보판)』.
한국은행, 1973, 『한국의 국민소득』.
한국재정40년사 편찬위원회 편, 1991, 『한국재정40년사』, 한국개발연구원.

2. 영문 자료

1) 국내 영인 자료

Division of Historical Policy Research Office of Public Affairs Department of State, *United States Policy Regarding Korea*; Part Ⅲ, December 1945-June 1950, Research Project

No. 252, December 1951 (한림대학교 영인).
『Documents of the Division of Historical Policy Research of the US State Department: 미국 국무부 정책연구과 문서 1~5』 국방군사연구소 영인, 1998.
Jount Weeka (영진문화사, 1994).
『Records of the Policy Planning Council of the US State Department: 미국 국무부 정책기획실 문서 1~5』 국방군사연구소 영인, 1997.
RG 273, Records of the NSC, (『Documents of the National Security Council: 미안전보장회의 문서』, 국방군사연구소 영인, 1996).
United States Armed Forces in Korea, "G-2 Weekly Summary," RG 319, NARA (『주한미군주례정보요약』, 한림대학교 영인, 1989).
United States, Department of State, *Foreign Relations of United States*, 1948, Vol. VIII.
United States, Department of State, *Foreign Relations of United States*, 1952-1954, Vol. XII Part 1, Part 2.

2) Government Printing Office 자료
United States, Department of State, *Foreign Relations of United States*, 1955-1957, Vol. XXIII, 1958-1960, Vol. XVIII, 1961-1963, Vol. XXII (Washington, D.C.: United States Government Printing Office).

3) Harry S. Truman Library 소장 자료
Oral History Interview with Ambassador John J. Muccio, Washington, D.C. February 10 and February 18, 1971. By Jerry N. Hess, Harry S. Truman Library Independent, Missouri January 1972.

4) Dwight D. Eisenhower Library 소장 자료(신욱희 교수 소장)
NSC Series, Policy Papers Subseries, White House Office, Office of the Special Assistant for National Security Affairs; Records, 1952-1961.
NSC Series, Papers as President of the United States, 1953-61 (Ann Whitman File).
Randal Series, Trip Subseries: U.S. Council on Foreign Economic Policy, Office of the Chairman: Records, 1954-1961.
U.S. President's Committee to Study the U.S. Military Assistance Program (Draper Committee): Records, 1958-1959.

5) John F. Kennedy Library 소장 자료

Hilsman Papers.

James C. Thomson Papers, Far East, 1961-66, Box 13.

National Security File (NSF): Country Files: Korea, General, Box 127.

NSF: Country Files: Korea, Subjects, Park's visit. 11/61-12/61.

NSF: Country Files: Korea, Subjects, Park Briefing Book, Part 1, Box 128.

NSF: Country Files: Korea, Subjects, Park Briefing Book, Part 2, Box 128.

NSF: Department and Agencies: Council on Foreign Economic Policy, Box 272.

NSF: Departments of Agencies: Department of State, General, 3/6/61-3/31/61 Box 284.

NSF: Subjects: Foreign Economic Policy, Task Force Report 12/31/60 Box 297.

NSF: Subject: Policy Planning, 06/61-08/61 Box 303.

NSF: Meetings & Memoranda: Nat'l Security Council, Meetings 1962, 1/18/62 Box 313.

NSF: Meetings & Memoranda: NSC meetings, 1963 Standing Group Meetings 5/18/62-8/3/62, Box 314.

NSF: Meetings & Memoranda: Staff Memoranda, Walt W. Rostow, Foreign Aid, International Aid for Underdeveloped Countries, 1/61, Box 324.

NSF: Meetings & Memoranda: Staff Memoranda: Arthur M. Schlesinger: 7/62-6/63, Box 327.

NSF: Carl Kaysen: Foreign Aid, General, 5/62-11/63, Box 373.

Recorded interview by Richard Neustadt, 11 and 25 April, 1964, JFKL Oral History Program (Walt W. Rostow 인터뷰).

6) Lindon B. Johnson Library 소장 자료

Administrative History of the Department of State.

Administrative History of the USAID.

Cabinet Papers.

Foreign Aid: Food For Peace and Third World Economic Development (ASIA, AFRICA, AND LATIN AMERICA).

National Security Files (NSF): Administrative Histories.

Office Files of the White House Aides.

Task Force Reports.

Vice Presidential Papers 1961-1963.

White House Central Files (WHCF): Name File.

WHCF: Confidential Files.

7) National Archives 소장 자료

RG 59 Bureau of Far Eastern Affairs 1963, Subject Files, Personal Name and Country Files 1960-63, Box 23, Box 20.

Decimal File, Records of the Department of State Relating to Internal Affairs in Korea 1945-1949, National Archives. 895 Series.

Decimal File, Internal Affairs of Korea 1950-1954, National Archives. 795, 895 Series.

Decimal File, Internal Affairs of Korea 1955-1959, National Archives. 795, 895 Series.

Decimal File, Internal Affairs of Korea 1960-1963, National Archives. 795, 895, 411 Series.

Records of the Policy Planning Staff, 1962, Lot File 69D121, Box 217, Box 281.

Bureau of Far Eastern Affairs, NND 959269 Box 5.

Records of Department, Assistant Secretary, Richard N. Gardner, 1961-65, Lot 67D378, Box 7, Box 9, Box 20.

National Security Action Memo Files Lot 72D316, 1961-68.

Records of Robert Komer 1948-1968, Lot 69D303.

Country Policy Guidelines 1961-1966, Lot 67D396.

Briefing Books, Reports, and Minutes 1952-54 150/68/33/2-5 Lot 66D147, Box 10, Box 11.

RG 84, Korea, General Records 1956-63, Box 9, Box 12, Box 19, Box 23, Box 26, Box 27, Box 29, Box 35, Box 42.

Classified General Records, 1963, Box 27, Box 28, Box 34, Box 35, Box 42.

RG 200 Records of Robert S. McNamara, Defense Programs and Operations, NND 932009 Box 65.

RG 218 Geographic File, 1957, Box 13.

RG 469 USOM: Korea, CEB Meetings Minutes, 60-1, 1960, Box 1.

8) 미국 상 · 하원 문서

Conduct of National Security Policy, Selected Readings, prepared by the Subcommittee on National Security and International Operations of the Committee on Government Operations United States Senate (Washington, D.C.: United States Government

Printing Office, 1965.

Edgar S. Furniss, Jr., Some Perspectives on American Military Assistance, Center of International Studies, Princeton University, June 18, 1957. (Washington, D.C.: United States Government Printing Office, 1957)

Hearings before the Committee on Foreign Affairs House of Representatives; Eighty-First Congress, First Session on H.R.5330 (Printed for the use of the Committee on Foreign Affairs)(Washington, D.C: United States Government Printing Office, 1949).

Letter to the President of the United States from the President's Committee to Study the United States Military Assistance Program and the Committee's Third Interim Report, Economic Assistance Programs and Administration, 709 Jackson Place NW. Washington, D.C. July 13, 1959 (Washington, D.C.: United States Government Printing Office, 1959).

Presidents Committee to Study the United Sates Military Assistance Program, "Committee Report" (Washington, D.C., August 17, 1959).

Report of the Staff Survey Team of the Subcommittee for Review of the Mutual Security Programs on Economic Assistance to Korea, Thailand, and Iran with Subcommittee Recommendations, July 5, 1960 (Washington, D.C.: United States Government Printing Office, 1960).

Report of the Staff Survey Team of the Subcommittee for Review of the Mutual Security Programs on Military Assistance to Korea, Thailand, and Iran, June 29, 1960. (Washington D.C.: United States Government Printing Office, 1960)

Statement of John B. Hollister, Director, International Cooperation Administration, Mucual Security Act of 1956, Hearings before the Committee on Foreign Affairs, House of Representatives, 84th Congress, 2nd Session. (Washington, D.C.: United States Government Printing Office, 1956)

Staff Report on field Survey of Selected Projects in Viet-Nam and Korea, Subcommittee for Review of the Mutual Security Programs, United States Foreign Policy, Ideology and Foreign Affairs (The Principal Ideological Conflicts, Variations Thereon, Their Manifestations, and Their Present and Potential Impact on the Foreign Policy of the United States.), Study, Prepared at the Request of the Committee on Foreign Relations United States Senate by Center for International Affairs Harvard University. January 17, 1960. (Washington, D.C.: United States Government Printing Office, 1960)

The Future Aid Program, Hearings before the Special Committee to Study the Foreign Aid Program, United State Senate, Eighty-Fifty Congress, First Session (Washington, D.C.: United States Government Printing Office, 1957).

The President's Citizen Advisers on the Mutual Security Program, Report to the President, March 1, 1957, United States Government Printing Office Washington, 1957.

U.S. Senate, Committee on Foreign Relations, United States Foreign Policy-Asia; Studies Prepared at the Request of the Committee on Foreign Relations, United States Senate, by Conlon Associates Ltd., November 1, 1959, 86th Congress, 1st Session(1959).

9) UN Archives 소장 자료

"The Financial Plan for UNRRA," PA6-4/4.2;17, UN Archives; "Outline of The History of UNRRA," PA6-4/4.2;17.

United Nations Relief and Rehabilitation Administration, "Historical Monograph of the Korean Missin," PA6-4/4.2;77.

10) 기타

Agency for International Development, *An Act for International Development*, 1961. 1(외무부통상국, 1962, 『AID 해설』, 동아출판사).

Historical Office, Department of State, *A Historical Summary of United States-Korea*, 1962.

The Oregon Advisory Group in Korea, *A Report on the University of Oregon Advisory Mission to the Korean Economic Development Council* (Eugene, Oregon; School of Business Administration, University of Oregon, 1961).

3. 일문 자료

外務省アジア局, 『現代朝鮮人名事典』, 1962年版.

『朝鮮總督府 京城高等商業學教』, 召和 17년 3월(1942년).

『京城高等商業學教 一覽』, 召和 5년 8월(1930년).

『東京商科大學 一覽』, 召和 15년(1940년).

4. 증언 채록

차균희(부흥부, 산업개발위원회 관료, 경제기획원 부원장, 농림부장관).
성창환(고려대 경제학과 교수).
변형윤(서울대 경제학과 교수).
유한종(사회당 조직부장).
전창일(인민혁명당 사건 관계자).
최호진(서울대, 중앙대, 연세대 경제학과 교수).
John Kenneth Galbriath(Harvard University 경제학과 교수).
Robert A. Scalapino(University of California, Berkeley 정치학과 교수).
Robert Henry Johnson(국무성 정책기획국, 국가안보회의 참모).
Robert Warne(베트남 주재 미국대사관 참사관, William Warne 주한경제조정관 아들).
Walt W. Rostow(대통령 안보담당 보좌관, 국무성 정책기획국 국장, University of Texas 경제학과 교수).

II. 참고도서

1. 단행본

강광하, 2000, 『경제개발 5개년 계획: 목표 및 집행의 평가』, 서울대학교출판부.
강만길 외, 1985, 『4월혁명론』, 한길사.
고승제, 1979, 『경제학자의 회고』, 경연사.
고승효 저, 이태섭 역, 1993, 『현대북한경제 입문』, 대동.
권대복, 1985, 『진보당』, 지양사.
김남식 편, 1986, 『남로당연구 자료집』, 돌베개.
김대환, 1991, 『경제발전론』, 한국방송통신대학.
김성호 외, 1989, 『농지개혁사 연구』, 한국농촌경제원.
김용태, 1990, 『김용태자서전』, 집문당.
김정렴, 1995, 『한국경제정책 50년사』, 중앙일보사.
김창순 · 김준엽, 1986, 『한국공산주의운동사』 5, 청계연구소.

김창운, 1992, 『민족자주화운동의 발자취』 1, 대동.
김천영 편저, 1985 『연표 한국현대사』, 한울림.
김철범, 1995, 『한국전쟁과 미국』, 평민사.
김한길, 1983, 『현대조선역사』, 사회과학원 역사연구소(일송정 펴냄).
나익진, 1961, 『한국경제의 이론과 실제』, 동아출판사.
노경채, 1996, 『한국독립당 연구』, 신서원.
노중선, 1989, 『4 · 19와 통일논의』, 사계절.
단주유림선생기념사업회 편, 1991, 『단주 유림 자료집』.
담사김종현교수정년기념논문집 간행위원회 편, 1997, 『공업화의 제유형(2)』, 경문사.
대검찰청 공안부, 1981, 『좌익사건실록』 제12권.
도진순, 1998, 『한국민족주의와 남북관계: 이승만 · 김구 시대의 정치사』, 서울대학교출판부.
밀리칸, 블랙크머 공편, 유익형 역, 1973, 『신생국가론』, 문명사.
박우희, 1984, 『한국의 경제사상 · 이론 · 현실』, 유풍출판사.
박정희, 1962, 『우리 민족의 나아갈 길』, 동아출판사.
______, 1963, 『국가와 혁명과 나』, 상문사.
박찬승, 1992, 『한국근대정치사상사 연구 − 민족주의우파의 실력양성운동론』, 역사비평사.
박태균, 1995, 『조봉암 연구』, 창작과비평사.
______, 2005, 『한국전쟁: 끝나지 않은 전쟁, 끝나야 할 전쟁』, 책과함께.
______, 2006, 『우방과 제국, 한미관계의 두 신화』, 창비.
박태순 · 김동춘, 1991, 『1960년대의 사회운동』, 까치.
박현채, 1978, 『민족경제론』, 한길사.
박희범, 1968, 『한국경제성장론』, 고려대학교출판부.
박희범 · 송정범, 1958, 『경제개발의 설계론』, 동아출판사.
백영서 편, 2005, 『동아시아의 지역질서』, 창비.
변형윤 편, 1989, 『한국경제론』, 유풍출판사.
4월혁명연구소 편, 1990, 『한국사회변혁운동과 4월혁명』(1, 2), 한길사.
삼균학회 편, 1990, 『삼균주의선론』, 삼성출판사.
서광운, 1972, 『한국금융백년사』, 창조사.
서울대학교 50년사 편찬위원회 편, 1996, 『서울대학교 50년사』, 서울대학교출판부.
서울대학교 국제지역원 편, 2000, 『아시아 · 태평양 2000』, 서울대학교출판부.
서중석, 1991, 『한국현대민족운동연구』, 역사비평사.
______, 1996, 『한국현대민족운동연구 2』, 역사비평사.

송남헌 편, 1985, 『해방3년사』, 까치.
송인상, 1996, 『성장과 부흥』, 21세기북스.
신기욱 · 마이클 로빈슨 편, 도면회 역, 2006, 『한국의 식민지 근대성』, 삼인.
신성순 외, 1979, 『한국의 경제관료』, 다락원.
심융택 편, 1973, 『자립에의 의지(증보 유신어록): 박정희대통령어록』, 한림출판사.
안림, 1952, 『동란후 한국경제』, 백영사.
안병직 편, 2001, 『한국 경제 성장사』, 서울대학교출판부.
안재홍, 1945, 『신민족주의와 신민주주의』, 민음사.
양대현, 1993, 『역사의 증언』, 형설출판사.
염인호, 1992, 『김원봉 연구』, 창작과비평사.
오원철, 1995, 『한국형 경제건설』 제1권, 기아경제연구소.
요한기념사업회 편, 1982, 『주요한 문집- 새벽 I, II』, 상미문화사.
유원식, 1987, 『혁명은 어디로 갔나』, 인물연구소.
유철규 편, 2003, 『한국자본주의 모델의 역사와 위기』, 함께읽는책.
_______편, 2004, 『박정희 모델과 신자유주의 사이에서』, 함께읽는책.
이경남, 1981, 『설산 장덕수』, 동아일보사.
이기준, 1983, 『교육-한국경제학발달사』, 일조각.
______, 1990, 『일학일생』, 일조각.
이기하, 1961, 『한국정당발달사』, 의회정치사.
이기홍, 1999, 『경제근대화의 숨은 이야기』, 보이스사.
이대근, 1987, 『한국전쟁과 1950년대의 자본축적』, 까치.
이범석, 1986, 『우등불』, 삼육출판사.
이병천 편, 2003, 『개발독재와 박정희시대』, 창비.
이순형, 1968, 『경제계획의 이론-한국경제를 중심으로』, 법문사.
이승민 역, 1989, 『중국현대철학사 I』, 청년사.
이완범 편, 2002, 『박정희시대 연구』, 백산서당.
이완범, 2006, 『박정희와 한강의 기적』, 선인.
이정식, 1986, 『한국현대정치사』 3, 성문각(재판).
이태진 외, 1968, 『한국군제사』, 육군본부.
이한빈, 1969, 『국가발전의 이론과 전략』, 박영사.
이한빈 외, 1969, 『한국행정의 역사적 분석 1948-1967』, 한국행정문제연구소.
이한빈, 1996, 『일하며 생각하며』, 조선일보사.

장준하선생추모문집간행위원회 편, 『민족혼 · 민주혼 · 자유혼–장준하의 생애와 사상』.

전국경제인연합회 편, 1975, 『한국경제정책 30년사』, 사회사상사.

조갑제, 1995, 『박정희 ①; 불만과 불운의 세월 1917-1960』, 까치.

주석균, 1988, 『南庭 朱碩均 論叢』, 열음사.

주요한, 1956, 『자유의 구름다리』, 문선사.

차머스 존슨 저, 김태홍 역, 1983, 『통산성과 일본의 기적』, 우아당.

천병규 고희자전, 1988, 『천마초원에 놀다』, 동백천병규고희자전간행위원회.

최승희, 1976, 『조선초기 언관, 언론연구』, 서울대 한국문화연구소.

최주철 외, 1969, 『한국경제발전의 이론과 현실 – 이론 · 정책 편』, 내각기획조정실.

최호진, 1962, 『한국경제의 제문제』, 삼중당.

편집부, 1988, 『통일혁명당』, 나라사랑.

한국산업은행 조사부, 1955, 『한국산업은행 10년사』, 한국산업은행.

한국은행 조사부 역, 1956, 『경제개발계획작성에 관한 제문제와 제기술』.

한국일보사 편, 1981, 『재계회고』 7, 8, 9.

한국혁명재판사편집위원회, 『한국혁명재판사』 제3권.

한승주, 1983, 『제2공화국과 한국의 민주주의』, 종로서적.

한영우, 1973, 『정도전사상의 연구』, 서울대 한국문화연구소.

______, 1997, 『다시 찾는 우리 역사』, 경세원.

______, 1999, 『왕조의 설계자 정도전』, 지식산업사.

한완상 외, 1983, 『4 · 19 혁명론』(I), 일월서각.

한일관계사연구논집 편찬위원회, 2005, 『해방 후 한일관계의 쟁점과 전망』, 경인문화사.

허동현, 1999, 『장면: 건국 · 외교 · 민주의 선구자』, 분도출판사.

丸山眞男, 김석근 옮김, 1997, 『현대정치의 사상과 행동』, 한길사.

홍성유, 1965, 『한국경제의 자본축적과정』, 고려대학교 아세아문제연구소.

효강 최문환선생 기념사업추진위원회 편, 『최문환 전집』, 서울대학교출판부, 1976.

Edward S. Mason, 김만제, Dwight H. Perkins, 김광석, David C. Cole, 1981, 『한국경제 사회의 근대화』, 한국개발연구원.

Adelman, Irma ed., *Practical approaches to Development Planning: Korea's Second Five-Year Plan* (Baltimore: Johns Hopkins Press, 1969).

Arthur D. Little, Inc., "Economic Development Planning in Korea, Report of the Arthur D. Little Reconnaissance Survey" (Cambridge, May 1962).

Balassa, Bella, *Policy Reform in Developing Countries* (New York: Pergamon, 1977).

Black, Eugene R., *Alternative in Southeast Asia* (New York: Frederik R. Praeger, 1969).

Brown, Gilbert T., *Korean Pricing Policies and Economic Development in the 1960s* (Baltimore: Johns Hopkins University Press, 1973).

Buszynski, Lesack, SEATO, *the Failure of an Alliance Strategy* (Singapore: Singapore University Press, c 1983).

Chalkley, Alan, *Asian Development Bank: A Decade of Progress* (Manila: Asian Development Bank, 1977).

Cole and Lyman, *Korean Development* (Cambridge: Harvard University Press, 1971).

Guerin, Daniel, *Fascism and Big Business* (New York: Pathfinder, 1994, Sixth printing).

Cuming, Bruce, *The Orgins of the Korean War*, Vol. I (Princeton: Princeton Universty Press, 1981) (김주환 옮김, 1986, 『한국전쟁의 기원』(상)(하), 청사).

Dower, John W., *Origins of the Modern Japanese State; Selected Writings of E. H. Norman* (New York: Pantheon Books, 1975).

Eckert, Carter J., *Offspring of Empire: The Kochang Kims and the Colonial Origins of Korean Capitalism 1876-1945* (Seattle: University of Washington Press, 1991).

Etzold, Thomas H. and Gaddis, John Lewis, eds., *Containment: Documents on American Policy and Strategy, 1945-1950* (New York: Columbia University Press, 1978).

Evans, Peter R., Rueschemeyer, Dietrich, and Skocpol, Theda, eds., *Bringing the State Back In* (Cambridge: Cambridge University Press, 1985).

Gaddis, John Lewis, *Strategies of Containment* (Oxford: Oxford University Press, 1982).

Galbraith, John Kenneth, *A Life in our times-memoirs* (Boston: Houghton Mifflin Company, 1981).

Goldstein, Judith and Keohane, Robert O., *Ideas and Foreign Policy: Beliefs, Institutions, and Political Change* (Ithaca: Cornell University Press, 1993).

Harper, John L., *American Visions of Europe* (Cambridge: Cmagridge University Press, 1996)

Halberstam, David, *The Best and the Brightest* (New York: Fawcett Crest, 1969).

Hartz, Louis, *The Liberal Tradition in America: An Interpretation of American Political Thought Since the Revolution* (New York: Harcourt, Brace and World, 1955).

Heclo, Hugh, *Modern Social Politics in Britain and Sweden* (New Haven: Yale University Press, 1974).

Henderson, Gregory, *Korea, the Politics of Vortex* (Cambridge: Harvard University Press,

1968).

Hirschman, A.O., *The Strategy of Economic Development* (New Heaven: Yale University Press, 1958) (이현재 역, 1965, 『경제발전의 전략』, 문운당).

Hunt, Diana, *Economic Theories of Development: An Analysis of Competing Paradigms* (London: Harvester Wheatsheaf, 1989).

Huntington, Samuel, *Political Order in Changing Societies* (New Haven: Yale University Press, 1968).

Johnson, Charmers, *MITI and the Japanese Miracle: The Growth of Industrial Policy, 1925-1975* (Stanford: Stanford University Press, 1982) (김태홍 역, 『통산성과 일본의 기적』, 우아당, 1983).

Jones, F.C., *Manchuria Since 1931* (London: RIIA, Oxford Inov. Press, 1949).

Jordan, Amos A. Jr., *Foreign Aid and the Defense of Southeast Asia* (New York: Frederick A. Praeger, Inc., 1962).

Kaufman, Burton I., *Trade and Aid: Eisenhower's Foreign Policy, 1953-1961* (Baltimore: The Johns Hopkins University Press, 1982).

Keynes, John Maynard, *The General Theory of Employment, Interest, and Money* (New York: Harcourt Brace Jovanovich, 1964; originally 1936).

Kim, Eun-Mi, *Big Business, Strong State: Collusion and Conflict in South Korean Development, 1960-1990* (Albany: State University of New York Press, 1997).

Krasner, Stephen, *Defending the National Interest* (Princeton, N.J.: Princeton University Press, 1978).

Krishnamurti, R., *ADB-The Seeding Days* (Manila: Asian Development Bank, 1977).

Krueger, Anne O., *The Developmental Role of the Foreign Sector and Aid, Studies in the Modernization of the Republic of Korea: 1945-1975* (Cambridge: Council on East Asian Studies, Harvard University, 1979).

Kunz, Diane B., ed., *The Diplomacy of the Crucial Decade-American Foreign Relations During the 1960s* (New York: Columbia University Press, 1994).

Kuznets, Paul W., *Korean Economic Development: An Interpretive Model* (Westport: Praeger Publishers, 1994).

Lewis, W.A., *The Theory of Economic Growth* (Irwin, Ill., 1959).

Macdonald, Donald Stone, *U.S.-Korean Relations from Liberation to Self-Reliance; The Twenty Year Record* (San Francisco: Westview Press, 1992).

May, Ernest R., *American Cold War Strategy: Interpreting NSC 68* (Boston: Bedford Books of St. Martin's Press).

Millikan and Blackmer, *The Emerging Nations* (Boston: Little Brown and Company, 1961) (유익형 역, 1973, 『신생국가론』, 문명사).

Morris-Suzuki, Tessa, *A History of Japanese Economic Thought* (New York: Routledge, 1989).

Ninkovich, Frank, *Modernity and Power: A History of the Domino Theory in the Twentieth Century* (Chicago: The University of Chicago Press, 1994).

Nurkse, R., *Problems of Capital Formation in Underdeveloped Countries* (Oxford: Basil Blackwell, 1955) (박동섭 역, 1957, 『후진국의 자본형성론』, 대한재무협회 출판부).

Oman, Charles P. and Wignaraja, Ganeshan, *The Postwar Evolution of Development Thinking* (MacMillan Academic and Professional LTD.; OECD Development Centre, 1991).

Palais, James B., *Politics and Policy in Traditional Korea* (Cambridge: Harvard University Press, 1975).

Packenham, Robert A., *Liberal America and the Third World: Political Development Ideas in Foreign Aid and Social Science* (Princeton: Princeton University Press, 1973).

Parker, Thomas, *America's Foreign Policy 1945-1976: Its Creator and Critics* (New York: Facts on File, Inc., 1980).

Pells, Richard, *Not Like Us: How Europeans Have Loved, Hated, and Transformed American Culture Since World War 2* (New York: Basic Book, 1997).

Price, Harry Barnes, *The Marshall Plan and Its Meaning* (Ithaca: Cornell University Press, 1955).

Pye, Lucien W., *Aspects of Political Democracy* (Boston: Little, Brown and Company, 1966).

Reeve, W.D., *The Republic of Korea: A Political and Economic Study* (London: Oxford University Press, 1963).

Reischauer, Edwin O., *My Life between Japan and America* (New York: Harper & Row, 1986).

Rosenberg, Emily S., *Spreading the American Dream: American Economic and Cultural Expansion, 1890-1945* (New York: Hill and Wang, 1982).

Rostow, W.W., *A Proposal: Key to on Effective Foreign Policy* (New York: Harper & Brothers, 1957).

__________, *An American Policy in Asia* (New York: John Wiley & Sons, Inc., 1955).

______________, *American Imperialism* (Chicago: Imprint Publications, Inc., 1991).

______________, *Eisenhower, Kennedy, and Foreign Aid* (University of Texas Press, Austin, 1985).

______________, *Politics and the Stages of Growth* (Cambridge: Cambridge University Press, 1971).

______________, *The East Asian Miracle: Economic Growth and Public Policy* (Oxford: Oxford University Press, 1993).

______________, *The Stages of Economic Growth* (London: Cambridge University Press, 1960) (이상구 · 강명규 공역, 1961, 『경제성장의 제단계』, 법문사).

______________, *The United States in the World Arena* (New York: Harper and Brothers, 1960).

______________, *Theorists of Economic Growth from David Hume to the Present* (New York: Oxford University Press, 1990).

______________, *The Stages of Economic Growth: A Non-Communist Manifesto* (Cambridge: Cambridge University Press, 1960).

______________, *View from the Seventh Floor* (New York: Harper & Row, 1964) (김영록 역, 1966, 『선진국과 후진국』, 탐구당).

Scalapino, Robert A., *Communist China and Taiwan* (University of California, Berkeley, 1960).

Schlesinger, Arthur M., *A Thousand Days: John F. Kennedy in the White House* (Boston, 1965).

Schnabel, James F., *The History of the Joint Chiefs of Staff: The Joint Chiefs of Staff and National Policy*, Vol. III, The Korean War, 1978.

Shin, Gi-Wook & Robinson, Michael eds., *Modernity, Hegemony, and Identity in colonial Korea*, prepared for a conference, at UCLA, 1994.

Singh, Lalita Prasad, *The Politics of Economic Cooperation In Asia: A Study of Asian International Organizations* (Missouri: University of Missoury Press, 1966).

Silin, R., *Leadership and Values: The Organization of Large-Scale Taiwanese Enterprises* (Cambridge: Harvard University Press, 1976).

Storry, Richard, *The Double Patriots: A Study of Japanese Nationalism* (Westport: Greenwood Press, 1957, 1973).

Stephanson, Anders, *Kennan and the Art of Foreign Policy* (Cambridge: Harvard University

Press, 1992).

Tinbergen, J., *The Design of Development* (Baltimore: Johns Hopkins Press, 1958) (박희범 · 송정범, 『경제개발의 설계론』, 동아출판사, 1958로 번역).

Tinbergen, J., *On the Theory of Economic Policy* (Amsterdam: North-Hooland Publishing Co., 1952).

Wade, Robert, *Irrigation and Agricultural Politics in South Korea* (Colorado: Westview Press, 1982).

Wade, Robert, *Governing the Market* (New Jersey: Princeton University Press, 1990).

Wilson, Dick, *A Bank for Half the World: The Story of the Asian Development Bank 1966-1986* (Manila: Asian Development Bank, 1987).

Woo, Jung-en, *Race to the Swift: State and Finance in Korean Industrialization* (New York: Colombia University Press, 1991).

Wang, Y.C., *Chinese Intellectuals and the West 1872-1949* (University of North Carolina Press, 1966).

World Bank, *Trends in Developing Economies 1990* (Washington, D.C.: World Bank, 1990).

Yasutomo, Dennis T., *Japan and the Asian Development Bank* (New York: Praeger Publishers, 1983).

小林英夫, 1975, 『「大東亞共榮圈」の形成と崩壞』, 禦茶の水書房.

有澤廣已 監修, 1976, 『昭和經濟史』, 日本經濟新聞社.

李鍾元, 1995, 『東アジア冷戰と韓米日關係』, 東京大學出版會.

日本近現代史辭典編輯委員會, 1978, 『日本近現代史辭典』, 東洋經濟新聞社.

2. 논문

강만길, 1982, 「독립운동 과정의 민족국가 건설론」, 송건호 · 강만길 편, 『한국 민족주의론 I』, 창작과비평사, pp. 102-106.

강성재, 「박정희에게 언성높인 버거 미대사」, 『신동아』 1987년 1월호.

강원룡, 「강원룡자전(하): 정일권 이후락은 미국의 박정희 좌경화 방지용이었다」, 『신동아』, 1993년 11월호.

김경동, 1979, 「근대화를 둘러싼 쟁점들」, 『근대화 – 그 현실과 미래』, 서울대학교출판부.

김대환, 1976, 「1950년대 한국의 공업화에 관한 연구」, 서울대학교 석사논문.
김동욱, 1994, 「1940-1950년대 한국의 인플레이션과 안정화정책」, 연세대 경제학과 박사논문.
김병태, 1981, 「농지개혁의 평가와 반성」, 『한국경제의 전개과정』, 돌베개.
김양화, 1996, 「1950년대 한국의 공업화 과정」, 『공업화의 제유형 II』, 담사김종현교수정년기념논문집간행위.
______, 1985, 「미국의 대한원조와 한국의 경제구조」, 『해방40년의 재인식 I』, 돌베개.
김일곤, 1998, 「유교적 전통문화와 경제발전」, 『경제사학』 제23호.
김점숙, 2000, 「미군정과 대한민국 초기(1945~1950) 물자수급정책 연구」, 이화여대 박사논문.
김정기, 「헨더슨 회고 – 케네디, 5 · 16 진압건의를 묵살」, 『신동아』 1987년 5월호.
김정서, 「정동 미대사관저의 열두얼굴」, 『정경문화』 1982년 10월호.
김종권, 「로스토우박사의 개발연대 비화: 나의 충고에 따라 케네디는 박정희를 돕기로 결심했다」, 『월간조선』 1992년 12월호.
______, 「맥도널드 현대사 증언: 막후에서 본 한미관계 47년」, 『월간조선』 1992년 9월호.
김창남, 1997, 「동아시아 제국의 경제개발전략과 경제발전유형」, 『경제사학』 제23호.
나종일, 1988, 「1952년의 정치파동: 행정부, 의회, 군부, 외국의 상호작용」, 『한국정치학회보』 제22집 2호.
노가원, 「공안정국 40년, 역대 한 – 미 정보기관 비밀교섭사」, 『월간다리』, 1989년 12월호.
木宮正史, 1991, 「한국의 내포적 공업화전략의 좌절 – 5 · 16군사정부의 국가자율화의 구조적 한계」, 고대 정외과 박사논문.
박찬승, 1985, 「동학농민전쟁의 사회 · 경제적 지향」, 『한국민족주의론 III』, 창작과비평사.
박찬일, 1981, 「미국의 경제원조의 성격과 그 경제적 귀결」, 『한국경제의 전개과정』, 돌베개.
박태균, 1994, 「한국민주당 구성원의 성격과 조직개편」, 『국사관논총』 58.
______, 1995, 「1954년 제3대 총선과 정치지형의 변화」, 『역사와 현실』 17호.
______, 1997, 「1950년대 말 미국의 대한경제정책 변화와 로스토우의 근대화론」, 『한국사론』.
______, 1998, 「1948-1950년 미국의 대한경제부흥정책」, 『역사와 현실』 28호.
______, 2000, 「1950 · 60년대 미국의 한국군 감축론과 한국 정부의 대응」, 『국제 · 지역연구』 제9권 제3호.
______, 2003, 「1950년대 미국의 대아시아 정책과 ECAFE」, 『국제 · 지역연구』 제12권 제2호.
______, 2004, 「로스토우와 제3세계, 그리고 한국」, 『역사비평』 봄호.
______, 2004, 「1970, 80년대 경제정책 주체의 변화와 새로운 경제담론」, 유철규 외, 『박정희 모델과 신자유주의 사이에서』, 함께읽는책.
______, 2005, 「1960년대 초 미국의 후진국 정책 변화」, 공제욱 · 조석곤 공편, 『1950-1960년대

한국형 발전모델의 원형과 그 변용과정』, 한울아카데미.
______, 2005, 「한국 보수이데올로기의 특징과 딜레마: 한승조 파문의 역사적 의의」, 『황해문화』.
______, 2005, 「한일회담 시기 청구권 문제의 기원과 미국의 역할」, 『한국사연구』 131호.
______, 2006, 「박정희의 동아시아 인식과 아시아 · 태평양 공동사회 구상」, 『역사비평』 가을호.
박태호 · 박태균, 2004, 「1960년대 아시아개발은행의 창립과정에 대한 연구」, 『국제 · 지역연구』 제13권 제2호.
박혁순, 1989, 「양무운동의 성격」, 서울대학교 동양사학연구실 편, 『강좌 중국사 V – 중화제국의 동요』, 지식산업사.
박현채, 1985, 「한국 자본주의의 전개과정」, 『해방40년의 재인식 I』, 돌베개.
방기중, 1991, 「백남운의 정치경제사상 연구–1930 · 40년대를 중심으로」, 연세대 사학과 박사논문.
______, 1993, 「해방정국기 중간파 노선의 경제사상」, 『최호진박사 강단 50주년 기념논문집』, 박영사.
배광복, 1987, 「독점자본과 의회민주주의」, 고대 정외과 석사논문.
山本剛士, 1983, 「1, 2차 경제개발계획과 고도성장의 문제점」, 『1960년대』, 거름.
서중석, 1989, 「일제시기 미군정기의 좌우대립과 토지문제」, 『한국사연구』 67.
______, 1994, 「민주당 민주당정부의 정치이념」, 『한국정치의 지배이데올로기와 대항이데올로기』, 역비.
______, 1995, 「이승만과 북진통일」, 『역사비평』 여름호.
______, 1997, 「분단체제 타파에 몸던진 장준하」, 『역사비평』 가을호.
______, 1999, 「조봉암의 사회민주주의와 제3의 길」, 『역사비평』 여름호.
송정범, 「5 · 16 초창기의 한미관계–케네디 대통령과 만나서」, 『경우』 1987년 12월호.
신병식, 1992, 『한국의 토지개혁에 관한 정치경제적 연구』, 서울대 박사학위논문.
안병직, 1995, 「한국에 있어서의 경제발전과 근대사연구」, 『제38회 전국역사학대회발표요지』.
______, 1998, 「식민지기 조선과 대만의 민족공업에 관한 비교연구」, 『경제사학』 제23호.
유경환, 1995, 「『사상계』 15년 소사」, 장준하선생 추모문집 간행위원회 편, 『민족혼 · 민주혼 · 자유혼 – 장준하의 생애와 사상』.
유원식, 「유원식, 혁명 정부와 결별하다」, 『정경문화』 1983년 10월호.
유진순, 1969, 「한국경제 성장의 현단계」, 최주철 외, 『한국경제발전의 이론과 현실』, 내각기획조정실.
윤혜영, 1989, 「변법운동과 입헌운동」, 『강좌중국사 VI – 개혁과 혁명』, 지식산업사.
이대근, 1997, 「동아시아 경제발전의 역사적 조건」, 『경제사학』 제23호.

이영미, 1962, 「경제개발5개년계획의 수립과정에 관한 연구 – 배경 및 행정적 절차를 중심으로 한 사례연구」, 서울대학교 행정대 석사논문.
이상철, 1998, 「한국에 있어서 화학섬유의 수입대체와 정부의 역할(1965-1972)」, 『경제사학』 제25호.
이재봉, 1995, 「4월혁명과 미국의 개입」, 『한국정치학회보』 제29집 제1호.
이제민, 1998, 「후발산업화의 역사적 유형과 한국의 경제발전」, 『경제사학』 제26호.
이태진, 1990, 「조선왕조의 유교정치와 왕권」, 『한국사론』 23.
이현진, 2005, 「제1공화국기 미국의 대한경제원조정책 연구」, 이화여대 박사논문.
임대식, 1998, 「1950년대 미국의 교육원조와 친미엘리트의 형성」, 역사문제연구소 편, 『1950년대 남북한의 선택과 굴절』, 역사비평사.
장준하, 1972, 「사상계수난사」, 『씨올의 소리』(『민족주의자의 길』, 세계 수록).
전철환, 1981, 「수출, 외자주도개발의 발전론적 평가」, 『한국경제의 전개과정』, 돌베개.
정병준, 1996, 「주한미군정의 '임시한국행정부' 수립구상과 독립촉성중앙협의회」, 『역사와 현실』 19호.
______, 1997, 「해방직후 이승만의 귀국과 동경회합」, 우송 조동걸선생 정년기념논총간행위원회 편, 『한국민족운동사연구』.
정성관, 「미정보기관, 장도영 추대하여 장면 정부 뒤엎으려 했다」, 『월간조선』 1993년 8월호.
정성호, 1998, 「한국전쟁과 인구사회학적 변화」, 정문연 4회 국내학술대회(한국전쟁후 사회변동) 발표논문.
정정길, 「역대 대통령의 경제정책 1; 박정희」, 『신동아』 1992년 9월호.
정진아, 1998, 「제1공화국 초기(1948-1950)의 경제정책 연구」, 연세대 사학과 석사논문.
정용욱, 1996, 「1942-47년 미국의 대한정책과 과도정부형태 구상」, 서울대 국사학과 박사논문.
정창현, 「5 · 16쿠데타는 미국이 주도했다」, 『월간 말』 1993년 4월호.
______, 1991, 「5 · 16군사쿠데타의 배경과 성격」, 『한국현대사』 3, 풀빛.
주진오, 1985, 「독립협회의 경제체제 개혁 구상과 그 성격」, 『한국민족주의론』 III, 창작과비평사.
진덕규, 1981, 「이승만시대 권력구조의 이해」, 『1950년대의 인식』, 한길사.
최배근, 1997, 「한국경제성장의 역사적 인식」, 『경제사학』 제22호.
최병헌, 1984, 「신라 불교사상의 전개」, 『역사도시 경주』, 열화당.
______, 1989, 「동아시아 불교사상의 한국불교」, 『한국사시민강좌』 4, 일조각.
최상오, 1998, 「경제안정의 지향과 한미간 환율논쟁–유엔군 대여금의 상환문제를 중심으로」, 『경제사학』 제26호.
홍석률, 1994, 「한국전쟁 직후 미국의 이승만 제거계획」, 『역사비평』 가을호.
______, 1991, 「1940-45년 학생운동의 성격변화」, 『한국사론』 24.

홍성찬, 1997, 「한국 근현대 이순탁의 정치경제사상 연구」, 『역사문제연구』 창간호, 역사비평사.
황병준, 1964, 「제2차경제개발5개년계획의 기본지침」, 한국경제연구소, 『경제발전과 경제계획: 한국경제의 안정과 성장』.

Amsden, A., "Taisan's Economic History: a Case of Etatisme and a Challenge to Dependency Theory," *Modern China*, 5(3), 1979.

Cole, David and Nam, Young Woo, "The Patern and Significance of Economic Planning in Korea," Adelman, Irma ed., *Practical approaches to Development Planning: Korea's Second Five-Year Plan* (Baltimore: Johns Hopkins Press, 1969).

Cumings, Bruce, "The Origins and Development of the Northeast Asian Political Economy: Industrial Sectors, Product Cycles, and Political Consequences," *International Organization*, Vol. 38, No. 7, 1984.

Dutt, Nitsh, "The US and the Asian Development Bank: Origins, Structure and Lending Operations," *Journal of Contemporary Asia* 31(2), January.

Eckert, Carter J. "Total War, Industrialization, and Social Change in Late Colonial Korea," Peter Duus eds., *The Japanese Wartime Empire 1931-45* (New Jersey: Princeton University Press, 1996).

Evans, Peter, "Class, state and dependence in East Aisa: Lessons for Latin Americanists," Fredric D. Deyo, ed., *The Political Economy of the New Asian Industrialism* (Ithaca: Cornell University Press, 1987).

Gaddis, John Lewis, "The Strategy of Containment," Thomas H. Etzold and John Lewis Gaddis, eds., *Containment: Documents on American Policy and Strategy, 1945-1950* (New York: Columbia University Press, 1978).

Goldstein, Judith, "Ideas, institutions, and American trade policy," G. John Ikenberry, David A. Lake, and Mastanduno Michael, eds., *The State and American Foreign Economic Policy* (Ithaca: Cornell University Press, 1988).

Haggard, Staephan, *Pathways from the Periphery* (Ithaca: Cornell University Press, 1990).

Haggard, Stephan, Kim, Byun-Kook and Moon, Chung-In, "The Transition to Export-led Growth in South Korea: 1954-66," *The Journal of Asian Studies*, 50-4 (1991. 11).

Haggard, Stephan, Kang, David, Moon, Chung-In, "Japanese Colonialism and Korean Development: A Critique," *World Development*, Vol. 6, No. 25, 1997.

Hall, Peter A., "Policy Paradigms, Social Learning, and the State: The Case of Economic

Policymaking in Britain," *Comparative Politics*, April 1993.

Jones, P.H.M., "Everybody's Bank," *Supplement: Banking in Asia-Our Annual Survey of Far Eastern Economic Review*, 52(2), April.

Kohli, Atul, "Japanese Colonialism and Korean Development: A Reply," *World Development*, Vol. 6, No. 25, 1997.

Kunz, Diane B., "Cold War Dollar Diplomacy: The Other Side of Containment," *The Diplomacy of the Crucial Decade-American Foreign Relations During the 1960s* (New York: Columbia University Press, 1994).

Lee, Steven Hugh, "The Political Economy of US-ROK Relations, 1954-1960," prepared for presetation at an international conference on "Toward an Industrial Society in Korea," organized by Center for Korean Research, University of British Columbia, December 13-15, 1996.

Lewis, W.A., "Economic Development with Unlimited Supplies of Labour," *The Manchester School of Economics and Social Studies*, May, 1954.

Lodewijks, John, "Rostow, Developing Economies, and National Security Policy," in Goodwin, Craufurd D. ed., *Economics and National Security* (A History of Their Interaction, Annual Supplement to Vol. 23, History of Political Economy) (Durham and London: Duke University Press, 1991).

Michell, Tony, "Control of the Economy During the Korean War: The 1952 Co-ordination Agreement and its Consequence," James Cotton and Ian Neary, ed., *The Korean War in History* (Manchester: Manchester Inov. Press, 1989).

Park, Tae-Gyun, "Change in U.S. Policy Toward South Korea in the Early 1960s," *Korean Studies*, Vol. 23, 1999.

Reischauer, Edwin O., "The Broken Dialogue with Japan," *Foreign Affairs*, October 1960.

Rostow, W.W., "The future of Foreign Aid," *Foreign Service Journal*, Vol. 38, No. 6, June 1961.

Rosenstein-Rodan, P.N., "Problems of Industrialization fo Eastern and South Eastern Europe," *Economic Journal*, June-September, 1943.

Satterwhite, David Hunter, "The Politics of Economic Development: Coup, State, and the Republic of Koreas First Five-Year Economic Development Plan(1962-1966)," Ph.D dissertation, University of Washington, 1994.

Schulzinger, Robert D. "It's Easy to Win a War on Paper: The United States and Vietnam, 1961-1968," Kunz, ed., *The Diplomacy of the Crucial Decade-American Foreign*

Relations During the 1960s (New York: Columbia University Press, 1994).

Sheppard, William J. "Program for a decade of Development," *Foreign Service Journal*, Vol. 38, No. 8, August 1961.

Wade, Robert, "State Intervention in 'Outward-Looking' Development: Neoclassical Theory and Taiwanese Practive," Gordon White, ed., *Developmental States in East Aisa* (New York: St. Martin's Press, Inc., 1988).

Walerstein, Immanuel, *The Modern World System*, Vol. 1 and Vol. 2 (New York: Academic Press, 1974, 1978).

Walker III, William O., "Mixing the Sweet with the Sour: Kennedy, Johnson, and Latin America," Diane B. Kunz, ed., *The Diplomacy of the Crucial Decade-American Foreign Relations During the 1960s* (New York: Columbia University Press, 1994).

Weir, Margaret and Skocpol, Theda, "State Structures and the Possibilities for "Keynesian" Responses to the Great Depression in Sweden, Britain, and the United States," *Bringing the State Back In* (Cambridge: Cambridge University Press, 1985).

Wolf, Charles, Jr., "On Aspects of Koreas Five-Year Development Plan," Prepared for ministry of reconstruction, ROK, Produced by the RAND Corporation, Santa Monica, 24 April, 1961.

___________, "Different Roads, Same Destination: Economic Discourses in the 1950s," *Modern Asian Studies*, Vol. 39, No. 3, 2005.

___________, "Economic Development with Unlimited Supplies of Labour," The Manchester School of Economics and Social Studies, May, 1954.

___________, "Guerrilla Warfare in the Underdeveloped Areas," *Foreign Service Journal* (American Foreign Service Association; Washington, D.C., Monumental Printing Company) September, 1961, Vol. 38, No. 9.

___________, "Our Asian Frontiers of Knowledge," *University of Arizona Bulletin Series*, Vol. XXIX, September 1958.

___________, "The future of Foreign Aid," *Foreign Service Journal*, Vol. 38, No. 6, June 1961.

___________, "Where Do High Growth Political Economies Come From? The Japanese Lineage of Korea's "developmental State," " *World Development*, Vol. 9, No. 22, 1994.

李鍾元, 1993, 「戰後美國の極東政策と韓國の脫植民地化」, 『近代日本と植民地』 8-"アジアの冷戰と脫植民地化』, 岩波書店.

______, 1994, 1995, 「米韓關係における介入の原型 －『エウァーレヂィ計劃』再考 (1)~(2)」, 『法學』 58권 1호, 59권 1호, 1994년 4월, 1995년 4월.

______, 1995, 「五十年代東アジア冷戰ノ變容ト米韓關係」, 『法學』 59호.

______, 1994, 「韓日國交正常化の成立とアメリカ － 一九六〇~六五年」, 近代日本研究會, 『近代日本研究・十六・戰後外交の形成』, 山川出版社.

찾아보기

ㄱ

ㄹ

ㅁ

ㅂ

ㅅ

ㅇ

ㅈ

ㅊ

ㅋ

ㅌ

ㅍ

ㅎ

Abstract_

Archetype and Metamorphosis:
The Origins of Korea's Economic Development Plans

Tae-Gyun Park

Almost all scholars considered imperative influences from the colonial period as the origin of Korea's economic growth until now. However, modern Korean history shows a more complicated and compound process, and South Korea's economic growth had proceeded under diverse influences both before and after the liberation from Japan in 1945. While it is important to acknowledge the influence of the colonial legacy, it is essential to distinguish it from the influences of traditional society, the reorientation of Korea's intellectuals and bureaucrats after the establishment of ROK, and effects from the underdeveloped Asian countries that implemented economic development plans in 1950s, in order to analyze the origins and the backgrounds of Korea's economic development plans. There were numerous journals and newspapers which show and reflect these influences in the 1950s and 1960s. At the same time, Rostow's modernization theory played a crucial role.

These elements reflected Korea's economic development plans in late 1950s and early 1960s. Regardless of designer, all plans were based not on the unbalanced growth theory, but on the balanced growth theory which was popular in Korean society at that time. South Korean bureaucrats and intellectuals heeded not the western model, but other Asian and Latin American countries in the 1950s. The social discourse in the 1950s revolved around not export-oriented industrialization based on the unbalanced theory, but the 'vicious circle of the poverty' based on the balanced growth theory. The junta established in Korea 1961, which was regarded as a symbol of the main body of Korea's economic growth, also could not remain free from the social discourse of the 1950s.

However, changes in U.S. policy toward underdeveloped countries in the early 1960s created a critical turning point that made it possible to revise economic development plans in South Korea. While it was possible for underdeveloped countries to implement the plans due to the Kennedy Administration's new policy based on Rostow's argument, the new policy preferred the unbalanced growth theory to the balanced growth theory in order to integrate the emerging nations within the free world. Ultimately, the Korean government's policy collided with the new U.S. policy. Because of the new U.S. policy, the junta could not help revising its own plans from the import substitute to the export-oriented industrialization strategy.

The South Korean government tried to maintain its own archetype in spite of pressure from the U.S. The junta sought to create a middle road between two powers, internal dynamics and external pressure. Accordingly, it is not difficult to find contents based on the balanced growth theory in Korea's economic development plans after the revision, except stressing investment to agricultural factor. In the end, Korea's plans became a mixture between these two imperative elements.

This analysis shows that it is not possible to simplify the origin of Korea's economic growth by solely focusing on the colonial legacy. Simultaneously, the role of politicians and bureaucrats who participated in designing and implementing economic development plans should not be exaggerated in examining the cause of South Korea's success story. The politicians', bureaucrats', and intellectuals' ideas were strongly influenced by the social discourse of the time, and the result also could not be rescued from social power. Without people's confidence, any economic plans could not be implemented, as developmental economists have argued.

박태균(朴泰均)

서울대학교 인문대학 국사학과 졸업(1989)
서울대학교 대학원 국사학과 석사(1991)
서울대학교 대학원 국사학과 박사(2000)
하버드 옌칭 연구소 방문 연구원(1997~1999)
국제대학원 원장(2020~현재)

서울대학교 대학신문 주간(2019~2020)
『역사비평』 주간(2015~2019)
서울대학교 학술연구상(2019)
Journal of Northeast Asian History 편집위원장
〈박태균의 역사와 현실〉(경향신문) 칼럼
『조봉암 연구』(1995, 창작과비평사)
『한국전쟁』(2005, 책과함께)
『우방과 제국, 한미관계의 두 신화』(2006, 창비)
『베트남 전쟁』(2015, 한겨레출판)
『박태균의 이슈한국사』(2015, 창비)
『암살』(공저, 2016, 역사인)

원형과 변용

한국 경제개발계획의 기원

초판 1쇄 발행 2007년 7월 10일
초판 5쇄 발행 2021년 11월 15일

지은이 박태균

펴낸곳 서울대학교출판문화원
주소 08826 서울 관악구 관악로 1
도서주문 02-889-4424, 02-880-7995
홈페이지 www.snupress.com
페이스북 @snupress1947
인스타그램 @snupress
이메일 snubook@snu.ac.kr
출판등록 제15-3호

ISBN 978-89-521-1533-1 93910